中國社會政治史

四

薩孟武◎著

三民書局

Politics

國家圖書館出版品預行編目資料

中國社會政治史(四)／薩孟武著. －－六版一刷. －－臺北市：三民，2011
冊；　公分

ISBN 978-957-14-5544-0 (第四冊：平裝)

1. 中國政治制度史 2. 中國史

573.1　　100014310

© 中國社會政治史(四)

著作人　薩孟武
發行人　劉振強
著作財產權人　三民書局股份有限公司
發行所　三民書局股份有限公司
地址　臺北市復興北路386號
電話　(02)25006600
郵撥帳號　0009998-5
門市部　(復北店) 臺北市復興北路386號
(重南店) 臺北市重慶南路一段61號

出版日期　初版一刷　1965年11月
六版一刷　2011年8月
編號　S 570150
行政院新聞局登記證局版臺業字第〇二〇〇號

ISBN 978-957-14-5544-0 (平裝)

http://www.sanmin.com.tw 三民網路書店

弁 言

薩孟武先生所著《中國社會政治史》全書共四冊，縱論中國歷代之興亡得失，除考據政治制度外，更引用社會、經濟、思想等各層面的相關資料，以評析這些層面的變動如何與政治制度相互影響，最終甚至成為朝代更迭的因素。為成此書，薩先生遍覽群書，正史以外，通鑑、奏議、書信等各種史料，多有參考。亦不惜斥資購入數套二十五史以備查核、編輯之用，其準備工作不可不謂詳盡，故自書成以來，已成為研習中國歷朝政治的重要參考書籍，各冊亦承蒙讀者之愛戴，皆告售罄。本局為使讀者閱讀更為舒適，乃將各書重新排版，除了統一加大字體外，也將書中各章的註釋細予查對、重新標號，排成當前通用的當頁註格式，方便讀者檢閱；而針對內容漏誤之處，亦予以考察補正，使本書更加完善，敬請讀者繼續給予支持與指教。

三民書局編輯部 謹識

中國社會政治史（四）

目次

第十三章　明

第十一章 宋

第一節　宋的統一政策

唐自肅代以後，中央集權變為地方割據，一直到了五代，喪亂彌甚。後周世宗固然致力於削平群雄，然其在位不過五年，雖造成統一的基礎，而卻未曾完成統一的大業。陳橋兵變，宋太祖入踐帝位，太宗繼之，經兩代的努力，先取荊湖，西滅蜀，南平漢，遂併江南，吳越入朝，北漢歸附，於是天下復歸統一。

宋為漕運方便起見，仍沿五代之舊，以汴州為首都，是為東京開封府，而以洛陽為西京河南府。太祖本欲先遷洛陽，再入長安，因群臣反對而止。❶

開寶九年太祖幸洛，欲留都之，群臣及晉王光義力諫。太祖曰遷河南未已，終當居長安耳。光義問故，曰吾欲西遷，據山河之險，以去冗兵，循周漢故事，以安天下也。光義等復力請還汴，帝不得已從之。歎曰不出百年，天下民力殫矣（讀史方輿紀要卷四十七開封府）。

仁宗慶曆年間，朝臣論建都之事，范仲淹傳（宋史卷三百十四）謂：

他日論建都之事，仲淹曰洛陽險固，而汴為四戰之地。太平宜居汴，即有事，必居洛陽，當漸廣儲蓄，繕宮室。帝問夷簡，夷簡曰此仲淹迂闊之論也。

❶ 據宋史卷二百六十李懷忠傳，「上（太祖）幸西京（洛陽），愛其地形勢得天下中正，有留都之意。懷忠乘間進曰，東京有汴渠之漕，歲致江淮米數百萬斛，禁衛數十萬人仰給於此。帑藏重兵皆在焉，根本安固已久，一旦遽欲遷徙，臣實未見其利，上嘉納之」。

呂夷簡傳（宋史卷三百十一）謂：

契丹聚兵幽薊，聲言將入寇。議者請城洛陽。夷簡謂契丹畏壯侮怯，遽城洛陽，亡以示威。景德之役（真宗時澶淵之盟），非乘輿濟河，則契丹未易服也，宜建都大名，示將親征，以伐其謀。或曰此虛聲爾，不如修洛陽。夷簡曰此子囊城郢計也，使契丹得渡河，雖高城深池何可恃耶，乃建北京（大名府，先是真宗已建宋州為南京，時謂之四京）。

韓琦傳（宋史卷三百十二），慶曆年間，他曾條陳朝廷宜先行七事。其中，四曰備河北，五曰固河東，七曰營洛邑。五代除後唐定都於洛陽外，其餘均定都於汴州，而為汴州之禍者，不是來自魏博（河北），便是來自太原（河東）。自燕雲十六州割與契丹之後，藩籬已撤，燕雲十六州之地約當今河北山西兩省之北部及察哈爾省之南部。所以韓琦之備河北，固河東之計劃比之范呂二氏為高明。

宋鑑唐末方鎮及五代軍閥兼併之禍，其最致力的乃是如何維持統一的局面。這在當時，實屬要圖，其採用的政策可歸納為下列三種：

(一)軍權的統一

唐代何以有方鎮之禍，五代何以有割據之事，完全因為軍權不能統一。所以宋太祖踐祚之初，即著手於剝奪武將的兵權。其議由趙普發之。

太祖既得天下，召趙普問曰天下自唐季以來，數十年間，帝王凡易十姓。兵革不息，蒼生塗地，其故何也。吾欲息天下之兵，為國家建長久之計，其道何如。普曰陛下之言及此，天地神人之福也。唐季以來，戰鬥不息，國家不安者，其故非他，節鎮太重，君弱臣強而已矣。今所以治之，無他奇巧也，惟稍奪其權，制其錢穀，收其精兵，天下自安矣（司馬光撰涑水記聞卷一）。

那有名的杯酒釋兵權，就是剝奪武人兵權的發端。

乾德初，帝因晚朝，與守信等飲酒，酒酣，帝曰我非爾曹不及此，然吾為天子殊不若為節度使之樂，吾終夕未嘗安枕而臥。守信等頓首曰，今天命已定，誰復敢有異心，陛下何為出此言耶。帝曰人孰不欲富貴，一旦有以黃袍加汝之身，雖欲不為，其可得乎。守信等謝曰臣愚不及此，惟陛下哀矜之。帝曰人生駒過隙爾，不如多積金帛田宅以遺子孫，歌兒舞女以終天年，君臣之間無所猜嫌，不亦善乎。守信謝曰，陛下念及此，所謂生死而肉骨也。明日皆稱病乞解兵權，帝從之，皆以散官就第，賞賚甚厚（宋史卷二百五十石守信傳）。

現在試來研究方鎮何以願意釋去兵權。蓋太祖依趙普之言，不但消極的奪方鎮之權，且又積極的選擇精兵，聚之京師，本大末細，使諸鎮不敢發生異心。

太祖數遣使者分詣諸道，選擇精兵。凡其才力技藝有過人者，皆收補禁軍，聚之京師，以備宿衛，厚其賜糧。居常躬自按閱訓練，皆一以當百。諸鎮皆自知兵力精銳非京師之敵，莫敢有異心者，由我太祖能強幹弱枝，制治於未亂故也（涑水記聞卷一）。

同時方鎮鑑唐末而至五代，兵驕將悍，天子雖受制於方鎮，方鎮亦受制於將校，將校復受制於士兵。不但天子，就是方鎮地位亦不安全。在這種局勢之下，方鎮當然希望樹立鞏固的政權，並整頓腐化的軍紀，藉以保全自己的生命和財產。何況周世宗時，對於強兵悍將已經給與以極大的打擊。殷鑑不遠，方鎮如其專方面，終日憂慮將叛兵反，何與優遊卒歲，以終天年。所以宋太祖一經提議，諸將無不贊成。

其不願釋去兵權者，太祖亦於他們來朝之時，罷其方鎮之任。

> 開寶初，彥超自鳳翔來朝，與武行德郭從義白重贊楊廷璋俱侍曲宴。太祖從容謂曰，卿等皆國家舊臣，久臨劇鎮，王事鞅掌，非朕所以優賢之意。彥超知旨，即前奏曰，臣無勳勞，久冒榮寵，今已衰朽，願乞骸骨歸邱園，臣之願也。行德等竟自陳夙昔戰功及履歷艱苦，帝曰，此異代事何足論。翌日，皆罷行德等節鎮（宋史卷二百五十五王彥超傳）。

方鎮罷去兵權之後，皆留在京師，賜第以居之。

> 宋初革五季之患，召諸鎮節度會于京師，賜第以留之（宋史卷一百六十七職官志七府州軍監）。

他們或貨殖自污，或馳逐敗度，以表示其無大志。

> 石守信累任節鎮，專務聚斂，積財鉅萬。尤信奉釋氏，在西京建崇德寺，募民輦瓦木，驅迫甚急，而傭直不給，人多苦之（宋史卷二百五十石守信傳）。

> 高懷德好射獵，嘗三五日露宿野次，獲狐兔累數百。或對客不揖而起，由別門引數十騎從禽於郊（宋史卷二百五十高懷德傳）。

所以史臣才說：

> 石守信而下，皆顯德舊臣，太祖開懷信任，獲其忠力，一日以黃袍之喻，使自解其兵柄，以保其富貴，以遺其子孫，漢光武之於功臣，豈過是哉。然守信之貨殖鉅萬，懷德之馳逐敗度，豈非亦因以自晦者邪（宋史卷二百五十石守信等傳論）。

方鎮罷去軍權，倘若再命別人統帥軍隊，誰能保證他們不會倚藉兵力，重演方鎮之亂，於是太祖又撤除地方甲兵，尤其江淮諸郡的城隍武備。王禹偁說：

自五季亂離，各據城壘，豆分瓜剖，七十餘年。太祖太宗削平僭偽，天下一家。當時議者乃令江淮諸郡，毀城隍，收兵甲，徹武備者二十餘年。書生領州，大郡給二十人，小郡減五人，以充常從，號曰長吏，實同旅人，名為郡城，蕩若平地……蓋太祖削諸侯跋扈之勢，太宗杜僭偽覬望之心，不得不爾（宋史卷二百九十三王禹偁傳）。

其所以特別注意江淮諸郡者，蓋如李覯所云：

當今天下根本在於江淮。天下無江淮，不能以足用，江淮無天下，自可以為國。何者，汴口之入，歲常數百萬斛，金錢布帛百物之備不可勝計，而度支經費常聞有闕，是天下無江淮不能以足用也。吳楚之地方數千里，耕有餘食，織有餘衣，工有餘材，商有餘貨，鑄山煮海，財用何窮。水行陸走，饋運而去，而不聞有一物由北來者。是江淮無天下，自可以為國也（李直講文集卷二十八寄上富樞密書）。

固然江淮經唐末方鎮及五代軍閥之亂，市井蕭條，人煙寥落，幾成荒丘。

先是揚州富庶甲天下，時人稱「揚一益二」，及經秦（彥）畢（師鐸）孫（儒）楊（行密）兵火之餘，江淮之間，東西千里，掃地盡矣（資治通鑑卷二百五十九唐昭宗景福元年七月）。

但是農業與工業不同，只要社會安定，農業不難復興。而自周世宗疏導汴水之後，漕運頗見利便。宋都汴京，倚重兵以立國，兵恃食，食恃漕運。張方平說：

國家都陳留，當四通五達之道，非若雍雒有山川足恃，特倚重兵以立國耳。兵恃食，食恃漕運，以汴為主（宋史卷三百十八張方平傳）。

汴州所恃以通漕運者共有四河，而汴河所漕最多。

宋都大梁，有四河以通漕運，曰汴河，曰黃河，曰惠民河，曰廣濟河，而汴河所漕為多（宋史卷一百七十五食貨志上三漕運）。

例如治平二年漕粟至京師，除黃河沒有紀錄外，三河漕運之數如次。

治平二年漕粟至京師，汴河五百七十五萬五千石，惠民河二十六萬七千石，廣濟河七十四萬石（宋史卷一百七十五食貨志上三漕運）。

至四河所運四方之粟則如下：

宋朝定都於汴，是時漕運之法分為四路。東南之粟自淮入汴至京都。若是陝西之粟，便自三門白波轉黃河入汴至京師。若是陳蔡一路粟，自惠民河至京師。京東粟自廣濟河至京師。四方之粟有四路四條河至京師，當時最重者惟是汴河（文獻通考卷二十五漕運，引吳氏能改齋漫錄）。

汴水所運之穀帛，大率來自江南。自晉南渡之後，江南經濟逐漸發達，隋煬帝必欲開鑿江南河不是毫無原因的。宋在太宗時代，任中正說：

東南歲輸五百餘萬，而江南所出過半（宋史卷二百八十八任中正傳）。

真宗時，陳靖亦言：

國家禦戎西北，而仰東南，東南食不足，則誤國大計（宋史卷四百二十六陳靖傳）。

哲宗時，范祖禹又云：

國家根本，仰給江南（宋史卷三百三十七范祖禹傳）。

但江南錢穀要運至首都，須先集中於真揚楚泗四州，此四州均屬於淮南路，尤以真州為要。

真州當運路之要（宋史卷八十八地理志四）。

所以宋代發運使乃治在真州。

發運使治所在真州（宋史卷二百九十許元傳）。

發運使的主要任務為「漕淮浙江湖六路儲廩，以輸中都」（宋史卷一百六十七職官志七發運使）。宋為防止江淮諸郡扣留錢穀，所以乃於該地毀城隍，收甲兵、撤武備。但在專制政治之下，政權要軍權維持。宋定都汴州，既無山川之險，而為四戰之地，形勢渙散，維護為難。為保護汴州之安全，畿內之地不能不多置軍隊。一以鞏固中央的政權，前已舉過張方平之言。

國家都陳留，當四通五達之道，非若雍雒有山川足恃，特倚重兵以立國耳（宋史卷三百十八張方平傳）。

二以造成強幹弱枝之勢。

太祖起兵間，有天下，懲唐季五代藩鎮之禍，蓄兵京師，以成強幹弱枝之勢（宋史卷一百七十五食貨志上三漕運）。

這與唐代府兵之制，關中置府特多，有些相似。宋時，畿甸之地，屯營倍於天下。

太祖懲五季尾大不掉之患，畿甸屯營倍於天下（宋史卷三百八十二曾開傳）。

其駐防各地者亦多由禁兵派往，然一地之兵，多者不踰數千。將帥任輕，軍事必由中央決定。尹源說：

國家患前世藩鎮之強，凡天下所募驍勇，一萃於京師，雖濱塞諸郡，大者籍兵不踰數千。每歲防秋則戍以禁兵。將帥任輕而勢分，軍事往往中御（宋史卷四百四十二尹源傳）。

㈡財權的統一

專制政府依靠軍隊維持，而軍隊又依靠財政維持。察之吾國歷史，國家之亂大率原於財政窮匱，中央收入不能供給支出之用。而理財者又不知培養稅源，只知苛捐繁斂，以濟一時之需。於是財政困難又引起了國民經濟的破壞，民不聊生，盜賊蠭起，而政權就隨之分崩瓦解。唐及五代，方鎮均以賦稅自私，不朝貢於朝廷。中央稅收減少，中央軍隊隨之寡弱。葉適云：「太祖之制諸鎮，以執其財用為最急」（水心集卷四財總論二）。最初雖因僭偽尚未平一，乃沿五代之舊，地方賦稅留為地方之用，牧守來朝，仍不貢奉，以助中央軍費。乾德三年始詔地方金帛悉送京師。

唐自天寶以後……方鎮握重兵，皆留財賦自贍，其上供殊鮮。五代疆境偪蹙，藩鎮益疆，率令部曲主場院，其屬三司者補大吏以臨之。輸額之外，亦私有焉。太祖周知其弊，及受命，務恢遠略，修建法程，示之以漸。建隆中，牧守來朝，猶不貢奉，以助軍實。乾德三年，始詔諸州支度經費外，凡金帛悉送闕下，毋或占留。時藩郡有闕，稍命文臣權知所在場務，或遣京朝官廷臣監臨，於是外權始削，而利歸公上（宋史卷一百七十九食貨志下一會計）。

於是粟帛錢幣咸聚王畿。

宋承唐五季之後，太祖興，削平諸國，除藩鎮留州之法，而粟帛錢幣咸聚王畿（宋史卷一百七十三食貨志上一農田）。

天下支用均出三司。

宋聚兵京師，外州無留財，天下支用悉出三司，故其費寖多（宋史卷一百七十九食貨志下一會計）。

其留為地方政府使用者，歲不過數千緡，而還要受監司的掣附。蘇轍說：

以天下之大……一錢以上皆籍於三司，有敢擅用，謂之自盜。而所謂公使錢，多者不過數千緡，百須在焉。而監司又伺其出入，而繩之以法（欒城集卷二十一熙寧二年上皇帝書）。

這裡所謂監司是指轉運使言之，蓋轉運使既掌經度一路財賦，又專舉刺官吏之事（宋史卷一百六十七職官志七都轉運使）。但朝廷對於轉運使並不放心，蓋宋懲唐末方鎮及五季之禍，不甚信人，尤其不信任地方官。縱令地方官均派遣京朝官權知，而一經派放外任，又生疑心。所以轉運使關於地方財政，雖銖分之微，亦須報告於三司。蘇轍說：

夫天下之財，下自郡縣，而至於轉運，轉相鉤較，足以為不失矣。然世常以轉運使為不可獨信，故必至於三司而後已。夫苟轉運使之不可獨信，而必三司之可任，則三司未有不責成於吏者，豈三司之吏則重於轉運使歟（欒城集卷二十一熙寧二年上皇帝書）。

然以天下之大，三司何能一一審查天下財賦文帳，於是奸吏遂有舞弊的機會。有賄賂者不再審查，賄賂不足以厭其欲者，萬般挑難。再看蘇轍之言。

熙寧以前，天下財賦文帳皆以時上於三司……朝廷……於三司取天下所上帳籍視之，至有到省三二十年不發其封者。蓋州郡所發文帳，隨帳皆有賄賂，各有常數。常數已足者，皆不發封。一有不足，即百端問難，要足而後已（欒城集卷三十九論戶部乞收諸路帳狀）。

宋又有政府專賣之制。漢時，商賈以鹽鐵致富者為數甚多。吳王濞鑄錢煮鹽，國用饒足，卒至稱兵作亂，所以歷代政府均禁人民鑄錢，而鹽亦歸國家專利。唐自肅宗以後，錢幣漸亂，五代相承，用唐錢，而諸國割據，各有錢幣，例如南唐鑄唐國通寶，又鑄鐵錢，楚鑄乾封泉寶（文獻通考卷八錢幣一）。宋興，才統一之。凡私鑄者皆棄市。

太祖初鑄錢，文曰宋通元寶，凡諸州輕小惡錢及鐵鑞錢悉禁之，詔到，限一月送官，限滿不送官者罪有差。其私鑄者皆棄市（宋史卷一百八十食貨志下二錢幣）。

鹽自漢世以後，凡國家統一之時，均由國家專賣。鹽乃人人所必需的食品，而以勞力之人需要更大。宋時，鹽利亦歸朝廷。

宋自削平諸國，天下鹽利皆歸縣官（宋史卷一百八十一食貨志下三鹽上）。

昔者唐在大曆年間，「天下之賦，鹽利居半」，然當時舉天下鹽利，不過六百萬緡而已。宋元祐時，單單淮鹽與解池鹽，就有四百萬緡，「比唐舉天下之賦已三分之二」（宋史卷一百八十二食貨志下四鹽中）。計全國鹽利之收入，平均有二千萬緡。

鹽之品至多……大約歲入二千餘萬緡（夢溪筆談卷十一官政一）。

南渡之後，鹽利在財政上更占重要的地位。

南渡立國，專仰鹽鈔（宋史卷一百八十二食貨志下四鹽中）。

宋除鑄錢煮鹽之外，又實行茶酒公賣，以增加中央的收入。宋時，茶之為利亦甚厚。

茶之為利甚博，商賈轉致於西北，利嘗至數倍（宋史卷一百八十三食貨志下五茶上）。

天禧元年全國茶利共五百六十九萬貫（宋史卷一百八十三食貨志下五茶上），比之唐大曆年間天下總收入，鹽利居半之六百萬緡，已經很接近了。按「緡絲也，以貫錢也，一貫千錢」（漢書卷六武帝紀元狩四年注，引李斐曰），所以一貫即一緡，亦即千錢。

酒利在天禧末，總數如次：

至道二年，兩京諸州收榷課，銅錢一百二十一萬四千餘貫，鐵錢一百五十六萬五千餘貫。京城賣麴錢四十八萬餘貫。天禧末，榷課銅錢增七百七十九萬六千餘貫，鐵錢增一百三十五萬四千餘貫，麴錢增二十九萬一千餘貫（宋史卷一百八十五食貨志下七酒）。

即總數為一千二百七十萬貫，此時也（天禧末），天下總入共一萬五千八十五萬一百貫（宋史卷一百七十九食貨志下一會計），即約占總收入十二分之一弱。由此可知宋時酒利之大。

總之，宋代為減少地方割據，不但地方稅收要送至中央，而又實行各種專賣，使中央財力增加，藉以鞏固中央的政權。

(三)地方官權力的削弱

唐自安史亂後，武夫戰卒之有軍功者，皆除節度使。淩遲而至五代，節度使均用勳臣武將，「刺史皆以軍功拜」（新五代史卷四十六郭延魯傳），而「齷齪無能者始注為縣令」（文獻通考卷六十三縣令）。他們「撫民無術，御吏無方」（宋史卷二百六十二邊光範傳），而衿功桀傲，蔑視朝廷，遂釀成割據之禍。宋初，留諸鎮節度於京師，分命朝臣，出守列郡。

宋初革五季之患，召諸鎮節度會于京師，賜第以留之。分命朝臣出守列郡，號權知軍州事，軍謂兵，州謂民政焉（宋史卷一百六十七職官志七府州軍監）。

這批出守列郡的朝臣均是士人。

藝祖革命，首用文吏，而奪武臣之權（宋史卷四百三十六文苑傳序）。

太宗繼統，仍循此制。

上（太宗）以五代戰爭以來，自節度至刺史皆用武臣，多不曉政事，人受其弊，欲兼用文士，乃以……柳開為崇儀使，知寧邊軍（宋史卷四百四十柳開傳）。

他們以京朝官的資格❷，出守列郡，不過權知而已。所謂權知乃攝理其事之意，即使他們任若不久，以輕其權。陳亮說：

藝祖（太祖）承五代藩鎮之禍，能使之拱手以趨約束，故列郡以京官權知，三年一易。財歸於漕司，兵各歸於郡，而士自一命以上，雖郡縣管庫之微職，必命於朝廷，而天下之勢始一矣（龍川文集卷十一銓選資格）。

不但權知而已，復置通判以貳之。

外官則懲五代藩鎮專恣，頗用文臣知州，復設通判以貳之（宋史卷一百六十一職官志序）。

通判不是地方官，也是由京朝官充任。

通判一人，以京朝官充（宋史卷一百六十六職官志六次府註）。

一切知府公事須經通判連署，才為有效。

宋初懲五代藩鎮之弊，乾德初，下湖南，始置諸州通判……建隆四年詔知府公事，並須長史❸、通判簽

---

❷ 所謂京朝官，據宋史（卷一百五十八選舉志四銓法上）所言：「前代朝官自一品以下，皆曰常參官。其未常參者，曰未常參官。宋目常參者曰朝官，秘書郎而下，未嘗參者曰京官」。

> 議連書，方許行下（宋史卷一百六十七職官志七通判）。

即用通判以牽制知府的行政。葉適說：

> 藝祖思靖天下，以為不削節度，則其禍不息，於是始置通判，以監統刺史，而分其柄，命文臣權知州事，使名若不正，任若不久者，以輕其權（水心集卷五紀綱二）。

凡事雖經通判同意，而通判所能同意者，恐亦只限些微之事。所以司馬光才說：「開封府補一廂鎮之類，往往皆須奏聞」（司馬文正公傳家集卷二十八乞簡省細務不必盡關聖覽上殿劄子）。在這種集權之下，地方官何能發展其才幹。

又者，內郡尤其江淮諸郡復毀城隍，收兵甲，撤武備。但東北有遼之壓迫，西北有夏的覬覦，宋為鞏固國防起見，對於東北及西北，不能不駐兵鎮守，而為預防節鎮跋扈起見，乃採用一種政策。即：

> 先是乾德初，命節鎮所領支郡皆直隸京師，得自奏事，不屬諸鎮，節度之權始輕。太平興國二年復罷節度使領諸郡之制，於是軍監與州府同列矣（讀史方輿紀要卷七歷代州域形勢七宋京東路）。

此外，又實行軍民分治，不使主兵之將，兼管民政，試看孝宗時黃洽之言。

> 藝祖懲藩鎮偏重之失，不欲兵民之權聚於一夫之手，今使主兵官兼郡守，是合兵民權為一，且屬邊徼，偏重尤甚（宋史卷三百八十七黃洽傳）。

而財政亦獨立於軍權之外，吾人觀寧宗時楊輔之言，即可知之。

> 楊輔以敷文閣直學士，知成都府，兼本路安撫使。韓侂胄決意用兵，以吳曦為四川宣撫使，假以節制財

---

❸ 府置牧尹，都督府置都督及長史。

利之權。輔知曦有異志，貽書大臣，言自昔兵帥與計臣不相統攝，故總領有報發覺察之權，今所在皆受節制，內憂不輕（宋史卷三百九十七楊輔傳）。

地方官只理民政，兵權屬於別一個機關，財權又屬於另一個機關。他們雖然有土地，有人民，而卻沒有甲兵，又沒有財賦，何能犯上作亂。這種削弱地方官權力的制度，是宋鑑唐及五代藩鎮之禍而設計的。然其結果，據蘇軾言，地方遂多盜賊。

今郡守之威權可謂素奪（素奪之語出自漢書王嘉傳，據顏師古解釋，素奪謂先不假之威權也）矣。上有監司伺其過失，下有吏民持其長短，未及按問，而差替之命已下矣。欲督捕盜賊，法外求一錢以使人，且不可得……由此觀之，盜賊所以滋熾者，以陛下守臣權太輕故也（東坡七集續集卷十一上皇帝書）。

總之，宋的統一政策乃如陳亮所說：

唐自肅代以後，上失其柄，藩鎮自相雄長，擅其土地人民，用其甲兵財賦，官爵惟其所命，而人才亦各盡心於其所事，卒以成君弱臣強，正統數易之禍。藝祖皇帝一興，而四方次第平定，藩鎮拱手以趨約束，使列郡各得自達於京師，以京官權知，三年一易，財歸於漕司，而兵各歸於郡。朝廷以一紙下郡國，如臂之使指，無有留難。自筦庫微職必命於朝廷，而天下之勢一矣。故京師嘗宿重兵以為固，而郡國亦各有禁軍，無非天子所以自守其地也。兵皆天子之兵，財皆天子之財，官皆天子之官，民皆天子之民，紀綱總攝，法令明備，郡縣不得以一事自專也（龍川文集卷一上孝宗皇帝第一書）。

自唐末而至五代，天下大亂垂百餘年，至宋方見統一。在這種新的局勢之下，自應有一種理論，一以打擊唐末學者之無政府主義，二以證明新政制之合理。於是高倡君權之說又發生了，為其代表者則為司馬光。其所著資治通鑑始於周威烈王二十三年三家分晉之時，而加以評論，以為「君臣之位猶天地之不可易也」。他說：

文王序卦，以乾坤為首，孔子繫之曰，天尊地卑，乾坤定矣，卑高以陳，貴賤位矣。言君臣之位，猶天地之不可易也。春秋抑諸侯，尊王室，王人雖微，序於諸侯之上，以是見聖人於君臣之際，未嘗不惓惓也。非有桀紂之暴，湯武之仁，人歸之，天命之，君臣之分，當守節伏死而已矣（資治通鑑卷一周威烈王二十三年臣光曰）。

司馬光由這觀點出發，就反對孟子之不朝王（孟子公孫丑下）。以為「成王幼，周公負之以朝諸侯。及長而歸政，北面稽首畏事之，與事文武無異也。豈得云彼有爵，我有德齒，可慢彼哉」（司馬文正公傳家集卷七十三疑孟，孟子將朝王）。尤反對孟子君位可易之說（孟子萬章下），以為「為卿者無貴戚異姓，皆人臣也。人臣之義，諫於君而不聽，去之可也，死之可也。若之何其以貴戚之故，敢易位而處也。孟子之言過矣。……必也使後世有貴戚之臣，諫其君而不聽，遂廢而代之，曰吾用孟子之言也，非篡也，義也，其可乎」（司馬文正公傳家集卷七十三疑孟，齊宣王問卿）。司馬光提倡君權，乃希望政局能隨皇位之鞏固而得安定。要謀皇位的鞏固，計莫良於傳子。故他又同韓愈一樣，代禹辯護。

禹之傳於子，非私之也，苟天下無聖人以授之，則非子莫之傳矣。夫父之傳子，非至禹而後有之也。蓋自生民以來，有國家者無不然矣（司馬文正公傳家集卷六十七子噲，參閱卷七十三史剡，夏禹）。

宋代的統一政策固然成功，而此後許多缺點又孕育於這個統一政策之中。蓋矯枉過正，勢必發生不良的結果，而如陳亮所說：

籍天下之兵盡歸於朝廷……括郡縣之利盡入於朝廷……不知朝廷立國之勢，正患文為之太密，事權之太分，郡縣太輕於下，而委瑣不足恃，兵財太關於上，而重遲不易舉（龍川文集卷一上孝宗皇帝第一書）。

又說：

五代之際，兵財之柄倒持於下。藝祖皇帝束之於上，以定禍亂。後世不原其意，束之不已，故郡縣空虛，而本末俱弱（龍川文集卷一上孝宗皇帝第三書）。

葉適對此，亦有批評。他說：

昔人之所以得天下也，必有以得之。其失天下也，亦必有以失之。得失不相待而行，是故不矯失以為得。何也，蓋必有真得天下之理，不俟乎矯其失而後得之也。矯失以為得，則必喪其得……而本朝所以立國定制，維持人心，期於永存而不可動者，皆以懲創五季，而矯唐末之失策為言，細者愈細，密者愈密，搖手舉足，輒有法禁。而又文之以儒術，輔之以正論，人心日柔，人氣日惰，人才日弱……然觀朝廷之法制，士大夫之議論，隄防扃鐍，孰曰非矯唐末而懲創五季也哉。夫以二百餘年所立之國，專務以矯失為得，而真所以得之之道，獨棄置而未講。故舉一事，本以求利於事也，而卒以害是事。立一法，本以求利於法也，而卒以害是法……於是中原分剖，而不悟其繇，請和仇讎而不激其憤，皆言今世之病，而自以為無療病之方，甘心自處於不可振救，以坐視其敗。據往鑑今，而陛下深思其故者，豈非真所以得之之道未講歟（水心集卷三法度總論二）。

又說：

今自邊徼犬牙萬里之遠，皆自上制命，一郡之內，兵一官也，財一官也，彼監此臨，互有統屬，各有司存，推之一路猶是也。故萬里之遠，嚬伸動息，上皆知之，是紀綱之專也。雖然無所分畫，則無所寄任，天下泛泛焉而已。百年之憂，一朝之患，皆上所獨當，而群臣不與也。夫萬里之遠，皆上所制命，則上誠利矣。百年之憂，一朝之患，皆上所獨當，而其害如之何。此夷狄所以憑陵而莫禦，讎恥所以最盛而莫報也（水心集卷四實謀）。

其實，唐末五代之亂，不是由於方鎮，而是由於士卒擅廢立之權，葉適說：

唐之中世既失其紀綱，而藩鎮橫。及其後也，藩鎮復不能自有其威令，而士卒驕。五代之亂，帝王屢易者非藩鎮也，士卒也。雖然藩鎮居士卒之上，而士卒依藩鎮以為名，見者不察，而以其患專在於藩鎮（水心集卷五紀綱二）。

所以削節鎮之權，並不是對症下藥的。太祖「汰兵使極少，治兵使極嚴」（水心集卷五兵論二），後世不察，對於節鎮之權極盡拘束之能事，使他們不能獨立行事。內雖柔和，無狡悍思亂之民，而外綱疏漏，竟引起驕橫不臣之虜。葉適說：

國家規模特異前代，本緣唐季陵夷，藩方擅命。其極為五代廢立，士卒斷制之禍。是以收攬天下之權，銖分以上悉總於朝。上獨專操制之勞，而下獲享其富貴之逸，故內治柔和，無狡悍思亂之民，不煩寸兵尺鐵，可以安枕無事，此其得也。然外綱疎漏，有驕橫不臣之虜。雖聚重兵勇將，而無一捷之用，卒不免屈意損威，以就和好，此其失也（水心集卷一上孝宗皇帝劄子一）。

矯枉過正，細者愈細，密者愈密，搖手舉足，輒有法禁，人心日柔，人氣日惰，人才日弱。於是外寇橫行，而宋遂由南渡而至於滅亡。

第二節　軍備廢弛與外寇之患

宋的統一政策固然成功，而在成功之中又暴露了政策的缺點。在太祖太宗時代，國家致力於削平群雄，並講求如何維持統一的局面。這個時候，遼已取得燕雲十六州，南壓區夏。夏又勃興於西北，為中國患。夏之先世或謂為黨項羌，但其遠祖以拓跋為姓，又似為鮮卑種族（金史卷一百三十四西夏傳贊）。唐末，有拓跋思恭者因助平黃巢有功，賜姓李氏，許其世有銀、夏、綏、宥、靜五州之地（均在今陝西省）。五代大亂，夏之國力尚未強盛，未能為禍中國。宋興，夏乍降乍叛，或臣於遼，或臣於宋，而受兩國冊封。真宗時，其主李繼遷倚遼為援，西取靈州（今寧夏省之地），以為國都。繼遷卒，子德明嗣，仁宗天聖六年，攻取甘涼二州（今甘肅省）。甘涼素產良馬，國力益強。德明卒，子元昊嗣，國力大盛，不願臣事宋遼，於仁宗寶元二年，僭即帝位，國號大夏，盡取河西之地，其版圖東據河，西至玉門，南臨蕭關，北控大漠，延長萬里，時時與遼交結，為中國患。唐時，陸贄分析華夷之形勢，但其所說的，乃以一寇為目標。宋時，蘇轍則假定國外有兩寇，而闡明華的形勢。他說：

戎狄之俗畏服大種而輕中國。戎強則臣狄，狄強則臣戎。戎狄皆弱，而後中國可得而臣。戎狄皆強，而後侵略之患不至於中國。蓋一強而一弱，中國之患也。彼其弱者不敢獨戰，是以爭附強國之餘威，以趨利於中國，而後無所懼。強者并得弱國之兵，蕩然南下，而無復反顧之憂，然後乃敢專力於中國而不去。此二者以勢相從而不可開，是以中國之士常不得釋甲而息也（欒城應詔集卷五西戎論）。

然而我們須知夏之國力並不甚強，其所以能夠侵犯宋之邊境，乃因宋之軍隊太過分散。仁宗時，范仲淹曾說：

臣常計陝西四路之兵，數幾三十萬，非不多也。然各分守城寨，故每歲戰兵不過二萬餘人，坐食芻糧，不敢舉動。歲歲設備，常如寇至。不知賊人之謀，果犯何路，故犬羊之眾，動號十餘萬。以我分散之兵，拒彼專一之勢，眾寡不敵，遂及於敗。且彼為客，當勞而反逸；我為主當逸而反勞。我若復用此計，彼勞我逸，則取勝必矣（大學衍義補卷一百五十一守邊固圉之略下）。

英宗時，歐陽修亦說：

禦邊之備，東起麟府，西盡秦隴，地長二千餘里。分為路者五，而分為州為軍者又二十有四，而軍州分為塞為堡為城者又幾二百，皆須列兵以守之。故我兵雖眾，不得不分。所分既多，不得不寡。而賊之出也，常舉其國眾，合聚為一而來。是吾兵雖多，分之而寡。彼眾雖寡，聚之為多。以彼之多，擊吾之寡，不得不敗也……夫兵分備寡，兵家之大害也，其害常在我。以逸待勞，兵家之大利也，其利常在彼，所以往年賊常得志也。今試能反其事，而移我所害者予敵，奪敵所利者在我，則我當先為出攻之計，使彼疲於守禦，則我亦得志矣。凡出攻之兵勿為大舉，我每一出，彼必呼集而來拒。彼集於東，則別出其西。彼歸彼散，則我復出，而彼又集。我以五路之兵番休出入，使其一國之眾，聚散奔走，無時暫停，則無不困之虜矣（歐陽文忠公文集卷一百十四言西邊事宜第一狀治平二年）。

范仲淹與歐陽修之策即孫子所謂「佚而勞之」，杜牧引例解釋云「吳公子光問伐楚於伍員。員曰可為三軍以肄焉。我一師至，彼必盡出，彼出則歸。亟肄以疲之，多方以誤之，然後三師以繼之，必大克。從之，於是乎吳終入郢」（孫子集註卷一始計篇）。孫子云：「形人而我無形，則我專而敵分」。梅堯臣解釋云：「他人有形，我形不見，故敵分兵以備我」（孫子集註卷六虛實篇）。孫子繼著又說：「吾所與戰之地不可知，不可知，則敵所備者多，敵所備者多，則吾所與戰者寡矣。故備前則後寡，備後則前寡，備左則右寡，備右則左寡，無所不備，則無所不寡。寡者備人者也；眾者使人備己者也」（孫子集註卷六虛實篇）。昔者田豐曾勸袁紹用此以困曹操（魏書卷六袁紹傳），羊祜曾獻此策，使晉滅吳（晉書卷三十四羊祜傳）。崔仲芳亦獻此策，使隋滅陳（隋書卷六十崔仲芳傳）。但夏與曹魏及吳陳不同，夏可用此以困宋，宋不能用此以困夏。何以說呢？太宗至道二年李重貴言：

> 賊（西夏）居沙磧中，逐水草牧畜，無定居，便戰鬪，利則進，不利則走……彼聞兵勢太盛，不來接戰，且謀遠遁，欲追則人馬乏食，將守則地無堅壘（宋史卷二百七十九李重貴傳）。

案李重貴之言乃在太宗末年，經真宗而至仁宗慶曆年間，中間有七十餘年之久，夏之國情有否變更，宋遼金三史未有說明，倘若未曾改變，則范及歐陽所建議之抗夏政策不過紙上談兵而已。反之，宋以農立國，農民安土重遷，而又有城廓宮室，則夏用范及歐陽之策以制宋，實在方便。司馬光說：

> 近年以來，諒祚（元昊子，即位於宋仁宗慶曆八年）所以數揚虛聲，驚動邊鄙者，欲使中國之兵疲於奔命，耗散儲蓄，公私貧困，既而邊吏習以為常，不復設備，然後乘虛入寇也（司馬文正公傳家集卷三十五言西邊上殿劄子）。

抑有進者，太宗討平北漢之後，固曾乘勝督諸軍，趨燕薊，而竟敗還（太平興國四年），雍熙三年又遣曹彬等分道伐遼，又復敗卻。自是而後，攻伐寢議，雖有戰爭，事在保境。元時，郝經有言：

> 夫取天下有可以力并，有可以術圖。并之以力，則不可久，久則頓弊而不振。圖之以術，則不可急，急則僥倖而難成。故自漢唐以來，樹立攻取，或五六年，未有踰十年者。是以其力不弊，而卒能保大定功（元史卷一百五十七郝經傳）。

宋自太祖而至太宗太平興國四年，方能統一華夏。中間經過約有二十年之久，師老民憊，均欲小息仔肩。太宗既不能一鼓作氣，克復燕薊，勢只有安邊息民。而唐代方鎮之亂，起自邊境（范陽），延及內郡，又是宋所深慮。太宗末年雖在邊境也用文臣領兵。

> 至道故事，用文吏領兵，以轄邊境（宋史卷三百三十七范百祿傳）。

古代文武雖然不分，而其間亦有區別。北方六郡迫近胡羌，民俗修習戰備，高上勇力，鞍馬騎射，自古而然。漢時，郎選有六郡良家子一途，而選舉之法，沿邊各郡亦與內郡不同，內郡選賢良文學，邊郡選勇猛知兵之士，此蓋可以證明文武不盡相同。宋使文吏領兵，以轄邊境，在國防上已經失敗了。真宗時代，契丹來寇，直犯貝魏，此時朝臣如王欽若等，多密奏宜幸金陵以避其鋒。幸有寇準阻止，以為「陛下惟可進尺，不可退寸」（涑水記聞卷七）。真宗遂從寇準之言，御駕親征，契丹驚愕，奉書請盟。此時寇準乃欲討還燕薊，以固河北之防。富弼說：「河北二路為天下根本，燕薊之北為松亭關、古北口、居庸關，此中原險要，所恃以隔絕匈奴者也」。呂中亦說：「燕薊不收，則河北不固，河北不固，則河南不可高枕而臥」（讀史方輿紀要卷十直隸一）。尉繚子（第四篇戰威）云：「夫將之所以戰者民也，民之所以戰者氣也」。契丹圍瀛州，真宗從寇準言，御駕親征，遠近望見御蓋，踴躍歡呼，兵民皆有氣矣。顧真宗厭戰，不聽寇準之言。澶淵議和，契丹不折一矢，每年乃得到了三十萬金幣。

> 契丹圍瀛州，直犯貝魏，中外震駭。參知政事王欽若江南人也，請幸金陵，陳堯叟蜀人也，請幸成都。帝問準，準心知二人謀，乃陽若不知，曰誰為陛下畫此策者，罪可誅也。今陛下神武，將臣協和，若大駕親征，賊自當遁去，不然，出奇以撓其謀，堅守以老其師，勞佚之勢，我得勝算矣。奈何棄廟社，欲幸楚蜀遠地，所在人心崩潰，賊乘勢深入，天下可復保邪。遂請帝幸澶州，及至南城，契丹兵方盛，眾請駐蹕以覘軍勢。準固請曰，陛下不過河，則人心益危，敵氣未懾，非所以取威決勝也。……麾衛士進輦，帝遂渡河，御北城門樓。遠近望見御蓋，踴躍歡呼，聲聞數十里。契丹相視驚愕，不能成列……乃密奉書請盟，準不從，而使者來請益堅，帝將許之。準欲邀使稱臣，且獻幽州地。帝厭兵，欲羈縻不絕而已。有譖準幸兵以自取重者，準不得已許之。帝遣曹利用如軍中議歲幣，曰百萬以下皆可許也。準召利用至幄，語曰雖有敕，汝所許毋過三十萬，過三十萬，吾斬汝矣。利用至軍，果以三十萬成約而還，河北罷兵，準之力也（宋史卷二百八十一寇準傳）。

司馬法（第一篇仁本）云：「國雖大，好戰必亡。天下雖安，忘戰必危」。宋自澶淵議和之後，邊患雖弭，全國卻耽於苟且偷安。這個時候，夏已崛起於西北，仁宗時賈昌朝說：

> 自西羌之叛，士不練習，將不得人，以屢易之將馭不練之士，故戰則必敗，此削方鎮太過之弊也……太祖雖削武臣之權，然一時賞罰及用財集事皆聽其專……今每命將帥，必先疑貳，非近倖不信，非姻舊不委。今陝西四路總管而下，鈐轄都監巡檢之屬悉參軍政。謀之未成，事已先漏。甲可乙否，上行下戾，主將不專號令，故動則必敗（宋史卷二百八十五賈昌朝傳）。

案漢唐時代也曾受到外寇（匈奴、突厥）之患，然其屈意講和，乃欲拖延時日，暗修武備。武力有餘，則以兵治之，並不是有攘卻之力，用和親之謀，示弱而勞費。乘可取之資，懷畏避之志，失機而養寇。宋則不然，規規於盟歃之間，而壘不修，兵不練，坐視外夷強大。仁宗時，王沿曾言：

> 漢唐之初，兵革才定，未暇治邊圉，則屈意以講和。承平之後，武力有餘，而外侮不已，則以兵治之。孝武之於匈奴，太宗之於突厥頡利是也。宋興七十年，而契丹數侵深趙貝魏之間，先朝患征調之不已也，故屈己與之盟。然彼以戈矛為耒耜，以剽虜為商賈，而我壘不堅，兵不練，而規規於盟歃之間，豈久安之策哉（宋史卷三百五王沿傳）。

此種苟安心理所以發生，據蘇洵言，「彼皆不知其勢將有遠禍歟？知其勢將有遠禍，而度己不及見，謂可以寄之後人，以苟免吾身者也」（嘉祐集卷一審敵）。由此心理的作用，士大夫遂高談闊論，說仁義，談禮樂，「平時諱言武備」（范仲淹言，見宋史卷三百十四范仲淹傳）。甚至任命將帥，多非其人。仁宗時，賈昌朝上言：

> 太祖初有天下，監唐末五代方鎮武臣土兵牙校之盛，盡收其威權，當時以為萬世之利。及太宗時，將帥率多舊人，猶能仗威靈，稟成算，出師禦寇，所向有功。近歲恩倖子弟，飾廚傳，鈞名譽，多非勳勞，坐取武爵，折衝攻守，彼何自而知哉（宋史卷二百八十五賈昌朝傳）。

范仲淹亦謂：

> 自真宗皇帝之初，猶有舊將舊兵，多經戰敵，四夷之患足以禦防。今天下休兵餘二十載，昔之戰者今已老矣，今之少者未知戰事。人不知戰，國不慮危（范文正公集卷七天聖三年奏上時務書）。

賈昌朝歸咎於命將無方，范仲淹更進一步，說明人不知戰，遂至忘及國家之危。其實，宋自太宗而至於仁宗之時，外族寇邊並未少休。但宋之君臣乃如歐陽修所說：只有懼虜之色，而無憂虜之心，遂致不知奮發圖強。他說：

臣又見朝廷常有懼虜之色，而無憂虜之心。夫憂之與懼，名近而意殊。憂者深思極慮而不敢暫忘。懼者臨事惶惑而莫知所措。今邊防之事，措置多失其機者，懼虜之意過深也。若能察其強弱之形，得其情偽之實，則今日之事誠不足懼，而將來之患深有可憂。奈何不憂其深可憂，而反懼其不足懼（歐陽文忠公文集卷一百十八論契丹侵地界狀）。

君臣上下知懼而不知憂。懼則喪失勇氣，憂則思慮所以制敵之法。不憂而懼，弄到結果，邊境有急，雖焦心勞思，烽燧稍息，又歌舞太平。朝廷以此欺騙人民，人民亦以此自己欺騙。司馬光說：

臣竊見國家每邊境有急，羽書相銜……則廟堂之上焦心勞思，忘寢廢食以憂之。當是之時，未嘗不以將帥之不選，士卒之不練……追責前人以其備禦之無素也。幸而烽燧息……則明王舉萬壽之觴於上，群公百官歌太平縱娛樂於下，晏然自以為長無可憂之事矣（司馬文正公傳家集卷二十一進五規狀，遠謀）。

孫子（第八篇九變）云：「用兵之法，無恃其不來，恃吾有以待之。無恃其不攻，恃吾有所不可攻也」。但宋定都汴州，距離遼夏頗遠。天子既不親臨險地，寓臥薪嘗膽之意，群臣便苟且偷安，無恢復失地之心。邊防廢弛即其明證。漢採正卒之制，唐用府兵之法，兵農合一，宋則採用傭兵，而如陳恕所言：

古者兵出於民，無寇則耕，寇至則戰，今之戎士皆以募致，衣食仰給縣官（宋史卷二百六十七陳恕傳）。

這種募致的軍隊共分四種。一是禁兵，「禁兵者天子之衛兵也」，其數最多，「列營京畿，以備宿衛，分番屯戍，以捍邊圉」（宋史卷一百八十七兵志一）。二是廂兵，「廂兵者諸州之鎮兵也」，「然罕教閱，類多給役而已」（宋史卷一百八十九兵志三）。三是鄉兵，「鄉兵者選自戶籍，或土民應募，在所團結訓練，以為防守之兵也」（宋史卷一百九十兵志四）。四是蕃兵，「蕃兵者具籍塞下內屬諸部落，團結以為藩籬之兵也」（宋史卷一百九十一兵志五）。他們多係饑民，投身於軍隊之中，以得衣食。案四民之中，農民最苦。司馬光說：

四民之中，惟農最苦，寒耕熱耘，霑體塗足，戴日而作，戴星而息。蠶婦治繭，績麻紡緯，縷縷而積之，寸寸而成之，其勤極矣。而又水旱霜雹蝗蜮間為之災，幸而收成，公私之債，交爭互奪。穀未離場，帛未下機，已非己有。所食者糠粃而不足，所衣者綈褐而不完。直以世服田畝，不知舍此之外，有何可生之路耳（宋史卷一百七十三食貨志上一農田）。

宋到仁宗時代，承平日久，土地漸次集中。

後承平寖久，勢官富姓占田無限，兼併冒偽，習以成俗，重禁莫能止焉（宋史卷一百七十三食貨志上一農田）。

其原因蓋如蘇轍所說，一般人民不知豐年必有所貯，以備凶年之用。遂令商賈乘機侔利，賤取而貴賣。救之之法，蘇轍雖然主張平準，宋朝不但未行平準，縱令行之，而漢代平準的失敗，似亦未必有濟於事。蘇轍之言如次：

民之為性，豐年食之而無餘，饑年則轉死溝壑而莫之救。富商大賈乘其不足而貴賣之，以重其災。因其有餘而賤取之，以待其弊。予奪之柄歸於豪民，而上不知收，粒米狼戾而不為斂，藜藿不繼而不為發。故為之法曰，賤而官為糴之，以無傷農，貴而官為發之，以無傷民（欒城應詔集卷九民政上第五道）。

農民失去土地，變為流民。其尚保有土地者，又因賦役繁重，平時已經惡衣糲食，一遇凶年，就流離異鄉，轉死溝壑。請看仁宗嘉祐六年司馬光之言。

今國家每下詔書，必以勸農為先。然而農夫日寡，游手日繁，豈非為利害所驅邪。今農夫苦身勞力，惡衣糲食，以殖百穀，賦斂萃焉，徭役出焉。歲豐則賤糶以應公上之需，給債家之求。歲凶則流離異鄉，轉死溝壑……然則勸農者言也，害農者政也。天下生之者益少，食之者益多，欲穀之無涸得乎哉（司馬文正公傳家集卷二十二論勸農上殿劄子）。

流民遍地，宋只有收編之以為軍隊，即將無組織的流民改編為有組織的軍隊，使他們有所衣食，不至擾亂社會❹。下列之例可以說明宋代軍隊乃寓賑卹之意，即國防之意義少，救貧之意義多。例如：真宗時：

方偕為溫州軍事推官，歲饑，民欲隸軍就廩食，州不敢擅募，偕乃詣提點刑獄呂夷簡曰，民迫流亡，不早募之，將聚而為盜矣。夷簡從之，籍為軍者七千人（宋史卷三百四方偕傳）。

豪強兼併，歲或不登，「富者操奇贏之資，貧者取倍稱之息，一或小稔，富家責償愈急，稅調未畢，資儲罄然」（宋史卷一百七十三食貨志上一農田）。景祐初，民多棄農為兵。

百姓多棄農為兵（宋史卷一百七十三食貨志上一農田）。

皇祐中，民多流徙為間民。

民罕土著，或棄田流徙為間民（宋史卷一百七十三食貨志上一農田）。

政府只有將他們隸於軍隊。

富弼之移青州，擇公私廬舍十餘萬區，散處流民以廩之，凡活五十餘萬人。募而為兵者又萬餘人，天下傳以為法（宋史卷一百七十八食貨志上六振恤，此事當在仁宗皇祐中）。

❹ 據宋史卷三百十一呂夷簡傳，夷簡提點兩浙刑獄，在真宗時。這當是宋代因饑荒募民為兵之始。

請看蘇軾之言：

加以明道寶元之間（仁宗年號，在皇祐前），天下旱蝗。次及近歲，青齊之飢與河朔之水災，民急而為兵者日益以眾（東坡七集應詔集卷五策別二十一）。

既募民以為兵了，至於衰老而無歸，就不能棄去不用，於是募兵雖眾，而老弱之徒居多。蘇軾說：

及至後世，兵民既分，兵不得復為民，於是始有老弱之卒。夫既以募民而為兵，其妻子屋廬既已託於營伍之中，其姓名既已書於官府之籍，行不得為商，居不得為農，而仰食於官。至於衰老而無歸，則其道誠不可以棄去。是故無用之卒，雖薄其資糧，而皆廩之終身。凡民之生，自二十以上至於衰老，不過四十餘年之間。勇銳強力之氣足以犯堅冒刃者，不過二十餘年。今廩之終身，則是一卒凡二十年無用而食於官也。自此而推之，養兵十萬則是五萬人可去也。屯兵十年則是五年為無益之費也（東坡七集應詔集卷五策別二十一）。

兵額雖多，而「所募多市井選愞，不足以備戰守」（宋史卷一百八十七兵志一）。案吾國兵制，自唐改徵為募，而五代士兵又無紀律，人民已不願意為兵。若據張方平之言，尚有別的原因。

仁宗慶曆元年張方平言，民之所以懼籍為兵者，不唯鋒刃矢石之難，且重去其鄉土、終身於親愛宗族永相隔絕也（大學衍義補卷一百十九郡國之守）。

良民不願從軍，其從軍者均是市井無賴之人，故宋之軍隊不但不足以保護國家，且為敵人所輕視。舉例言之：

萬勝軍皆京師新募市井無賴子弟，罷耎不能戰，敵目曰東軍，素易之（宋史卷三百二十四張亢傳）。

禁軍派往戍邊，其戰鬥力不如邊境土兵之驍勇善戰。

是時禁兵多戍陝西并邊，土兵雖不及等，然驍勇善戰。京師所遣戍者，雖稱魁頭，大率不能辛苦，而摧鋒陷陣，非其所長（宋史卷一百八十七兵志一）。

然其廩給之厚竟然超過土兵三倍。蘇轍說：

今世之強兵莫如沿邊之土人，而今世之惰兵莫如內郡之禁旅。其名愈高，其廩愈厚；其廩愈厚，其材愈薄。往者西邊用兵，禁軍不堪其役，死者不可勝計。羌人每出，聞多禁軍，輒舉手相賀；聞多土兵，輒相戒不敢輕犯。以實較之，土兵一人，其材力足以當禁軍三人。禁軍一人，其廩給足以贍土兵三人。使禁軍萬人在邊，其用不能當三千人，而常耗三萬人之畜……以此權之，則土兵可益，而禁軍可損，雖三尺童子知其無疑也（欒城集卷二十一熙寧二年上皇帝書）。

這又有似於唐代天子禁旅比之窮邊長鎮之兵，廩賜之饒竟有三倍之益，而多係市肆屠沽之人，驅以就戰，百無一堪了。

士卒如斯，將校如何，當時守邊之吏多係儒臣。真宗時邵亢曾言：

今天下久不知戰，而所任多儒臣，未必能應變（宋史卷三百十七邵亢傳）。

且以紈袴子弟居多。

邊任多紈袴子弟（宋史卷二百九十二明鎬傳）。

所以仁宗時，魚周詢才說：

近元昊背惠，西方宿師，朝廷用空疎闒茸者為偏裨，以游惰怯懦者備行伍，故大舉即大敗，小戰輒小奔

（宋史卷三百二魚周詢傳）。

士卒皆市井無賴，將校多紈袴子弟，於是不但外夷，就是國人對於軍人亦一反吾國古來文武不分的觀念，而有鄙視之心。余玠說：

> 今世胄之彥，場屋之士，田里之豪，一或即戎，即指之為麤人，斥之為噲伍（宋史卷四百十六余玠傳）。

世人既不重視軍人，軍人亦自暴自棄，娼婦隨軍而行。國家有三軍之懽，而軍人乃有桑中之喜。這種軍隊何能作戰。

> 軍行，娼婦多從之（宋史卷二百九十二明鎬傳）。

其實，當時軍人生活頗見艱苦，禁兵戍邊，家人不能自存。仁宗時張士遜說：

> 禁兵久戍邊，其家在京師有不能自存者（宋史卷三百十一張士遜傳）。

至於將帥，當其受命之時，固欲攻堅陷陣，一旦遇到敵人，又復閉壘不戰，這種退縮情形早在真宗時李宗諤已經說過了。他謂：

> 將帥……始受命，則無不以攻堅陷陣為壯圖，及遇敵，則惟以閉壘塞關為上計（宋史卷二百六十五李宗諤傳）。

此無他，內憂家屬之窘匱，外憂姦邪之憎毀，誰肯奮不顧身，效死疆場。真宗時，李繼和說：

> 守邊之臣，內憂家屬之窘匱，外憂姦邪之憎毀，憂家則思為不廉，憂身則思為退迹，思不廉則官局不治，思退迹則庶事無心。欲其奮不顧身，令出惟行，不可得已。良由賞未厚恩未深也。賞厚則人無顧內之憂，恩深則士有效死之志。古之帝王皆懸爵賞以拔英俊，卒能成大功。大凡君子求名，小人狥利，……苟能……

選擇英傑，高官厚賞不吝先與。往日，留半奉給其家，半奉資其用，然後可以責潔廉之節，保必勝之功也（宋史卷二百五十七李繼和傳）。

軍隊如斯弱懦，而國家還是招兵不已，既然招兵不已，而北虜來寇之時，又以軍隊不可用，而願割地增帛，屈意言和。所以葉適才說：

國家有休兵之實，過於文景，而天下被用兵之禍甚於武帝……今之……兵，總其成數，斯不少矣……上下徊徨，皆曰兵不可不養也。屈意仇讎，堅守盟誓，行人歲遣，賝貨空矣。然而內外怵惕，又皆曰兵不可用也。不知兵既不可不養，而何以反不可用歟。統副非人，朘削稟賜，卒伍窮餓，怨嗟流聞。議者又以為就使用之，終不可以致其死命也。不知既不可用，而徒養之，又何知徒養之者為累歟（水心集卷一上光宗皇帝劄子）。

且也，西漢全盛時，甚注意兵器之精良。鼂錯有言：「兵不完利，與空手同。甲不堅密，與袒裼同。弩不可以及遠，與短兵同。射不能中，與亡矢同。中不能入，與亡鏃同」（漢書卷四十九鼂錯傳）。宋之兵器如何？

神宗時，有臣僚上言曰，方今外禦兩邊之患，內虞盜賊之變，而天下歲課弓弩甲冑之類，入充武庫之積，以千萬數，乃無一堅好精利，實可以為武備者。臣嘗觀諸州作院，有兵匠乏少，而拘市人以備役；所作之器但形質具而已矣。武庫吏亦惟計其多寡之數藏之，未有責其實用者。故所積雖多，大抵敝惡。為政如此，而欲抗威決勝，外懾夷狄之強獷，內阻姦宄之竊發，未見其可（大學衍義補卷一百二十二器械之利下）。

軍隊之腐化如彼，武器之敝惡又如此，何能攘方興之外寇。案北宋初年為中國之患者乃是遼夏二國。

而二國之戶口均不甚多，換言之，即兵不如宋多。宋之戶口據宋會要所載，可列表如次：

宋戶口表

年代	主客戶	口數
太宗至道三年	四、一三二、五七六	
真宗天禧五年	八、六七七、六七七	一九、九三〇、三二〇
仁宗天聖七年	一〇、一六二、六八九	二六、〇五四、二三八
慶曆八年	一〇、七二三、六九五	二一、八三〇、〇六四
嘉祐八年	一二、四六二、三一七	二六、四二一、六五一
英宗治平三年	一二、九一七、二二一	二九、〇九二、一八五
神宗熙寧八年	一五、六八四、五二九	二三、八〇七、一六五
元豐六年	一七、二一一、七一三	二四、九六九、〇〇〇
哲宗元祐六年	一八、八五五、〇九三	四一、四九二、三一一
元符二年	一九、七一五、五五五	四三、四一一、六〇六
徽宗崇寧元年	二〇、〇一九、〇五〇	四三、八二〇、七六九
高宗紹興三十年	一一、三七五、七三三	一九、二二九、〇〇八
孝宗乾道二年	一二、三三五、四五〇	二五、三七八、六八四
光宗紹熙四年	一二、三〇二、八七三	二七、八四五、〇八五
寧宗嘉定十六年	一二、六七〇、八〇一	二八、三五〇、〇八五

按西漢唯在平帝時代，東漢唯在桓帝時代，戶數才有千萬以上，口數均為五千餘萬。唐的戶數均在千萬以下，而口數亦比北宋為多。漢唐兩代每戶平均約有五口。宋自仁宗以後，戶數雖然均在千萬以上，而

平均每戶乃不及三口，甚至不及二口，則其口數殊欠確實，可想而知。仁宗時李覯已言：

今之浮客佃人之田，居人之地者，蓋多於主戶矣（李直講文集卷二十八寄上孫安撫書）。

徽宗時，戶版訛隱更多。

德霸二州戶口之數率三戶四口，則戶版訛隱，不待校而知（宋史卷一百七十四食貨志上二賦稅）。

口數既然不少，而游民又多，則募集軍隊自非難事。反之契丹西夏人口均少，這與漢時匈奴有控絃之士四十餘萬，大不相同。契丹本係遊牧民族，「其富以馬，其強以兵，縱馬於野，弛兵於民。有事而戰，彍騎介夫，卯命辰集，馬逐水草，人仰湩酪，挽強射生，以給日用，糗糧芻茭，道在是矣。以是制勝，所向無前」（遼史卷五十九食貨志一）。到了五代，「內建宮廟朝廷，外置郡縣牧守」（遼史卷五十九食貨志一）。太祖（阿保機）已經「專意於農」，太宗（德光）又「詔有司勸農桑，教紡織」（遼史卷五十九食貨志一）。由此可知契丹自阿保機立國之後，其經濟已由遊牧漸次變為農耕，農耕民之所短，契丹與中國共之。而契丹人口乃不及中國之多。郭諮說：

契丹之地，自瓦橋至古北口，地狹民少。自古北口至中原，屬奚契丹。自中原至慶州，道旁纔七百餘家。蓋契丹疆土雖廣，人馬至少。儻或南牧，必率高麗渤海黑水宮真室韋等國會戰，其來既遠，其糧匱乏（宋史卷三百二十六郭諮傳）。

西夏與契丹不同，它是新興之邦，居沙磧之中，利則進，不利則走。其來寇邊，一遇漢軍出禦，復即遁去。太宗時，盧斌已經說過：

羌夷之族，馬驕兵悍，往來無定，敗則走他境，疾戰沙漠，非天兵所利（宋史卷三百八盧斌傳）。

真宗亦說：

李繼遷（西夏主）每來寇邊，及官軍出，則已遁矣（宋史卷四百九十二吐蕃傳）。

漢軍欲深入其地，而糗糧不支，欲窮其巢穴，須涉大河，而長舟巨艦又非倉卒可辦。而我師半渡，西夏乘勢掩擊，更覺無法捍禦。這種情況，仁宗時夏竦已經明言：

繼遷竄伏平夏，元昊窟穴河外，地勢可知也。若分兵深入，糗糧不支，師行賊境，利於速戰。儻進，則賊避其鋒，退則敵躡其後，老師費糧，深可虞也。若窮其巢穴，須涉大河，長舟巨艦，非倉卒可具也。若浮囊挽梗，聯絡而進，我師半渡，賊乘勢掩擊，未知何謀可以捍禦（宋史卷二百八十三夏竦傳）。

然而西夏戰士亦僅十萬，哲宗時，呂大忠說：

夏人戍守之外，戰士不過十萬，吾三路之眾足以當之矣（宋史卷三百四十呂大忠傳）。

敵人兵力如斯，何以宋對於遼夏兩國竟然束手無策？自澶淵和談之後，遼每歲得到大宗銀絹，似已無意南侵。故為北宋之患者乃是西夏。西夏於真宗咸平五年陷靈州，靈州秦漢時屬北地郡，乃關中之屏蔽，河隴之噤喉，為中外必爭之地。劉綜曾言「靈州為西陲巨屏，所宜固守，以為扞蔽」（宋史卷二百七十七劉綜傳）。靈州淪陷，西夏遂成強敵。西夏不但長於攻守，又善運用外交政策，即如富弼所說：「元昊援契丹為親，緩則指為聲勢，急則假其師徒，至有犄角為奇，首尾相應，彼若多作牽制，我則困於分張」（續資治通鑑卷四十二宋仁宗寶元二年九月）。宋之處境已經困難了。一方遼每以欲戰之勢以脅宋，而如蘇洵所說：「匈奴（遼）之謀必曰，我百戰而勝人，人雖屈，而我亦勞。馳一介入中國，以形凌之，以勢邀之，歲得金錢數百千萬。如此數十年，我益數百千萬，而中國損數百千萬，吾日以富，中國日以貧，然後足以有為也……

其心惟恐吾之一旦絕其好，以失吾之厚賂也。然而驕傲不肯少屈者何也。其意曰邀之而後固也」（嘉祐集卷一審敵）。同時西夏又不斷的擾亂邊境，而宋之大臣對於西夏之政策，又復和戰不一。慶曆元年，西夏入寇，韓琦主張集中兵力，先發制賊（宋史卷三百十二韓琦傳）。范仲淹主張「按兵不動，以觀其釁」，「屯兵營田，為持久計」（宋史卷三百十四范仲淹傳）。此時兩人均在陝西，負經略招討之責。主帥意見既殊，策略遂難決定，卒至師徒敗北（宋史卷四百八十五夏國傳上）。神宗即位，有經略西夏之志，元豐四年，夏主秉常為其母梁氏所幽，宋認為有機可乘，即命五路出師，而以宦官李憲為統帥。事前既無作戰計劃，師出之後，各路又進退不一。夏人遂用堅壁清野之策，縱宋軍深入，「聚勁兵於靈夏，而遣輕騎抄絕其餽運」，宋師大敗而歸。神宗「中夜得報，起環榻行，徹旦不能寐」（宋史卷二百四十二英宗宣仁高皇后傳）「臨朝痛悼」（宋史卷四百八十六夏國傳下）。哲宗以後，新舊兩黨更迭執政。舊黨欲以恩信懷柔夏人，然而太過姑息苟安，元祐年間，司馬光秉政，竟然不惜棄地講和，而卒不能遏止夏人的野心，徒徒增加夏人的輕視。新黨欲用武力，制服西夏，而寡謀輕敵，又復師出無功。例如徽宗時代，蔡京當國，命宦官童貫帥師伐夏，雖然頗有斬獲，而結果亦遭敗挫，「關輔為之蕭條」（宋史卷四百八十六夏國傳下）。宋對西夏，累戰累敗，蓋有其原因焉。按宋鑑唐末五代方鎮之禍，「太祖削諸侯跋扈之勢，太宗杜僭偽覬望之心」（宋史卷二百九十三王禹偁傳），其收武臣之權，可以說是不得已之事。然而矯枉過正，縱在作戰之時，亦不欲兵權屬於一人，六韜（第十二篇兵道）云：「凡兵之道莫過乎一，一者能獨往獨來」。而臨陣決戰，又欲自內遙制。六韜（第二十一篇立將）云：「軍中之事不聞君命，皆由將出」。三略（中略）亦云：「出軍行師，將在自專，進退內御，則功難成」。宋代天子對此淺顯的兵法，竟不知之，這在軍事上已經注定失敗的運命了。有時雖派統帥，又以宦官任之，如神宗時的李憲，徽宗時的童貫等是。甚者，大將要處罰臨陣脫逃之偏校，亦須向中央請示。

> 西方用兵，偏校有臨陣先退，望敵不進者，大將守著令皆中覆。文彥博言，此可施之平居無事時爾，今擁兵數十萬，而將權不專，兵法不峻，將何以濟（宋史卷三百十三文彥博傳）。

兼以各路又有監軍之制，由走馬承受負其責。走馬承受本來只監司一路軍事及邊境安危，而乃常常干涉作戰計劃。李覯說：

> 用兵之法，一步百變，見可則進，知難則退。而曰有王命焉，是白大人以救火也，未及反命而煨燼久矣。曰有監軍焉，是作舍道邊也，謀無適從，而終不可成矣。窮跡其原，蓋知之不盡，信之不篤也。知之不盡，恐其不賢也。信之不篤，懼其不忠也。不賢而無所制，則或敗事矣，不忠而無所監，則或生變矣。是故束之以詔令，持之以親貴焉。然恐其不賢，胡不選賢而任之。懼其不忠，胡不擇忠而使之……與其用之疑，曷若取之之慎（李直講文集卷十七強兵策第六）。

降至後代，「守邊多用庸人」（宋史卷三百二魚周詢傳）。「方鎮無數更易」（宋史卷二百八十五賈昌朝傳）。士不練習，將不擇人，以屢易之將，馭不練之士，故每戰必敗。

> 太祖初有天下，監唐末五代方鎮武臣土兵牙校之盛，盡收其威權，當時以為萬世之利。及太宗時，將帥率多舊人，猶能仗威靈，稟成算，出師禦寇，所向有功。近歲恩倖子弟，飾廚傳，釣名譽，多非勳勞，坐取武爵，折衝攻守，彼何自而知哉。然邊鄙無事，尚得自容。自西羌之叛，士不練習，將不得人，以屢易之將，馭不練之士，故戰則必敗，此削方鎮太過之弊也。況親舊恩倖出即為將，素不知兵，一旦付以千萬人之命，是驅之死地矣。此用親舊恩倖之弊也（宋史卷二百八十五賈昌朝傳）。

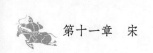

此蓋太祖削諸侯跋扈之勢，太宗杜僭偽覬望之心，不欲守土之卒有精兵銳器，故其鎧仗多不完備。真宗時，王禹偁說：

> 臣比在滁州，值發兵挽漕，關城無人守禦，止以白直代主開閉。城池頹圮，鎧仗不完。及徙維揚，稱為重鎮，乃與滁州無異。嘗出鎧甲三十副與巡警使，臣彀弩張弓，十損四五。蓋不敢擅有修治，上下因循，遂至于此。今黃州城雉器甲復不及滁揚，萬一水旱為災，盜賊竊發，雖思禦備，何以枝梧（宋史卷二百九十三王禹偁傳）。

仁宗時，歐陽修亦言：

> 河東沿邊州軍器械全然不堪。臣昨到彼，見逐處弓弩無十數，核可施用者。問其何故？云為省司惜筋膠，支請不得。縱支得，即角短筋脆，不堪使用，久無物料修治，是致廢壞（歐陽文忠公文集卷一百十五論西北事宜劄子）。

士卒率多瘦弱，張亢說：

> 國家承平日久，失於訓練，今每指揮藝精者不過百餘人，餘皆瘦弱不可用。且官軍所持者步軍與強弩爾。臣知渭州日，見廣勇軍彍弩者三百五十人，引一石二斗者僅百人，餘僅及七八斗（宋史卷三百二十四張亢傳）。

將帥復甚怯敵，每有交戰，輒令官卑者領少數之兵先出。即如唐時陸贄所說：「擁旄之帥，身不臨邊，但分偏師，俾守疆埸。大抵軍中壯銳，元戎例選自隨，委其疲羸，乃配諸鎮。節將既居內地，精兵只備紀綱，遂令守要禦衝恆在寡弱之卒，寇戎每至，力勢不支」（陸宣公全集卷九論緣邊守備事宜狀）。宋之緣邊守備也是一樣。

先是詔分邊兵，總管領萬人，鈐轄領五千人，都監領三千人，寇至禦之，則官卑者先出。仲淹曰將不擇人，以官為先後，取敗之道也（宋史卷三百十四范仲淹傳）。

軍政如斯腐化，全國上下知不能戰，亦不敢戰，遂只有苟安之謀，而無經遠之策。當時朝廷最怕邊臣生事，神宗有經略四夷之志，而鄭獬還說：

臣竊見手詔，深戒邊臣無得生事（宋史卷三百二十一鄭獬傳）。

甚至立功之將，朝廷亦不敢予以厚賞。

吐蕃將攻河川，游師雄欲先發以制之，請於帥劉舜卿……議三日乃定……捷書聞，百僚表賀，遣使告永裕陵，將厚賞師雄，言者猶以為邀功生事，止遷一官（宋史卷三百三十二游師雄傳）。

這頗有似於西漢元帝時代，陳湯誅殺郅支，雖立大功，而丞相匡衡乃謂其「擅興師矯制……生事於蠻夷，為國招難，漸不可開」（漢書卷七十陳湯傳）。朝廷既然只有苟安之念，於是敵人雖有可乘之機，而宋之君臣皆不敢乘勢進攻。例如真宗時：

繼遷死，其子德明請命于朝。瑋言，繼遷擅河南地二十年，兵不解甲，使中國有西顧之憂。今國危子弱，不即捕滅，後更強盛，不可制。願假臣精兵，出其不意，禽德明送闕下，復河西為郡縣，此其時也。帝方以恩致德明，不報（宋史卷二百五十八曹瑋傳）。

兩國接壤，勢難兩立，那可棄武力，而以恩惠致。殷末，文王伐犬戎，敗耆國，伐邘，伐崇侯虎（史記卷四周本紀）。三分天下有其二，那裡是用恩惠以致之。仁宗時：

程琳為陝西安撫使，元昊死，諒祚立，方幼，三大將分治其國。議者謂可因此時以節度使啖三將，使各有所部分，以弱其勢，可不戰而屈矣。琳曰幸人之喪，非所以柔遠人，不如因而撫之，議者惜其失幾（宋史卷二百八十八程琳傳）。

這只是宋襄之仁，以宋之國力，那能柔遠人而懷諸戎。宋以儒立國，而又不識儒家之大道，孔子為魯司寇，欲毀三孫之城，既墮叔孫之郈了，又墮季孫之費了。孟孫弗墮，孔子請魯公圍之，雖然弗克，孔子不惜採用武力，由此亦可知道。神宗時：

章衡使遼……使歸復命，言遼境無備，因此時可復山後八州，不聽（宋史卷三百四十七章衡傳）。

此蓋朝廷昧於敵人形勢。安燾有言：「為國者不可好用兵，亦不可畏用兵。好則疲民，畏則遺患」（宋史卷三百二十八安燾傳）。宋既畏戰而欲和，敵人則持欲戰之形，要求厚贈金繒，屢用而屢得志，中國始終處於被動的地位，終至一蹶不振。蘇軾說：

其始也，不得已而後戰，其終也，逆探其意而與之和，又從而厚餽之，惟恐其一日復戰也。如此，則賊常欲戰，而我常欲和。賊非能常戰也，特持其欲戰之形，以乘吾欲和之勢，屢用而屢得志。是以中國之大，而權不在焉（東坡七集應詔集卷五策斷二十三）。

呂大防亦說：

夏本無能為，然屢遣使而不布誠欵者，蓋料我急於議和耳（宋史卷三百四十呂大防傳）。

而宋之御戎政策又不得其法，外夷附順，喜較末節，及其桀驁，又復姑息，司馬光說：

國家當戎夷附順時，好與之計較末節，及其桀驁，又從而姑息之（宋史卷三百三十六司馬光傳）。

蘇轍亦言：

方夏人猖獗，寇鈔未已，則務行姑息，恐失其心。夏人恭順，朝貢以時，則多方徵求，苟欲自利。以此，凡所與奪多失其宜（欒城集卷四十三論前後處置夏國乖方劄子）。

殊不知動靜得宜，乃是對付敵人之良策。應用兵而持重，則長敵人之氣，應持重而用兵，又足以僨事敗國。田錫有言：

動靜之機不可妄舉……動謂用兵，靜謂持重。應動而靜，則養寇以生姦。應靜而動，則失時以敗事。動靜中節，乃得其宜（宋史卷二百九十三田錫傳）。

宋在應戰時不敢戰，應和時不肯和，和戰失去時宜，於是外患不絕於史，而割地賠款，遂成為宋代苟延殘喘的政策。然而抱薪救火，薪不盡，火不滅。漢唐初年，對於匈奴突厥，固曾歲遺金繒，而絕不肯割地。蓋賠款既可驕敵人之心，而拖延歲月，又能陰修甲兵，以備報復。割地則我之領土日蹙，敵之領土日廣，我日益弱，敵日以強。金興，宋就失去江北，元興，宋又失去江南之地，終至滅亡。

第三節　王安石變法的失敗及朋黨之爭

宋自澶淵議和之後，耽於苟安，政風士氣多務因循。真宗「以無事治天下」，王旦為相，「謂祖宗之法具在，務行故事，慎所變改」（宋史卷二百八十二王旦傳）。真宗之後，繼以仁宗。仁宗在位四十二年，雖然「深仁厚澤，涵煦生民，然仁文有餘，義武不足」（宋史卷三百三十四徐禧等傳論），安常習故之風更見滋長。蓋仁宗意在遵守故常：

帝頗以好名為非，意在遵守故常（宋史卷二百九十二田況傳）。

薦紳均以寬厚沉默為德。

時天下久安，薦紳崇尚虛名，以寬厚沉默為德，於事無所補（宋史卷二百九十九張洞傳）。

而宰相呂夷簡又「以姑息為安，以避謗為智」（宋史卷二百八十八孫沔傳），所以史臣才說：

當仁宗在位時，宋興且百年，海內嘉靖，上下安佚，然法制日以玩弛，徼幸之弊多（宋史卷二百九十五尹洙等傳論）。

仁宗嘉祐三年，蘇洵上言：

方天下初定，民厭勞役，則聖人務為因循之政，與之休息。及其久安而無變，則必有不振之禍。是以聖人破其苟且之心，而作其怠惰之氣。漢之元成，惟不知此，以至於亂。今天下少惰矣，宜有以激發其心，使踴躍於功名，以變其俗……臣觀今兩制以上，非無賢俊之士，然皆奉法供職無過而已，莫肯於繩墨之外，為陛下深思遠慮，有所建明。何者，陛下待之於繩墨之內也（嘉祐集卷九上皇帝書）。

此蓋宋承唐末五代之後，朝廷所忌的乃是剛健好名之士，故乃獎用柔懦謹畏之人。然而因此士風民氣日益萎靡。到了人主欲有所為，而左右前後皆無足使之才。蘇軾說：

夫天下之未平，英雄豪傑之士務以其所長，角奔而爭利，惟恐天下一日無事也。是以人人各盡其材，雖不肖者亦自淬厲而不至於怠廢。故其勇者相劫，智者相賊，使天下不安其生。為天下者知夫大亂之本，起於智勇之士爭利而無厭。是故天下既平，則削去其具，抑遠剛健好名之士，而獎用柔懦謹畏之人。不過數十年，天下靡然無復往時之喜事也。於是能者不自激發而無以見其能。不能者益以弛廢而無用。當是之時，人君欲有所為，而左右前後皆無足使者，是以紀綱日壞而不自知（東坡七集應詔集卷一策略四）。

又不知利用刑賞，以獎剛健好名之士，而罰柔懦謹畏之徒。宋以儒立國，然而自古以來，「用儒而治者有之矣，用儒而亂者有之矣」（李直講文集卷二十一辨儒）。用儒而亂者，蓋只拘泥於孔子正誠修齊之說，而不識孔子治平之道。孝經（第七篇三才）云：「示之以好惡，而民知禁」。正義曰：「示有好必賞之令，以引喻之，使其慕而歸善也。示有惡必罰之禁，以懲止之，使其懼而不為也」。中庸云：「或安而行之，或利而行之，或勉強而行之」，正義曰「或安而行之，謂無所求為，安靜而行之。或利而行之，謂貪其利益而行之。或勉強而行之，謂畏懼罪惡，勉力自強而行之」。仁宗時，李覯曾說：「刑罰之行尚矣，積聖累賢未有能去者也。非好殺人，欲民之不相殺也；非使畏己，欲民之自相畏也」（李直講文集卷十刑禁第一）。「彼仁者愛善不愛惡，愛眾不愛寡。不愛惡，恐其害善也。不愛寡，恐其妨眾也。如使愛惡而害善，愛寡而妨眾，則是仁者天下之賊也，安得聖賢之號哉。……仁者固嘗殺矣。世俗之仁則諱刑而忌戮，欲以全安罪人，此釋之慈悲，墨之兼愛，非吾聖人所謂仁也」（李直講文集卷二十一本仁）。前已引過蘇洵之言「方天下初定，民厭勞役，則聖人務為因循之政，與之休息。及其久安而無變，則必有不振之禍。是以聖人破其苟且之心，而作其怠惰之氣。漢之元成惟不知此，以至於亂。今天下少惰矣，宜有以激發其心，使踴躍於功名，以變其俗」（嘉祐集卷九上皇帝書）。如何激發其心，使踴躍於功名。他說：「人之情，非病風喪心，未有避賞而就刑者」（嘉祐集卷八諫論下）。故宜「以刑使人，以賞使人」（嘉祐集卷二法制）。且說：「夫刑者必痛之，而後人畏焉。罰者不能痛之，必困之，而後人懲焉」（嘉祐集卷五議法）。宋不知利用刑賞，尤不知「殺貴大」（六韜第二十二篇將威）的道理。「藝祖有誓約，藏之太廟，不殺大臣及言事官，違者不祥」（宋史卷三百七十九曹勛傳）。不殺言事官，固然可令臺諫言所欲言。至於不殺大臣，實有反於為政之道。孝宗曾云：「國朝以來，過於忠厚，宰相而誤國，大將而敗軍，未嘗誅戮」（宋史卷三百九十六史浩傳）。用忠厚以治國，何能矯萎靡之風，而激發英豪之士敢於作為。蘇軾說：

> 昔者聖人制為刑賞，知天下之樂乎賞，而畏乎刑也，是故施其所樂者自下而上，民有一介之善，不終朝而賞隨之，是以天下之為善者，足以知其無有不賞也。施其所畏者自上而下，公卿大臣有毫髮之罪，不終朝而罰隨之，是以上之為不善者，亦足以知其無有不罰也……舜誅四凶而天下服，何也。此四族者天下之大族也。夫惟聖人為能擊天下之大族，以服小民之心，故其刑罰至於措而不用。周之衰也，商鞅韓非峻刑酷法以督責天下，然其所以為得者，用法始於貴戚大臣，而後及於疏賤，故能以其國霸。由此觀之，商鞅韓非之刑法非舜之刑，而所以用刑者舜之術也（東坡七集應詔集卷二策別六）。

到了後來，務行寬大之政。為政之道必須善善而惡惡。孔子說：「唯仁人為能愛人，能惡人」（禮記注疏卷六十大學）。「其善者愛之，其不善者惡之」（禮記注疏卷五十二中庸）。孔子又說：「以德報德，則民有所勸。以怨報怨，則民有所懲」（禮記注疏卷五十四表記）。所謂「以德報德」即以賞勸功，「以怨報怨」即以刑懲惡。宋以儒立國，然其所謂儒不過小乘之儒而已。弄到結果，竟如司馬光對英宗所說：

> 朝廷近年務行寬政，吏有故出人罪者，率皆不問，或小有失入，則終身廢棄……州縣之吏專務掩蔽縱釋，惟恐上聞……遂使頑民益無顧憚……王者之政當善善惡惡，若寬此悖逆之民以為仁政，臣實愚淺，未之前聞（司馬文正公傳家集卷三十乞今後有犯惡逆不令長官自劾箚子）。❺

❺ 道學家亦反對為政之不用刑。朱熹說：「今人說輕刑者只見所犯之人為可憫，而不知被傷之人尤可念也。如劫盜殺

此時也，契丹之患未息，西夏之禍已經囂張，關中歲被侵掠，朝廷為之旰食。然而「人君生長深宮之中，法家拂士接耳目之時少，宦官女子共啟處之日多」（宋史卷四百七十佞幸傳序），往往數傳之後，漸次失去奮發剛斷之氣。仁宗崩殂，英宗由外藩入承大統。英宗在位不過四年，繼之踐祚的則為神宗。他是英宗之子，在他十六歲以前（仁宗嘉祐八年，侍英宗入居慶寧宮），雖然不是長於民間，而亦不是深居禁中，因之民之疾苦，國之危難，頗能知道。而王珪為相，「當時目為三旨相公，以其上殿進呈，云取聖旨。上可否訖，

人者，人多為之求生，殊不念死者之為無辜。是知為盜賊計，而不為良民地也」（朱子語類卷一百十論刑，時舉）。又說：「今之法家惑於罪福報應之說，多喜出人罪，以求福報。夫使無罪者不得直，而有罪者得倖免，是乃所以為惡爾，何福報之有？書曰：欽哉！欽哉！惟刑之恤哉。所謂欽恤者，欲其詳審曲直，令有罪者不得免，而無罪者不得濫刑也。今之法官，惑於欽恤之說，以為當寬人之罪，而出其死。故凡罪之當殺者，必多為可出之塗，以俟奏裁，則率多減等，當斬者配，當配者徒，當徒者杖，當杖者笞。是乃賣弄條貫，舞法而受賕者耳，何欽恤之有？罪之疑者，從輕；功之疑者，從重。所謂疑者，非法令之所能決，則罪從輕而功從重；惟此一條為然耳。非謂凡罪皆可以從輕，而凡功皆可以從重也。今之律令，亦有此條，謂法所不能決者，則俟奏裁。今乃明知其罪之當死，亦莫不為可生之塗以上之；惟壽皇不然，其情理重者，皆殺之」（朱子語類卷一百十論刑，僩）。陸九淵亦說：「孔子自言為政以德，又曰道之以德，齊之以禮，又曰政者正也。季康子問殺無道以就有道，何如。對曰子為政，焉用殺，子欲善而民善矣。宜不尚刑也，而其為魯司寇，七日必誅少正卯於兩觀之下，而後足以風動乎人，此又何也」（象山全集卷二十四策問）。又說：「嘗謂古先帝王未嘗廢刑，刑亦誠不可廢於天下。特其非君之心，非政之本焉耳。夫惟於用刑之際，而見其寬仁之心，此則古先帝王之所以為政者也。堯舉舜，舜一起而誅四凶。魯用孔子，孔子一起而誅少正卯，是二聖者以至仁之心，恭行天討，致斯民無邪慝之害，惡懲善勸，咸得游泳乎洋溢之澤，則夫大舜孔子寬仁之心，吾於四裔兩觀之間而見之矣」（象山全集卷三十政之寬猛孰先論）。

云領聖旨。退諭稟事者云，已得聖旨也」（宋史卷三百十二王珪傳）。但是神宗為人「果於有為」（宋史卷三百十三富弼傳），吾人觀其批評漢文帝，就可知道他是勇於改革的。

王安國至京師……帝曰卿……以漢文帝為何如主。對曰三代以後未有也。帝曰但恨其才不能立國更制爾（宋史卷三百二十七王安國傳）。

神宗勇於改革，而「當時議者猥用持盈守成之說，文苟簡因循之治，天下之吏因以安常習故為俗」（宋史卷三百三十四熊本傳）。然而因循苟且只可徼幸一時，曠日持久，未嘗不終於大亂。這個時候忽然出現一位王安石，「慨然有矯世變俗之志」（宋史卷三百二十七王安石傳），以為「人主制法，而不當制於法，人主化俗，而不當化於俗」（宋史卷三百六十三李光傳），且謂「天變不足畏，祖宗不足法，人言不足恤」（宋史卷三百二十七王安石傳）。這種勇氣剛剛與神宗「果於有為」的性格相合。君臣相得，於是變法隨之發生。王安石深知當時人士所以苟且因循，蓋「以禍災可以無及其身」（王臨川集卷三十九上時政疏）。要矯正此種風氣，只有「劫之以刑賞」，「古之人欲有所為，未嘗不先之以征誅，則後得其意」。為政之道當以普通人為對象，「夫出中人之上者，雖窮而不失為君子，出中人之下者，雖泰而不失為小人。唯中人不然，窮則為小人，泰則為君子。計天下之士出中人之上下者，千百而無十一。窮而為小人，泰而為君子，則天下皆是也。先王以為眾不可以力勝也，故制行不以己，而以中人為制」（王臨川集卷三十九上仁宗皇帝言事書）。「聖人之為道也，人情而已矣」（王臨川集卷七十策問十一道之五）。人情之所愛者爵祿，而所惡者貧賤。「今操利勢以臨天下之士，勸之以其所榮，而予之以其所願，則孰肯背而不為者」（王臨川集卷四十一擬上殿箚子）。觀王安石之言，可知他的政治思想乃與李覯蘇洵相去無幾。

案神宗與王安石兩人性格又有不同之點，宋承五代之後，其政治制度注重在制衡作用，最初是權力制衡，其後是大臣制衡，終則對於群臣均有不信任之心。仁宗時何郯曾言：

> 且擇官者宰相之職，今用一吏，則疑其從私，故細務或勞於親決。分閫者將帥之任，今專一事，則疑其異圖，故多端而加羈制。博訪者大臣之體，今見一士，則疑其請託。相先後者士之常，今進其類，則疑為朋黨。君臣交疑，而欲天下無否塞之患，不可得矣（宋史卷三百二十二何郯傳）。

宋代天子大率深信制衡作用有利於帝權的安定。神宗雖然任用新派而又不去舊派。❻

> 神宗謂執政曰，官制將行，欲新舊人兩用之。又曰御中大夫非司馬光不可（宋史卷三百十二王珪傳）。

又如馮京批評變法失當，王安石指為邪說，請黜之。而神宗乃擢為樞密副使，進參知政事。

> 神宗立，馮京為翰林學士，改御史中丞。王安石為政，京論其更張失當，累數千百言。安石指為邪說，請黜之。帝以為可用，擢樞密副使……進參知政事，數與安石論辯（宋史卷三百十七馮京傳）。

但是王安石乃是一位固執之人，議政之際，只求別人接受我之意見，絕不採納別人意見。新政發生流

---

❻ 豈但神宗而已，甚至荒庸的徽宗雖然信任蔡京，同時又令人掣肘之。「徽宗知京不可顓任，乃以張商英鄭居中輩敢與京為異者參而用之」（宋史卷三百五十一鄭居中傳）。「張康國始因蔡京進，及得志，寖為崖異，帝惡京專愎，陰令阻其姦」（宋史卷三百五十一張康國傳）。「侯蒙同知樞密院，進尚書左丞中書侍郎。一日帝從容問蔡京何如人，對曰使京能正其心術，雖古賢相何以加，帝頷首，且使密伺京所為，京聞而銜之。大錢法敝，朝廷議改十為三，蒙不知。又嘗有幾事，蒙獨受旨，京不知也」（宋史卷三百五十一侯蒙傳）。這種作風到了南宋快要亡國之時，還是一樣。文天祥說：「朝廷姑息牽制之意多，奮發剛斷之義少」（宋史卷四百十八文天祥傳）。

弊，王安石雖明知之，亦必強辭奪理。

王安石性強忮，遇事無可否，自信所見，執意不回（宋史卷三百二十七王安石傳）。

在同一內閣之內，竟然容納意見相反之人，當然是決定政策之時，爭辯不已。政策決定之後，又加掣肘，使其無法執行。由於此點，變法已經注定了失敗的運命。

其次，一切改革均不可操之過急，只能逐漸施行。人類均有惰性，雖知舊制之弊，而新制之功效如何，人民並不之知。倘若猝然改變，人民必將以為新制之利未必能夠抵銷舊制之弊。阻力橫生，而至於無法施行。蘇軾說：

夫時有可否，物有廢興，方其所安，雖暴君不能廢。及其既厭，雖聖人不能復。故風俗之變，法制隨之，譬如江河之徙移，強而復之，則難為力（宋史卷三百三十八蘇軾傳）。

但是神宗求治之心太切，范純仁曾以此規諫，他說：

道遠者理當馴致，事大者不可速成。人材不可急求，積敝不可頓革。儻欲事功亟就，必為憸佞所乘（宋史卷三百十四范純仁傳）。

蘇軾亦謂：

陛下生知之性，天縱文武，不患不明，不患不勤，不患不斷，但患求治太急，聽言太廣，進人太銳，願鎮以安靜，待物之來，然後應之（宋史卷三百三十八蘇軾傳）。

王安石雖然知道「緩而圖之，則為大利，急而成之，則為大害」，且謂「竊恐希功幸賞之人，速求成效於年歲之間，則吾法隳矣」（王臨川集卷四十一上五事劄子）。而實行之時，又復急功，違反這個原則，用刑賞以促進新政之施行。這種刑賞與法家的刑賞不同，法家用刑賞，使民遵守法令，王安石用刑賞，使吏急行法令。官吏為應付朝廷之要求，往往不擇手段，以致害民。

哲宗親政，范純仁……入見，問先朝行青苗法如何。對曰，先帝愛民之意本深，但王安石立法過甚，激以賞罰，故官吏急切，以致害民（宋史卷三百十四范純仁傳）。

且新政名目甚多，一法尚未成功，另一法已經頒布。法簡則易行，事簡則易舉，商鞅變法所以成功，王莽改革所以失敗，實因商鞅知道「察要」，王莽則「法令滋章」。不意王安石又蹈了王莽的覆轍。

王安石用事……韓琦奏言，新制日下，更改無常，官吏茫然，不能詳記，監司督責，以刻為明，今農怨於畎畝，商歎於道路，長吏不安其職，陛下不盡知也（宋史卷三百十二韓琦傳）。

欽宗時，唐恪曾言：

革弊當以漸，宜擇今日之所急者先之（宋史卷三百五十二唐恪傳）。

王安石不辨當時之急，而欲一舉而將昔日弊政盡行推翻，這已有反於為政之道。何況法令滋章，又給與奸吏以營私舞弊的機會。蘇軾曾言：

今也法令明具，而用之至密，舉天下惟法之知。所欲排者，有小不如法，而可指以為瑕。所欲與者，雖有所乖戾，而可借法以為解，故小人以法為姦（東坡七集應詔集卷二策別八）。

而且變法太多，不能不利用許多人力與財力。蘇轍有言：「善為國者，知財之最急，而萬事賴焉。故常使財勝其事，而事不勝財，然後財不可盡，而事無不濟」（欒城集卷二十一上皇帝書）。王安石變法甚多，需要許多財力，於是變法目的遂注重於財政，而犧牲了人民利益。吾人觀免役法，即可知之。

免役法出，民商咸以為苦，雖負水捨髮擔粥提茶之屬，非納錢者不得販鬻。稅務索市利錢，其末或重於本。商人至以死爭，如是者不一（宋史卷三百二十一鄭俠傳）。

同時因為需要許多人力，於是賢不肖雜進。何況同一內閣之內又容納意見不同之人，老成人用持盈守成之說，文苟簡因循之治，不與安石合作，於是安石所用者盡是儇慧少年。

熙寧行新法，輕進少年爭趨競爭，老成知務者逡巡引退（宋史卷三百二十一鄭獬等傳論）。

王安石罷黜中外老成人幾盡，多用門下儇慧少年（宋史卷三百二十七王安石傳）。

此輩儇慧少年要表現自己的才智，不惜生事以邀功。蘇軾說：「事少而員多，則無以為功，必須生事以塞責」（東坡七集續集卷十一上神宗皇帝書）。在王安石秉政之時，生事不單是塞責，目的乃欲邀功，藉以開拓自己的前途。於是政界之中又發生了下列現象。

忠厚老成者，擯之為無能，狹少儇辯者，取之為可用。守道憂國者，謂之流俗，敗常害民者，謂之通變（宋史卷三百四十劉摯傳）。

終至於利民之法變質而至擾民。這種形況，神宗固然不知。

神宗召黃廉訪時務，對曰陛下意在便民，法非不良也，而吏非其人，朝廷立法之意則一，而四方推奉紛然不同，所以法行而民病，陛下不盡察也（宋史卷三百四十七黃廉傳）。

而王安石亦受蒙蔽。

陸佃受經於王安石，熙寧三年應舉入京。適安石當國，首問新政。佃曰，法非不善，但推行不能如初意，還為擾民，如青苗是也。安石驚曰，何為乃爾，吾與呂惠卿議之……明日安石謂之曰，惠卿云，私家取債，亦須一雞半豚，已遣李承之使淮南質究矣。既而承之還，詭言於民無不便（宋史卷三百四十三陸佃傳）。

即如劉摯所言：

政事如此，皆大臣誤陛下，而大臣所用者，誤大臣也（宋史卷三百四十劉摯傳）。

變法的最大目的在於富國強兵，而要強兵，須先富國。神宗以為「政事之先，理財為急」（宋史卷一百八十六食貨志下八均輸），而「王安石為政，（又）汲汲焉以財政兵革為先」（宋史卷一百八十六食貨志下八市易）。此種政策原可不必厚非。但理財須有理之之法，理之而不得法，只是聚斂。吾贊成蘇轍之言，他說：

方今之計莫如豐財。然臣所謂豐財者，非求財而益之也。去事之所以害財者而已。夫使事之害財者未去，雖求財而益之，財愈不足。使事之害財者盡去，雖不求豐財，而求財之不豐，亦不可得也……事之害財者三，一曰冗吏，二曰冗兵，三曰冗費……三冗既去，天下之財得以日生而無害，百姓充足，府庫盈溢，陛下所為而無不成，所欲而無不如意矣（欒城集卷二十一上皇帝書）。

對蘇轍之言，明代丘濬曾評論云：

臣按蘇轍論豐財之道，去其害財者而已。害財之事有三，所謂吏之冗員，兵之冗食，其中節目雖多，然大要有定名，有常數，除其繁冗，而存其切要，害斯去已。惟所謂費之冗雜者，則途轍孔多，窠臼不一，橫恩濫賜之溢出，修飾繕造之泛興，禱祈遊玩之紛舉，不當用而用，不可予而予。三害之中，冗費之害尤大，必不得已而去之，吏兵無全去之理。惟費之冗者，則可權其緩急輕重而去之焉。凡所謂冗者，有與無皆可之謂也。事之至於可以有，可以無，吾寧無之而不有焉，則不至害吾財矣（大學衍義補卷二十一總論理財之道下）。

宋之害財確如蘇轍所言，一曰冗吏，二曰冗兵，三曰冗費。吏冗非不可減，行之不得其道，將蹈唐時張延賞之裁員，兵冗非不可罷，行之不得其法，又蹈唐時蕭俛之銷兵。宋雖無方鎮之禍，但猝然裁員銷兵，亦得引起社會問題。至於冗費，實如丘濬之言，「寧無之而不有焉，則不至害吾財矣」。宋採政、軍、財三權分立之制，管財政者為三司使，財政與行政本來不宜分立，王安石為減少三司使之權限，遂設「制置三司條例司」。

制置三司條例司，掌經畫邦計，議變舊法，以通天下之利（宋史卷一百六十一職官志一）。

即制置三司條例司乃是財政之立法機關。國家每年應辦那幾種事，事之緩急如何，經費需要多少，經費之來源是否有著，只唯負行政責任之人方能知道。宋令負行政者不知財之盈虧，理財政者不知事之緩急，當然是不合理之事。元豐改制，罷三司使，並歸戶部。制置三司條例司之設置可以說是撤廢三司使之先聲。但是制置三司條例司尚有一種職權，即「議變舊法」，以理財機關而議變法，其結果，新法的目的便完全注重於財政，而忘及國民經濟。管仲有言，「凡治國必先富民，民富則易治也，民貧則難治也。奚以知其然耶。民富則安鄉重家，安鄉重家則敬上畏罪，敬上畏罪則易治也。民貧則危鄉輕家，危鄉輕家則敢凌上犯禁，凌上犯禁則難治也。故治國常富，而亂國常貧。是以善為國者，必先富民，然後治之」（管子治國）。荀況亦說：「王者富民，霸者富士，僅存之國富大夫，亡國富筐篋，實府庫。筐篋已富，府庫已實，而百姓貧。夫是之謂上溢而下漏，入不可以守，出不可以戰，則傾覆滅亡可立而待也」（荀子王制）。王安石只知富國，不知富民以培養稅源，這是變法失敗的原因。葉適曾言：「理財與聚斂異，今之言理財者，聚斂而已矣」（水心集卷四財計上）。新政理財完全聚斂，而又「專以取息為富國之務」（宋史卷一百七十五食貨志上三布帛），其歸失敗，理之當然。案王安石何嘗不知聚斂之害。他說：「彼區區聚斂之臣務以求利為功，而不知與之為取」（王臨川集卷七十議茶法）。然新政竟由理財變為聚斂，這實出於安石意料之外，但安石亦不能辭其責。茲於各種新政之中，擇其最重要而失敗最慘者，加以說明。

㈠方田

宋承五代之弊，「天下田稅不均」（宋史卷二百九十四王洙傳），豪強占田無限，因為未曾陳報，賦稅遂不增加。

> 宋……田制不立，甽畝轉易，丁口隱漏，兼并冒偽，未嘗考按。故賦入之利視前代為薄。丁謂嘗言，二十而稅一者有之，三十而稅一者有之（宋史卷一百七十四食貨志上二賦稅）。

中國人口以農民為最多，農民生活的窮苦，可舉司馬光之言以為證。他說：

> 農民值豐歲，賤糴其所收之穀以輸官，比常歲之價或三分減二，於斗斛之數或十分加二，以求售於人。若值凶年，無穀可糴，吏責其錢不已。欲賣田，則家家賣田，欲賣屋，則家家賣屋，欲賣牛，則家家賣牛。無田可售，不免伐桑棗，撤屋材，賣其薪，或殺牛賣其肉，得錢以輸官。一年如此，明年將何以為生乎（司馬文正公傳家集卷四十五應詔言朝政闕失狀）。

而在土地兼併，田稅不均之時，農民的生活更見艱苦，「民罕土著，或棄田流徙為間民」（宋史卷一百七十三食貨志上一農田）。縱令國家許民復業，蠲其常租，而亦：

> 朝耕尺寸之田，暮入差傜之籍，追胥責問，繼踵而來，雖蒙蠲其常租，實無補於捐瘠（宋史卷一百七十三食貨志上一農田）。

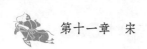

這樣，就減少了國家的稅收，太宗時，荒田無數，租稅減耗。至道二年，陳靖上言：

今京畿周環二十三州，幅員數千里，地之墾者十纔二三，稅之入者又十無五六（宋史卷一百七十三食貨志上一農田）。

而仁宗皇祐年間，墾田雖比真宗景德年間為多❼，而賦稅所入反見減少。

皇祐中天下墾田視景德增四十一萬七千餘頃。而歲入九穀，迺減七十一萬八千餘石，蓋田賦不均，其弊如此（宋史卷一百七十四食貨志上二賦稅）。

當時「契丹增幣，夏國增賜，養兵兩陲，費累百萬」（宋史卷一百七十三食貨志上一農田），財政問題迫令政府不能不改革稅制。在各種租稅之中，田賦乃最大的稅收，而欲改革田賦，又須測量土地。這就是方田制度的來源。仁宗時已行方田，但積弊既久，中途而罷。

諫官王素言，天下田賦輕重不等，請均定。而歐陽脩亦言，祕書丞孫琳嘗往洺州肥鄉縣，與大理寺丞郭諮，以千步方田法，括定民田，願詔二人者任之。三司亦以為然，且請於亳壽蔡汝四州，擇尤不均者均之。於是遣諮蔡州，諮首括一縣，得田二萬六千九百三十餘頃，均其賦於民。既而諮言州縣多逃田，未可盡括，朝廷亦重勞人，遂罷（宋史卷一百七十四食貨志上二方田）。

單單一縣之內，得田二萬六千九百三十餘頃，可知天下匿田之多。王安石執政，又決心實行方田。

方田之法以東西南北各千步，當四十一頃六十六畝一百六十步為一方，歲以九月令佐分地計量，驗地土肥瘠，定其色號，分為五等，以地之等，均定稅數（宋史卷三百二十七王安石傳，參閱卷一百七十四食貨志上二方田）。

---

❼ 宋史卷一百七十三食貨志上一農田，「景德中，墾田共一百八十六萬餘頃。皇祐中，墾田二百二十八萬餘頃」。

二方田）。

方田乃依田之大小，土之肥瘠，而定賦稅等第，甚合於公平原則。南宋時，朱熹在閩中，奉行經界，細民莫不鼓舞，而豪強占田隱稅，設法阻止。由此可知方田本來是有利於細民的。

> 臣僚請行閩中經界……詔漕臣陳公亮同朱熹（知漳州）協力奉行……細民知其不擾於己，莫不鼓舞，而貴家豪右占田隱稅，侵漁貧民者，胥吏為異論以搖之，前詔遂格（宋史卷一百七十三食貨志上一農田）。

但實行之時，人事若不健全，胥吏就有舞弊的機會。元豐八年帝以官吏擾民，詔罷之。

> 八年帝知官吏擾民，詔罷之。天下之田已方，而見於籍者，至是二百四十八萬四千三百四十有九頃云（宋史卷一百七十四食貨志上二方田）。

蓋方田使者希得功賞，只求賦稅之多，不求賦稅之平。

> 是時諸道方田使者希功賞，概取稅虛額及嘗所蠲者，加舊籍以病民（宋史卷三百四十七龔鼎臣傳）。

徽宗時又行方田，官吏不但妄增田稅而已，又兼不食之山方之，使出芻草之直。

> 方田官吏非特妄增田稅，又兼不食之山方之，俾出芻草之直，民戶因時廢業失所（宋史卷一百七十四食貨志上二方田）。

且高低任意，或以多報少，或以少報多。

> 宣和元年臣僚言，方量官憚於跋履，並不躬親行纏拍峰，驗定土色，一付之胥吏。致御史臺受訴，有二百餘畝方為二十畝者，有二頃九十六畝方為一十七畝者，虔之瑞金縣是也。有租稅十有三錢而增至二貫二百者，有租稅二十七錢，而增至一貫四百五十者，虔之會昌縣者是也（宋史卷一百七十四食貨志上二方田）。

利民之政反而擾民，新政失敗多半由於官吏貪邪。

㈡青苗

中國以農立國，而農民又最窮苦，土地的生產不能維持一家之生計，在青黃不接之時，只有向財主借債，而以青苗為擔保，等到收穫之時，再把債務還清。「富者操奇贏之資，貧者取倍稱之息」，「稅調未畢，資儲罄然」（宋史卷一百七十三食貨志上一農田）。仁宗時，陝西路已有官府借錢予民，俟穀熟，而後還官之事。

李參為陝西轉運使，部多戍兵，苦食，求參審訂其闕，令民自隱度麥粟之贏，先貸以錢，俟穀熟還之官，號青苗錢。經數年，廩有羨糧。熙寧青苗法蓋萌於此矣（宋史卷三百三十李參傳）。

神宗即位之初，京東路亦有發放青苗錢之事。

王廣淵為京東轉運使……以方春，農事興，而民苦之。兼并之家，得以乘急要利。乞留本道錢帛五十萬，貸之貧民，歲可獲息二十五萬，從之。其事與青苗錢法合（宋史卷三百二十九王廣淵傳）。

王安石秉政，又將青苗法施行於全國。

青苗法者以常平糴本作青苗錢，散與人戶，令出息二分，春散秋斂（宋史卷三百二十七王安石傳）。❽

❽ 王安石欲行青苗之法，蘇轍曰以錢貸民，使出息二分，本非為利，然出納之際，吏緣為奸，雖有法不能禁。錢入民手，雖良民不免非理費用，及其納錢，雖富民不免違限。如此，則鞭笞必用，州縣多事矣……安石自此逾月不言青苗。會河北轉運司幹當公事王廣廉召議事，廣廉嘗奏乞度僧牒數千道為本錢，於陝西轉運司私行青苗法，春散秋斂，與安石意合，至是請施行之河北，於是安石決意行之，而常平廣惠倉之法遂變而為青苗矣（宋史卷一百七十六食貨志上四常平義倉）。

青苗之法本來是用以救濟貧農，而執行之時，官吏竟將社會政策供為增加稅收之具。二分之利已經不輕，而一旦轉變為財政政策，便不惜多放增息，以搾取民脂民膏，韓琦說：

今放青苗錢，凡春貸十千，半年之內，便令納利二千。秋再放十千，至歲終又令納利二千。則是貸萬錢者，不問遠近，歲令出息四千（宋史卷一百七十六食貨志上四常平義倉）。

並且青苗之法本來是「願取則與之，不願不強也」（宋史卷三百三十六司馬光傳），而官吏務以多散為功，不分貧富，強迫人民借用，而又使貧富相保，貧者散亡，富者亦至破產。司馬光說：

今言青苗之害者，不過謂使者騷動州縣，為今日之患耳。而臣之所憂，乃在十年之外，非今日也。夫民之貧富由勤惰不同，惰者常乏，故必資於人。今出錢貸民而斂其息，富者不願取，使者以多散為功，一切抑配，恐其逋負，必令貧富相保。貧者無可償，則散而之四方，富者不能去，必責使代償。數家之負，春筭秋計，展轉日滋。貧者既盡，富者亦貧，十年之外，百姓無復存者矣（宋史卷三百三十六司馬光傳）。

蘇軾亦說：

青苗放錢……雖云不許抑配……乃知青苗不許抑配之說亦是空文……縱使……果不抑配，計其間願請之戶必皆孤貧不濟之人家。若自有贏餘，何至與官交易。此等鞭撻已急，則繼之逃亡。逃亡之餘，則均之鄰保，勢有必至，理有固然（東坡七集奏議集卷一熙寧四年上皇帝書）。

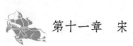

甚至城市之內沒有青苗，官吏為要多放，亦強與之。青苗已經不是救濟窮民，而是以放債取息為目的。然而王安石因其固執之性，不察胥吏執行之誤，而乃強辭奪理，加以袒護。

帝曰，坊郭安得青苗，而使者亦強與之。安石勃然進曰，苟從其所欲，雖坊郭何害（宋史卷一百七十六食貨志上四常平義倉）。

政府重息放債，而又強迫人民借用。人民「因欠青苗，至賣田宅，雇妻女，投水自縊者不可勝數」（東坡七集奏議集卷三乞不給散青苗錢斛狀）。人民破產了，至伐桑為薪，以易錢貨。

近畿內諸縣，督索青苗錢甚急，往往鞭撻取足，至伐桑為薪，以易錢貨（宋史卷三百十五韓維傳）。

案青苗之法謂苗青在田，則貸民以錢，使之出息也。貸與一百文，使出息二十文。百分之二十之息，不可謂不重，然其由來已久，漢書（卷九十一）貨殖傳云，「歲息萬二千」，就是其證。其與青苗不同者，漢制只是民間私自借貸，不是政府強迫民間借用，而徵其最高利息。若依上舉韓琦之言，政府所取之息，豈但百分之二十而已，且高至百分之四十。利息如此之高，難怪農村破壞，百姓貧窮，終至引起盜匪之亂。明丘濬說：

昔人謂其（青苗）所以為民害者三，曰徵錢也，取息也，抑配也。條例司初請之時，曰隨租納斗斛，如以價（穀價）貴，願納錢者聽，則是未嘗徵錢。曰凡以為民，公家無利其入，則是未嘗取息（此語未必屬實，王安石傳已明言出息二分）。曰願給者聽，則是未嘗抑配（韓琦亦言「條約雖禁抑配」云云，見宋史卷一百七十六常平義倉）。及其施行之際，實則不然者，建請之初，姑為此美言以惑上聽，而壓眾論耳（大學衍義補卷二十五市糴之本）。

丘濬所舉三害，應說明的則為徵錢。蓋立制之初，據曾布奏，「免役或輸見錢，或納斛斗，皆從民便」。而察之實際，又如司馬光所言，「青苗賦斂多責見錢，錢非私家所鑄，要須貿易。豐年追限，尚失半價。若值凶年，無穀可糶，賣田不售，遂致殺牛賣肉，伐桑鬻柴。來年生計不暇復顧，此農民所以重困也」（均見宋史卷一百七十七食貨志上五）。宋代貨幣以銅錢為主，而吾國自古又復缺銅，政府要取得錢幣，故令人民納錢。

㈢均　輸

均輸之制早已實行於漢代，其失敗理由，我在本書已經說明過了。宋的均輸與漢不同。據王安石傳：

> 均輸法者以發運之職改為均輸，假以錢貨，凡上供之物，皆得徙貴就賤，用近易遠，預知在京倉庫所當辦者，得以便宜蓄買（宋史卷三百二十七王安石傳）。

據食貨志：

> 均輸之法，所以通天下之貨，制為輕重斂散之術，使輸者既便，而有無得以懋遷焉（宋史卷一百八十六食貨志下八均輸）。

兩書所載不甚明瞭，若據漢之制度，均輸是令各地進貢貨物於中央之時，進貢該地生產過多的貨物，以抬高該貨物的價格，再由政府運至缺乏該貨物的地方，盡量拋售，以減低該貨物的價格。輾轉運販，最後則將中央倉庫所缺乏者輸於京師。即均輸的目的在於平定物價。用意固然很佳，問題所在不是與民爭利的問題，而是政府經商，吏緣為奸，整個政界必將隨之腐化。前曾提過神宗與王安石均急急謀富國強兵之道，凡事可以富國強兵者，皆爭為之。固然強兵須先富國，然要富國，須從國民經濟之發展著手。國家經商，設官置吏，簿書廩祿，為費已多。而商賈之事又曲折難行。官吏既以事業成敗與自己利害無關，何肯孜孜求事業之發達。蘇軾說：

> 均輸……立法之初，徒言徙貴就賤，用近易遠，然而廣置官屬，多出緡錢。豪商大賈皆疑而不敢動，以

為雖不明言販賣，既已許之變易，變易既行，而不與商賈爭利，未之聞也。夫商賈之事，曲折難行。其買也先期而予錢，其賣也後期而取直，多方相濟，委曲相通，倍稱之息，由此而得。今先設官置吏，簿書廩祿為費已厚，非良不售，非賄不行，是官買之價比民必貴。及其賣也，弊復如前。商賈之利何緣而得（東坡七集奏議集卷一熙寧四年上神宗皇帝書）。

弄到結果，無利於國，有害於民，而從中漁利者則為一般官吏。均輸「迄不能成」（宋史卷一百八十六食貨志下八均輸），可以說是勢之必然。

(四)市易

何謂市易？王安石傳云：

> 市易之法聽人賒貸縣官財貨，以田宅或金帛為抵當，出息十分之二。過期不輸，息外，每月更加罰錢百分之二（宋史卷三百二十七王安石傳）。

食貨志云：

> 市易之設，本漢平準，將以制物之低昂而均通之（宋史卷一百八十六食貨志下八市易）。

即據王安石傳，市易是一種賒貸，政府取息十分之二。據食貨志，市易即漢之平準。平準是令各地官府於物價低廉的時候，盡量購買進來，使物價不會過低以害生產者；再於物價昂貴的時候，盡量販賣出去，使物價不會過高，以害消費者。即平準也是平定物價的。市易是那一種制度呢？神宗說：

> 朝廷設市易，本為平準以便民，若周官泉府者（宋史卷三百五十五呂嘉問傳）。

但是周官泉府之職不是平準，而是賒貸（周禮卷十五泉府），唯據食貨志所云：

先是有魏繼宗者，自稱草澤上言，京師百貨無常價，貴賤相傾，富能奪，貧能與，乃可以為天下。今富人大姓乘民之亟，牟利數倍，財既偏聚，國用亦屈。請假榷貨務錢，置常平市易司，擇通財之官任其責，求良賈為之轉易，使審知市物之價，賤則增價市之，貴則損價鬻之，因收餘息，以給公上（宋史卷一百八十六食貨志下八市易）。

觀「求良賈為之轉易」一語，可知市易之責是由良賈負之，朝廷假以緡錢，歲收息十分之二。這就是賒貸。元祐年間蘇轍曾言：

市易欠錢……見今欠人共計二萬七千一百五十五戶，共欠錢二百二十七萬餘貫。其間大姓三十五，酒戶二十七，共欠錢一百五十四萬餘貫。小姓二萬七千九十三戶，共欠錢八十二萬餘貫（欒城集卷三十八乞放市易欠錢狀）。

此更可以證明市易是賒貸，而由賈人負平準之責，國家未曾設官置吏，而如漢代平準之制。不過賈人負此責任是依其自願乎，抑是由於強迫，歷史上沒有記載。唯依蘇轍之言，我們可以知道大戶少而放款多，小戶多而放款少，這大率因為放款多少是以賈人資產為標準的。但是什二之利甚重，縱是大戶也不免拖欠不還。同時市易之責既委託於商人，於是目的遂見變更，即不是用以平定物價，而是用以取得十分之二的年息。目的既然變更，從而商人所買賣的貨物遂注意於那一種貨物得利最大。吾人觀神宗「市易鬻果太煩碎」（宋史卷一百八十六食貨志下八市易），「市易鬻及果實，大傷國體」（宋史卷三百五十五呂嘉問傳）之言，即可知之。市易的目的既在營利，於是又發生了一種現象：

商旅所有者盡收，市肆所無者必索，率賤市貴鬻，廣裒贏餘，是挾官府為兼并也（宋史卷一百八十六食貨志下八市易）。

據王安石之言，「市易之起，自為細民久困，以抑兼併爾」（宋史卷三百二十七王安石傳），而其結果乃助長兼併，然而官府果能得到利益嗎？

> 市易之患被於天下，本錢無慮千二百萬緡，率二分其息，十有五年之間，子本當數倍，今乃僅足本錢。蓋買物入官，未轉售而先計息取賞。至於物貨苦惡，上下相蒙，虧折日多，空有虛名而已（宋史卷三百五十五呂嘉問傳）。

這樣，市易遂同均輸一樣，無利於國，有害於民，終歸失敗。

㈤免役

漢採正卒之制，同時又有更賦，唐用府兵之法，同時又有庸。更賦與庸都是免役稅，而二者又有不同之點。在漢不問官府是否需要人民，人民都得出錢代役。在唐，只唯無事之時，才收其庸。宋興，軍隊雖然以募代徵，而力役卻不能用錢代之。力役並不平等，民戶分為九等，上四等給役，餘五等免之。

> 建隆中，京西轉運使程能，請定諸州戶為九等，著於籍。上四等量輕重給役，餘五等免之。後有貧富隨時升降，詔加裁定（宋史卷一百七十七食貨志上五役法上）。

戶分九等始於唐代（唐會要卷八十五定戶等第武德九年），唐時，依戶等第，令其納粟，入於義倉，以備凶年之用（唐會要卷八十八倉及常平倉永徽二年）。宋則上戶給役，下戶免之，推立法之意，應該是許人以錢雇役。蓋如哲宗時李常所說：「使民俱出資，則貧者難辦，俱出力，則富者難堪」（宋史卷三百四十四李常傳）。戶分九等，上四等給役，餘五等免之，即欲有錢者出錢，無錢而出力者得錢。只因宋之職役太過苛酷，上戶雖欲出錢雇人，而貧者亦不肯就，於是上戶只有自己往役。在各種職役之中，人民認為最難忍受的乃是衙前之役。仁宗時，韓琦說：

州縣生民之苦，無重於里正衙前，有孀母改嫁，親族分居，或棄田與人，以免上等，或非命求死，以就單丁。規圖百端，苟免溝壑之患（宋史卷一百七十七食貨志上五役法上）。

英宗時，韓絳又說：

聞京東民有父子二丁，將為衙前役者。其父告其子曰，吾當求死，使汝曹免於凍餒，遂自縊而死。又聞江南有嫁其祖母及其母，析居以避役者。又有鬻田減其戶等者。田歸官戶不役之家，而役并於同等見存之戶（宋史卷一百七十七食貨志上五役法上）。

神宗即位之初，吳充亦言：

今鄉役之中，衙前為重。民間規避重役，土地不敢多耕，而避戶等。骨肉不敢義聚，而憚人丁。故近年上戶寖少，中下戶寖多。役使頻仍，生資不給，則轉為工商，不得已而為盜賊（宋史卷一百七十七食貨志上五役法上）。

徭役如斯苛重，所以英宗時代，縱是反對免役而欲恢復差役的司馬光亦說：

置鄉戶衙前以來，民益困乏，不敢營生。富者反不如貧，貧者不敢求富。臣嘗行於村落，見農民生具之微，而問其故，皆言不敢為也。今欲多種一桑，多畜一牛，蓄二年之糧，藏十匹之帛，鄰里已目為富室，指抉以為衙前矣，況敢益田疇，葺閭舍乎。臣聞其事，愍焉傷心，安有聖帝在上，五方無事，而立法使民不敢為久生之計乎。臣愚以為凡農民租稅之外，宜無所預，衙前當募人為之（文獻通考卷十二歷代鄉黨版籍職役一）。

募人充役，則必有以酬之，此錢非出於官，當役者合輸之，這就是免役。在神宗以前，雖然法制未備，而地方官亦嘗權行，以救民之困苦。例如：

李復圭為兩浙轉運使，浙民以給衙前役，多破產。復圭悉罷遣歸農，令出錢助長召人承募，民便之（宋史卷二百九十一李復圭傳）。

張詵通判越州，民患苦衙前役。詵科別人戶，籍其當役者，以差人錢為雇人充，皆以為便（宋史卷三百三十一張詵傳）。

這有似於漢之更賦，王安石秉政，又將免役之制頒行於全國。

免役之法。據家貲高下，各令出錢顧人充役。下至單丁女戶本來無役者，亦一槩輸錢，謂之助役錢（宋史卷三百二十七王安石傳）。❾

按宋之稅制乃承唐之舊。唐時有庸，庸即免役錢。德宗時，楊炎改租庸調為兩稅，所以兩稅之中已經有庸——免役錢。宋之差役已經不對，差役改為免役，就是稅上加稅，蘇軾說：

自唐楊炎廢租庸調，以為兩稅。取大曆十四年應下賦斂之數，以立兩稅之額，則是租調與庸，兩稅既兼之矣。今兩稅如故，柰何復欲取庸（東坡七集續集卷十一上神宗皇帝書）。

---

❾ 宋史卷一百七十七食貨志上五役法上，「凡當役人戶，以等第出錢，名免役錢。其坊郭等第戶，及未成丁單丁女戶寺觀品官之家，舊無色役，而出錢者，名助役錢。凡敷錢先視州若縣應用雇直多少，隨戶等均取雇直。既已用足，又率其數，增取二分，以備水旱，欠閣雖增，毋得過二分，謂之免役寬剩錢」。

蘇轍亦說：

自唐楊炎廢租庸調以為兩稅……則是租調與庸，兩稅既兼之矣。今兩稅如舊，奈何復欲取庸。蓋天下郡縣上戶常少，下戶常多，少者徭役頻，多者徭役簡（武案：上戶可雇人代役），是以中下之戶每得休間。今不問戶之高低，例使出錢助役，上戶則便，下戶實難，顛倒失宜，未見其可（欒城集卷三十五制置三司條例司論事狀）。❿

何況「女戶單丁蓋天民之窮者也，古之王者首務恤此」（東坡七集續集卷十一上神宗皇帝書）。而新政首欲役之，忍不加恤。而除了免役錢及助役錢之外，又「增取二分，以備水旱，欠閣雖增，毋得過三分，謂之免役寬剩錢」（宋史卷一百七十七食貨志上五役法上）。由此可知免役之制與漢時更賦不同。(1)更賦乃有役之人不往服役，才出錢雇人。而免役則本來無役之人亦一概輸錢。(2)更賦乃不往服從之人，不論資產，一律出錢二千三百（踐更二千，過更三百），免役則依家資高下，各令出錢。(3)更賦乃官不自私，以給代役之人。免役則官府雇人充役，報酬多少，似不確定，而又增取二分，以備水旱。即其目的在於稅收。馬端臨說：

按溫公……所謂募人充衙前，即熙寧之法也。然既曰募，則必有以酬之，此錢非出於官，當役者合輸之，則助役錢（應作免役錢）豈容於不徵。而當時賢者論此事，復斷斷不可，何也。蓋荊公新法大概主於理財，所以內而條例司，外而常平使者，所用皆苛刻小民。雖助役良法亦不免以聚斂亟疾之意行之，故不能無弊。

❿ 上（神宗）好與兩府議論天下事。嘗謂晦叔（呂公著）曰，民間不知有役矣。對曰上戶昔日以役多破家，今則飽食安居，誠幸矣。下戶昔無役，今索錢則苦矣。上曰然則法亦當更矣（涑水記聞卷十四）。武以為救之之法，只有上戶出錢以雇役，下戶得錢以服役。至於衙前之役又須輕其役而重其酬。

然遂指其法為不可行，則過矣（文獻通考卷十二歷代鄉黨版籍職役一）。

免役之制，每人出錢多少，既隨家資高下，於是人民無不巧避失實。固然每隔三五年，考察貧富，為之升降。

然輸錢計等高下，而戶等著籍，昔緣巧避失實，乃詔責郡縣坊郭三年，鄉村五年，農隙集眾稽其物產，考其貧富，察其詐偽，為之升降。若故為高下者，以違制論（宋史卷一百七十七食貨志上五役法上）。

然其結果徒徒增加吏緣為姦的機會，或指富為貧，或指貧為富，東明酸棗二縣升降戶等皆失實，即其明證（宋史卷一百七十七食貨志上五役法上）。兼以免役之制既供為理財之具，則聚斂小人乘此增取，乃是不可避免的事。

中書舍人范百祿言於（司馬）光曰，熙寧免役法行，百祿為咸平縣。開封罷遣衙前數百人，民皆欣幸。其後有司求羨餘，務刻剝，乃以法為病。今第減助免錢額，以寬民力可也（宋史卷一百七十七食貨志上五役法上）。

案免役與差役各有利弊，但如上所言，宋之稅制乃承唐代兩稅之舊，所以王船山說：「安石之立法已不念兩稅之已有雇貲，而溫公（司馬光）之主差役，抑不知本已有役，不宜重差之也」（宋論卷六神宗）。即王安石與司馬光各執己見，不但均有所偏，而且不知役已在庸之中，庸又在兩稅之中，宋既繼承唐之兩稅，則不問差役或免役，都是民力之所不堪。然時代不同，國家所需要的賦役，勢不能不隨之增加，唯在取之於民須有限度而已。呂中說：

司馬光主差役，王安石主雇役（即免役），二役輕重相等，利害相半。蓋嘗推原二法之故，差役之法行，民雖有供役之勞，亦以為有田則有租，有租則有役，皆吾職分當為之事，無所憾也。其所可革者，衙前之重役耳。官物陷失，勒之出官綱費用，責之供農民之所不堪，苟以衙前之役募而不差，農民免任，則民樂於差之法矣。至雇役之法行，民雖出役之直，而闔門安坐，可以為生生之計，亦無怨也。其可去者，寬剩之過數耳。實費之用固所當出，額外之需非所當誅，苟以寬剩之數散而不斂，則樂於雇之說矣。因其利而去其害，二役皆可行也（大學衍義補卷三十一傳算之籍）。

何況宋時有許多無田的民，與其收納於軍隊，何如雇之服役，而給與以衣食之資，當然此種經費應由富民之不役者出。苟能如呂中之言，革去衙前之重役，則免役比之差役，實更適宜於勞動力過剩之社會。

㈥保　甲

保甲與秦之什伍不同，什伍之目的在於防奸，即令「五家為保，十家相連，一家有罪，而九家連舉發，若不糾舉，則十家連坐」。保甲的目的最初也是使民檢舉罪犯，其後又用以訓練軍隊，而恢復唐代府兵之制。按唐自改徵為募之後，軍隊變為軍閥的私兵，卒成方鎮之亂。降至五代，未能改革，而引起契丹的侵略。神宗意欲實現太祖之志，恢復漢唐之盛，吾人觀其蓄積財富，即可知之。

初藝祖嘗欲積縑帛二百萬易敵人首，又別儲於景福殿。元豐初，乃更景福殿庫名，自製詩以揭之曰，五季失圖，玁狁孔熾，藝祖造邦，思有懲艾，爰設內府，基以募士，曾孫保之，敢忘厥志。一字一庫以號之，凡三十二庫。後積羨贏為二十庫，又揭詩曰，每虔夕惕心，妄意遵遺業，顧予不武姿，何日成戎捷（宋史卷一百七十九食貨志下一會計）。

而王安石亦以富國強兵為其變法的目標。這在契丹雄張於東北，西夏叛亂於西北之時，當然是時代需要。

王安石曾言：「異時嘗多兵矣，而不以兵多故費財。今民之壯者多去而為兵，而租賦盡於糧餉，然亦不足於兵」（王臨川集卷七十策問十一道之十一）。於是如何改良兵制，便成為問題。所謂保甲就是要漸次改募為徵而設計的。

> 保甲之法，籍鄉村之民，二丁取一。十家為保，保丁皆授以弓弩，教之戰陣（宋史卷三百二十七王安石傳）。⓫

按王安石在仁宗時已經上書說明射在教育上之重要，而主張一切男子均須學習。他說：

> 古者教士，以射御為急，其他技能則視其人才之所宜而後教之，其才之所不能，則不強也。至於射，則為男子之事。人之生有疾則已，茍無疾，未有去射而不學者也……易曰弧矢之利，以威天下。先王豈以射為可以習揖讓之儀而已乎。固以為射者武事之尤，大而威天下，守國家之具也。居則以是習禮樂，出則以是從戰伐。士既朝夕從事於此，而能者眾，則邊疆宿衛之任皆可以擇而取也（王臨川集卷三十九上仁宗皇帝言事書）。

此即舉國皆兵之意，故安石秉政之時，就提出保甲之制，而謂「保甲非特除盜，固可漸習為兵」（宋史卷一百九十二兵志六保甲）。按徵兵之制常施行於戶口稀少、土地過剩之時，因為人民都有土地耕耘，當然不願當兵。國家要組織軍隊，只有強制徵調之法。倘若戶口眾庶，而土地集中，則一部分農民必排斥於農村之外，變為間民。這個時候不把間民編為軍隊，反而徵召農民，訓練為兵，則一方間民無所衣食，勢將擾亂社會，他方農民無暇力穡，又有害農業的生產。宋在仁宗時代，百姓已經棄農為兵（宋史卷一百七十三食

⓫ 其詳見宋史卷一百九十二兵志六保甲。該志云：「王安石變募兵而行保甲」，又述王安石之言，「保甲非特除盜，固可漸習為兵」。可知保甲之制是改募為徵，而使兵農合一。

貨志上一農田），保甲制度施行以後，「三路籍民為保甲，日聚而教之，禁令苛急，往往去為盜，郡縣不敢以聞」（宋史卷三百十八王拱辰傳）。「河東陝西京西盜賊已多，至敢白晝公行，入縣鎮，殺官吏」（宋史卷一百九十二兵志六保甲）。所以蘇轍才說：「今河北寇賊成群，訪問皆是保甲餘黨，若因之以飢饉，則變故之作不可復知」（欒城集卷三十六乞招河北保甲充軍以消盜賊狀）。兼以古代農兵之制，乃於農隙講武，宋則每五日一教，後改為一月之中併教三日。王巖叟說：「夫三時務農，一時講武，先王之通制也。一月之間併教三日，不若一歲之中併教一月。農事既畢，無他用心，人自安於講武而無憾」（宋史卷一百九十二兵志六保甲）。何況保丁又須自備弓箭，而「百姓買一弓，至千五百，十箭至六七百」，首都之民「有質衣而買弓箭者」（宋史卷一百九十二兵志六保甲）。而安石乃謂「自生民以來，兵農為一，耒耜以養生，弓矢以免死，皆凡民所宜自具，未有造耒耜弓矢以給百姓者也」（宋史卷一百九十二兵志六保甲）。農民力田，本來不能維持生計，而一月之中又復輟耕三五日，復令其自備弓箭。於是「有逐養子，出贅壻，再嫁其母，兄弟析居，以求免者。有毒其目，斷其指，炙其肌膚，以自殘廢而求免者。有盡室以逃而不歸者。有委老弱於家，而保丁自逃者」（宋史卷一百九十二兵志六保甲）。保甲本欲強兵，而竟擾民如此，其不成功，理之當然。

㈦保　馬

古代漢胡戰爭均用馬隊，而北方之地平坦，凡欲逐鹿中原，馬隊甚為重要。漢武帝討伐匈奴，元狩五年，「天下馬少，平牡馬匹二十萬」，如淳云：「欲使人競畜馬」（漢書卷六武帝紀）。南北朝時，宋文帝將北伐，沈慶之即以馬少為言（宋書卷七十七沈慶之傳）。由此可知馬政在軍事上是極重要的。宋初，中央置群牧司，諸州有牧監，太宗末年內外軍馬凡二十餘萬匹，而飼馬兵校乃有一萬六千三十八人。乾興天聖之間，天下久不用兵，「言者多以為牧馬費廣而亡補」，馬政漸次不修。神宗熙寧二年，天下軍馬只有十五萬三千六百有奇（宋史卷一百九十八兵志十二馬政）。馬日以少，王安石曾言：「異時嘗多馬矣，而不以馬多故費土。今內則空可耕之地以為牧，蓋巨萬頃，外則棄錢幣以取之四夷，然亦不足於馬」（王臨川集卷七十策問十一道之十一）。故他為相，就施行保馬之法。

> 保馬之法，凡五路義保願養馬者，戶一匹，以監牧見馬給之。或官與其直，使自市，歲一閱其肥瘠，死病者補償（宋史卷三百二十七王安石傳）。

按軍馬與民間所用之馬不同，民間之馬欲其載重行遠，軍馬所要求的則為衝鋒陷陣。吳子（第三篇治兵）云：「夫馬必安其處所，適其水草，節其飢飽，冬則溫廐，夏則涼廡，刻剔毛鬣，謹落四下，戢其耳目，無令驚駭，習其馳逐，閑其進止，人馬相親，然後可使」。軍馬之難畜也如此，安石乃散軍馬於編戶，平日未加訓練，一旦調之作戰，何能為力。所以明人丘濬說：「按古今牧馬之制，在官在民二者而已……牧之於官，雖不能無害，而猶得馬之用。牧之於民，非獨有害，而又不得馬之用焉」（大學衍義補卷一百二十五牧馬之政下）。何況病死者又須補償，百姓自不願意。文彥博早已說過：

> 議者欲賦牧地與民，而收租課，散國馬於編戶，而責孳息，非便（宋史卷一百九十八兵志十二馬政）。

其後又說：

> 國馬宜不可闕，今法，馬死者責償，恐非民願（宋史卷一百九十八兵志十二馬政）。

案馬之不能蕃息，乃如文彥博所說：「散國馬於編戶，責其孳息……復不知戶配一馬，縶之維之，皆可蕃息乎。既不蕃息，則後將可繼乎」（大學衍義補卷一百二十四牧馬之政中）。此種見解早於太宗時，李覺已經說過。他謂「戎人畜牧轉徙，馳逐水草，騰駒遊牝，順其物性，所以蕃滋其馬。至於中國，縶之維之，飼以枯槁，離析牝牡，制其生性，玄黃虺隤，因而減耗，宜然矣」（大學衍義補卷一百二十四牧馬之政中）。觀李覺之言，更可了解吾國自古往往市馬於外國之故。果然保馬之法卒致煩擾，哲宗即位，保馬遂罷（宋史卷一百九十八兵志十二馬政）。⑫

一切新政均歸失敗，其失敗原因半在於制度本身之有問題，半在於執行之時，吏緣為奸。若捨其小疵，察其大體，新政可以說是合於時代的需要。只因其合於時代的需要，所以雖然有人反對，也復有人贊成，於是贊成與反對之間就發生了爭議，最後釀成朋黨之爭。

宋鑑唐代朋黨之禍，累朝天子無不深懼臣下結朋立黨。真宗「嘗語及唐人樹黨難制，遂使王室微弱」

---

⑫ 林駉曰「漢初，勸民養馬，有一匹者復卒三人。蓋居閑則免三人之算，有事則當三人之卒，此內郡之制也。至於邊塞，則縱民畜牧，而官不禁。烏氏居塞，則致馬數千群，橋桃居塞，則致馬千匹。於時內郡之盛，則眾庶有馬，阡陌成群。邊郡之盛，則三十六苑分置西北。武帝初年單于入塞，見馬布野而無人牧者。征伐四夷，而馬往來食長安者數萬匹。既數出師，馬大耗乏，乃行一切之令，自封君以下至三百石吏，以次出馬，則內郡庶民之有馬者，欲望復卒，難矣。又令民得畜邊者，從官假馬母而歸其息什一，則邊郡之欲畜牧者，難矣。又匿馬者有罪，有以列侯匿馬而腰斬者，有以民或匿馬，馬不具，而長安令幾坐死者。故內郡不足，則藉民馬以補車騎；邊郡不足，則發酒泉驢駝，負出玉門關。輪臺之悔，始修馬令。此漢牧於民而用於官之制也」（大學衍義補卷一百二十四牧馬之政中）。案畜馬須擇其地空曠，而又富於水草者，故以邊塞為佳。漢代烏氏居塞，致馬數千群。「唐都關中，其地宜馬」，「牧馬置八坊四十八監，其牧地在岐豳涇寧間，即今陝西鳳翔府及西安之邠州、平涼之涇州、慶陽之寧州其地也」（大學衍義補卷一百二十四牧馬之政中臣按）。宋人失幽燕寧夏之地，其後并中原而失之，其缺乏馬匹，實有原因。

（宋史卷二百八十二李沆傳）。然而天下事往往出人意料之外，皇室愈畏懼臣下結黨，罷一宰相，凡所引薦，不問才否，同時罷黜。徽宗時張嵲說：

今一宰相用，凡其所與者，不擇賢否而盡用之。一宰相去，凡其所與者，不擇賢否而盡逐之，宜其朋黨之寖成也（宋史卷四百四十五張嵲傳）。

這又與神宗時代新舊參用，完全不同，而等於朝廷迫使臣下結為朋黨。仁宗時，曾因廢立劉皇后之事，發生范仲淹與呂夷簡的爭議，呂夷簡贊成廢立，范仲淹反對廢立。英宗時，又發生濮議，歐陽修主張應追稱濮王（英宗之本生父）為皇伯，呂誨范純仁等謂不宜尊王為皇。這種宮廷之事，在西漢時代，大臣多不過問。蓋宮中府中既有區別，宮中之事除其有害府中之事之外，大臣無須干涉。宋尚儒學，儒家由修身齊家，進至治國平天下。孔子又云，「必也正名乎」，故宋儒汲汲於皇帝齊家之事，又汲汲於正名。史稱：

初仲淹以忤呂夷簡，放逐者數年，士大夫持二人曲直，交指為朋黨……及夷簡罷，召還，倚以為治……仲淹以天下為己任，裁削倖濫，考覈官吏……僥倖者不便，於是謗毀稍行，而朋黨之論浸聞上矣（宋史卷三百十四范仲淹傳）。

由「裁削倖濫，考覈官吏」，「僥倖者不便」，「而朋黨之論浸聞上矣」數語觀之，可知朋黨之爭必與官位有所關係。宋在仁宗時，承平日久，文化發達，士人人數年年增加。降至熙寧年間，則如蘇轍所說：

凡今農工商賈之家未有不捨其舊而為士者也。為士者日多，然天下益以不治。舉今世所謂居家不事生產，仰不養父母，俯不恤妻子，浮游四方，侵擾州縣，造作誹謗者農工商賈不與也（欒城集卷二十一熙寧二年上皇帝書）。

吾國士人所學者為治國平天下的道理。他們要實現治國平天下的抱負，非踏上政治舞臺，奪取政權不可。士人人數過多，則奪取政權之人隨之增加。葉適說：「今者化天下之人而為士，盡以入官」（水心集卷三法度總論三）。士人過多，官數有限，仁宗時，「在京官司有一員闕，則爭奪者數人」（范文正公集奏議卷上答手詔條陳十事）。范仲淹說：

仕途紛紜，祿位填委，文武官吏，待闕踰年。貪者益勵其爪牙，廉者悉困於寒餓（范文正公集卷七天聖三年奏上時務書）。

按宋之職官，據曾鞏言，真宗景德年間一萬餘員，仁宗皇祐年間二萬餘員，英宗治平年間二萬四千餘員（元豐類藁卷三十議經費）。到了哲宗時代，又增加為二萬八千餘員（宋史卷一百五十八選舉志四銓法上）。司馬光說：「設官則以冗增冗」（司馬文正公傳家集卷四十四乞罷條例司常平使疏）。官既冗了，尚不能容納大部分的士人。以哲宗時代官數為準，依唐代劉祥道計算，每年須補充九百三十三人（28,000÷30=933）。然宋「入流之路不勝其多」（宋史卷三百四十呂大臨傳），只就科舉言之，太祖時代尚承唐代之舊，取士較少，最多的是開寶六年，然進士不過十一人，再試取十六人，共二十七人，諸科九十六人。到了太宗淳化三年，進士三百五十三人，諸科七百七十四人。真宗咸平三年，進士四百九人，諸科一千一百二十九人。這是宋代取士的最高紀錄。仁宗皇祐五年進士五百二十人，諸科五百二十二人，亦在千人以上。英宗時代錄取較少。神宗元豐八年，單單進士一科，就取四百八十五人。哲宗元符三年，進士取五百六十一人，徽宗宣和六年，進士取八百五人，而諸科不與焉（文獻通考卷三十二宋登科記總目）。單單科舉一科，錄取之人已經超出政界所需要的人數，其未錄取者尚不知有多少。例如太宗淳化三年諸道貢士凡萬七千餘人（宋史卷一百五十五選舉志一科目上），而是年錄取人數只有進士三百五十三人，諸科七百七十四人，共計一千一百二十七人，即十五分取一。徽宗大觀六年，禮部試進士萬五千人，賜第者八百餘人（宋史卷一百五十五選舉志一科目上），即十八分取一，其餘皆散在民間。士人人數超過職官之數數倍，他們為開拓前途，何能不集朋結黨，設法引起政變。神宗時，蘇轍曾言：

> 近世以來……士之來者無窮，而官有限極……是以吏多於上，而士多於下。上下相窒，譬如決水於不流之澤，前者未盡，來者已至，填咽充滿，一陷於其中，而不能出。故布衣之士多方以求官，已仕之吏多方以求進，下慕其上，後慕其前，不愧詐偽，不恥爭奪，禮義消亡，風俗敗壞，勢之窮極遂至於止（欒城集卷二十一熙寧二年上皇帝書）。

王安石為相，頒布新法，朝中大臣多加反對，安石要貫徹自己的主張，不能不登用新人，於是朋黨之爭就萌芽了。宋代朋黨與漢唐兩代不同。漢唐朋黨沒有政見，宋則不然，舊黨欲墨守祖宗之制，新黨則主張變法圖強，政見不同，互相排擠，這由政黨政治的立場觀之，固然未可厚非。唯在古代，沒有民意機關，因之那一個政見可以實行，就由君主個人決定。君主幼沖，權歸後庭，就由母后決定。古代沒有政黨組織，干祿之徒只有依附宰相，而宰相又各有成見，「同我者謂之正人，異我者疑為邪黨。既惡其異我，則逆耳之言難至。既喜其同我，則迎合之佞日親，以至真偽莫知，賢愚倒置」（宋史卷三百十四范純仁傳）。這不但王安石如此，就是司馬光也是一樣，吾人觀其不顧范純仁與蘇軾之言，罷免役而復差役一事，即可知之（宋史卷三百十四范純仁傳，卷三百三十八蘇軾傳）。神宗時代，新黨固然為盛，而舊黨亦參差其間。哲宗即位，元祐年間，舊黨上臺（司馬光文彥博等），但新黨並不絕跡，章淳唱於紹聖之初，蔡京和於崇寧之後，五十餘年互相攻訐。元祐年間，英宗宣仁高皇后（神宗母，哲宗祖母）聽政。他曾對神宗說：「安石亂天下」（宋史卷三百二十七王安石傳）。所以一經臨朝，就起用舊黨，罷黜新黨。哲宗年幼，「每大臣奏事，但取決於宣仁后，哲宗有言，或無對者」（宋史卷三百四十蘇頌傳）。這由哲宗觀之，實有害皇帝的尊嚴。所以親政之後，改元紹聖，「以紹述為國是」（宋史卷四百七十一章淳傳），驅逐舊黨，凡元祐所革，一切復之。哲宗崩殂，徽宗（神宗子）入承大統，神宗欽聖向皇后權同處分軍國事，「凡紹聖元符以還，章淳所斥逐賢大夫士，稍稍收用之」（宋史卷二百四十三神宗欽聖向皇后傳）。向皇后臨朝不過六個月，即行崩殂。此時徽宗年已十八，過去大臣唯太后之意見是視，所以親政之後，改元崇寧，以示推崇熙寧之意，於是蔡京之徒就登用了。到了這個時候，黨爭已經離開政見，唯以排斥異己為事。故在新黨之中，曾布與章淳不和，蔡京又與曾布不和（宋史卷四百七十一曾布傳）。高宗時，沈與求說：

近世朋黨成風，人才不問賢否，皆視宰相出處為進退（宋史卷三百七十二沈與求傳）。

他們互相指斥對方為朋黨，其所以如此者，仁宗時歐陽修已經說過：

自古小人……欲廣陷良善，不過指為朋黨……其故何也。去一善人，而眾善人尚在，則未為小人之利。欲盡去之，則善人少過，難為一一求瑕。唯指以為黨，則可一時盡逐（宋史卷三百十九歐陽修傳）。

而又不論事之可否，人之賢愚，凡屬於別黨者無不排斥，而如范純仁所說：

今議論之臣有不得志，故挾此藉口。以元豐為是，則賢元豐之人；以元祐為非，則欲斥元祐之士。其心豈恤國事，直欲快私意，以售其奸（宋史卷三百十四范純仁傳）。

秉政之人既不安定，遂影響於政策方面，時時變更。呂公著說：

> 前日所舉，以為天下之至賢，而後日逐之，以為天下至不肖。其於人材既反覆不常，則於政事亦乖戾不審矣（宋史卷三百三十六呂公著傳）。

這是黨爭的最大流弊。法莫如固而一，韓非有言：「法禁變易，號令數下，可亡也」（韓非子亡徵），又說：「治大國而數變法，則民苦之，是以有道之君貴虛靜而重變法」（韓非子解老）。歐陽修謂「古之善治其國而愛養斯民者，必立經常簡易之法」。丘濬解釋云：「經常則有所持循，而無變易之煩。簡易則易以施為，而無紛擾之亂」（大學衍義補卷二十四經制之義下）。宋代因天子之好惡，引起大臣之更迭，又因大臣之更迭，引起法令的改變。仁宗時，尹洙已經說過：

> 夫命令者，人主所以取信於下也。異時民間，朝廷降一命令，皆竦視之。今則不然，相與竊語，以為不久當更，既而信然，此命令日輕於下也。命令輕，則朝廷不尊矣（宋史卷二百九十五尹洙傳）。

元祐以後，法令之變易更甚，尤以經濟政策為然。史臣云：

> 終宋之世，享國不為不長……內則牽於繁文，外則撓於強敵。供億既多，調度不繼，勢不得已徵求於民。謀國者處乎其間，又多伐異而黨同，易動而輕變。殊不知大國之制用如巨商之理財，不求近效，而貴遠利。宋臣於一事之行，初議不審，行之未幾，即區區然較其失得，尋議廢格。後之所議，未有以瘉於前，其後數人者又復訾之如前，使上之為君者，莫之適從，下之為民者，無自信守。因革紛紜，非是貿亂，而事弊日益以甚矣。世謂儒者論議多於事功，若宋人之言食貨大率然也（宋史卷一百七十三食貨志上一農田）。

然而天下事往往是利害相半，無全利全害之理。政治家擇其利多害少者為之，就可以了。史臣論宋人議論多於事功，切中當時之弊。宋人於一切政務皆然，而於食貨一事為甚。大政方針既不確定，其結果也，便疑人疑法，因法之不行，而疑用人之失，因人之有失，而疑法之不善。法日變，國家無一定的政策。人日易，內閣的基礎不能安定。蘇軾說：

夫天下有二患，有立法之弊，有任人之失，二者疑似而難明，此天下之所以亂也。當立法之弊也，其君必曰吾用某也，而天下不治，是某不可用也，又從而易之，不知法之弊，而移咎於其人。及其用人之失也，又從而尤其法，法之變未有已也。如此，則雖至於覆敗，死亡相繼而不悟，豈足怪哉（東坡七集應詔集卷一策略三）。

在這種政局之下，國家不亂已經不易，更何能富國強兵，以禦外侮。金人入寇，二聖被虜，雖然原因甚多，而變法引起黨爭之禍，王安石與司馬光均不能辭其咎。

第四節　宋的南渡

當宋之君臣忙於黨爭之時，女真已經勃興於東北。女真即隋唐之靺鞨。舊唐書云：

靺鞨蓋肅慎之地，後魏謂之勿吉，在京師東北六千餘里，東至於海，西接突厥，南界高麗，北鄰室韋。其國凡為數十部，各有酋帥，或附於高麗，或臣於突厥。而黑水靺鞨最處北方，尤稱勁健。每恃其勇，恆為鄰境之患。俗皆編髮，性凶悍，無憂戚，貴壯而賤老。無屋宇，並依山水，掘地為穴，架木於上，以土覆之，狀如中國之塚墓，相聚而居。夏則出，隨水草，冬則入處穴中。父子相承，世無君長。俗無文字，兵器有角弓及楛矢，其畜宜豬，富人至數百口，食其肉而衣其皮（舊唐書卷一百九十九下靺鞨傳）。

新唐書云：

> 黑水靺鞨居肅慎地……元魏時曰勿吉，直京師東北六千里，東瀕海、西屬突厥、南高麗、北室韋。離為數十部，酋各自治……本臣高麗，王師取平壤，其眾多入唐……唯黑水完彊，分十六落，以南北稱，蓋其居最北方者也。人勁健，善步戰，常能患它部。俗編髮，綴野豕牙，插雉尾為冠飾，自別於諸部。性忍悍，善射獵，無憂戚，貴壯賤老。居無室廬，負山水坎地，梁木其上，覆以土，如丘冢然。夏出隨水草，冬入處，以溺盥面，於夷狄最濁穢（新唐書卷二百十九黑水靺鞨傳）。

由此可知隋唐時代，女真還是野蠻種族，其社會組織尚未突破部落，而進入部落聯盟。其經濟生活還是剛由狩獵而進入遊牧。五代之世，女真降附於契丹，而分為生熟二部，熟女真已由契丹接受中國文化。生女真尚無文字，無官府，亦不知歲月晦朔。其時有石魯（昭祖）者稍以條教為治。其子烏古迺（景祖）漸併諸部，契丹以為生女真節度使，於是始有官屬，紀綱漸立，而尚不知冶鐵之法。只能從鄰國購買，以修弓矢。兵勢稍振，前後願附者眾，遂為契丹之勁敵。

> 金之先出靺鞨氏，靺鞨本號勿吉，勿吉古肅慎地也。元魏時，勿吉有七部，曰粟末部，曰伯咄部，曰安車骨部，曰拂涅部，曰號室部，曰黑水部，曰白山部，隋稱靺鞨，而七部並同。唐初，有黑水靺鞨，粟末靺鞨，其五部無聞。粟末靺鞨始附高麗……李勣破高麗，粟末靺鞨保東牟山，後為渤海稱王。……黑水靺鞨居肅慎地，東瀕海，南接高麗，亦附于高麗……五代時，契丹盡取渤海地，而黑水靺鞨附屬于契丹。其在南者籍契丹，號熟女直（女直即女真，下同）。其在北者，不在契丹籍，號生女直……黑水舊俗無室廬，負山水坎地，梁木其上，覆以土，夏則出，隨水草以居。冬則入處其中，遷徙不常……生女直無書契，無

約束，不可檢制，昭祖（石魯）稍以條教為治，部落寖強……尚未有文字，無官府，不知歲月晦朔……景祖（烏古迺）稍役屬諸部……遼主以為生女直部族節度使……既為節度使，有官屬，紀綱漸立矣。生女直舊無鐵，鄰國有以甲冑來鬻者，傾貲厚賈以與貿易……得鐵既多，因之以修弓矢，備器械，兵勢稍振，前後願附者眾（金史卷一世紀）。

到了徽宗政和年間，太祖阿骨打嗣位，乃謀叛遼，屢敗遼軍，遂稱帝，國號金。此時遼政已亂，不能為宋之患。而蔡京童貫用事，志欲恢復燕雲，乃遣使與金約，夾攻契丹。吾國古代對付夷狄有「以夷制夷」及「遠交近攻」之策。不過實行之時，應依一定原則。遠者不會因為近者之亡，而直接脅迫我之安全；近者須是我之勁敵，而非我與遠者之緩衝。漢武帝西結烏孫，蓋如揚雄所說：「烏孫不能踰白龍堆而寇西邊，乃以制匈奴也」（漢書卷九十四下匈奴傳）。而宋卻違反這個原則，以致貽禍無窮。徽宗時，金乃新興之邦，宋為積弱之國，宋金能夠相安無事，實因遼在其間，為其緩衝。唯自五代以來，中國歷受契丹的侵略，宋欲報仇雪恥，無遑深思遠慮此中利弊。安堯臣已經警告「唇亡齒寒之患」（宋史卷三百五十一鄭居中傳），宇文虛中亦說：

用兵之法，必先計強弱，策虛實，知彼知己，當圖萬全。今邊圉無應敵之具，府庫無數月之儲，安危存亡，係茲一舉，豈可輕議。且中國與契丹講和，今逾百年，自遭女真侵削以來，嚮慕本朝，一切恭順。今捨恭順之契丹，不羈縻封殖，為我蕃籬。而遠踰海外，引強悍之女真，以為鄰域。女真籍百勝之勢，虛喝驕矜，不可以禮義服，不可以言說誘，持卞莊兩鬪之計，引兵踰境，以百年怠惰之兵，當新銳難抗之敵，以寡謀安逸之將，角逐於血肉之林。臣恐中國之禍，未有寧息之期也（宋史卷三百七十一宇文虛中傳）。

遼主亦求宋勿貪一時之利，而招後日之禍。

童貫謀伐燕……遼使來請曰女真之叛本朝，亦南朝之所甚惡也。今射一時之利，棄百年之好，結豺狼之鄰，基他日之禍，謂為得計可乎。救災卹鄰，古今通義，惟大國圖之（宋史卷三百三十五种師道傳）。

就是高麗也謂存遼足為邊扞。

王俁（高麗王）之在位也，求醫於朝。詔使二醫往，留二年而歸，楷（俁子）語之曰，聞朝廷將用兵伐遼，遼兄弟之國，存之足為邊扞。女真狼虎耳，不可交也。業已然，願二醫歸報天子，宜早為備。歸奏其言，已無及矣（宋史卷四百八十七高麗傳）。

可惜宋之君臣昧於當時形勢，出兵伐遼，遼受南北夾攻，金遂西陷黃龍，南取遼陽，進略臨潢，取中京，又西得雲中，遂入居庸，而併幽薊。宣和五年太宗吳乞買嗣位，七年遼亡。

遼亡之後，宋遂與金為界。「時承平百餘年，邊備不整」（宋史卷三百五十一管師仁傳），而華夷交戰，又以馬隊為主。仁宗時郭諮曾言：「契丹所恃者唯馬而已」（宋史卷三百二十六郭諮傳），而中國則「諸路騎兵不能馳險……馬高不及格」（宋史卷三百二十四張亢傳）。丁度曾「請令民畜一馬者，得免二丁」（宋史卷二百九十二丁度傳）。顧「天下久安，務安循而厭生事」（宋史卷三百九十一吳育傳），議遂不行。同時賞罰復不公平，鄧肅說：

金人不足畏，但其信賞必罰，不假文字，故人各用命。朝廷則不然，有同時立功，而功又相等者，或已轉數官，或尚為布衣，輕重上下，只在吏手。賞既不明，誰肯自勸（宋史卷三百七十五鄧肅傳）。

鄧肅之言是在欽宗時代，他比較宋金兩方刑賞之不同，以證明宋弱金強的原因。早在仁宗時，歐陽修已經說及宋之刑賞不公。

> 歐陽修言於仁宗曰，用人之術不過賞罰。然賞及無功，則恩不足勸；罰失有罪，則威無所懼，雖有人不可用矣……昨關西用兵四五年矣。大將以無功罷者，依舊居官。軍中有無功者，不妨得好官，則諸將誰肯立功矣。裨將畏懦逗遛者，皆當斬罪，或罰貶而尋遷，或不貶而依舊。軍中見有罪者不誅，則諸將誰肯用命。所謂賞不足勸，威無所懼，賞罰如此，而欲用人，其可得乎（大學衍義補卷一百四十賞功之格下）。

兼以財政窮匱，徽宗時，「諸路轉運使類以乏告」（宋史卷一百七十九食貨志下一會計），「兵士饑忿，有擲瓦石擊守貳，刃將官者」（宋史卷一百七十五食貨志上三和糴）。於是金遂乘勝，遣將南寇，由雲中陷太原（河東路），由保州陷真定（河北路），引兵南下，而威脅汴州的安全。金知宋之君臣只有苟安之念，而無決死之心。於是乍戰乍和，以搖動宋之軍心。而宋乃不知「能守而後可戰，能戰而後可和」（宋史卷三百五十八李綱傳上）。邊警告急，大臣莫知所為，北兵一去，又復「上下恬然，置邊事於不問」（宋史卷三百五十八李綱傳上）。此時也，宋的政治又極腐化。其腐化由來已久，司馬光歸咎於王安石「好人同己，而惡人異己」，「群臣有與之同者，則擢用不次，與之異者，則禍辱隨之。人之情誰肯棄福而取禍，去榮而就辱，於是天下之士躁於富貴者，翕然附之」（司馬文正公傳家集卷四十五應詔言朝政闕失狀）。士無氣節，大臣以「威福在己，人不敢言」，小臣則「阿意箝口，容身竊祿」（司馬文正公傳家集卷四十六乞開言路狀）。弄到最後，王安石雖能潔身自愛，其他官吏便如蘇軾所說：

> 凡賄賂先至者，朝請而夕得，徒手而來者，終年而不獲。至於故常之事，人之所當得而無疑者，莫不務為留滯，以待請屬。舉天下一毫之事，非金錢無以行之。昔者漢唐之弊，患法不明而用之不密，使吏得以

空虛無據之法而繩天下，故小人得以法為姦。今也法令明具，而用之至密，舉天下惟法之知，所欲排者，有小不如法，而可指以為瑕，所欲與者，雖有所乖戾，而可借法以為解，故小人以法為姦。今天下所為多事者，豈事之誠多耶。吏欲有所鬻而未得，則新故相仍，紛然而不決。此王化之所以壅遏而不行也（東坡七集應詔集卷二策別八）。

南宋時，張栻有言：「夫欲復中原之地，先有以復中原之心，欲得中原之心，先有以得吾民之心」（宋史卷四百二十九張栻傳）。那知南渡以前，政治就已腐化，凡因政治腐化，而須遠避敵人者，很難革新政治，以驅逐敵人。宋到徽宗時代，政治腐化極矣。徽宗是一位風流天子，其好貨不減於隋煬帝，吾人觀其徵求花石，即可知之。

> 徽宗頗垂意花石……政和中……舳艫相接于淮汴，號花石綱……朱勔擢至防禦使東南部刺史……所貢物豪奪漁取於民，毛髮不少償。士民家一石一木，稍堪翫，即領健卒直入其家，用黃封表識，未即取，使護視之，微不謹，即被以大不恭罪。及發行，必徹屋抉牆以出，人不幸有一物小異，共指為不祥，唯恐芟夷之不速。民預是役者，中家悉破產，或鬻賣子女以供其須。斲山輦石程督峭慘，雖在江湖不測之淵，百計取之，必出乃止。嘗得太湖石高四丈，載以巨艦，役夫數千人，所經州縣，有折水門橋梁，鑿城垣，以過者。既至，賜名神運昭功石。截諸道糧餉綱，旁羅商船，揭所貢暴其上，篙工柁師倚勢貪橫，陵轢州縣，道路相視以目（宋史卷四百七十朱勔傳）。

結果遂引起方臘之亂，破六州五十二縣，戕平民二百萬。

> 時吳中困於朱勔花石之擾，比屋致怨，臘因民不忍，陰聚貧乏游手之徒。宣和二年十月起為亂，自號聖

公，建元永樂，置官吏將帥，以巾飾為別。自紅巾而上凡六等，無弓矢介冑，唯以鬼神詭祕事相扇訹，焚室廬，掠金帛子女，誘脅良民為兵，人安於太平，不識兵革，聞金鼓聲，即斂手聽命，不旬日聚眾至數萬。……凡得官吏，必斷臠支體，探其肺腸，或熬以膏油，叢鏑亂射，備盡楚毒，以償怨心。警奏至京師，王黼匿不以聞，於是凶焰日熾……四月（政和三年）生擒臘……四年三月餘黨悉平……臘之起，破六州五十二縣，戕平民二百萬（宋史卷四百六十八方臘傳）。

欽宗即位，雖然屢下恤民之詔，而皆是空文，未可實行。劉珏說：

恤民之詔累下，未可行者多，是為空文無實德，此政事失信之開端也（宋史卷三百七十八劉珏傳）。

金人則一面言和，同時進攻，諸將以和談之故，均閉壁不戰。

金人既退，大臣不復顧慮，武備益弛……及邊警急，大臣不知所出，遣使講解，金人佯許，而攻略自如，諸將以和議故，皆閉壁不出（宋史卷三百六十二呂好問傳）。

黃河南岸沒有一人禦敵，金師遂直叩京城。

金師南下……黃河南岸無一人禦敵，金師遂直叩京城（宋史卷三百五十七何灌傳）。

靖康二年金人攻陷汴州，虜二帝而去。這個時候宋代士大夫是否同五代一樣，只有保家之念，而無殉國之情。歷史雖說：

士大夫忠義之氣，至於五季變化殆盡。宋之初興，范質王溥猶有餘憾，況其他哉。藝祖首褒韓通，次表衛融，足示意嚮……真仁之世，田錫、王禹偁、范仲淹、歐陽修、唐介諸賢以直言讜論倡于朝，於是中外縉紳，知以名節相高，廉恥相尚，盡去五季之陋矣（宋史卷四百四十六忠義傳序）。

其實宋代士大夫心理上受了經義的拘束，而於仕進方面又受科舉的束縛，漸次失去豪邁之氣。只知循常習故，不敢毫髮出入於規矩繩墨之間。一旦猝然遇到危難，遂不知如何應付。然而舉世士君子又復吹毛求疵，攻人之短，似天下無一完人。仁宗時李覯曾言：

竊觀世俗之論……不求於己，而專責於人。不用其長，而專攻其短。適時則謂之違禮，從權則謂之壞法。剛毅則謂之不遜，倜儻則謂之不檢。輕財則謂之不儉，為生則謂之不廉（李直講文集卷十七強兵策第九）。

孝宗時，陳亮說得更見率直。

本朝以儒道治天下，以格律守天下，而天下之人知經義之為常程，科舉之為正路，法不得自議其私，人不得自用其智，而二百年之太平由此而出也。至於艱難變故之際，書生之智知議論之當正，而不知事功之為何物，知節義之當守，而不知形勢之為何用，宛轉於文法之中，而無一人能自拔者。陛下雖欲得非常之人，以共斯世，而天下其誰肯信乎（龍川文集卷一戊申再上孝宗皇帝書）。

自黨爭發生之後，士務奔競，而寡廉恥。陸佃說：

近時學士大夫，相領競進，以善求事為精神，以能計人為風采，以忠厚為重遲，以靜退為卑弱，相師成風，莫之或止（宋史卷三百四十三陸佃傳）。

李綱亦說：

近世士大夫寡廉鮮恥，不知君臣之義（宋史卷三百五十八李綱傳上）。

士大夫寡廉鮮恥，當然敵人來侵，不肯殺身以成仁，只知求生以害義，而如李綱所言：

國家更大變，鮮仗節死義之士，而受偽官以屈膝於其庭者不可勝數（宋史卷三百五十八李綱傳上）。

衛膚敏亦說：

> 前日金人憑陵，都邑失守，朝臣欲存趙氏者，不過一二人而已。其他皆屈節受辱，不以為恥。甚者為敵人斂金帛，索妃嬪，無所不至，求其能詐楚如紀信者無有也。及金人偽立叛臣，僭竊位號，在廷之臣，逃避不從，及約寇退，歸位趙氏者，不過一二人而已。其他皆委質求榮，不以為愧。甚者為叛臣稱功德，說符命，主推戴之議，草勸進之文，無所不為，求其擊朱泚如段秀實者無有也（宋史卷三百七十八衛膚敏傳）。

兼以金人的政策又甚毒辣，凡守令以城降者，金人即任命為守令。

> 建炎初，金人陷關陝，守令以城降者，金人因而命之（宋史卷四百五十三劉化源傳）。

這個政策果然奏效，試看金人之言：

> 金人相與言，遼國之亡，死義者十數，南朝惟李侍郎一人（宋史卷四百四十六李若水傳）。⓭

宋的政權完全顛覆，於是盜賊群起。

> 是時四方潰兵為盜者十餘萬人，攻劫山東淮南襄漢之間……車駕遂東幸，兩河郡縣相繼淪陷……而中原盜賊蠭起矣（宋史卷三百五十八李綱傳上）。

> 山東盜起，州縣不能制（宋史卷三百七十七李璆傳）。

> 河北紅巾賊甚眾（宋史卷四百四十九魏行可傳）。

中原鼎沸，雖有害於宋的恢復工作，亦有害於金之建立政權。於是金遂應用以華制華的政策。其攻下汴州

⓭ 宋史卷三百五十八李綱傳上，綱亦云：「近世士大夫寡廉鮮恥，不知君臣之義。靖康之禍，能仗節死義者，在內惟李若水，在外惟霍安國」。

之時，立張邦昌為楚帝，高宗即位於宋州（宋建四京，開封府為東京，河南府為西京，應天府（宋州）為南京，太原府為北京），邦昌賜死。金復立劉豫為齊帝。岳飛說：

> 金人所以立劉豫於江南，蓋欲荼毒中原，以中國攻中國，粘罕因得休兵觀釁（宋史卷三百六十五岳飛傳）。

但是劉豫每次入寇，率皆敗北。金人知其不足恃，從又廢之，而以河南之地還宋。陳橐說：

> 金每挾講和以售其姦謀。論者因其廢劉豫，又還河南地，遂謂其有意於和。臣以為不然。且金之立豫，蓋欲自為捍蔽，使之南窺，豫每犯順，率皆敗北。金知不足恃，從而廢之，豈為我哉。河南之地，欲付之他人，則必以豫為戒，故捐以歸我（宋史卷三百八十八陳橐傳）。

這個時候車駕尚在南京（宋州），未至大江之南，而兩河州郡亦多為宋守。所謂兩河即河東河北，張所曾言「河東河北天下之根本」（宋史卷三百六十三張所傳）。當時金兵於河東至太原，於河北至真定，而兩河郡縣之未淪陷者尚多。李綱說：

> 河北河東者國之屏蔽也……今河東所失者恆代，太原澤潞汾晉餘郡猶存也。河北所失者不過真定懷衛濬四州而已，其餘三十餘郡皆為朝廷守（宋史卷三百五十八李綱傳上）。

唯在欽宗時代，宋已失去三關四鎮。三關為高陽瓦橋益津三關，四鎮為太原中山河間真定四鎮。聶昌說：「三關四鎮國家藩籬也」（宋史卷三百五十三聶昌傳）。陳東亦說：

> 河北實朝廷根本，無三關四鎮，是棄河北，朝廷能復都大梁乎（宋史卷四百五十五陳東傳）。

在四鎮之中，真定控燕薊而迫河洛。宋祁說：

> 河朔天下根本，而真定又河朔之根本（讀史方輿紀要卷十四真定府）。

太原又踞天下之肩背，為河東之根本。劉安世說：

> 太原下瞰長安（謂開封），才數百里，棄太原，則長安京城不可都也（讀史方輿紀要卷四十太原府）。⑭

宋既失去兩地，不但汴州不可以都，即宋州亦不安全。殊不知「退避之策，可暫而不可常，可一而不可再，退一步則失一步，退一尺則失一尺」（宋史卷三百五十九李綱傳下）。然而高宗竟從黃潛善汪伯彥之言，駕幸東南，而定都於臨安（杭州）。李綱曾言：

> 車駕巡幸之所，關中為上，襄陽次之，建康為下。陛下縱未能行上策，猶當且適襄鄧，示不忘故都，以係天下之心。不然，中原非復我有，車駕還闕無期，天下之勢遂傾不復振矣（宋史卷三百五十八李綱傳上）。

豈但李綱，趙鼎亦云：「經營中原，當自關中始」（宋史卷三百六十趙鼎傳）。張浚也說：「中興當自關陝始」（宋史卷三百六十一張浚傳）。蓋天下形勢乃如汪若海所說：

> 天下者常山蛇勢也。秦蜀為首，東南為尾，中原為脊。今以東南為首，安能起天下之脊哉。將圖恢復，必在川陝（宋史卷四百四汪若海傳）。

顧當時乃有詔欲幸東南避敵之言，所以李綱又請暫以南陽為都。

> 自古中興之主，起於西北，則足以據中原，而有東南。起於東南，則不能以復中原，而有西北。蓋天下精兵健馬皆在西北，一旦委中原而棄之，豈惟金人將乘間以擾內地，盜賊亦將蠭起為亂，跨州連邑，陛下雖欲還闕，不可得矣，況欲治兵勝敵以歸二聖哉。夫南陽光武之所興，有高山峻嶺可以控扼，有寬城平野可以屯兵。西鄰關陝，可以召將士。東達江淮，可以運穀粟。南通荊湖巴蜀，可以取財貨。北距三都，可

---

⑭ 宋史卷四百四十六張確傳，確說：「河東天下根本，安危所係。無河東，豈特秦不可守，汴亦不可都矣」。

以遣救援。暫議駐蹕，乃還汴都，策無出於此者。今乘舟順流而適東南，固甚安便，第恐一失中原，則東南不能必其無事，雖欲退保一隅，不易得也（宋史卷三百五十八李綱傳上）。

但是高宗竟然退居臨安，這是李綱所意料不到的。於是李綱前此謂「車駕巡幸之所，……建康為下」，現在不能不退一步，而請移蹕建康了。

李綱奏，若夫萬乘所居，必擇形勝以為駐蹕之所，然後能制服中外，以圖事業。建康自昔號帝王之宅，江山雄壯，地勢寬博，六朝更都之。臣昔舉天下形勢而言，謂關中為上，今以東南形勢而言，則當以建康為便（宋史卷三百五十九李綱傳下）。

張浚亦謂：

張浚每論定都大計，以為東南形勢莫如建康，人主居之，可以北望中原，常懷憤惕。至如錢塘僻在一隅，易於安肆，不足以號召北方（宋史卷三百六十一張浚傳）。

蓋就建康之形勢言之，乃如吳芾所言：

今欲控帶襄漢，引輸湖廣，則臨安不如建康便。經理淮甸，應接梁宋，則臨安不如建康近（宋史卷三百八十七吳芾傳）。

顧宋自金人南侵之後，就一意以求和乞盟為事，宗澤曾言：

自金人再至，朝廷未嘗命一將，出一師，但聞姦邪之臣朝進一言以告和，暮入一說以乞命，終致二聖北遷，宗社蒙恥（宋史卷三百六十宗澤傳）。

高宗遷都臨安，完全出於苟安的心理，其不願北伐，收復河山，是早已決定的。所以秦檜用事就以解仇議和為國策。

> 二帝北遷……康王（高宗）即位……始朝廷雖數遣使，但且守且和，而專與金人解仇議和，實自檜始（宋史卷四百七十三秦檜傳）。

按自金人南侵之時，和戰已經不決。欽宗時程振曾言：

> 金人交兵半歲，而至今不解者，以和戰之說未一故也……今日一人言之，以為是而行。明日一人言之，以為非而止（宋史卷三百五十七程振傳）。

而最後勝利必屬於主和之人，欽宗時代李邦彥耿南仲主和，而二帝遂北狩矣（宋史卷三百五十三耿南仲傳）。高宗初年黃潛善、汪伯彥主和，而宋遂南渡矣（宋史卷四百七十三黃潛善、汪伯彥傳）。其後秦檜主和，而中原不能恢復，遂成為定局矣（宋史卷四百七十三秦檜傳）。其所以如此者，固然因為逐鹿中原，馬隊極為重要。南渡之後，「西北之馬不可得，而東南之馬不可用」（宋史卷三百五十八李綱傳上）。而國家承平日久，苟且偷生之念太深，亦不失為原因之一。宗澤說：

> 國家承平二百年，不識兵革，以敵國誕謾為可憑信，恬不置疑。不惟不嚴攻討之計，其有實欲賈勇思敵所愾之人，士大夫不以為狂，則以為妄，致有前日之禍（宋史卷三百六十宗澤傳）。

由於苟且偷生，遂發生自卑之念，而欲坐待強敵自斃。王居正曾對高宗說：

> 昔人於難者，勉強為之，今以為難，不復有所為，以俟天意自回，強敵自斃也。宣和末，以為難者十五六，至靖康與宣和孰難。靖康末，以為難者十八九，至建炎與靖康孰難。由此而言，今日雖難於前日，安知他日不難於今日。蓋宣和以為難，故有靖康之禍。靖康以為難，故有今日之憂。今而亦云，臣有所不忍

聞（宋史卷三百八十一王居正傳）。

但高宗所以不欲北伐，也有其特殊原因。宋自太祖以來，鑑唐末五代方鎮之亂，一切用人行政均以預防武將為目的。而在金人南渡，二帝北狩之時，中原紛亂，「諸路各擁重兵，率驕蹇不用命」（宋史卷四百七十五杜充傳）。張守說：

> 今之大將皆握重兵……故朝廷之勢日削，兵將之權日重（宋史卷三百七十五張守傳）。

季陵亦說：

> 今將帥擁兵自衛，浸成跋扈（宋史卷三百七十七季陵傳）。

吾人觀劉豫遣子麟猊分道寇淮西，麟敗，高宗語趙鼎曰，「劉麟敗北不足喜，諸將知尊朝廷為可喜」（宋史卷三百六十五岳飛傳），可知高宗所忌者乃諸將，而非金人。其接受秦檜主和之說，即因「秦檜謀收諸將兵權」（宋史卷四百七十四万俟卨傳），而深合於宋代祖宗遺訓。且看葉適之言：

> 諸將自誇豪雄……各以成軍雄視海內……當是時虜食惟其所賦，功勳惟其所奏，將校之祿多於兵卒之數……其後秦檜……急於求和，以屈辱為安者，蓋憂諸將之兵未易收，浸成疽贅，則非特北方不可取，而南方亦未易安也（水心集卷五四屯駐大兵）。

吾國自古以來，就有華夷之別，這個民族意識，下層階級似比高等華人尤為強烈。五代時，契丹入主中原，而不與契丹合作者不是官僚，而是一般平民。金兵渡河，求割三鎮（太原中山河間），欽宗罷主戰之李綱，「太學生陳東等詣闕上書，明綱無罪，軍民不期而集者數十萬，呼聲動地，患不得報，至殺傷內侍」（宋史卷三百五十八李綱傳上）。到了「金人逼二帝北行，宗社失主，宗澤一呼，而河北義旅數十萬眾，若響之赴聲」（宋史卷三百六十宗澤趙鼎傳論）。及高宗初年，「河東北雖陷，土豪聚眾保險」（宋史卷四百五十二翟興傳）。所以宗澤有言：

今河東西不從敵國，而保山砦者，不知其幾。諸處節義之夫，自黥其面而爭先救駕者，復不知其幾（宋史卷三百六十宗澤傳）。

岳飛進軍朱仙鎮，因宰相秦檜主和，不能不班師而還，當時情況如次：

岳飛進軍朱僊鎮，距汴京四十五里，與兀朮對壘而陣……大破之，兀朮遁汴京……父老百姓爭挽車牽牛，載糗糧以餽義軍，頂盆焚香迎候者，充滿道路。自燕以南，金號令不行。兀朮欲簽軍以抗飛，河北無一人從者。乃嘆曰，自我起兵北方以來，未有如今之挫衄……秦檜……令班師……一日奉十二金字牌。飛憤惋泣下，東向再拜曰，十年之力，廢於一旦。飛班師。民遮馬慟哭訴曰，我等戴香盆，運糧草，以迎官軍，金人悉知之，相公去，我輩無噍類矣。飛亦悲泣，取詔示之曰，吾不得擅留。哭聲震野，飛留五日，以待其徙，從而南者如市。亟奏，以漢上六郡閒田處之（宋史卷三百六十五岳飛傳）。

然而朝廷既主和議，百姓那有辦法，於是岳飛犧牲，而偏安遂成為定局。

岳飛既歸，所得州縣旋復失之……兀朮遺檜書曰，汝朝夕以和請，而岳飛方為河北圖，必殺飛始可和。檜亦以飛不死，終梗和議，己必及禍，故力謀殺之……遣使捕飛父子……坐繫兩月……歲暮獄不成，檜手書小紙付獄，即報飛死，時年三十九（宋史卷三百六十五岳飛傳）。

然則金兵何以不能南下滅宋？在高宗時代，金何曾不想吞併中國。但紹興元年吳玠吳璘敗金兵於和尚原，金已不能入據四川，以長江上流之勢壓迫江南。紹興四年韓世忠又敗金兵於黃天蕩，三十一年虞允文復敗金於采石磯，金不能占領建康，而直接威脅臨安。而前此紹興十年岳飛大破金兵於郾城，進攻朱仙鎮，更令金不敢輕視南軍。宋經數次勝利之後，偏安之局已經鞏固，而宋之軍隊又守在江北。李綱曾云：

> 夫六朝之所以能保江左者，以強兵巨鎮盡在淮南荊襄間（宋史卷三百五十九李綱傳下）。

南宋未曾違反這個原則，其重兵所駐之地，由漢中而至京口共有五鎮。黃裳說：

> 自吳至蜀，綿亘萬里，曰漢中，曰襄陽，曰江陵，曰鄂渚，曰京口，當為五鎮……五鎮強，則國體重矣（宋史卷三百九十三黃裳傳）。

南宋定都臨安，即在長江下游。四川之地極為重要，張嵲說：「吳蜀唇齒之勢也」（宋史卷四百四十五張嵲傳）。余端禮云：「無蜀是無東南也」（宋史卷三百九十八余端禮傳）。金固不忘於取蜀。綦崇禮奏「金人二三歲來，悉力窺蜀，其意以為蜀若不守，江浙自搖，故必圖之」（宋史卷三百七十八綦崇禮傳）。然金欲取蜀，須先入關，而後再由漢中以脅益州。張浚曾「慮金人或先入陝取蜀，則東南不可保」（宋史卷三百六十一張浚傳）。然宋南遷之後，關中已經失守，浚乃命吳玠聚兵扼險於鳳翔之和尚原（宋史卷三百六十一張浚傳）。楊存中說：「和尚原，隴右之藩要也。敵得之則可以睥睨漢川，我得之，則可以下兵秦雍，……願毋棄」（宋史卷三百六十七楊存中傳）。吳玠「每戰輒勝」，和尚原之役，玠又大破金師，所以「關陝雖失，而全蜀安堵，且以牽制東南，江淮亦賴以安」（宋史卷三百六十一張浚傳）。

襄陽呢？孟珙說：「襄樊為朝廷根本」（宋史卷四百十二孟珙傳）。王應麟說：「國家所恃者大江，襄樊其喉舌」（宋史卷四百三十八王應麟傳）。高宗初年襄陽曾一度失守，宰相朱勝非言：「襄陽國之上流，不可不急取」，遂令岳飛出師，而復襄陽（宋史卷三百六十趙鼎傳）。蓋「襄陽為荊楚門戶」（宋史卷三百八十五汪徹傳），而如李宗勉所說：「襄州失，則江陵危。江陵危，則長江之險不足恃」（宋史卷四百五李宗勉傳）。宋既堅守襄陽，江陵遂賴以安。

江陵「雄據上流，表裡襄漢，西控巴蜀，南扼湖廣」（宋史卷四百五十楊霆傳），實是南北戰爭之時，兵家必爭之地。蓋武昌居建康上游，江陵又居武昌上游，其勢乃如史璟卿所說：「江陵之勢苟孤，則武昌之勢未易守。荊湖之路稍警，則江浙之諸郡焉得高枕而臥」（宋史卷四百十四史嵩之傳）。宋用襄陽以確保江陵，又利用江陵上流之勢，使長江下流安堵無事。南宋能夠苟安，有恃於地理者甚多。

鄂渚就是漢代的夏口，亦即今日之武昌。自古以來為兵衝要地。今試舉顧祖禹之言，以明鄂渚之重要。

> 六朝之際，上流有事，夏口為必爭之所……唐之中葉，以淮汝多虞，荊江隔遠，因立軍府於此，為控禦之備，自是鄂渚為雄鎮。南宋初，呂氏曰武昌江湖之衝也，西扞郢，南拒岳，西南據江陵，東南蔽九江，表裡扞蔽，最為強固。又薛氏曰武昌之地襟帶江沔，依阻湖山，左控廬淝，右連襄漢，南北二塗，有如繩直，金人南牧，嘗出此以襲豫章，境壤易越也。張浚曰鄂州城東通武昌樊口，昔孫權欲都武昌以拒魏者，蓋以渡江而西，接連川陝，中原聲援，絡繹可通耳。淳祐中，史璟卿言，鄂渚形勢之地，西可以援蜀，東可以援淮，北可以鎮荊湖。咸淳中，汪立信議置重兵於此，為上流之衝……地利顧不重歟（讀史方輿紀要卷七十六武昌府）。

至於京口即今日之鎮江，「京口控扼大江，為浙西門戶」（宋史卷三百七十八劉寧止傳）。其對岸則為揚州，袁韶說：「揚失守，則京口不可保」（宋史卷四百十五袁韶傳）。趙范亦言：「揚州者國之北門，一以統淮，一以蔽江，一以守運河」（宋史卷四百十七趙范傳）。揚州根抵淮左，遮蔽金陵，宋室南遷，以揚州枕江臂淮，倚為襟要。揚州有備，而後淮南可守，淮南可守，而後長江才有屏蔽。王德說：「淮者江之蔽也，棄淮不守，是謂唇亡齒寒也」（宋史卷三百六十八王德傳）。韓肖胄說：「中原未復，所恃長江之險，淮南實為屏蔽」（宋史卷三百七十九韓肖胄傳），丘崈說：「棄淮，則與敵共長江之險矣。吾當與淮南俱存亡」（宋史卷三百九十八丘崈傳）。趙范說：「有淮則有江。無淮，則長江以北港汊蘆葦之處，敵人皆可潛師以濟，江面數千里何從而防哉」（宋史卷四百十七趙范傳）。楊萬里說：「論者或謂棄淮而保江，既無淮矣，江可得而保乎」（宋史卷四百三十三楊萬里傳）。南宋定都臨安，依江為險。而其形勢則如胡銓所說：「兩淮不保，則大江決不可守，大江不守，則江浙決不可安」（宋史卷三百七十四胡銓傳）。

南宋偏安江左，守漢中，防金人入蜀，守襄陽，防金人取荊，守揚州，防金人得淮，而江陵武昌之地戒備亦不少弛。而金「俗本鷙勁，人多沉雄」，「加之地狹產薄，無事苦耕，可給衣食，有事苦戰，可致俘獲。勞其筋骨，以能寒暑。徵發調遣，事同一家」。故能「變弱為彊，以寡制眾」。「及其得志中國，自顧其宗族國人尚少，乃割土地，崇位號以假漢人，使為之效力而守之」。又令其將士「雜廁漢地，聽與契丹漢人婚」（金史卷四十四兵志序）。於是雄偉之氣漸失，繁文縟禮遂興。陳亮說：

> 昔者金人草居野處，往來無常，能使人不知所備，而兵無日不可出也。今也城郭宮室，政教號令，一切不異於中國。點兵聚糧，文移往返，動涉歲月，一方有警，三邊騷動，此豈能歲出師以擾我乎（龍川文集卷一上孝宗皇帝第一書）。

一方地理上宋之戒備頗嚴，他方風俗上金已失去鬥志，金之不能南下滅宋，已經顯明。然而宋自南遷之後，宴安於所託，無意於北伐。陳亮曾言：

自晉之永嘉，以迄於隋之開皇，其在南則定建業為都，更六姓而天下分裂者三百餘年。南師之謀北者不知其幾，北師之謀南者蓋亦甚有數。而南北通和之時則絕無而僅有。未聞有如今日之岌岌然以北方為可畏，以南方為可憂，一日不和，則君臣上下朝不能以謀夕也（龍川文集卷一戊申再上孝宗皇帝書）。

這樣，金宋對立遂成為定局。到了蒙古勃興，金亡，宋亦隨之而亡。

第五節　苟安心理與腐化政治

宋自神宗變法之後，繼之有哲宗的紹聖，以紹述新政為國是，又繼之有徽宗的崇寧，以表示推崇熙寧之意。然而三朝改革無不失敗，卒至二帝北狩，高宗南渡，全國上下均溺於宴安，雖有戰事，志在保境，進攻之心失，苟安之念生。李綱曾言：

大槩近在閑暇，則以和議為得計，而以治兵為失策。倉卒則以退避為愛君，而以進禦為誤國。上下偷安，不為長久之計。天步艱難，國勢益弱，職此之由（宋史卷三百五十九李綱傳下）。

又說：

若夫退避之策，可暫而不可常，可一而不可再，退一步則失一步，退一尺則失一尺。往時自南都退至維揚，則關陝河北河東失矣。自維揚退而至江浙，則東西失矣。萬有一敵騎南牧，復將退避，不知何所適而可乎（宋史卷三百五十九李綱傳下）。

復說：

邊事粗定之時，朝廷所推行者，不過簿書期會不切之細務。至於攻討防守之策，國之大計，皆未嘗留意（宋史卷三百五十九李綱傳下）。

最初高宗贊成和議，也許因為二聖拘留於北庭，一旦開戰，徽欽二帝將受其禍。此時也，馮時行知「和議不可信，至引漢高分羹事為喻」（宋史卷四百七十三秦檜傳）。為天下者不顧家，唯在儒家思想盛行的時代，這個見解是不容易入耳的，所以高宗才說「朕不忍聞」，「顰蹙而起」（宋史卷四百七十三秦檜傳）。到了徽欽崩殂，這個時候若因梓宮未回，而贊成和議（宋史卷三百六十趙鼎傳），未免拘拘於小節，而忘國家之大恥。高宗曾詔「諸郡守臣相度，或守或避，令得自便」（宋史卷三百六十三李光傳）。這種詔令可謂奇特之至，其實此際，以財政言，宋已不能戰。「高宗在揚州，四方貢賦不以期至」（宋史卷一百七十九食貨志下一會計）。以兵力言，宋更不能戰。「禁衛才五千餘，羸老居半，至不能介冑者」（宋史卷三百八十七杜莘老傳）。孝宗即位，最初尚想恢復中原，他說：

士夫諱言恢復，不知其家有田百畝，內五十畝為人所據，亦投牒理索否（宋史卷三百九十六趙雄傳）。

史稱孝宗「銳意北伐，示天下以所向」（宋史卷三百八十九袁樞傳）。此種姿態是錯誤的，六韜（第十三篇發啟）云：「鷙鳥將擊，卑飛斂翼，猛獸將搏，弭耳俯伏，聖人將動，必有愚色」。孫子（始計）云：「兵者詭道也，故能而示之不能，用而示之不用」。自古以來，真欲報仇雪恥，必須暗中準備。句踐臥薪嘗膽，何曾讓夫差知道。袁樞曾言：「古之謀人國者，必示之以弱。苟陛下志復金讎，臣願蓄威養銳，勿示其形」（宋史卷三百八十九袁樞傳）。余端禮亦對孝宗說：

謀敵決勝之道，有聲有實。敵弱者先聲後實，以讋其氣。敵彊者，先實後聲，以俟其機。漢武乘匈奴之困，親行邊陲，威震朔方，而漢南無王庭者，讋其氣而服之，所謂先聲而後實也。越謀吳則不然，外講盟好，內修武備，陽行成以種蠡，陰結援於齊晉，教習之士益精，而獻遺之禮益密，用能一戰而霸者，伺其機而圖之，所謂先實而後聲也，今日之事異於漢，而與越相若。願陰設其備，而密為之謀。觀變察時，則機可投矣（宋史卷三百九十八余端禮傳）。

孝宗不明此理，既示其形了，就是無意北伐，當時朝中大臣多持和談，吾人觀隆興初，「詔以和戎遣使，大詢于庭，侍從臺諫預議者凡十有四人，主和者半，可否者半，言不可和者胡銓一人而已」（宋史卷三百七十四胡銓傳）。當時朝臣如何苟且偷安，由此可以知道。陳亮曾言：「臣以為通和者，所以成上下之苟安，而為妄庸兩售之地，宜其為人情之所甚便也」（龍川文集卷一上孝宗皇帝第一書）。孝宗受了朝臣的影響，意志不免動搖。王質曾批評孝宗如次：

今陛下之心志未定，規模未立，或告陛下金弱且亡，而吾兵甚振，陛下則勃然有勒燕然之志。或告陛下吾力不足恃，而金人且來，陛下即委然有盟平涼之心。或告陛下吾不可進，金不可入，陛下又寒然有指鴻溝之意（宋史卷三百九十五王質傳）。

人主立意不定，甚至敵人已至近郡，「廟堂猶主和議，至敕諸將無得輒稱兵」（宋史卷四百二十九張栻傳）。

高宗時，林之奇已經警告當路：

久和畏戰，人情之常。金知吾重於和，故常以虛聲喝我，而示我以欲戰之意。非果欲戰，所以堅吾和。欲與之和，宜無憚於戰，則其權在我（宋史卷四百三十三林之奇傳）。

南渡稍久，君臣上下遂宴安於江左一隅之地，無意北伐，文恬武嬉，歌舞太平，前此痛心疾首，現在乃以錢塘為樂國。陳亮說：

方南渡之初，君臣上下痛心疾首，誓不與虜俱生……三十年之餘，雖西北流寓，皆抱孫長息於東南，而君父之大讐一切不復關懷……風俗固已華靡，士大夫又從而治園囿臺榭，以樂其生於干戈之餘，上下宴安，而錢塘為樂國矣（龍川文集卷一上孝宗皇帝第一書）。

豈但無意北伐，而且日夜惶惶焉唯恐北寇之南侵。陳亮說：

自晉之永嘉以迄於隋之開皇，其在南則建業為都，更六姓，而天下分裂者三百餘年。南師之謀北者不知其幾，北師之謀南者蓋亦甚有數，而南北通和之時則絕無而僅有，未聞有如今日之岌岌然以北方為可畏，以南方為可憂，一日不和，則君臣上下朝不能以謀夕也（龍川文集卷一戊申再上孝宗皇帝書）。

六十年之後，又以南北對立已經成形，自願與宋齊梁陳並稱。葉適說：

隘處江浙，以為南北之成形，六十年矣……豈可坐而講堯舜三代之舊，洋洋焉，熙熙焉，以與宋齊梁陳並稱而已者乎（水心集卷四始論一）。

此輩苟且偷安之徒皆借辭於「乘機」、「待時」。葉適在孝宗時，曾謂「言者皆曰當乘其機……言者皆曰當待其時……機自我發，非彼之乘，時自我為，何彼之待」（水心集卷一上孝宗皇帝劄子）。在光宗時，又說：「事之未立，則曰乘其機也，不知動者之有機，而不動者之無機矣。縱其有機也，與無奚異。功之未成，則曰待其成也，不知為者之有時，而不為者之無時矣。縱其有時也，與無奚別」（水心集卷一上光宗皇帝劄子），他最反對待時乘機之論，他說：

何謂待時，此今論者所常以為言也。夫時有未可而待其至，昔之謀國者固皆如此，而今所言，特似之而非也。越之報吳也，范蠡文種以為必在二十年之外。二十年之內，句踐欲不忍其憤而一決，則二人者出死力以止之。至其成功也，果在二十年之外。此豈非所謂待時者邪。然二十年之內，越人日夜之所為，皆報吳之具也。故時未至則不動，時至則動而滅吳，若二十年之內無所為，而欲待於二十年之外，可乎……陛下二十餘年之間……聞待時之論，而行待時之說，熟矣。待時之說轉而為乘機，此大臣之款大事而誤陛下以自寬也。亮氏斃殞，北方請命，女真亂離，其時豈不至耶……由乾道元年以迄今日，不知何時可待而何機可乘乎。時若是之久而當待，機若是之遠而未可乘……使少壯至於耆老而終不見耶……臣請決今日之論，時自我為之，則不可以有所待也。機自我發之，則不可以有所乘也，不為則無時矣，何待？不發則無機矣，何乘？陛下姑自為其時而自待之，毋使群臣相倚相背，徒流歲月，前者既去，後者復來，不過如此而已也（水心集卷四待時）。

凡偏安局面很難永久維持，我不伐賊，賊必伐我。當此之時，全國上下均應臥薪嘗膽，刷新政治，十年生聚，十年教訓。孝宗即位，宋之南渡已經三十年了。然而生聚如何，教訓如何。吾人觀張栻對孝宗之言，可知孝宗時代國計民生之情形。

時宰方謂敵勢衰弱可圖……張栻見上，上曰卿知敵國事乎。栻對曰不知也。上曰，金國饑饉連年，盜賊四起。栻曰金人之事，臣雖不知，境中之事則知之矣。上曰何也。栻曰，臣切見比年諸道多水旱，民貧日甚，而國家兵弱財匱，官吏誕謾，不足倚賴。正使彼實可圖，臣懼我之未足以圖彼也，上為默然久之（宋史卷四百二十九張栻傳）。

朝廷既無意北伐，遂亦不想革新政治。本來避寇而徙都，而能復振者為數並不甚多。而政府當局在國難臨頭之時，不能一鼓作氣，革新政治，則江河日下，又必漸次腐化。李綱說：

夫治天下者，必資於人才。而創業中興之主，所資尤多。何則，繼體守文，率由舊章，得中庸之才，亦足以共治。至於艱難之際，非得卓犖瓌偉之才，則未易有濟。是以大有為之主，必有不世出之才，參贊翊佐，以成大業（宋史卷三百五十九李綱傳下）。

然察之吾國歷史，皇室數傳之後，往往失去蓬勃之氣，而耽於安樂。求其守成，已經不易，更何能於艱難之際，奮發有為。皇室如斯，一般官僚上焉者持祿固位，多務因循；下焉者知國運之不長，又急急於營私舞弊，為身後之計。理宗時，袁甫言，「人民所以愁苦者，由貪冒之風熾」（宋史卷四百五袁甫傳）。政治腐化成為南宋的普遍現象，何能振起民氣，而恢復中原。

其腐化原因由來已久，北宋時代政治上就無定見，用人方面，往往是「以一人之言進之，未幾又以一人之言疑之」（涑水記聞卷五）。決策方面，又是「今日一人言之，以為是而行，明日一人言之，以為非而止」（宋史卷三百五十七程振傳）。神宗熙寧年間，呂公著上疏言：

前日所舉，以為天下之至賢，而後日逐之，以為天下至不肖。其於人材既反覆不常，則於政事亦乖戾不審矣（宋史卷三百三十六呂公著傳）。

徽宗宣和末，胡安國奏言：

為天下國家，必有一定不可易之計，謀議既定，君臣固守，故有志必成，治功可立（宋史卷四百三十五胡安國傳）。

南渡之後，此風猶在。隨政策之變更，宰相跟著更迭，隨宰相之更迭，群臣跟著進退。人存五日京兆之心，何能有所建樹。曾從龍曾以地方官為例，說明任期太短之弊。

州郡累月闕守，而以次官權攝者，彼惟其攝事也，自知非久，何暇盡心於民事。獄訟淹延，政令玩弛，舉一郡之事，付之胥吏。幸而除授一人，民望其至如渴望飲。足未及境，而復以他故罷去矣（宋史卷四百十九曾從龍傳）。

此蓋宋代天子自太祖以降，均有不信任大臣之心。高宗時程俱說：

國家之患，在於論事者不敢盡情，當事者不敢任責。言有用否，事有成敗，理固不齊。今言不合，則見排於當時，事不諧，則追咎於始議。故雖有智如陳平，不敢請金以行間。勇如相如，不敢全璧以抗秦。通財如劉晏，不敢言理財以贍軍食。使人人不敢當事，不敢盡謀，則艱危之時，誰與圖回而恢復乎（宋史卷四百四十五程俱傳）。

孝宗時陳亮說：

臣願陛下……疑則勿用，用則勿疑。與其位，勿奪其職；任以事，勿間以言……才不堪此，不以其易制而姑留；才止於此，不以其久次而姑遷（龍川文集卷二論開誠之道）。

寧宗時曹彥約說：

今廟堂之上，患士大夫不奉行詔令，惡士大夫不恪守忠實。故雖信而用之，又以人參之。雖以事權付之，又從中御以繫維之。致使知事者不敢任事，畏事者常至失事。卒有緩急，各持己見。兵權財計，互相歸咎（宋史卷四百十曹彥約傳）。

理宗時李韶又云：

人主職論一相而已。非其人不以輕授，始而授之，如不得已。既乃疑之，反使不得有所為。是豈專任責成之禮哉。所言之事不必聽，所用之人不必從，疑畏憂沮而權去之矣（宋史卷四百二十三李韶傳）。

始而授之以職，既又疑之使去，群臣多明哲保身。孝宗時，許及之奏，「群臣以不肯任事為簡重，不敢任怨為老成」（宋史卷三百九十四許及之傳）。到了寧宗時代，「廷臣爭務容默，有論事稍切者，眾輒指以為異」（宋史卷四百一劉爚傳）。群臣拱默，不肯任責，於是瑣屑之事皆取決於朝省，朝省亦不決定，而取旨於天子。這在高宗時代已經如此。晏敦復說：

比來百司不肯任責，瑣屑皆取決朝省，事有不當，上煩天聽者，例多取旨。由是宰執所治，煩雜不減有司，天子聽覽，每及細務（宋史卷三百八十一晏敦復傳）。⑮

據法家思想，「人主之道，不自操事，不自計慮」（韓非子第五篇主道），蓋如慎子所說：「君之智未必最賢於眾也，以未最賢而欲以善盡被下，則不贍矣。若使君之智最賢，以一君而盡贍下則勞，勞則有倦，倦則衰，衰則復返於不贍之道也。是以人君自任而躬事，則臣不事事，是君臣易位也，謂之倒逆，則亂矣。人君苟任臣，而勿自躬，則臣皆事事矣，是君臣之順，治亂之分，不可不察也」（慎子民雜論）。「宋仁宗朝，有勸仁宗以收攬權柄，凡事皆從中出，勿令人臣弄威福。仁宗曰，卿言固善，然措置天下事，正不欲專從

⑮ 宋代公文往返，往往浪費時日。蘇轍說：「文書至尚書省，自省付諸部，自部付諸司，其開拆呈覆用印，皆有日限，逐處且以五日為率，凡十五日。其勘當於外，日數又多，幸而一出，得完具者，自諸司申部，自部申省，其限日如前，則已一月餘矣。不幸復有問難，又復一月，自此蓋有不可知者。費日雖久，而遣限如法，雖欲加罪，終不可得」。見欒城集卷三十七論三省事多留滯狀。

朕出。若自朕出，皆是則可，有一不然，難以遽改。不若付之公議，令宰相行之，行之而天下不以為便，則臺諫公言其失，改之為易」（龍川文集卷二中興論，論執要之道）。即仁宗以為國家的政策應由大臣決定，政策之良窳應由臺諫批評，人主只可依臺諫之意，更迭大臣，依大臣之意，決定政策。其實，仁宗未必守此原則，龐籍言，「平時百官奏事上前，不自批章，止送中書樞密院。近歲璽書內降，寖多於舊，無以防徧請，杜倖門矣」（宋史卷三百十一龐籍傳）。神宗亦好親批，富弼言：「陛下多出親批，若事事皆中，亦非為君之道，脫十中七八，積日累月，所失亦多」（宋史卷三百十三富弼傳）。「哲宗親政，是時用二三大臣，皆從中出，侍從臺諫官亦多不由進擬」（宋史卷三百十四范純仁傳）。徽宗時，「御筆一日數下，而前後相違」（宋史卷三百五十四陸蘊傳）。王介曾言：「崇寧大觀間，事出御批，遂成北狩之禍」（宋史卷四百王介傳）。到了欽宗即位，外患迫在目睫，而帝又「內降數出」（宋史卷三百七十八劉珏傳）。按宋之制度，命令須經中書發布。劉黻說：「政事由中書則治，不由中書則亂」（宋史卷四百五劉黻傳）。蓋「命令帝王之樞機，必經中書參試，門下封駁，然後付尚書省施行」（宋史卷四百五劉黻傳）。據洪邁說，中書發布詔令，應經下述程序。

> 三省事無巨細，必先經中書書黃[16]，宰執書押，當制舍人書行，然後過門下，給事中書讀。如給舍有所建明，則封黃具奏，以聽上旨（宋史卷三百七十三洪邁傳）。

這種詔令的公布程序，元時高鳴之言，更見明顯。他說：

> 臣聞三省設自近古，其法由中書出政，移門下議，不合，則有駁正，或封還詔書。議合，則還移中書，

[16] 所謂書黃，據葉夢得說：「唐制，降敕有所更改，以紙貼之，謂之貼黃。蓋敕書用黃紙，則貼者亦黃紙也。今奏狀劄子皆白紙，有意所未盡，揭其要處，以黃紙別書於後，乃謂之貼黃，蓋失之矣」（石林燕語卷三）。

中書移尚書，尚書乃下六部郡國（元史卷一百六十高鳴傳）。

由此可知「政事由中書則治」，實因中間經過許多審查，而後方付尚書施行。大臣患人阻止，故用御筆手諭。凡事由御筆決定者，「違者以大不恭論」（宋史卷三百五十二吳敏傳）。於是用人行政雖不合法或不合理，而臺諫給舍亦莫如之何。史謂：

> 初國制，凡詔令皆中書門下議，而後命學士為之。至熙寧間，有內降手詔，不由中書門下共議，蓋大臣有陰從中而為之者。至京，則又患言者議己，故作御筆密進，而丐徽宗親書以降，謂之御筆手詔。違者以違制坐之，事無巨細，皆託而行，至有不類帝札者，群下皆莫敢言。繇是貴戚近臣，爭相請求，至使中人楊球代書，號曰書楊。京復病之，而亦不能止矣（宋史卷四百七十二蔡京傳）。

南渡以後，此風仍不小戢。高宗常用特旨，破壞成法（宋史卷三百八十一晏敦復傳），而從官多以御筆除拜（宋史卷三百七十八綦崇禮傳）。孝宗時，「廷臣多以中批斥去」（宋史卷三百八十六李彥穎傳），而又「禁中密旨直下諸軍，宰相多不預聞」（宋史卷三百八十三陳俊卿傳）。寧宗「即位未三月，策免宰相，遷易臺諫，悉出內批」（宋史卷四百王介傳），結果乃為奸臣利用。「韓侂冑擅命，凡事取內批特旨」（宋史卷三百九十八倪思傳）。理宗時，「今日內批，明日內批，邸報之間，以內批行者居其半」（宋史卷四百五劉黻傳）。度宗時，「內批疊降」（宋史卷四百二十五趙景緯傳）。末世天子不知人主之道，「使智者盡其慮，賢者效其才」（韓非子主道），而卒為奸臣掩蔽，而如朱熹對孝宗所說：「陛下之號令黜陟不復出於朝廷，而出於一二人之門，名為陛下獨斷，而實此一二人者陰執其柄」（宋史卷四百二十九朱熹傳）。這種情況吾人讀宋之歷史，即可知之。

抑有進者，吾國古代經濟以農為主，現代式的企業組織完全沒有。因之士大夫遂以干祿為維持生活之法。然而政治腐化，公平的考選制度不會存在。奸邪者易進，守道者數窮，士人學子只有捨正路而去依附權貴。倪思說：

> 士大夫寡廉鮮恥，列拜於勢要之門，甚者匍匐門竇，稱門生，不足，稱恩坐、恩主，甚至于恩父者。諛文豐賂，又在所不論也（宋史卷三百九十八倪思傳）。

葉適亦云：

> 奔競成風，干謁盈門，較權勢之輕重，不勝其求。若此者不特下之人知之，上之人亦知之矣。方其人之未得出乎此也，卑身屈體以求之，僕隸賤人之所恥者而不恥也，此豈復有其中之所存哉。及其人之既得脫乎此也，抗顏莊色以居之，彼其下者又為卑身屈體之狀以進焉，彼亦安受之而已（水心集卷三薦舉）。

舉例言之，「秦檜為相，務使諸生為無廉恥以媚己，而以小利啗之」（水心集卷三學校）；「時侂胄以勢利蠱士大夫之心」（宋史卷四百七十四韓侂胄傳）。「賈似道務以權術駕馭，不愛官爵，牢籠一時名士」（宋史卷四百七十四賈似道傳）。然而勢利所蠱惑者，官爵所牢籠者必非正人君子。此輩「以金珠為脯醢，以契券為詩文，宰相可啗，則啗宰相，近習可通，則通近習，惟得之求，無復廉恥」（宋史卷四百二十九朱熹傳）。於是人事方面便如陳宓所言：

> 某人之遷，是嘗重人罪，以快同列之私忿者。某人之擢，是嘗援古事，以文遹日之天變者。直節重望，以私嫌而久棄。老姦宿藏，以巧請而率復（宋史卷四百八陳宓傳）。

政治方面則「言論多於施行，浮文妨於實務」（宋史卷四百八吳昌裔傳），而如杜範所說：

> 秉國鈞者，惟私情之徇，主道揆者惟法守之侵。國家大政，則相持而不決。司存細務，則出意而輒行。

> 命令朝更而夕變，紀綱蕩廢而不存。無一事之不弊，無一弊之不極（宋史卷四百七杜範傳）。

法紀蕩然，蓋天子既如李宗勉所言：

> 人多好諂，揣所悅意，則侈其言，度所惡聞，則小其事。上既壅塞，下亦欺誣（宋史卷四百五李宗勉傳）。

群臣便同許及之所說：

> 群臣以苟且為安榮，以姑息為仁恕，以不肯任事為簡重，以不敢任怨為老成。敢言者指為輕儇，鮮恥者謂之朴實（宋史卷三百九十四許及之傳）。⑰

而一般士風又極頹敝。羅點云：

> 凡陋無所可否，則曰得體。與世浮沉，則曰有量。眾皆默，己獨言，則曰沽名。眾皆濁，己獨清，則曰立異（宋史卷三百九十三羅點傳）。

於是臺諫便隨之失去效用，不能糾正闕失，臺就是御史，諫就是諫官，御史監察違法，諫官監察失策，兩者必須超然於政爭之外，而後方能盡其職守，不為宰臣所利用。宋制，「宰執不得薦舉臺諫官」（宋史卷一百六十四職官志四），而太祖尚有一種誓約，存之太廟，即「不殺大臣及言事官，違者不祥」（宋史卷三百七十九曹勛傳）。這樣，臺諫應該可以暢所欲言，然而仁宗時代已經發生了「言事官多觀望宰相意」的現象（宋史卷三百十一龐籍傳）。葉清臣說：

> 臺諫官為天子耳目，今則不然，盡為宰相肘腋。宰相所惡，則捃以微瑕，公行擊搏。宰相所善，則從而

---

⑰ 宋史卷四百二十三李韶傳，他批評南宋大臣云：「以之用人，則能用其所知，豈能用其所不知。以之守法，則能守其所不與，必不能守於其所欲與」。

唱和，為之先容。中書政令不平，賞罰不當，則箝口結舌，未嘗敢言。人主纖微過差，或宮闈小事，即極言過當，用為訐直。供職未逾歲時，遷擢已加常等……如此是長奔競也」（宋史卷二百九十五葉清臣傳）。

到了王安石秉政，竟然推薦親信為御史，所以胡宗愈言：「大臣不法，誰復言之」（宋史卷三百十八胡宗愈傳）。自是而後，臺諫不敢盡言，遂成宋代的風氣。高宗建炎年間張燾已經說過：「侍從、臺諫觀望意指，毛舉細務。至國家大事，坐視不言」（宋史卷三百八十二張燾傳）。而秦檜秉政之時，又因為內外群臣皆以主和為非是，復擇親信為御史，藉以彈擊反對之人⓲。

> 趙鼎既去，秦檜獨專國，決意議和，中朝賢士……力排和議……中書舍人勾龍如淵抗言於檜曰，邪說橫起，胡不擇臺諫官擊去之。檜遂奏如淵為御史中丞（宋史卷四百七十三秦檜傳）。

從此以後，奸臣當國，遂以臺諫為工具。例如「韓侂胄用事，私臺諫之選，為己羽翼」（宋史卷四百楊大全傳）。異己者用臺諫以斥逐之。

> 韓侂胄恃功，為趙汝愚所抑，日夜謀引其黨為臺諫，以擯汝愚（宋史卷三百九十二趙汝愚傳）。

臺諫懼人批評其放棄責任，遂於每月之中，略舉二三細事，狀似盡公，然其撓法不亮，固已在其中矣。

> 韓侂胄勢焰熏灼……言路阨塞，每月舉論二三常事而已，謂之月課（宋史卷四百七十四韓侂胄傳）。

賈似道執政之時，擇闒茸者為臺諫，臺諫有所建白，須先告知似道。

> 十數年似道所制臺諫皆闒茸，臺中相承，凡有所建白，皆呈藁似道始行（宋史卷四百五十一陳文龍傳）。

臺諫附屬於宰相，「且甘為鷹犬，而聽其指嗾焉，宰相所不樂者，外若示以優容，而陰實頤指臺諫以去

⓲ 宋史卷四百三十三洪興祖傳，「是時秦檜當國，諫官多檜門下，爭彈劾以媚檜」。

之。臺諫所彈擊者外若不相為謀，而陰實奉承宰相以行之」（宋史卷四百五劉黻傳）。宋代政治到了寧宗以後，日更腐化，臺諫不能獨立，不失為原因之一。

這個時候士大夫之潔身自愛者又埋首於理學的研究。理學創治於周敦頤。光大於二程及張載邵雍，而繼承於朱熹及陸九淵。他們皆尊崇儒家之說，然其所誦法孔子者，實如梁啟超所言，「又往往遺其大體，摭其偏言，取其狷主義（有所不為），而棄其狂主義（進取）；取其勿主義（懲忿窒慾），而棄其為主義（開物成務）；取其坤主義（地道妻道臣道），而棄其乾主義（自強不息）；取其命主義，而棄其力主義，於是進取冒險之精神澌滅以盡」（論進取冒險）。理學派的學者多先行討論宇宙。但他們討論宇宙，並不是依科學方法，說明宇宙的構成，而是用一種玄而又玄的觀念，即由無極而太極，而陰陽，而五行，而四時，而萬物，用此以說明天人之理。無極大約是指虛空，由虛空之中發生渾然一氣，是之謂太極。太極一動一靜，則生陰陽。陰陽變化，五行生焉，四時行焉。有了五行四時，而又加以陰陽二氣之交感，於是化生萬物（近思錄集注卷一濂溪先生曰）。此種說法是否合理。吾人不敢遽下判斷。然而理學派忽又一轉而提出人性本善的問題來。朱子固謂「太極者又初無聲臭之可言」（近思錄集注卷一註，引朱子曰），既無聲臭，那有善惡。然而朱子不此之顧，竟謂「太極形而上之道也」（近思錄集注卷一註，引朱子曰），「形而上者一理渾然，無有不善」（近思錄集注卷一註，引朱子曰）。萬物由太極之變化而發生，「惟人也得其秀而最靈」（近思錄集注卷一濂溪先生曰）。所以「人性本善」（近思錄集注卷一伊川先生曰），「性即理也……未有不善」（近思錄集注卷一伊川先生曰）。這不過迎合孟子性善之說而已。但是孔子有上智下愚之別，這又如何解釋呢？程頤以為：「語其性則皆善也，謂其才則有下愚之不移」，把性與才分開，固然合理，而下文又說「所謂下愚有二焉，自暴也，自棄也。

……然天下自棄自暴者，非必皆昏愚也，往往強戾，而才力有過人者，商辛是也」（近思錄集注卷一伊川先生曰）。這樣，所謂下愚又不是單單指「才」，又轉而指「性」了。至於張載，他謂「上智下愚不移，充其德性則為上智，安於見聞，則為下愚」（宋元學案卷十二橫渠學案，張橫渠語錄）。然由吾人觀之，智愚是知識上的問題，善惡是道德上的問題。他們不把智愚與善惡分開，而謂太極是理，陰陽只是氣（宋元學案卷四十四晦翁學案），太極無有不善，而陰陽有時不能和穆，例如春凋秋榮冬溫夏寒，這樣，在氣的方面就有善與不善。人類由陽變陰合而發生，陰陽既有乖戾，則人類不免也有邪僻（近思錄集注卷一濂溪先生曰）。如何矯正邪僻而為良善，理學家主張變化氣質，「懲忿窒慾，遷善改過」（近思錄集注卷五濂溪先生曰）。窒慾之極，遂由寡欲，進而希望無欲。周濂溪說：「孟子曰養心莫善於寡欲。予謂養心不止於寡而存耳」，當「寡焉以至於無」（近思錄集注卷五濂溪先生曰）。如何使欲「寡焉以至於無」，他們主張主靜。「或問聖可學乎？濂溪先生曰『可』。有要乎？曰『有』。請問焉，曰『一為要，一者無欲也』」（近思錄集注卷四）。理學家主靜之法，似受釋氏的影響，主張靜坐。「程子見人靜坐，便歎為善學，朱子教人半日靜坐」（梁啟超著中國近三百年學術史，中華版一一四頁）。蓋靜坐而能「止於所不見」，則「外物不蔽，內欲不萌」（近思錄集注卷四伊川先生曰）。唯由吾人觀之，這不能視為道德行為。善哉梁啟超之言，「宋明諸哲之訓所以教人為聖賢也。盡國人而聖賢之，豈非大善，而無如事實上萬不可致。恐未能造就聖賢，先已遺棄庸眾。故窮理盡性之議，正誼明道之旨，君子以之自律，而不以責人也」（中國道德之大原）。案節欲乃希望「節」，無欲則希望「無」，此兩者皆出於慾望。離開慾望，吾不知其如何「節」而至於「無」。理學家不知人類的心理作用，硬要人士無欲，那知若人類沒有慾望，不但邪惡的行為，就是道德的行為，亦無從由動機之作用，而表現為身體的動作。勢只有學小乘佛教那樣，閉室靜坐，以求涅槃圓寂而已。難怪顏習齋批評說：「五帝三王周孔皆教天下以動之聖人也，皆以動造成世道之聖人也。漢唐襲其動一二以造其世也。晉宋之苟安，佛之空，老之無，周程朱邵之靜坐，徒事口筆，總之皆不動也。而人才盡矣，世道淪矣」（言行錄卷下學須篇，引自梁啟超著中國近三百年學術史，中華版一一六頁）。

理學家欲依大學所述，由格物致知，進而誠意正心，達到修身齊家之道，更進而治國平天下。我們須知孔子時代，還是封建國家，天子之地不過千里，千里之內又封有許多附庸，諸侯之國大者百里，百里之內又封有許多采邑，統治之區域既小，人主一舉一動，百姓均得目睹。舉動有虧禮法，自可引起百姓輕視。秦漢以後，成為一統的大國，天子所居，稱為禁中。天子在宮廷之內，行動如何，百姓不但無從目睹，且又無從耳聞。天子縱能誠意正心修身齊家，百姓亦莫之知。百姓既不知道，自難發生影響。所以賈誼才說：「人主之行異布衣，布衣者飾小行，競小廉……人主者天下安，社會固不耳……故大人者不怵小廉，不牽小行，故立大便，以成大功」（新書卷一益壤）。更進一步言之，格物致知是知識上的問題，誠意正心修身齊家是道德上的問題，治國平天下是政治上的問題。三個問題如何聯繫起來，孔子未加解釋，理學家亦不闡明。他們由此出發，以為聖君須能正其心而誠其意，「以仁育萬物，以義正萬民」（周子通書順化第十一）。這乃迎合孟子所謂「亦有仁義而已矣」之言。但是聖君不可強求，「由堯舜至於湯，五百有餘歲。由湯至於文王，五百有餘歲。由文王至於孔子，五百有餘歲」（孟子盡心下）。五百餘年才出現一位聖人，而聖人例如孔子，又未必能夠做到天子，這樣，以仁育萬物，以義正萬民，又不能實現了。

吾國政治自西漢元帝以後，日漸衰萎。推原其故，法家思想見棄於世，政治與道德混為一談，實為最大原因。吾屢說過政治與道德絕不相同，道德乃勸人為善，戒人為惡。但是勸戒之言常至於窮，於是宗教方面就濟之以天堂地獄之說，政治方面又濟之以刑賞。賞是人人所愛的，刑是人人所畏的。這個愛畏情緒便是政治能夠施行的心理條件。管子說：「明主之治也，懸爵祿以勸其民，民有利於上，故主有以使之。立刑罰以威其下，下有畏於上，故主有以牧之。故無爵祿，則主無以勸民；無刑罰，則主無以威眾。故人臣之行理奉命者，非以愛主也，且以就利而避害也。百官之奉法無姦者，非以愛主也，欲以受爵祿而避罰也」（管子明法解）。商鞅說：「羞辱勞苦者，民之所惡也。顯榮佚樂者民之所務也」（商君書算地）。「好惡者賞罰之本也，夫人情好爵祿而惡刑罰，人君設二者以御民之志，而立所欲焉」（商君書錯法）。韓非說：「明主之所導制其臣者，二柄而已矣。二柄者刑德也。何謂刑德？曰殺戮之謂刑，慶賞之謂德，為人臣者，畏誅罰而愛慶賞，故人主自用其刑德，則群臣畏其威，而歸其利矣」（韓非子二柄）。孔子為魯大司寇，攝行相事，必殺少正卯，而毀三孫之城，何曾專講仁義惠愛。「世之學者說人主，皆曰仁義惠愛而已矣。世主美仁義之名，而不察其實，是以大者國亡身死，小者地削主卑。故善為主者，明賞設利以勸之，使民以功賞，而不以仁義賜；嚴刑重罰以禁之，使民以罪誅，而不以愛惠免。是以無功者不望，而有罪者不幸矣」（韓非子姦劫弒臣）。理學家專談仁義，因仁義而竟反對利欲，這種立論，就個人說，已有反於人情，就國家說，更不能依此以富國強兵。李覯云：「利可言乎，曰人非利不生，曷為不可言。欲可言乎，曰欲者人之情，曷為不可言。言而不以禮，是貪與淫罪矣。不貪不淫，而曰不可言，無乃賊人之生，反人之情。世俗之不喜儒，以此。孟子謂何必曰利，激也。焉有仁義而不利者乎」（李直講文集卷二十九原文）。又說：「儒生之論但恨不及王道耳。而不知霸者強國也，豈易可及哉。管仲之相齊桓公，是霸也。外攘戎狄，內尊京師，較之於今何如。商鞅之相秦孝公，是強國也。明法術耕戰，國以富而兵以強，較之於今何如」（李直講文集卷二十七寄上范參政書）。他由這個觀點出發，遂謂王與霸本來沒有區別。王，天子之號，以安天下為務；霸，諸侯之號，以尊京師為務（李直講文集卷三十四常語下）。進而主張富國之必要。

愚竊觀儒者之論，鮮不貴義而賤利，其言非道德教化，則不出諸口矣。然洪範八政，一曰食，二曰貨。孔子曰足食足兵，民信之矣。是治國之實必本於財用，蓋城郭宮室，非財不完；羞服車馬，非財不具；百官群吏，非財不養；軍旅征戍，非財不給；郊社宗廟，非財不事；兄弟婚媾，非財不親；諸侯四夷，朝覲聘問，非財不接；矜寡孤獨，凶荒札瘥，非財不恤。禮以是舉，政以是成，愛以是立，威以是行，舍是而克為治者，未之有也（李直講文集卷十六富國策第一）。

次又說明強兵之必要。

兵之作尚矣，黃帝堯舜以來，未之有改也。故國之於兵，猶鷹隼之於羽翼，虎豹之於爪牙也。羽翼不勁，鷙鳥不能以死尺鷃。爪牙不銳，猛獸不能以肉食。兵不強，聖人不能以制褐夫矣（李直講文集卷十七強兵策第一）。

同時蘇洵亦謂王與霸之區別不在於任德或任刑。「用刑不必霸，而用德不必王，各觀其勢之何所宜用而已。然則今之勢何為不可用刑，用刑何為不曰王道，彼不先審天下之勢，而欲應天下之務，難矣」（嘉祐集卷一審勢）。蘇洵又進而謂義利不可分開。

武王以天命誅獨夫紂，揭大義而行，夫何卹天下之人，而其發粟散財何如此之汲汲也。意者，雖武王亦不能以徒義加天下也……君子之恥言利，亦恥言夫徒利而已。聖人聚天下之剛以為義……凡天下之言剛者皆義屬也……故君子欲行之，必即於利；即於利，則其為力也易，戾於利，則其為力者艱。利在則義存，利亡則義喪……必也天下無小人，而後吾之徒義始行矣。嗚呼難哉（嘉祐集卷八利者義之和論）。

李覯與蘇洵均是仁宗時代的人，立論如此，此皆宋儒所不能言，而亦不敢言。那些理學家乃由無極，而太極，玄之又玄，極盡微妙。雖以孔孟為宗，其實與晉代士大夫之喜談老莊無異。孝宗曾言：「近世書生但務清談，經綸實才蓋未之見。朕以是每有東晉之憂」（宋史卷三百八十六劉珙傳）。韓非云：「微妙之言，上智之所難行也。今為眾人法，而以上智之所難知，則民無從識之矣」（韓非子五蠹）。在北宋時代，保守派的司馬光已說：「性者子貢之所不及，命者孔子之所罕言，今之舉人發口秉筆，先論性命，乃至流蕩忘返，遂入老莊」（司馬文正公傳家集卷四十二論風俗劄子）。蘇軾亦說：「今之士大夫，仕者莫不談王道，述禮樂，皆欲復三代，追堯舜，終於不可行，而世務因以不舉。學者莫不論天人，推性命，終於不可究，而世教因以不明。自許太高，而措意太廣。太高則無用，太廣則無功」（東坡七集前集卷二十八應制舉上兩制書一首）。此言也，可謂深知理學家的缺點。

降至南宋，理學之說大興，陳亮與葉適亦加以抨擊。陳亮說：「始悟今世之儒士，自以為得正心誠意之學者，皆風痹不知痛癢之人也。舉一世安于君父之讎，而方低頭拱手以談性命，不知何者謂之性命乎」（龍川文集卷一上孝宗皇帝第一書）。「二十年來，道德性命之學一興，而文章政事幾於盡廢」（龍川文集卷十一廷對）。「自道德性命之說一興，而尋常爛熟無所能解之人，自託於其間，以端愨靜深為體，以徐行緩語為用，務為不可窮測，以蓋其所無。一藝一能皆以為不足自通於聖人之道也。於是天下之士，始喪其所有，而不知適從矣。為士者恥言文章行義，而曰盡心知性，居官者恥言政事書判，而曰學道愛人。相蒙相欺，以盡廢天下之實，則亦終於百事不理而已」（龍川文集卷十五送吳允成運幹序）。葉適亦說：「高談者遠述性命，而以功業為可略，精論者妄推天意，而以夷夏為無辨」（水心集卷一上孝宗皇帝劄子）[19]。而對於理學家之存天理，去人欲之言，認為不切實際，人類有欲，不能否認。先王制民之產，就是要使眾人均能償其所欲。然而人類用物以償欲，欲已償了，又復由物而生欲。政治的目的是使人人得其所欲，而又不妨害別人之欲。孟子雖說：「養心莫善於寡欲」，然其對梁惠王論政，亦謂「養生送死，無憾，王道之始也」。而對齊宣王更明白說出「無恆產而有恆心者，唯士為能。若民，則無恆產，因無恆心」。恆產，物也，恆心，心也。心與物固有密切的關係，饑寒交迫，而尚曰物外也，心內也，人民那會滿意（宋元學案卷五十四水心學案上）[20]。

---

[19] 水心學案所舉葉適的見解，余細讀水心集，尚未發見其本於那一篇。但陳亮反對心內物外之說，則有明文可證。他說：「萬物皆備於我，而一人之身，百工之所謂具，天下豈有身外之事，而性外之物哉。百骸九竅具而為人，然而不可以赤立也，必有衣焉以衣之，則衣非外物也；必有食焉以食之，則食非外物也。衣食足矣，然而不可以露處也，必有室廬以居之，則室廬非外物也；必有門戶藩籬以衛之，則門戶藩籬非外物也。至是宜可已矣，然而非高明爽塏之地，則不可以久也；非弓矢刀刃之防，則不可以安也，若是者皆非外物也。有一不具，則人道為有闕，是舉吾身而棄之也。然而高卑小大則各有分也，可否難易則各有辨也。徇其侈心而忘其分，不度其力……惟爭奪之是務，以至於喪其身而不悔。然後從而省之曰，身與心內也，夫物皆外也。徇外而忘內，不若樂其內，而不顧乎其外也……而未知聖人本末具舉之道……豈有內外輕重之異哉」（龍川文集卷四問答九）。

[20] 但我們不要以為理學家只會空談道德性命。例如朱熹，他固以為，政治若已敗壞，小弊尚可補救，大弊則非改絃更張不可。「譬如補鍋，謂之小補可也，若要做，須是一切重鑄」（朱子語類卷一百八論治道，德明）。他又主張為政不可廢刑。「號令既明，刑罰亦不可弛，苟不用刑罰，則號令徒掛牆壁耳。與其不遵以梗吾治，曷若懲其一以戒百；

除了理學派之外，學生運動亦值得吾人一說。學生運動發生於西漢，到了東漢，漸次激烈。宋之學生

與其覈實檢察於其終，曷若嚴其始而使之無犯。做大事豈可以小不忍為心」（朱子語類卷一百八論治道，道夫）。而其欲恢復中原之志並不亞於陳亮葉適。他譏笑晉元帝之偏安江右，不知進取中原（朱子語類卷一百三十六歷代三，閑祖），且謂王導「只是隨波逐流的人」，「自渡江來，都無取中原之意」。「謝安卻較有建立，也煞有心於中原」（朱子語類卷一百三十六歷代三，義明）。又如陸九淵論政不尚空談，他比較商鞅與王安石兩人變法之成敗，以為「商鞅是腳踏實地，他亦不問王霸，只要事成，卻是先定規模。介甫慕堯舜三代之名，不曾踏得實處，故所成就者，王不成，霸不就」（陸象山全集卷三十五語錄）。又反對人士只知師古，以為「今之天下所謂古者，有堯舜，有三代，自秦而降，歷代固多……今朝廷有祖宗故事，祖宗故事尚且不一，今欲建一事，而必師古，則將安所適從。如必擇其事之與吾意合者而師之，無乃有師古之名，而居自用之實乎。若曰吾擇其當於理者而師之，則亦惟理之是從而已。師古之說無乃亦持其虛說而已乎（陸象山全集卷二十四策問）。不過天下之事，有可以立致者，有只可馴致者。馴致之事而希望其立致，未有不至失敗。「臣嘗謂天下之事有可立致者，有當馴致者。旨趣之差，議論之失，是唯不悟，悟則可以立改，故定趨向，立規模，不待悠久，此則所謂可立致者。至如救宿弊之風俗，正久隳之法度，雖大舜周公復生，亦不能一日盡如其意。惟其趨嚮既定，規模既立，徐圖漸治，磨以歲月，乃可望其丕變，此則所謂當馴致之者」（陸象山全集卷十八刪定官輪對劄子四）。至其笑漢文帝安於嫁胡之恥，而說：「夫文帝之為君固寬仁之君也，然其質不能不偏於柔。故其承高惠之後，天下無事，不知上古聖人弦弧剡矢重門擊柝之義，安於嫁胡之恥，不能飭邊備、講武練兵，以戒不虞。而匈奴大舉入寇者數四，甚至候騎達於雍甘泉，僅嚴細柳灞上棘門之屯，雖拊髀求將，御鞍講武，而志終不遂」（陸象山全集卷三十一問漢文武之治）。此與朱熹斥晉元帝無意恢復中原，完全相同。故陸氏對孝宗說：「陛下臨御二十餘年，版圖未歸，讎恥未復，生聚教訓之實可為寒心」（陸象山全集卷十八刪定官輪對劄子一）

運動開始在徽宗時代，即在蔡京致仕之時。

> 大觀三年蔡京致仕……太學生陳朝老追疏京惡十四事……其書出，士人爭相傳寫，以為實錄（宋史卷四百七十二蔡京傳）。

這不過筆誅而已，尚未見諸行動，而既得世人讚揚，太學生的勇氣增加了。故當欽宗即位，金人來侵，廷臣提議和談之時，太學生陳東等便由言論，發揮為愛國運動。

> 陳東以貢入太學，欽宗即位……金人迫京師……李邦彥議與金和，李綱及种師道主戰。邦彥因小失利罷綱，而割三鎮。東復率諸生伏宣德門下，上書曰，在廷之臣，奮勇不顧，以身任天下之重者李綱是也，所謂社稷之臣也。其庸繆不才，忌疾賢能，動為身謀，不恤國計者，李邦彥……之徒是也，所謂社稷之賊也……河北實朝廷根本，無三關四鎮，是棄河北，朝廷能復都大梁……幸陛下即反前命，復綱舊職，以安中外之心，付种師道以閫外之事……諸軍民從者數萬……旁午眾莫肯去……喧呼震地，有中人出，眾臠而磔之，於是亟詔綱入，復領行營，遣撫諭，乃稍引去（宋史卷四百五十五陳東傳）。

自是而後，亙南宋一代，學生運動不絕於史㉑。寧宗時代，學生運動的目的，在於驅逐韓侂胄而起用趙汝愚（宋史卷三百九十二趙汝愚傳、卷四百李祥傳、卷四百四章穎傳、卷四百七十四韓侂胄傳）。到了理宗時代，學生運動日益增加，然其目標已不純正。當時學生所攻擊之人，舉其要者，一是攻擊殿中侍御史陳垓，以間

㉑ 關於南宋之學生運動、高宗時事，可閱宋史卷三百八十五周葵傳、卷三百八十七王十朋傳。孝宗時事，可閱卷三百七十一湯思退傳、卷三百八十三陳俊卿傳、卷三百八十七陳良翰傳。光宗時事，可閱卷三百九十四何澹傳、卷四百四章穎傳。

接打擊宰相鄭清之（宋史卷四百十五程公許傳）。但是鄭清之「慨然以天下為己任，召還真德秀魏了翁等人，時號小元祐」（宋史卷四百十四鄭清之傳）。二是攻擊宰相史嵩之，「謂其遭父喪，不當起復」。但是史嵩之「薦士三十有二人，其後董槐吳潛皆號賢相」（宋史卷四百十四史嵩之傳，參閱卷四百十四董槐傳、卷四百十八吳潛傳）。三是攻擊丁大全，丁大全在宋史中，屬於奸臣傳，「姦回險狡，狠毒貪殘」（宋史卷四百七十四丁大全傳）。然而此時學生運動漸近尾音。太學生伏闕上書者不過陳宜中等六人（宋史卷四百七十四丁大全傳）。故以賈似道之奸邪，在理宗時代，自寶祐四年就執權柄，而太學生竟視若無睹。史稱賈似道「加太學餐錢，寬科場恩例，以小利啗之」（宋史卷四百七十四賈似道傳）。到了度宗時代，國勢已危，才有「太學諸生上書言似道專權固位之事」（宋史卷四百十四葉夢鼎傳）。度宗即位，王爚陳宜中為左右丞相。這位陳宜中就是理宗時代太學生陳宜中，他同同學六人攻擊丁大全，時人號為六君子者。而一經執政，又受京學生的攻擊（宋史卷四百十八王爚傳），而據陳宜中傳（宋史卷四百十八）所言，宜中之被攻擊，乃是王爚之子嗾京學生為之。由此可知南宋學生運動到了此時已經受人利用，而與陳東時代大不相同了。按宋代學生運動雖然激烈，其所以不能發揮效力者實因「規規焉以君臣之義無所逃於天地之間」的思想有以累之，在吾國古代，有聖君而後有賢相，因為選擇宰相之權在於天子。君主荒庸，往往「不知選賢」，而「只選其心之所謂賢」，「燕子噲賢子之而非孫卿，故身死為僇。夫差智太子嚭而愚子胥，故滅於越」（韓非子難三）。宋代亦然，高宗賢黃潛善而非李綱，智秦檜而愚張浚趙鼎，卒至偏安江南。寧宗又以韓侂冑為賢，理宗復以賈似道為智，國事遂不可為。這個時候，非先推翻宋之皇室，政治絕無革新的希望，政治不能革新，中原絕無恢復的希望。宋承五代之後，五代之世，政局變化有甚弈棋，君臣之分始終不能確立。在專制時代，政局能夠安定，完全懸於君臣之分，宋儒有鑑於五代之弊，遂謂君臣之位猶天地之不可易也。宋儒思想推翻了孔孟的革命觀念。孔孟的革命觀念，本來與近代民主主義不同，只可視為暴君放伐論(Monarchomachen)，宋儒又推翻了暴君放伐論。於是中國政治更停止於專制階段，在國家危難之時，欲謀中興，縱令庸主從中作梗，而人民亦莫如之何。

第六節　民窮財匱與宋之滅亡

吾人讀中外歷史，可以知道國家之亂常由於財政困難。國家為籌劃經費，不能不繁斂於民。人民受了苛稅的壓迫，漸由貧窮而至破產，於是土匪遍地，朝代隨之更易。宋代建國，定都汴京，汴京為四通五達之地，非有重兵，不能保障其安全。所以縱在平時首都四周均有重兵駐防。而契丹又取得燕雲十六州，西夏復蠶食夏（朔方）綏（上郡）銀（西河）靈（北地）各地，非有重兵戍邊，北方絕不安全。所以宋代初年，即覺軍隊太多，太祖欲遷居長安，以去冗兵，即恐民力因為負擔軍費而至殫竭。

北宋時代，軍隊共有多少呢？「藝祖取天下，不過十五萬人」（宋史卷三百八十四蔣芾傳），即太祖本來不是以兵立國的。端拱淳化以後，蓄兵漸多。葉適說：

大曆貞元之間節度固已為士卒所立，唐末尤甚。而五代接於本朝之初，人主之興廢皆群卒為之。推戴一出，天下俯首聽命，而不敢較……太祖既稍收節度兵柄，故汰兵使極少，治兵使極嚴，所以平一僭亂，威服海內者，太祖統紀綱御之力，非恃兵以為固者也。群臣不考本末，不察事勢，忘昔日士卒奮呼專上無禮之患，而反以為太祖之所以立國者，其要在兵。都於大梁，無形勢之險，其險以兵。夫都於大梁，因周漢之舊，而非太祖擇而都之也。使果恃兵以為固，則連營百萬，身自增之，不待後世也。其數乃不滿二十萬，何哉，不以兵強，前世帝王之常道也。況太祖之兵不滿二十萬，其非恃兵以為固也，決矣。召募之日廣，供餽之日增，蓋端拱淳化以後，契丹橫不可制而然耳。康定慶曆謀國日誤，恃兵為國之說大熾不禁，而後天下始有百萬之兵。弱天下以奉兵，而其治無可為者矣。而上下方揚揚然以為得計，為之治文書，治財賦，盡用衰世裒刻之術，取於民以啗之，而猶不足。及其不可用也，則又為之俛首以事驕虜，而使之自安於營伍之中也（水心集卷五兵論二）。

真宗以後，蓄兵更多。當時全國人口共一千九百九十六萬，而兵則有九十一萬二千，即常備軍之數約合民數二十二分之一弱。仁宗慶曆年間，口數二千一百八十三萬，兵數一百二十五萬九千，即兵數占口數十七分之一強。

真宗時，內外兵九十一萬二千……寶元以後募兵益廣……至是（仁宗慶曆年間）兵一百二十五萬九千（宋史卷一百七十九食貨志下一會計）。

英宗時，兵數少損，然尚有一百十六萬二千，而當時口數則為二千九百九萬，即兵數約合口數二十四分之一弱。

治平中，兵數少損，隸籍者猶百十六萬二千（宋史卷一百七十九食貨志下一會計）。

宋時軍隊有禁兵廂兵鄉兵蕃兵四種（宋史卷一百八十七兵志一），而以禁軍為最多，「列營京畿，以備防衛，分蕃屯戍，以捍邊圉」（宋史一百八十七兵志一）。養兵固然費財，而征行費財更多。且看蘇軾之言：

今天下之兵，不耕而聚於京畿三輔者，以數十萬計，皆仰給於縣官……天下之財，近自淮甸而遠至於吳蜀，凡舟車所至，人力所及，莫不盡取以歸於京師。晏然無事，而賦斂之厚至於不可復加，而三司之用猶苦其不給。其弊皆起於不耕之兵聚於內，而食四方之貢賦。非特如此而已，又有循環往來屯戍於郡縣者。昔建國之初，所在分裂，擁兵而不服。太祖太宗……既降其君而籍其疆土矣……恐其復發也，於是出禁兵以戍之，大自藩府，而小至於縣鎮，往往皆有京師之兵……費莫大於養兵，養兵之費莫大於征行。今出禁兵而戍郡縣，遠者或數千里，其月廩歲給之外，又日供其芻糧。三歲而一遷，往者紛紛，來者纍纍，雖不過數百為輩，而要其歸無以異於數十萬之兵三歲而一出征也。農夫之力安得不竭，餽運之卒安得不疲（東坡七集應詔集卷四策別十九）。

哲宗時，沈括曾計算士兵征行時運糧之冗費。他說：

> 凡師行，因糧於敵，最為急務。運糧不但多費，而勢難行遠。予嘗計之，人負米六斗，卒自攜五日乾糧，人餉一卒，一去可十八日（原注，米六斗，人食米二升，二人食之，十八日盡），若計復回，只可進九日。二人餉一卒，一去可二十六日（米一石二斗，三人食日六升，八日則一夫所負已盡。給六日糧遣回，後十八日，二人食日四升并糧），若計復回，止可進十三日（前八日日食六升，後五日并回程日食四升并糧）。三人餉一卒，一去可三十一日（米一石八斗，前六日半四人食日八升，減一夫，給四日糧，十七日三人食日六升，又減一夫，給九日糧，後十八日，二人食日四升并糧），計復回止可進十六日（前六日半日食八升，中七日日食六升，後十一日并回程日食四升并糧）。三人餉一卒，極矣，若興師十萬，輜重三之一止得駐戰之卒七萬人，已用三十萬人運糧，此外難復加矣。運糧之法，人負六斗，此以總數率之也。其間隊長不負，樵汲減半，所餘皆均在眾夫。更有死亡疾病者，所負之米又以均之，則人所負常不啻六斗矣。故軍中不容

冗食，一夫冗食，二三人餉之，尚或不足。若以畜乘運之，則駞負三石，馬騾一石五斗，驢一石，比之人運，雖負多而費寡。然芻牧不時，畜多瘦死，一畜死，則并所負棄之，較之人負，利害相半（夢溪筆談卷十一官政一）。

宋為內保首都的安全，外抗遼夏的侵陵，置兵特多，固有它的理由。但是軍隊不加揀汰，羸疾老怯者又常過半。這徒浪費粟帛，而一旦交戰，老弱者先奔，壯者亦相牽以敗。仁宗時，呂景初奏：

用度之廣，無如養兵。比年招置太多，未加揀汰。若兵皆勇健，能捍寇敵，竭民膏血，以啗之，猶為不可。況羸疾老怯者又常過半，徒費粟帛，戰則先奔，致勇者亦相牽以敗（宋史卷三百二呂景初傳）。

南渡之後，國家為防備金寇，蓄兵益多，兵費愈廣。例如：

劉光世軍月費，二千萬緡（宋史卷三百六十九劉光世傳）。

吳玠軍須，紹興四年總為錢一千九百五十五萬七千餘緡，五年視四年，又增四百二十萬五千餘緡（宋史卷三百七十四趙開傳）。

一地稅收竟盡舉之以供該地軍費，上供之物幾至停止。高宗時，季陵說：

今乘輿服御之費，十去七八，百官有司之費，十去五六，猶無益於國者，軍太冗也。張浚一軍，以川陝贍之。劉光世一軍，以淮浙贍之。李綱一軍，以湖廣贍之。上供之物，得至司農大府者無幾（宋史卷三百七十七季陵傳）。

高宗以後，招兵耗蠹愈甚。孝宗時，蔣芾說：

方今財最費於養兵……紹興初，外有大敵，內有巨寇，然兵數亦不若今日之多（宋史卷三百八十四蔣芾傳）。

而葉顒亦有「今日費財，養兵為甚」（宋史卷三百八十四葉顒傳）之言，黃度復有「今日養兵為巨患」（宋史卷三百九十三黃度傳）之語，軍隊成為財政上之大累。光宗時，陳傅良說：

今天下之力竭於養兵（宋史卷四百三十四陳傅良傳）。

寧宗時，項安世又言：

今天下之費最重，而當省者兵也（宋史卷三百九十七項安世傳）。

理宗時，鄭清之每謂：

天下之財困於養兵（宋史卷四百十四鄭清之傳）。

難怪葉適於光宗時就說：

國家有休兵之實過於文景，而天下被用兵之害甚於武帝（水心集卷一上光宗皇帝劄子）。

軍隊太多，在北宋，是謀首都的安全，真宗以後，是防遼夏之入寇，降至南宋，則欲抵抗金之南侵，固然均有不得已的理由。但分權太甚，各不相知，主兵者不知財之已匱，主財者又不知民之已窮，亦為重要原因。仁宗時，范鎮曾言：

今中書主民，樞密主兵，三司主財，各不相知。故財已匱，而樞密院益兵不已，民已困，而三司取財不已。中書視民之困，而不知使樞密減兵。三司寬財者，制國用之職，不在中書也（宋史卷一百七十九食貨志下一會計）。

唐代財賦耗斁最大者，一是兵資，二是官俸，宋代亦然，即除兵資之外，官濫亦為耗費之一大原因。「開寶中，設官至少」（宋史卷二百九十三王禹偁傳）。真宗以後，漸次加多，據曾鞏說：

> 景德戶七百三十萬……皇祐戶一千九十萬……治平戶一千二百九十萬……景德官一萬餘員，皇祐二萬餘員，治平……二萬四千員（元豐類藁卷三十議經費）。

按「景德員數已十倍於初」（元豐類藁卷三十一再議經費），而皇祐治平的戶數，比之景德沒有倍增，而官之眾乃一倍於景德。蓋承平日久，文化發達，士人人數日益增加，國家要安插他們，不能不設置許多冗官。咸平四年楊億說過：

> 竊覩班簿，員外郎及三百餘人，郎中亦及百數。自餘太常國子博士殿中丞舍人洗馬俱不下數百人。率為常參，皆著引籍，不知職業之所守，多由恩澤而序遷（宋史卷一百六十八職官志八合班之制）。

豈但中央官而已，地方官亦增加不已。王禹偁說：

> 臣本魯人，占籍濟上，未及第時，一州止有刺史一人，司戶一人，當時未嘗闕事。自後有團練推官一人。太平興國中，增置通判副使判官推官，而監酒榷稅算又增四員。曹官之外，更益司理。問其租稅，減於曩日也。問其人民，逃於昔時也，一州既爾，天下可知（宋史卷二百九十三王禹偁傳）。

兵冗官濫成為宋代財政的負荷，宋要整理內政，須由國民經濟著手。而要復興經濟，必須減輕賦稅；而要減輕賦稅，又須緊縮預算；而要緊縮預算，復須裁兵省官。然此兩事又可引起糾紛，先就省官言之，唐德宗時，張延賞為相，曾減天下吏員，弄到物議不平，道路怨歎，而竟無法實行（舊唐書卷一百二十九張延賞傳），此前事之鑑也。宋時亦然。

> 景祐三年正月，詔御史中丞杜衍沙汰三司吏。吏疑衍建言。己亥，三司吏五百餘人詣宰相第諠譁，又詣衍第詬詈，亂擲瓦礫。詔捕後行三人，杖脊配沙門島，因罷沙汰（涑水記聞卷九）。

次就裁兵言之，唐穆宗時，蕭俛與段文昌當國，曾實行銷兵之策，而所銷之兵因無生業，竟聚山林間為盜賊（新唐書卷一百一蕭俛傳），宋於皇祐二年，亦曾下詔裁兵，雖告無事，數年後，又選之以補禁軍。

文公（文彥博）為相，龐公（龐籍）為樞密使，以國用不足，省兵。於是揀放為民者六萬餘人，減其衣糧之半者二萬餘人。眾議紛然，以為不可。施昌言李昭亮尤甚，皆言衣食於官久，不願為農，又皆習弓刀，一旦散之閭閻，必皆為盜賊。上亦疑之，以問二公。公曰今公私困竭，上下皇皇，其故非他，正由蓄養冗兵太多故也。今不省去，無有蘊息。萬一果有聚為盜賊者，二臣請以死當之。既而昭亮又奏，兵人揀放所以如是多者，大抵皆縮頸曲膕，詐為短小，以欺官司耳。公乃言兵人苟不樂歸農，何為詐欺如此。上意乃決，邊儲由是稍蘊。後數年，王德用為樞密使，許懷德為殿前都指揮使，復奏選廂軍以補禁軍，增數萬人（涑水記聞卷五，參閱同書卷四）。

宋代財政困難除兵冗官濫之外，宗室受祿之多亦不失為原因之一。由太祖而至真宗，已有九千七百八十五人了，降至仁宗中年，竟然增加為一萬五千四百四十三人。

真宗時，宗室吏員受祿者九千七百八十五，寶元以後……宗室蕃衍，吏員歲增。至是（仁宗慶曆年間）……宗室吏員受祿者萬五千四百四十三（宋史卷一百七十九食貨志下一會計）。

英宗治平中，比之仁宗皇祐年間，宗室吏員又增加十分之三。

治平中，宗室吏員視皇祐無慮增十之三（宋史卷一百七十九食貨志下一會計）。

宋代宗室吏員所以增加不已，這固然因為宗族蕃滋，而最大的原因卻由於宋代對其宗室沒有恩殺之制。蘇轍曾言：「兩漢之制，帝之子為王，王之庶子猶有為侯者，自侯以降，則庶子無復爵土，蓋有去而為民者，有自為民而復仕於朝者，至唐亦然」（欒城集卷二十一熙寧二年上皇帝書）。宋則不然，凡宗室子弟，不問嫡子或庶子，也不問其世代多遠，一經出生，皆食於縣官。請看蘇轍之言：

> 宗室……無親疏之差，無貴賤之等，自生齒以上，皆養於縣官。長而爵之，嫁娶喪葬無不仰給於上，日引月長，未有知其所止者（欒城集卷二十一熙寧二年上皇帝書）。㉒

元豐改制，「所定吏額」竟比「舊額數倍」（宋史卷三百三十九蘇轍傳）。神宗「嘗患增置官司費財，王安石謂增置官司，所以省費」（宋史卷一百七十九食貨志下一會計）。理由何在，吾人實難了解。他在仁宗時代，曾謂「人之情不足於財，則貪鄙苟得，無所不至。先王知其如此，故其制祿，自庶人之在官者，其祿已足以代其耕矣。由此等而上之，每有加焉，使其足以養廉恥而離於貪鄙之行」（王臨川集卷三十九上仁宗皇帝言事書）。神宗時，他又謂「人主於士大夫能饒之以財，然後可責之以廉恥。方今士大夫所以鮮廉寡恥，其原亦多出於祿賜不足」（王臨川集卷六十二看詳雜議第三議）。其主張厚祿，固有相當的理由。但員寡而祿厚，可也；員冗而又祿豐，則只增加國家的經費而已。案宋在神宗以前，胥吏本來無祿，熙寧三年始制天下吏祿。

> 天下吏人素無常祿，唯以求賕為生，往往致富者。熙寧三年始制天下吏祿，而設重法以絕請託之弊。是歲京師諸司歲支吏祿錢三千三十四貫二百五十四。歲歲增廣，至熙寧八年歲支三十七萬一千五百三十三貫一百七十八，自後增損不常，皆不過此數。京師舊有祿者及天下吏祿皆不預此數（夢溪筆談卷十二官政二）。

胥吏固然得祿，而積弊難除，賕取如故。

㉒ 除宗室外，恩蔭之濫，亦為耗費的原因，所以趙翼認為：「非惟開倖進之門，亦徒耗無窮之經費，竭民力以養冗員，豈國家長計哉」，見廿二史箚記卷二十五宋恩蔭之濫。文長不錄。

時主新法者皆謂吏祿既厚，則人知自重，不敢冒法，可以省刑。然良吏實寡，賕取如故，往往陷重辟（宋史卷一百七十九食貨志下一會計）。

徽宗時代，蔡京當國，唱「豐、亨、豫、大之說，視官爵財物如糞土」（宋史卷四百七十二蔡京傳）。「員既濫冗，名且紊雜，甚者走馬承受升擁使華，黃冠道流亦濫朝品」（宋史卷一百六十一職官志一）。大觀中，官數比之元祐，又增十倍。

御史中丞張克公言，今官較之元祐，已多十倍，國用安得不乏（宋史卷一百七十九食貨志下一會計）。

於時節度使八十員，留後至刺史數千員。

政和初，節度使八十員，留後至刺史數千員（宋史卷二百八十八范坦傳）。

兵冗官濫為財政之蠹，仁宗時，「江淮歲運糧六百餘萬石，以一歲之入僅能充期月之用，三分二在軍旅，一在冗食」（宋史卷一百七十九食貨志下一會計）。吳及曾「請汰冗兵，省冗官」（宋史卷三百二吳及傳）。仁宗乃「調祿廩皆有定制，毋遽變更，以搖人心」（宋史卷一百七十九食貨志下一會計）。哲宗時呂大防請廢胥吏之半，范百祿以為「廢半則失業者眾」（宋史卷三百三十七范百祿傳）。蘇轍亦請「闕吏勿補」，使「見吏知非身患，不復怨矣」（宋史卷三百三十九蘇轍傳）。由此可知宋代的官僚組織乃是社會政策之一種，治國之意義少，而卹貧之意義多。「吏部以有限之官，待無窮之吏，戶部以有限之財，祿無用之人」（東坡七集奏議集卷四論特奏名），國家安有不窮。

南渡以後，領土喪失幾半，而戰機有一觸即發之危險。領土迫蹙，官吏人數應該減少，戰機危險，軍事費用必定增加。葉顒曾言：「今日費財，養兵為甚」（宋史卷三百八十四葉顒傳）。而李迨乃說：「冗濫在官員，不在軍兵」（宋史卷三百七十四李迨傳）㉓，則官數未曾減少，可想而知。

官冗兵濫固為宋之大患，而宮廷之濫費亦甚可觀。例如仁宗時：

> 一才人之奉，月直中戶百家之賦，歲時賜與不在焉（宋史卷三百二范師道傳）。

神宗時：

> 宮中一私身之奉有及八十千者，嫁一公主，至費七十萬緡（宋史卷一百七十九食貨志下一會計）。

於是財政上遂表現為收入不足以供支出的現象。「治平中兵數少損」，而當時全國收支如次。

> 治平二年，內外入一億一千六百十三萬八千四百五，出一億二千三十四萬三千一百七十四。非常出者，又一千一百五十二萬一千二百七十八（宋史卷一百七十九食貨志下一會計）。

即收入只一一六、一三八、四〇五貫，而支出則經常費已經超過收入，共一二〇、三四三、一七四貫。若再加以臨時費一一、五二一、二七八貫，共短少一五、四二六、〇四七貫。降至哲宗，「中外錢穀艱窘，戶部給百官奉，常無數月之備」（宋史卷一百七十九食貨志下一會計），而徽宗時代，「戶部歲入有限，支用無窮，一歲之入，僅了三季，餘仰朝廷應付」（宋史卷一百七十九食貨志下一會計）。然則朝廷如何應付呢？

宋代管財機關分為兩種，一是左藏庫，以供經常之費，二是內藏庫㉔，以供非常之用。

㉓ 據李迨傳，「當時川陝官兵數計六萬八千四百四十九人，決無一年用二百六十五萬石米之理。數內，官員一萬一千七員，軍兵五萬七千四百四十九人。官員之數，比軍兵之數，約計六分之一，軍兵請給錢比官員請給，不及十分之一，即是冗濫在官員，不在軍兵也」。

㉔ 內藏庫即封樁庫。石林燕語（卷三）云：「太祖初平諸偽國，得其帑藏金帛，以別庫儲之，曰封樁庫，本以待經營

凡四方貢賦之輸于京師者，辨其名物，視其多寡，別而受之，儲於內藏者，以待非常之用。須于左藏者，以供經常之費（宋史卷一百六十五職官志五太府寺）。

這和漢代大司農與少府及水衡都尉之關係不同。大司農為國庫，少府及水衡都尉為天子之私藏。租稅由大司農掌之，山澤陂池之稅由少府掌之。武帝時，水衡鑄三官錢，鑄錢之利亦為天子之私藏。宋制，何種貢賦歸於左藏庫，何種貢賦歸於內藏庫，歷史並無明白記載。

大率內藏庫之設置乃貯蓄金帛，以備不時之需。最初是將僭偽各國所藏之財賦移藏其中。建隆以來，年年用兵，真宗以後，官多兵冗，收支不能均衡，不得不貸於內藏。本欲候課賦有餘，即還之，而累歲超支，「其名曰貸，實罕能償」。

凡貨財不領於有司者，則有內藏庫，蓋天子之別藏也。縣官有鉅費，左藏之積不足給，則發內藏佐之。宋初，諸州貢賦皆輸左藏庫，及取荊湖、定巴蜀，平嶺南江南，諸國珍寶金帛盡入內府。初太祖以帑藏溢盈，又於講武殿後，別為內庫。嘗謂軍旅饑饉，當預為之備，不可臨事厚斂於民。太宗嗣位，漳泉吳越相次獻地，又下太原，儲積益厚，分左藏庫為內藏庫……帝因謂左右曰，此蓋慮司計之臣不能節約，異時用度有闕，復賦率於民，朕不以此自供嗜好也。自乾德開寶以來，用兵及水旱振給慶澤賜賚，有司計度之所闕者，必籍其數，以貸於內藏，候課賦有餘即償之。淳化後二十五年間，歲貸百萬，有至三百萬者。累歲

契丹也。其後三司歲終所用，常賦有餘，亦併歸之。嘗諭近臣，欲滿三五百萬，即以與契丹，以贖幽燕故土，不從，則為用兵之費。上不欲常賦橫斂於民，故不隸於三司。今內藏庫是也」。至於封樁庫何時改稱內藏庫，著者不欲考證。

不能償，則除其籍……異時，三司用度不足，必請貸於內藏，輒得之，其名為貸，實罕能償。景祐中內藏庫主者言，歲斥緡錢六十萬助三司，自太禧三年始，計明道二年，距今纔四年，而所貸錢帛九百一十七萬。在太宗時，三司所貸甚眾，久不能償，至慶曆中詔悉蠲之。蓋內藏歲入金帛，皇祐中二百六十五萬七千一十一，治平一百九十三萬三千五百五十四，其出以助經費，前後不可勝數。至於儲積贏縮，則有司莫得詳焉（宋史卷一百七十九食貨志下一會計）。

是則宋代初年，就感覺財政困難，其所以不至發生問題，實賴僭偽各國向民間搾取的金帛，盡移入內藏庫。歷年均取內藏庫之所貯，以救財政上的危急。但是內藏庫之金帛是有限的。年年借貸，必至於匱，所以神宗「每以財用為憂」（宋史卷一百七十九食貨志下一會計），而王安石亦以增加稅收為變法的最大目的。至其失敗原因乃在於不知培養稅源。

現在試來研究宋代稅收情況。宋之賦稅有下述五種。

宋制歲賦其類有五，曰公田之賦，凡田之在官，賦民耕而收其租者是也。曰民田之賦，百姓各得專之者是也。曰城郭之賦，宅稅地稅之類是也。曰丁口之賦，百姓歲輸身丁錢米是也。曰雜變之賦，牛革蠶鹽之類，隨其所出，變而輸之是也（宋史卷一百七十四食貨志上二賦稅）。

各種賦稅之稅率多少，歷史沒有明瞭記載。我們所知道的，五類之中，以田賦為最多。例如天禧末，總收入共一萬五千八十五萬一百貫（宋史卷一百七十九食貨志下一會計），在此十五年以前，即景德中，田賦已有四千九百一十六萬九千九百貫（宋史卷一百七十四食貨志上二賦稅）了。田賦有公田之賦與民田之賦兩種。公田之賦猶如曹魏的民屯一樣，其佃租多少，史闕其文。太宗時：

凡州縣曠土，許民請佃為永業，蠲三歲租，三歲外，輸三分之一（宋史卷一百七十三食貨志上一農田）。

至道二年陳靖言：

逃民復業，及浮客請佃者，委農官勘驗，以給授田土……其田制為三品，以膏沃而無水旱之患者為上品，雖沃壤而有水旱之患，埆瘠而無水旱之慮者，為中品。既埆瘠，復患於水旱者，為下品。上田人授百畝，中田百五十畝，下田二百畝。並五年後，收其租，亦只計百畝十收其三（宋史卷一百七十三食貨志上一農田）。

這是國家以公田授民，而准其為永業的。南宋時：

紹興三年十月募佃江東西閑田，三等定租，上田畝輸米一斗五升，中田一斗，下田七升（宋史卷一百七十三食貨志上一農田）。

這是公田之賦，至道與紹興相隔一百三十年，稅率未必相同。太宗時，「畝約收三斛」（宋史卷一百七十六食貨志上四屯田）。神宗時「大約中歲畝一石」（宋史卷一百七十六食貨志上四屯田）。宋制，量有龠合升斗斛，權有銖兩斤鈞石（宋史卷六十八律曆志一）。據沈括言：「鈞石之石，五權之名，石重百二十斤，後人以一斛為一石，自漢已如此」（夢溪筆談卷三辯證一）。所謂「自漢已如此」，未必可靠。宋制，大率一斛即為一石。三斛與一石相差甚大。吾人無須依此以計算「十收其三」，實數多寡；輸米一斗五斗，稅率大小。這種田賦加以宅稅地稅就是唐代的兩稅。其稅率之大，據林勳言：

本朝二稅之數視唐增至七倍（宋史卷一百七十三食貨志上一農田）。

丁口之稅就是唐代的庸。庸在唐德宗時代已經歸併於兩稅之中。宋時，「男夫二十為丁，六十為老」（宋史卷一百七十四食貨志上二賦稅），宋代既有差役，何以又有丁口之稅。差役改為免役之後，丁口之稅是否與免役稅併存，歷史上無文獻可考。吾人所能知道的，徽宗大觀年間，詔天下並輸免夫錢，河北群盜因是大起。

> 天下並輸免夫錢，夫二十千。淮浙江湖嶺蜀夫三十千。凡得一千七百餘萬緡，河北群盜因是大起（宋史卷一百七十五食貨志上三和糴）。㉕

所謂雜變之稅，種類甚多，試以鹽稅為例言之。鹽之價格高低不等，高時「貧家至以鹽比菜」（宋史卷一百八十二食貨志下四鹽中）。按專賣的目的本來出於社會政策之意。倘若供為財政之用，則一方人民要吃鹽，他方國家又以昂貴的獨占價格出售，其有害民生，是很顯明的。

賦稅固然是供給國用，但絕不可妨害國民經濟的發達。吾國古代以農立國，西漢時田賦不過三十稅一，宋代賦稅以田賦為最多，據歷史所載，北宋時全國墾田與戶數如次：

北宋墾田數與戶數表（墾田之單位為頃）㉖

時代	墾田數	時代	戶數
開寶末	二、九五三、三二〇		
至道二年	三、一二五、二五一	至道三年	四、一三二、五七六
天禧五年	五、二四七、五八四	天禧五年	八、六七七、六七七
皇祐中	二、二八〇、〇〇〇	慶曆八年	一〇、七二二、六九五
治平中	四、四〇〇、〇〇〇	治平三年	一二、九一七、二二一
元豐中	四、六一六、五五六	元豐八年	一七、二一一、七一二

㉕ 宋史卷四百七十王黼傳云：「王黼括天下丁夫，計口出算，得錢六千二百萬緡」。

㉖ 本表據文獻通考卷四田賦四，卷十一戶口考二。

關此，馬端臨說：

漢元始定墾田八百二十七萬五千餘頃。隋開皇時，墾田一千九百四十萬四千餘頃。唐天寶時，應受田一千四百三十萬八千餘頃。其數比之宋朝，或一倍，或三倍，或四倍有餘……其故何也，按治平會計錄，謂田數特計其賦租以知其頃畝，而賦租所不加者十居其七。率而計之，則天下墾田無慮三千餘萬頃。蓋祖宗重擾民，未嘗窮按，故莫得其實。又按食貨志言，天下荒田未墾者多，京襄唐鄧尤甚。至治平熙寧間，相繼開墾，然凡百畝之內，起稅止四畝。欲增至二十畝，則言者以為民間苦賦重，再至轉徙，遂不增。以是觀之，則田之無賦稅者又不止十之七而已。蓋田數之在官者雖劣於前代，而遺利之在民多矣（文獻通考卷四田賦四）。

若以戶數與墾田之數比較，更可知道天下隱田之多。

景德中，丁謂著會計錄云，總得一百八十六萬餘頃。以是歲七百二十二萬餘戶計之，是四戶耕田一頃，繇是而知天下隱田多矣（宋史卷一百七十三食貨志上一農田）。

隱田不報，遺利不盡在民。太宗時：

畿甸民苦稅重，兄弟既壯，乃析居其田畝，聚稅於一家，即棄去。縣歲按所棄地，除其租，已而匿他舍，冒名佃作（宋史卷一百七十三食貨志上一農田）。

真宗以後，承平日久，土地更見集中。

承平寖久，勢官富姓占田無限，兼并冒僞，習以成俗，重禁莫能止焉（宋史卷一百七十三食貨志上一農田）。

固然仁宗初年曾有限田之詔，而「未幾即廢」。

> 仁宗詔限田，公卿以下毋過三十頃，牙前將吏應復役者毋過十五頃，止一州之內。過是者，論如違制律，以田賞告者……而任事者終以限田不便，未幾即廢（宋史卷一百七十三食貨志上一農田）。

豪強占田雖多，而他們卻有免稅的特權。

> 王蒙正恃章獻太后親，多占田嘉州，詔勿收賦（宋史卷三百一高覿傳）。

此猶可以說是出於優典，以後優典竟變為制度，即官戶均無科輸。官戶既無科輸，其額乃移於下戶。徽宗時，臣僚言：

> 邇者用兵東南，民入金穀，皆得補文武官，理選如官戶，與士大夫涇渭並流，復其戶，不受科輸。是得數千緡於一日，而失數萬斛於無窮也。況大戶得復，則移其科於下戶，下戶重貧，州縣緩急，責辦何人，此又弊之大者，不聽（宋史卷一百五十八選舉志四）。

南渡以後，情況還是一樣，有田者不耕，耕者無田。高宗紹興末期，淮南一地之情況如次：

> 淮南土皆膏腴，然地未盡闢，民不加多者，緣豪強虛占良田，而無徧耕之力，流民襁負而至，而無開耕之地（宋史卷一百五十八選舉志四）。

淮南如此，其他各地可想而知。豪強占領良田，田多無稅。早在紹興六年，章誼已言：

> 民所甚苦者，催科無法，稅役不均。強宗巨室阡陌相望，而多無稅之田，使下戶為之破產（宋史卷一百五十八選舉志四）。

理宗時：

> 孫子秀知婺州，婺多勢家，有田連阡陌，而無賦稅者。子秀悉覈其田，書諸牘，勢家以為厲己，嗾言者

罷之（宋史卷四百二十四孫子秀傳）。

他們能夠利用言官，驅逐地方官，勢力之大，可想而知。度宗時，土地愈集中，豪強愈不納稅。

邸第戚畹，御前寺觀，田連阡陌，亡慮數千萬計，皆巧立名色，盡蠲二稅（宋史卷一百七十四食貨志上二賦稅）。

豪強逋逃賦稅，田賦遂盡歸於小民負擔。小民受了賦稅的壓迫，只有棄田不耕。北宋真宗時：

今京畿周環二十三州，幅員數千里，地之墾者十纔二三，稅之入者又十無五六。復有匿里舍而稱逃亡，棄耕農而事游惰，賦額歲減，國用不充（宋史卷一百七十三食貨志上一農田）。

仁宗時：

百姓多棄農為兵（宋史卷一百七十三食貨志上一農田）。

天下廢田尚多，民罕土著，或棄田流徙為閒民（宋史卷一百七十三食貨志上一農田）。

英宗末年，百姓困窮，偶遭旱蝗，就流徙四方，治平四年司馬光奏言：

監司守宰多不得人，視民之窮，曾無矜憫，增無名之賦，興不急之役。吏緣為奸，蠹弊百出，民搏手計窮，無以為生，則不免有四方之志矣。意謂他處必有饒樂之鄉，仁惠之政，可以安居。遂伐其桑棗，撤其廬舍，殺其耕牛，委其良田。累世之業一朝破之，相攜就道。若所詣之處復無所依，使之進退失望。彼老弱不轉死壑溝，壯者不起為盜賊，將安歸乎（司馬文正公傳家集卷三十九言賑贍流民箚子）。

神宗熙寧七年蘇軾亦說：

今中民以下，舉皆闕食，昌法而為盜則死，畏法而不盜則飢。飢寒之與棄市，均是死亡，而賒死之與忍飢，禍有遲速，相率為盜，正理之常，雖日殺百人，勢必不止（東坡七集奏議集卷二論河北京東盜賊狀）。

到了南宋，情形更見嚴重。度宗時，司農卿兼戶部侍郎李鏞言：

> 夫經界（即測量田地）嘗議脩明矣，而脩明卒不行；嘗令自實矣，而自實卒不竟。豈非上之任事者每欲避理財之名，下之不樂其成者又每倡為擾民之說。故寧坐視邑政之壞，而不敢詰猾吏奸民之欺；寧忍受下戶之苛，而不敢受豪家大姓之怨（宋史卷一百七十三食貨志上一農田）。

又者，吾國自古以來，人民憚役甚於憚稅。宋代徭役特別繁重。

> 初祖宗時，差役行久生弊。編戶充役者不習其役，又虐使之，多致破產。狹鄉民至有終歲不得息者（宋史卷三百三十八蘇軾傳）。

官吏復有免役的特權。

> 初官八品以下死者，子孫役同編戶。至是（景祐中）詔特蠲之（宋史卷一百七十七食貨志上五役法上）。

即景祐以前，八品以上官蔭及子孫，景祐以後，一切品官均得蔭其子孫。皇祐四年，李覯說：

> 古之貴者，舍征止其身耳。今之品官及有蔭子孫，當戶差役，例皆免之，何其優也。承平滋久，仕宦實繁，況朝臣之先又在贈典，一人通籍，則旁及兄弟，下至曾孫之子安坐而已（李直講文集卷二十八寄上孫安撫書）。

開封府多官戶，祥符縣只有一戶應差。

> 開封府多官戶，祥符縣至闔鄉止有一戶應差（宋史卷一百七十八食貨志下六役法下）。

官戶既有特權，小民遂投靠權貴，以規免役。理宗時，謝方叔說：

今百姓膏腴，皆歸貴勢之家，租米有及百萬石者。小民百畝之田，頻年差充保役，官吏誅求百端，不得已則獻其產於巨室，以規免役。小民田日減，而保役不休，大官田日增，而保役不及。以此弱之肉，彊之食，兼并浸盛，民無以遂其生（宋史卷一百七十三食貨志上一農田）。

同時，宋承唐代之弊，沙門亦得免役。

民避役者，或竄名浮圖籍，號為出家，趙州至千餘人。詔出家者，須落髮為僧，乃聽免役（宋史卷一百七十七食貨志上五役法上）。

人民爭相出家，國家不能不加限制，然諸路每歲所度人數乃逐漸增加，由三百人度一人，增至一百人度一人。

時（仁宗時）天下戶口日蕃，民去為僧者眾……至和元年敕增歲度僧，舊敕諸路三百人度一人，後率百人度一人（宋史卷二百九十九張洞傳）。

於是特許出家遂成為政府財源之一。凡欲出家者須購買政府發行之度牒，此制乃開始於神宗熙寧元年。

宋神宗熙寧元年，錢公輔言，祠部遇歲飢河決，鬻度牒以佐一時之急。自今宮禁恩賜，度牒裁減，稍去剃度之冗。是年因公輔始賣度牒（大學衍義補卷三十二鬻筭之失）。

丘濬評云：「臣按前此雖鬻僧（鬻僧始於唐天寶末，安祿山反時），未有牒也。賣度牒始於此」（大學衍義補卷三十二鬻筭之失）。神宗對此，曾生疑念，王安石以為可賣。

神宗問王安石曰，程顥言不可賣度牒為常平本，如何？安石曰今度牒所得，可置粟凡四十五萬石，若凶年，人貸三石，則可全十五萬人性命，所剃者三千人頭耳（大學衍義補卷三十二鬻筭之失）。

宋以賣度牒為國家財源之一，南渡以後，賣愈多，牒愈貴，寧宗時，度牒每道為錢一千貫，後增至一千五百貫。此時金每兩為錢四十貫（宋史卷一百八十一食貨志下三會子）。度牒變成鈔票，可以用之為本錢。

河北轉運判官王廣兼奏，乞度僧牒數千為本錢，於陝西漕司私行青苗法，春散秋斂（宋史卷三百三十九蘇轍傳）。

可以用之易米穀。

蘇軾知杭州……請於朝……得賜度僧牒，易米以救饑者（宋史卷三百三十八蘇軾傳）。

可以用之充賜予。

冬至節旨下禮部，取度牒四百充賜予（宋史卷三百八十一晏敦復傳）。

可以用之助經費。

袁甫提舉江東常平……告于朝曰，江東或水而旱，或旱而水，重以雨雪連月，道殣相望，至有舉家枕藉而死者。此去麥熟尚賒，事勢益急。詔給度牒百道助費（宋史卷四百五袁甫傳）。

度牒之販賣只能救一時之急，結果則丁口減少，傜賦乏匱，而國家財政愈益困難。政府為彌縫赤字預算，只有向小民儘量榨取。仁宗時：

北俗以麻桑為產，籍民懼賦不敢藝，日益貧（宋史卷三百二十彭思永傳）。

降至南宋，又有預借租賦之事。理宗淳祐八年陳求魯說：

常賦之入尚為病，況預借乎。預借一歲未已也，至于再，至于三。預借三歲未已也，至于四，至于五。竊聞今之州縣，有借淳祐十四年者矣，以百畝之家計之，罄其永業，豈足支數年之借乎（宋史卷一百七十四食貨志上二賦稅）。

國家財政乃以國民經濟為基礎，人民受了賦稅的壓迫，逐漸破產。按宋代農業生產力本來可以供給社會的需要，太宗時，「畝約收三斛」（宋史卷一百七十六食貨志上四屯田），神宗時，「大約中歲畝一石」（宋史卷一百七十六食貨志上四屯田）。前者是否指粟，後者是否指米，吾人不想浪費時間去考證。今以每畝收米一石為準。宋之墾田，以元豐中為最多，共四、六一六、五六六頃，一畝出米一石，共出米4,616,566×100=461,656,600石。口數以徽宗崇寧元年為最多，共四三、八二〇、七九六。人之食量，古今一樣，漢時一人一日吃米二升，唐時「少壯相均，人日食米二升」。宋時，據沈括言：「米六斗，人食日二升，二人食之，十八日盡」（夢溪筆談卷十一官政一），即人每日亦吃米二升。一日二升，一年七斛二斗，全國人數43,820,769×7.2=315,509,536.8，所以全國所生產的米可以供給全國編戶的需要。其所以「編民之內貧窶者多，春蠶所成，止充賦調之備，晚蠶薄利，始及卒歲之資」（宋史卷四百三十一孔維傳），實因受了賦役的壓迫㉗：

中國人口以農民居多，農民受了賦役的壓迫，而商業資本卻乘農民窮困之時，吞併了農村的財富。試觀仁宗時李覯之言：

㉗ 據岳珂所述：「太宗……時，人稀米賤，米一斗十餘錢……其後人益眾，物益貴……熙寧八年八月，呂惠卿曰臣等有田在蘇州，一貫錢典得一畝。田歲收米四五六斗，然常有拖欠，僅如兩歲一收，上田得米三斗，斗五十錢，不過直百五十錢……觀太平興國至熙寧，止百餘年，熙寧至今（寧宗時）亦止百餘年，田價米價乃十百，倍蓰如此」（愧郯錄卷十五祖宗朝田直）。這可以供為研究宋代米價與農業生產力者之參考。

> 古人有言曰穀甚賤則傷農，貴則傷末，謂農常糶而末常糴也。此一切之論也。愚以為賤則傷農，貴亦傷農。賤則利末，貴亦利末……以一歲之中論之，大抵斂時多賤，而種時多貴矣。夫農……不得已而糶者，則有由焉。小則具服器，大則營婚喪，公有賦役之令，私有稱貸之責，故一穀始熟，腰鐮未解，而日輸於市焉。糶者既多，其價不得不賤，賤則賈人乘勢而罔之，輕其幣而大其量，不然，則不售矣。故曰斂時多賤，賤則傷農而利末也。農人倉廩既不盈，竇窖既不實，多或數月，小或旬時，而用度竭矣。土將生而或無種也，耒將執而或無食也，於是乎日取於市焉。糴者既多，其價不得不貴，貴則賈人乘勢而閉之，重其幣而小其量，不然則不予矣。故曰種時多貴，貴亦傷農而利末也。農之糶也，或闔頃而收，連車而出，不能以足用。及其糴也，或倍稱賤賣，毀室伐樹，不足以足食。而坐賈常規人之餘，幸人之不足，所為甚逸，而所得甚饒，此農所以困窮，而末所以兼恣也（李直講文集卷十六富國策第六）。

兼以幣制不立，政府不知鑄錢乃以通商賈交易，非以為利，而宋代竟以鑄錢為國家收入之一。神宗時，沈括說：

> 國朝初平江南，歲鑄七萬貫，自後稍增廣，至天聖中，歲鑄一百餘萬貫。慶曆間，至三百萬貫。熙寧六年以後，歲鑄銅鐵錢六百餘萬貫（夢溪筆談卷十二官政二）。

年年鑄錢，以供國用，「錢多則輕，輕則物重，錢少則重，重則物輕」（李直講文集卷十六富國策第八）。此貨幣學最淺顯的原理，宋乃鑄錢不已，不但通貨膨脹，而錢又漸漸薄惡，盜鑄因之發生，物價翔貴，民不聊生。呂東萊說：

> 國家之所以設錢，以權輕重本末，未嘗取利。論財計不精者，但以鑄錢所入多為利，殊不知權歸公上。

鑄錢雖多，利之小者，權歸公上，利之大者。南齊孔覬論鑄錢不可以惜銅愛工。若不惜銅，則鑄錢無利，若不得利，則私鑄不敢起。私鑄不敢起，則斂散歸公上，鼓鑄權不下分，此其利之大者。徒徇小利，錢便薄惡，如此，姦民務之，皆可以為。錢不出於公上，利孔四散，乃是以小利失大利。南齊孔覬之言乃是不可易之論（文獻通考卷九錢幣二）。

按「太祖初鑄錢，文曰宋通元寶」，太宗改元太平興國，更鑄太平通寶。淳化更鑄，又親書淳化元寶。後改元更鑄皆曰元寶，而冠以年號（宋史卷一百八十食貨志下二錢幣。但亦有例外，仁宗寶元年間所鑄者以皇宋通寶為文。徽宗崇寧年間所鑄者以聖宋通寶為文）。是則每次改元之時，不是改鑄，而是增鑄。據丘濬說，「宋自開寶每更一號，必鑄一錢。故每帝皆有數種。最多者仁宗，帝在位四十二年，九更年號，而鑄十種錢」（大學衍義補卷二十七銅楮之幣下）。人口未嘗增加，而貨幣增鑄不已，其促成通貨膨脹，而致物價騰踴，是理之當然的。徽宗時，馬景夷說：

諸州錢監鼓鑄不已，歲月增多，以鼓鑄無窮之錢，而供流轉有限之用。更數十年，積滯一隅，碁如丘山，公私為害，又倍於今日矣（宋史卷一百八十食貨志下二錢幣）。

而幣制又不合理。宋初，錢有銅鐵二種，「銅錢一當鐵錢十」（宋史卷一百八十食貨志下二錢幣。這都是小錢），然其價格，各地已經不一。

利州以銅錢一換鐵錢五，錦州銅錢一換鐵錢六，益州銅錢一換鐵錢八（宋史卷二百九十三張詠傳）。

其後太宗又鑄大鐵錢，大錢一當小錢十。仁宗復鑄大銅錢，亦以一當十（宋史卷一百八十食貨志下二錢幣）。其四種比價可列表如次：

> 大銅錢一當小銅錢十
>
> 小銅錢一當小鐵錢十
>
> 大鐵錢一當小鐵錢十

即小銅錢與大鐵錢同價。所以志云：「大（鐵）錢以準銅錢」（宋史卷一百八十食貨志下二錢幣）。大小銅錢之價格雖是十與一之比，而其比重乃是三與一之比。仁宗時已經發生盜鑄之事。

> 大約小銅錢三，可鑄當十大銅錢。以故民間盜鑄者眾，錢文大亂，物價翔踴，公私患之（宋史卷一百八十食貨志下二錢幣）。

盜鑄之發生乃由於同一金屬之錢幣，大小兩種所有之價值與其所表示之價格不能成為比例。而在銅鐵兩種錢幣之間，政府既不知市場上銅鐵之比價如何，復不注意銅鐵兩錢之數量應如何保持均衡，真宗時，銅錢之價太高，因之人民多盜鎔鐵錢為器。

> 銅錢一當小鐵錢十，兼用後，以鐵重，多盜鎔為器（宋史卷一百八十食貨志下二錢幣）。

其後銅錢漸次貶值。到了哲宗時代，銅錢日少，因之鐵錢之價寖輕。

> 熙豐間，銅鐵錢嘗並行，銅錢千易鐵錢千五百，未聞輕重之弊。及後銅錢日少，鐵錢滋多，紹聖初，銅錢千，遂易鐵錢二千五百，鐵錢寖輕（宋史卷一百八十食貨志下二錢幣）。

政府為矯正這個缺點，乃將大錢之價格貶低，即大錢忽而當二，忽而當三，忽而當五。「民出不意，蕩產失業，多自經死」（宋史卷三百八十傳求傳）。

> 河東鐵錢以二當銅錢一行之，一年又以三當一，或以五當一……江南儀商等州大銅錢一當小錢三。小鐵

錢三當銅錢一，河東小鐵錢如陝西亦以三當一……又令陝西大銅錢大鐵錢皆以一當二……然令數變，兵民耗于資用，類多咨怨（宋史卷一百八十食貨志下二錢幣）。

由此可知宋代初年幣制已經紛亂。神宗元豐年間鑄折二錢（宋史卷一百八十食貨志下二錢幣）。徽宗崇寧年間又鑄小平錢（宋史卷一百八十食貨志下二錢幣），不久復以小平錢增料改鑄當五銅錢，以聖宋通寶為文。繼而改鑄折二錢為折十，未幾折十錢復改為折五（宋史卷一百八十食貨志下二錢幣）。大觀四年「凡以私錢得罪，有司上名數，亡慮十餘萬人」（宋史卷一百八十食貨志下二錢幣）。蔡京用事，更鑄夾錫錢，本欲使錢幣稍重，而竟與鐵錢等，物價日增，患甚於當十小錢。「小民往往以藥點染，與銅錢相亂」（宋史卷一百八十食貨志下二錢幣）。「市區晝閉，人持錢買物，至日旰，皇皇弗肯售……一時商賈束手，或自殺」（宋史卷三百二十八章楶傳）。京去相，童貫盡廢夾錫，不得用，民益以為苦。賈炎說：

錢法屢變，人心愈惑……中產之家，不過畜夾錫錢一二萬，既棄不用，則惟有守錢而死耳（宋史卷二百八十五賈炎傳）。

南渡之後，幣制仍未改善。高宗紹興年間，「錢愈鍥薄」，孝宗乾道年間，民「多毀錢，夾以沙泥重鑄，號沙尾錢」。寧宗以後，錢幣隨時改鑄，忽而當三，忽而當五，忽而當二（宋史卷一百八十食貨志下二錢幣），不但當時的人，就是我們讀史的人亦難了解。

宋代又有會子交子之法，「蓋有取於唐之飛錢」（宋史卷一百八十一食貨志下三會子），最初只是匯票。

先是太祖時取唐飛錢故事，許民入錢京師，於諸州便換。其法商人入錢左藏庫，先經三司投牒，乃輸於庫……給以券，仍敕諸州，凡商人賫券至，當日給付，違者科罰（宋史卷一百八十食貨志下二錢幣）。

其後益州人民以鐵錢重，書紙代錢，以便市易，稱之為交子，於是會子的匯票又進化為交子的紙幣。

蜀用鐵錢，民苦轉貿重，故設法書紙代錢，以便市易（宋史卷二百九十五孫甫傳）。

益州……民間以鐵錢重，私為券，以便交易，謂之交子（宋史卷三百一薛田傳）。

蜀用鐵錢，以其艱於轉移，故權以楮券（宋史卷三百四十七席旦傳）。

既然變為紙幣，政府便負發行之責，一交一緡。今日國家銀行發行紙幣，必有準備金。宋初，亦有本錢，即如李光所說：「有錢則交子可行……椿辦若干錢，行若干交子」（宋史卷三百六十三李光傳）。紙幣一經發行，除了破裂之外，無須限期收回，交子則以三年為界。

會子交子之法蓋有取於唐之飛錢……一交一緡，以三年為一界而換之，六十五年為二十二界，謂之交子……界以百二十五萬六千三百四十緡為額（宋史卷一百八十一食貨志下三會子）。

又者今日貨幣乃通行於全國，錢幣如此，紙幣亦然。宋因錢重難運，因之錢幣不能統一，這與漢的五銖已經不同了。楮幣雖輕，乃同錢幣一樣，各地交子各自印造，而致後來或廢或用，號令反覆，民聽疑惑。馬端臨說：

（宋）自中興以來，始轉而用楮幣。夫錢重而直少，則多置監以鑄之可也。楮輕而直多，則就行都印造足矣，今既有行在會子，又有川引淮引湖會，各自印造，而其末也，收換不行，稱提無策，何哉。蓋置會子之初意，本非即以會為錢，蓋以茶鹽鈔引之屬視之，而暫以權錢耳。然鈔引則所直者重（原注，承平時，解鹽場四貫八百售一鈔，請鹽二百斤），而會子則止於一貫，下至三百二百。鈔引只令商人憑以取茶鹽香貨，故必須分路（原注，如顆鹽鈔只可行於陝西，末鹽鈔只可行於江淮之類），會子則公私買賣支給無往而不用。

且自一貫造至二百，則是明以之代見錢矣。又況以尺楮而代數斤之銅，齎輕用重，千里之遠，數萬之緡，一夫之力尅日可到，則何必川自川，淮自淮，湖自湖，而使後來或廢或用，號令反覆，民聽疑惑乎。蓋兩淮荊湖所造，朝廷初意欲暫用而即廢，而不知流落民間，便同見鏹。所以後來收換生受，只得再造，遂愈多而愈賤，亦是立法之初講之不詳故也（文獻通考卷九錢幣二）。

到了國家財政困難，就如濫發紙幣一樣，濫發會子。「官無本錢，民何以信」（宋史卷一百八十一食貨志下三會子），「會子太多，而本錢不足，遂致有弊」（宋史卷一百八十一食貨志下三會子）。神宗時已有這種現象。

自用兵取湟廓西寧，籍其法（會子）以助邊費，較天聖一界逾二十倍，而價愈損。及更界年，新交子一當舊者四（宋史卷一百八十一食貨志下三會子）。

徽宗時，會子更見跌價，一緡當錢十數。

凡舊歲，造一界，備本錢三十六萬緡。新舊相因，大觀中，不蓄本錢，而增造無藝，至引一緡當錢十數（宋史卷一百八十一食貨志下三會子）。

南渡以後，會子之制更濫，本來是一交一緡，其後乃降低為二百三百文。本來一界不過一百十六餘萬貫，其後一界乃增至一千萬貫，更增至三千萬貫。本來是三年一償，其後乃不斷展期，無法還償，乃發行新會子以易舊會子，而又貶低舊會子之價。

孝宗興隆元年，更造五百文會，又造二百三百文會……三年立為一界，界以一千萬貫為額……淳熙三年詔第三界四界各展限三年……光宗紹熙元年，詔第七第八界會子各展三年。臣僚言，會子界以三年為限，今展至再，則為九年，何以示信。於是詔造第十界，立定年限。寧宗慶元元年，詔會子界以三千萬為額，嘉定二年……以舊會之二易新會之一（宋史卷一百八十一食貨志下三會子）。

當時印刷術不甚精良，因之偽造交子乃比盜鑄錢幣為易。高宗時胡交修說：

以今交子校之大錢，無銅炭之費，無鼓鑄之勞。一夫挾紙，日作十數萬，真贋莫辨，售之不疑（宋史卷三百七十八胡交修傳）。

孝宗時，交子已經過剩，人民納稅多用交子。

當時（孝宗淳熙年間）戶部歲入一千二百萬，其半為會子（宋史卷一百八十一食貨志下三會子）。

國家一切開支亦以楮代幣，而楮又不斷的跌價。寧宗時：

朝廷給會子數多，至是折閱日甚，朝論頗嚴稱提，民愈不售，郡縣科配，民皆閉門牢避。行旅持券，終日有不獲一錢一物者（宋史卷四百十五黃疇傳）。

理宗時，偽造交子竟充斥於市場之上。

端平三年臣僚言，今官印之數雖損，而偽造之券愈增。且以十五十六界會子言之，其所入之數，宜減於所出之數，今收換之際，元額既溢，舉者未已，若非偽造，其何能致多如是，大抵前之二界，盡用川紙，物料既精，工製不苟，民欲為偽尚或難之。迨十七界之更印，以雜用川杜之紙，至十八界，則全用杜紙矣。紙既可以自造，價且五倍於前，故昔之為偽者難，今之為偽者易。人心循利，甚於畏法，況利可立致，而刑未即加者乎（宋史卷一百八十一食貨志下三會子）。

因之，物價騰貴，餓殍盈道。

楮券猥輕，物價騰踴，行都之內，氣象蕭條。左浙近輔，殍死盈道。流民充斥……剽掠成風（宋史卷四百七杜範傳）。

李韶亦說：

端平以來……楮券日輕，民生流離，物價踴貴（宋史卷四百二十三李韶傳）。

馬端臨關於楮幣之禍，曾有言云：

然糴本以楮，鹽本以楮，百官之俸給以楮，軍士支犒以楮，州縣支吾無一而非楮。銅錢以罕見為寶，前日桩積之本皆絕口而不言矣。是宜物價翔騰，楮價損折，民生憔悴，戰士常有不飽之憂，州縣小吏無以養廉為嘆，皆楮之弊也。楮弊而錢亦弊。昔也，以錢重而製楮，楮實為便。今也，錢乏而製楮，楮實為病，況偽造日滋，欲楮之不弊不可得也（文獻通考卷九錢幣二）。

政治腐化，財政紊亂，卒至民生憔悴，這個時候民眾若不起來革命，推翻宋室，實難免亡國之慘，然而宋人深受理學派學說之影響，欲由格物致知誠意正心，進至修齊治平。政治上的動靜受了倫理觀念的影響，懲忿窒慾，抑制感情之衝動，自不能發揮為暴民之亂，以推翻腐化的政權。何況「天尊地卑君臣定矣。君臣之位猶天地之不可易也」，而金人於我又有不共戴天之仇。春秋明華夷之別，齊襄復九世之仇，春秋大之。宋人嫉恨金人，乃是理之當然。其實這個時候金已漢化，「城廓宮室，政教號令，一切不異於中國」（龍川文集卷一上孝宗皇帝第一書），而遊牧的蒙古種族乃勃興於漠北。徐應龍已經警告，「金亡，更生新敵，尤為可慮」（宋史卷三百九十九徐應龍傳）。而南宋君臣不能振作自強，軍事極端腐化。杜範說：

邊方帥臣，黃金不行於反間，而以探刺朝廷。厚賜不優於士卒，而以交通勢要（宋史卷四百七杜範傳）。

又說：

疆場之臣，肆為欺蔽，勝則張皇而言功，敗則掩覆而不言（宋史卷四百七杜範傳）。

軍事如斯腐化，當然是「賊至一州，則破一州，至一縣，則破一縣」（宋史卷四百十八文天祥傳）。而宋尚欲以夷攻夷，卒蹈北宋的覆轍，結蒙古以伐金。金亡之後，宋與蒙古為鄰，此時也，蒙古之「兵歲至，和不可，戰不能」（宋史卷四百二十三李韶傳）。度宗咸淳七年蒙古改國號曰元，以新興之邦，攻腐化之國，當然是勢如拉朽，先取蜀，次取襄樊，遂依上流之勢，攻陷建康，進取臨安，虜少帝以去。張世傑陸秀夫立益王昰於福州，欲保閩廣以圖恢復，元以舟師出明州，迫福州，以騎兵出江西，踰梅嶺（即大庾嶺），趨廣州。文天祥等竭蹶於閩廣之間，卒不獲振。祥興二年張世傑等奉帝昺以舟師保崖山，兵敗國亡。

第七節　宋的政治制度

第一項　中央官制

宋承唐及五代之舊，既採三省之制，使三省互相制衡，又將民政、軍政、財政分立起來，使臣下無法弄權。茲將宋之中央官制列表如次，而後再加說明。

宋中央官制表㉘

機關	職掌	職官	權限	元豐改制前	元豐改制後	南渡後
三省：中書省	掌進擬庶務，宣奉命令。	中書令	掌佐天子議大政，授所行命令而宣之。	國朝未嘗真拜，以他官兼領者，不預政事。	因官高不除人，以右僕射兼中書侍郎，行令之職。	孝宗乾道八年置左右丞相，省令不置。
		中書侍郎	掌貳令之職，參議大政，授所宣詔旨而奉之。	置。	別置侍郎，以佐右僕射之行中書令之職。	孝宗乾道八年置參知政事，省中書侍郎不置。
	此外尚有右散騎常侍，右諫議大夫，右司諫，右正言同掌規諫諷諭，凡朝政闕失，大臣至百官任非其人，三省至百司事有違失，皆得諫正。又有中書舍人，凡事有失當及除授非其人，則論奏封還詞頭。					
三省：門下省	受天下之成事，審命令，駁正違失。	侍中	掌佐天子議大政，審中外出納之事。	國朝以秩高罕除，雖有用他官兼領，而實不任其事。	因官高不除，以左僕射兼門下侍郎，行侍中職。	孝宗乾道八年置左右丞相，省侍中不置。
		門下侍郎	掌貳侍中之職，省中外出納之事。	置。	別置侍郎，以佐左僕射之行侍中職。	孝宗乾道八年置參知政事，省門下侍郎不置。
	此外尚有左散騎常侍，左諫議大夫，左司諫，左正言，與中書省同。又有給事中，若政令有失當，除授非其人，則論奏而駁正之。南渡後，罷門下省不置，乃另置一局以處左右諫官（歷代職官表卷十九都察院下，引王應麟玉海）。給事中則與起居郎同為掌記天子言動之官。					
三省：尚書省	掌施行制命。	尚書令	掌佐天子議大政，奉所出命令而行之。	自建隆以來不除，惟親王元佐元儼以使相兼領，不與政事。	虛設其名，無有除者。	南渡後不置。
		左右僕射	掌佐天子議大政，貳令之職，	置。	自官制行，不置侍中中書令，以	孝宗乾道八年置左右丞相，省僕

				與三省長官皆為宰相之任。		左僕射兼門下侍郎，右僕射兼中書侍郎，行侍中中書令職事。	射不置。
			左右丞	掌參議大政，通治省事，以貳令僕射之職。	置。	置。	南渡後，置參知政事，省左右丞不置。
	有六部，曰吏部，曰戶部，曰禮部，曰兵部，曰刑部，曰工部。每部除本司外，又各置三曹，即與隋唐各部四曹相似。宋初，天下財計歸之三司，戶部無職掌。而兵政總於樞密使，武選屬於吏部，兵部亦同虛設。他如禮部，權分於鴻臚與光祿，工部之權分於將作與都水。據文獻通考（卷五十二職官志六），宋除吏部外，不置尚書，只置判部事一人或二人。						
樞密院	掌軍國機務兵防邊備戎馬之政令，出納密命以佐邦治。	有副使為使之貳。不置使，則有知院事，同知院事為之貳。苟其人資淺，則用直學士簽書院事，同簽書院事。	樞密使	佐天子執兵政。	慶曆中，二邊用兵，令宰相兼樞密使。	不復兼。	或兼或否，至開禧，以宰臣兼使，遂為永制。
三司使	總國計，應四方貢賦之入，朝廷不預，一歸三司，通管鹽鐵度支戶部，號曰計省。	鹽鐵掌天下山澤之貨，關市河渠軍器之事，以資邦國之用。度支掌天下財賦之數，每歲均其有無，制其出入，以計邦國之用。戶部掌天下戶口稅賦之籍榷酒工作衣儲之事，以供邦國之用。	三司使	掌邦國財用之大計，總鹽鐵度支戶部之事，以經天下財賦而均其出入焉，位亞執政，目為計臣。	置。	罷三司使，併歸戶部。	無。

㉘ 據宋史職官志。

御史臺	掌糾察官邪肅正綱紀，大事則廷辨，小事則奏彈。	御史中丞	為臺主。	置。	置。	置。
	御史大夫宋初不除正員，止為加官，御史臺之屬有三院，一曰臺院，侍御史一人掌貳臺政。二曰殿院，殿中侍御史二人，掌以儀法，糾百官之失。三曰察院，監察御史六人，掌分察六曹及百司之事，糾其謬誤，大事則奏劾，小事則舉正。					

此外尚有九寺五監。太宗時羅處約言：「九寺三監（當時只有國子少府將作三監）多為冗長之司，雖有其官，不舉其職」（宋史卷四百四十羅處約傳）。九寺，即太常寺，宗正寺，光祿寺，衛尉寺，太僕寺，大理寺，鴻臚寺，司農寺，太府寺，或置卿一人，或置判寺事一人或二人。五監，即國子監，少府監，將作監，各置判寺事一人。軍器監，國初戎器之職領於三司胄曹案，官無專職。元豐正名，始置監一人。都水監舊隸三司河渠案，元豐正名，置使者一人。

現在先論宰相，宋承前代之制，置三省，三省長官即侍中中書令尚書令皆「佐天子議大政」，而為宰相之職。然侍中「以秩高罕除，雖有用他官兼領，而實不任其事」。中書令「國朝未嘗真拜，以他官兼領者，不預政事」。尚書令「自建隆以來不除，惟親王元佐元儼以使相兼領，不與政事」（宋史卷一百六十一職官志一），所以宰相不是三省長官。宋志云：

> 宰相之職，佐天子，總百官，平庶政，事無不統。宋承唐制，以同平章事為真相之任，無常員（宋史卷一百六十一職官志一）。
>
> 參知政事掌副宰相，毗大政，參庶務。乾德二年置，以樞密直學士薛居正、兵部侍郎呂餘慶並本官參知政事……仍令不押班，不知印，不升政事堂……開寶六年始詔居正餘慶於都堂與宰相同議政事㉙，至道元年詔宰相與參政（即參知政事）輪班知印，同升政事堂，押敕齊銜，行者並馬（宋史卷一百六十一職官志一）。

此宋代初年制也。宋初，真正的宰相乃是同平章事。唐制，同平章事多以侍郎為之，宋制亦然，而以中書門下兩省侍郎居多，吾人觀宋史宰輔表，即可知之。元豐改制之後，雖以左右僕射為宰相，然而左僕射乃兼門下侍郎，右僕射亦兼中書侍郎（宋史卷一百六十一職官志一）。高宗建炎三年，左右僕射並加同平章事，無須再兼二省侍郎。二省侍郎改為參知政事。孝宗乾道八年又改左右僕射為左右丞相，其參知政事如故（宋史卷一百六十一職官志一）。

所謂參知政事本來不是官名，凡職官加有參知政事之銜，就「得與宰相同議政事」，所以參知政事可以稱為副相。元豐以前，任何職官均得加以參知政事之銜，如乾德二年呂餘慶以兵部侍郎參知政事，太平興國八年宋琪以左諫議大夫參知政事（宋史卷二百十宰輔表）。元豐改制，廢參知政事。建炎三年以後，以中書門下侍郎為參知政事（宋史卷二百十宰輔表）。由此可知三省長官雖非宰相之任，而為宰相者確以三省長官之貳（門下侍郎中書侍郎及左右僕射，徽宗政和中改左右僕射為太宰少宰，仍兼兩省侍郎，孝宗乾道八年改左右僕射為左右丞相）居多。

宋代宰相官名前後變更數次，讀者只看上文所述，亦必不知所指，茲將宋代三省長官之更置情形，列表如次，藉此說明宋代宰相之為何種職官。

㉙ 案唐制，尚書省本名尚書都省，都堂乃唐時尚書省中廳之稱。宋時參知政事何以在都堂，而不在政事堂，與宰相同議政事。是否太宗至道元年以前，參知政事只能在都堂與宰相議事。至道元年以後，才均至政事堂議事、當考。參閱歷代職官表卷三內閣中，引江少虞宋朝事實類苑。

宋三省長官更置表㉚

省名	官名	職掌	更置：元豐改制前	更置：元豐改制後	更置：南渡後	備考
門下省	侍中	掌佐天子議大政，審中外出納之事。	以秩高罕除，雖有用他官兼領，而實不任其事。	以官高不除人，以左僕射兼門下侍郎，行侍中職。	置左右丞相，省侍中不置。	據續通考，宋南渡後，不置門下省。
	門下侍郎	掌貳侍中之職，省中外出納之事。	置。	別置侍郎，以佐左僕射。	置參知政事，省門下侍郎不置。	
中書省	中書令	掌佐天子議大政，授所行命令而宣之。	未曾真拜，以他官兼領者，不與政事。	以官高不除人，以右僕射兼中書侍郎，行令之職。	置左右丞相，省令不置。	
	中書侍郎	掌貳令之職，參議大政，授所宣詔旨而奉之。	置。	別置侍郎，以佐右僕射。	置參知政事，省中書侍郎不置。	
尚書省	尚書令	掌佐天子議大政，奉所出命令而行之。	自建隆（太祖）以來不除，惟親王元佐元儼以使相兼領，不與政事。	虛設其名，無有除者。	並省不置。	其屬有六部，曰吏部，戶部，禮部，兵部，刑部，工部。
	左右僕射	掌佐天子議大政，貳令之職，與三省長官皆為宰相之職。	置。	自元豐官制行，不置侍中中書令，以左僕射兼門下侍郎，右僕射兼中書侍郎，行侍中中書令職事。政和中，改左右僕射為太宰少宰。以太宰兼門	置左右丞相，省僕射不置。	

				下侍郎，少宰兼中書侍郎。靖康元年復為左右僕射。		
		掌參議大政，通治省事，以貳令僕射之職。	置。	置。	復置參知政事，省左右丞不置。	

宋代宰相人數不多，普通不過二人或三人，再加以參知政事，亦不過四五人而已。宰相二人時，一人為昭文館大學士，監修國史，一人為集賢殿大學士。若置三人，則一人為昭文，一人為集賢，一人監修國史。「國初范質昭文學士，王溥監修國史，魏仁浦集賢學士，此為三相例也」（宋史卷一百六十一職官志一）。宰相人數既在兩人以上，凡事不能不開會討論，因之意見不同，不能避免，或政事依違不決：

> 時宰相呂夷簡王曾論議數不同，宋綬多是夷簡。而參知政事蔡齊，間有所異。政事繇此依違不決（宋史卷二百九十一宋綬傳）。

或宰相互相排擠：

> 宋庠為相，與宰相呂夷簡論數不同。凡庠與善者，夷簡皆指為朋黨（宋史卷二百八十四宋庠傳）。

但是最後決定權乃屬於天子，因之相權大小又隨天子的個性而異。孝宗時，「事皆上決，執政惟奉旨而行」

㉚ 歷代職官表（卷三內閣中）云：「謹案，宋宰相官名前後凡五變，同平章事一也（元豐改制前），左右僕射二也（元豐改制），太宰少宰三也（徽宗政和以後），復為左右僕射四也（欽宗靖康以後），左右丞相五也（孝宗乾道八年以後）。

（宋史卷三百九十七徐誼傳）。寧宗時，「史彌遠入相，專國事」（宋史卷四百三十七魏了翁傳）。權在天子之時，天子英明，雖能兼聽而獨斷，否則難免偏聽而釀成亂階。崔與之說：「大抵獨斷當以兼聽為先。儻不兼聽而斷，其勢必至於偏聽，實為亂階」（宋史卷四百六崔與之傳）。但是既兼聽矣，就須以多數人之意見為標準，兼聽而又獨斷，結果必生問題。鄒浩說：

> 孟子曰，左右諸大夫皆曰賢，未可也。國人皆曰賢，然後察之，見賢焉，然後用之。左右諸大夫皆曰不可，勿聽，國人皆曰不可，然後察之，見不可焉，然後去之。於是知公議不可不恤，獨斷不可不謹。蓋左右非不親也，然不能無交結之私。諸大夫非不貴也，然不能無恩讐之異，至於國人皆曰賢，皆曰不可，則所謂公議也。公議之所在，槩已察之，必待見賢然後用，見不可然後去，則所謂獨斷也。惟恤公議於獨斷未形之前，謹獨斷於公議已聞之後，則人君所以致治者，又安有不善乎（宋史卷三百四十五鄒浩傳）。

公議之所謂賢，而必再加訪察而後用，公議之所謂不可，亦必再加訪察而後去，這就是孔子所說：「眾惡之，必察焉，眾好之，必察焉」（論語衛靈公）之意。試問由誰訪察？左右訪察，權歸近習。諸大夫訪察，權歸官僚。人主自察，然而人主未必皆賢，則其所獨斷者又未必可為是非的標準。吾國政治思想不能由專制進至民主，這種理論實為之梗。

何況天子柔懦不振，則往往是「果斷不用於斥邪佞，反用於逐賢人」（宋史卷四百五袁甫傳）。富弼曾言：「人主好惡，不可令人窺測，可測，則姦人得以傅會」（宋史卷三百十三富弼傳），這就是商鞅所說：「凡人臣之事君也，多以主所好事君」（商君書修權），也就是韓非所說：「君無見其所欲，君見其所欲，臣將自雕琢。君無見其意，君見其意，臣將自表異。故曰去好去惡，臣乃見素，去智去舊，臣乃自備」（韓非子主道）之意。

高宗紹興年間的秦檜，寧宗開禧年間的韓侂胄，嘉定以後的史彌遠，理宗開慶以後的賈似道都是窺測人主之意，而操弄權柄的。

宰相「佐天子，總百官，平庶政，事無不統」（宋史卷一百六十一職官志一）。其法則為副署，即天子所頒詔令，須經宰相副署：

> 乾德二年范質等三相並罷，越三日，始命趙普平章事，制書既下，太祖問翰林學士曰質等已罷，普敕何官當署。承旨陶穀時任尚書，乃建議相位不可以久虛，今尚書乃南省六官之長，可以署敕。儀曰穀所陳，非承平之制。皇弟開封尹同平章事，即宰相之任。太祖曰儀言是也。即命太宗署敕賜之（宋史卷二百六十三竇儀傳）。

副署乃所以表示同意，故凡不同意之事，宰相可以拒絕副署。

> 袁韶紹定元年拜參知政事。胡夢昱論濟王事，當遠竄，韶獨以夢昱無罪，不肯署文書（宋史卷四百十五袁韶傳）。

只唯宰相才有副署的權，而有副署之權者又是同平章事與參知政事，由此更可以證明宋代宰相不是三省長官，而是同平章事與參知政事。

若就實際情況言之，宋代宰相自始就沒有宰相之權。漢時，「丞相所請，靡有不聽」，宋時，宰相不過依聖旨而草詔令而已。王曾說：

> 舊制，宰相早朝上殿，命坐，有軍國大事則議之，常從容賜茶而退。自餘號令、除拜、刑賞、廢置，事無巨細，並熟狀擬定進入。上於禁中親覽，批紙尾，用御筆，可其奏，謂之印畫，降出奉行而已。由唐室

歷五代不改其制。國初，范質王溥魏仁浦在相位，自以前朝相，且憚太祖英睿，請具劄子，面取進止。朝退，各疏其所得聖旨，同署字以志之，盡稟承之方，免差誤之失，帝從之。自是奏御寖多，或至旰昃，於今遂為定式（歷代職官表卷三宋內閣，引王曾筆錄）。

即宋之宰相不是議大政，而是辦理文書，不過天子荒庸，宰相就由辦理文書，進而決定軍國大計。唯此軍國大計亦須與天子的意見相同，秦檜韓侂胄史彌遠賈似道能夠操弄國權，就是因為他們能夠迎合天子之意。

次就三省言之，唐制，中書主出命，門下主封駁，尚書主奉行，而自設置政事堂之後，中書門下已合為一。宋承唐制，亦置三省。太宗說「中書政本」（宋史卷二百八十七李昌齡傳）。蓋中書乃出納王命的機關，即宣示詔令與傳達詔令，而為天子的喉舌。然而任何職官既得除為同平章事，則議政之權自非專屬於中書。何況宋自元豐改制之後，又以左右僕射兼中書門下兩省侍郎，如此，中書門下兩省之職權已為尚書省所合併，所以元豐以後，「中書政本」之言已經不合於實際。至於尚書省之權雖只「掌施行制命」，其屬六部負行政之責，「凡天下之務，六曹所不能與奪者」，由尚書省「總決之」。其「應取裁者」，「隨所隸，送中書省樞密院」（宋史卷一百六十一職官志一）。即尚書只能決定普通事務，至於軍國大計，則須透過中書省樞密院，由宰相與天子決定。縱云：「中書獨取旨」（歷代職官表卷三內閣中，引彭百川太平治迹統類），然右僕射既兼中書侍郎，則「中書獨取旨」亦等於右僕射獨取旨耳。故除軍政外，一切民政乃屬於尚書省右僕射，只因右僕射不過宰相之一員，而宰相議事又在政事堂。宋似依唐之制（中宗以後），政事堂設在中書省，因之後人遂誤會中書為政之樞機。神宗「詔自今事不以大小，並中書省取旨，門下省覆奏，尚書省施行」。神宗且說：「中書揆而議之，門下審而覆之，尚書承而行之」（歷代職官表卷三宋內閣中，引彭百川太平治迹統類）。這種制度乃恢復唐初之制，然要行之合理，必須分別那幾種事應依這個程序，那幾種事可由各單位主管單獨決定，否則事事討論，事事審覆，實有反於分層負責之制。蘇轍有言：

凡事皆中書取旨，門下覆奏，尚書施行，所以為重慎也。臣謂國之大事及事之已成者，依此施行則可。至於日生小事及事之方議者，一切依此，則迂緩之弊所從出也。假如百官之假，有司請給器用之類，此所謂日生小事也。臣僚陳請興革廢置，朝廷未究本末，欲行勘當之類，此所謂事之方議者也。昔官制未行，如此等事皆執政批狀，直付有司，故徑而易行。自行官制，遂罷批狀。每有一事，輒經三省。謄寫之勞既已過倍，勘當既上，小有差誤，重復施行，又經三省循環，往復無由了絕。至於疆埸機事，河防要切，一切如此，求此之速辦不可得也（欒城集卷三十七論三省事多留滯狀）。

蘇轍所作分類雖有小疵，而大體上尚稱妥善。何況元豐改制，仍置三省。倘「省分為三，各有所掌，而其官亦復不一」（文獻通考卷四十九宰相），則三省之設不為具文。顧神宗乃「以尚書令之貳左右僕射為宰相，左僕射兼門下侍郎，右僕射兼中書侍郎」（宋史卷一百六十一職官志一）。這種制度，若就左右僕射兼二省侍郎言之，實如前所言，尚書侵占兩省之權。按「門下之職所以駁正中書違失」（宋史卷一百六十一職官志一）。今以奉行法令之機關兼制定法令之職，則中書已經失掉「揆而議之」之權。而審查法令的機關亦兼奉行法令之職，則門下何必「審而議之」。葉夢得說：

自兩漢以來，謂中書為政本，蓋中書省出令，而門下省覆之，王命之重莫大於此。故唐以後，以同中書門下平章事為宰相者，此也。尚書省但受成而行之耳。本朝（宋）沿習唐制，官制行，始用六典，別尚書門下中書為三省，各以其省長官為宰相，則侍中中書尚書令是也。既又以秩高不除，故以尚書令之貳，左

> 右僕射為宰相。而左僕射兼門下侍郎，以行侍中之職。右僕射兼中書侍郎，以行中書令之職，而別置侍郎以佐之，則三省互相兼矣。然左右僕射既為宰相，則凡命令進擬，未有不由之出者。而左僕射又為之長，則出命令之職，自己身行，尚何省而覆之乎。方其進對，執政無不同，則所謂門下侍郎者亦預聞之矣。故批旨皆曰三省同奉聖旨。既已奉之，而又審之，亦無是理。門下省惟給事中封駁而已，未有右僕射與門下侍郎自駁已奉之命者，則侍中侍郎所謂省審者，殆成虛文也（石林燕語卷三）。

南渡後，不置門下省（續文獻通考卷五十二門下省）。而孝宗乾道八年，既置左右丞相，省僕射不置，又用左右丞相以代中書令與侍中，復置參知政事，省左右丞不置，而參知政事又代中書侍郎與門下侍郎，則中書省名存實亡，所以宋志才云「三省之政合乎一」（宋史卷一百六十一職官志一），而隋唐以來三省分立完全消滅。

三省分立本來是用以預防權臣專擅。元豐改制之後，三省長官互兼其職，制衡之作用已失。還好宋代依唐之制，設有許多諫官，即散騎常侍，諫議大夫，司諫，司言，分為左右。左隸門下，右隸中書。諫官與御史不同，御史乃糾彈違法，諫官則矯正失策。且看洪邁之言。

> 御史掌糾察官邪，肅正綱紀。諫官掌規諫諷諭，凡朝政闕失，大臣至百官任非其人，三省至百司事有失當，皆得諫正（容齋四筆卷十四臺諫分職）。

胡致堂亦云：

> 御史只合彈擊官邪，與夫敗壞已成憲度者。至於政事得失，專責大臣與諫者（文獻通考卷五十諫議大夫，引胡致堂寄政府書）。

中書省又有中書舍人四人（本六人），「分治六房，凡事有失當及除授非其人，則論奏封還詞頭」（宋史卷一百六十一職官志一）。門下省亦有給事中四人，「分治六房」，這就是明代六科給事中的起源。「若政令有失當，除授非其人，則論奏而糾正之」（宋史卷一百六十一職官志一）。三省、中書舍人及給事中之辦事程序，照洪邁說：

三省事無巨細，必先經中書書黃，宰執書押，當制舍人書行，然後過門下，給事中書讀。如給舍有所建明，則封黃具奏，以聽上旨。惟樞密院既得旨，即書黃，過門下，例不送中書，謂之密白（宋史卷三百七十三洪邁傳）。

諫官與御史合稱為臺諫，給事中與中書舍人合稱為給舍。關於給事中，本書於唐代中央官制中已有說明。中書舍人之官由來已久，南北朝時，南朝中書舍人「專掌詔誥，兼呈奏之事」（通典卷二十一中書省中書舍人）。即有出納王命之權，卒至操弄國政。關此，本書於南北朝中央官制中，亦已說明，不再重複。隋興，改中書省為內史省，改中書舍人為內史舍人，雖掌詔誥，然其權力已不如南朝。唐武德初，又復舊名，永淳以後，用人殊重。杜佑云：

武德三年改為中書舍人，專掌詔誥……自永淳已來，天下文章道盛，臺閣髦彥無不以文章達。故中書舍人為文士之極任，朝廷之盛選，諸官莫比焉（通典卷二十一中書省中書舍人）。

然亦不過起草詔令。降至宋代，權限漸大。「唐制，唯給事中得封還詔書，宋代中書舍人繳詞（封還詞頭）自富弼始」（文獻通考卷五十一中書舍人，案宋依唐制，中書舍人置知制誥，時弼為知制誥）。即中書舍人在仁宗時，其權已與給事中相埒。案臺諫與給舍乃用以牽制宰相之專擅。呂祖謙說：

> 臣下權任太重，懼其不能無私，則有給舍以出納焉，有臺諫以救正焉（宋史卷四百三十四呂祖謙傳）。

臺諫與給舍，意見未必相同，如其不同，照高閌說，應依臺諫之意。

> 政事之行，給舍得繳駁，臺諫得論列，若給舍以為然，臺諫以為不然，則不容不改（宋史卷四百三十三高閌傳）。

南渡之後，既廢門下省了，因之諫官雖然仍分為左右，乃不屬兩省，另置一局以處之（文獻通考卷五十諫議大夫及拾遺補闕）。其職亦為諫諍朝政闕失。孝宗淳熙末，曾因「諫諍之官往往行御史之職，至於箴規闕失，寂無聞焉」，乃從兵部侍郎林栗之言，「置拾遺補闕左右一員，專掌諫諍，不許糾彈，光宗立，復省」（文獻通考卷五十拾遺補闕）。至於給舍仍然存在。岳珂說：

> 元豐改官名，門下省則有給事中，中書省則有中書舍人。然中興以後，三省合為一，均為後省㉛（愧郯錄卷八給舍論駁）。

中書舍人既得封還詞頭，則不宜再掌詔誥，因為自己起草詔誥，而又自己封駁詔誥，這是不合理的事。唐時詔誥雖常由翰林學士執筆，而陸贄乃謂「詞詔所出，中書舍人之職」（舊唐書卷一百三十九陸贄傳）。到了宋代，翰林學士法律上遂「掌制誥詔令撰述之事」（宋史卷一百六十二職官志二）。翰林學士日益華貴，「乘輿所幸，則侍從以備顧問」（宋史卷一百六十二職官志二），重要之事均由學士起草，而後付中書宣示。

㉛ 所謂「後省」，據王應麟玉海（引自歷代職官表卷十九都察院下），「元豐官制，門下增設後省，以左散騎常侍左諫議大夫左司諫左正言給事中為門下後省。建炎三年詔諫院別置局，不隸兩省。又因舊制，置門下後省，以給事中為長官」。但到了後來，給事中乃同起居郎「掌記天子言動」（宋史卷一百六十一職官志一），而非諫諍之官。

凡拜宰相及事重者，晚漏上，天子御內東門小殿，宣召面諭，給筆札，書所得旨，稟奏歸院。內侍鎖院門，禁止出入。夜漏盡，具詞進入。遲明，白麻出，閤門使引授中書，中書授舍人宣讀（宋史卷一百六十二職官志二，此際中書得封還詞頭）。

翰林學士既在天子左右，在必要時，尚得向天子貢獻意見。

英宗立，張方平還為學士承旨，帝不豫，召至福寧殿，帝馮几言，言不可辨。方平進筆請，乃書云，明日降詔立皇太子。方平抗聲曰，必穎王也，嫡長而賢，請書其名。帝力疾書之，乃退草制，神宗即位（宋史卷三百十八張方平傳）。

茲將翰林院之組織列表如次：

翰林院組織表

官名	備考
翰林學士承旨	不常置，以學士久次者為之。
翰林學士	
知制誥	知制誥，有似加官，其本官以翰林學士為多。但加在他官者亦有之，如康定元年晁宗慤以左司郎中知制詔是也。見宋史卷二百十一宰輔表。
直學士院	凡他官入院，未除學士，謂之直院。
翰林權直、學士院權直	學士俱闕，他官暫行院中文書，謂之權直，淳熙五年更為學士院權直，後復稱翰林權直。
以上均掌制誥詔命撰述之事，見宋史卷一百六十二職官志二。	

翰林學士既然接近天子，故常遷為輔相，如至道元年張洎以翰林學士除參知政事，景祐四年石中立自

翰林學士承旨除參知政事，寶元二年宋庠自翰林學士知制誥除參知政事（宋史卷二百十、卷二百十一宰輔表）。其未遷為參知政事者，亦常權牟宰輔。例如熙寧元年唐介為參知政事，王安石為翰林學士。關於用人行政，神宗每問王安石。唐介說：

陛下以安石可大用，即用之。豈可使中書政事，決於翰林學士。臣近每聞宣諭某事，問安石可，即行之，不可，不行。如此則執政何所用，恐非信任大臣之體也（宋史卷三百十六唐介傳）。

宋雖放棄三省分權，而為制衡起見，又採政軍財分立之制。三省分權為權力之分配，即中書制定詔令，門下察查詔令，尚書奉行詔令。政軍財分立為事項之分配，即政事屬於中書省，軍事屬於樞密院，財用屬於三司使。而如謝泌所說：「凡政事送中書，機事送樞密，金穀送三司」（宋史卷三百六謝泌傳）。此種分權實患了制度上最大錯誤。本書已經引過仁宗時范鎮（字景仁）之言：

古者宰相制國用，今中書主民，樞密院主兵，三司主財，各不相知。故財已匱，而樞密院益兵不已。民已困，而三司取財不已。中書視民之困，而不知使樞密減兵。三司寬政者，制國用之職不在中書也（文獻通考卷二十四國用二，參閱宋史卷三百三十七范鎮傳。蘇軾為范鎮作墓誌銘，亦引此言，見東坡七集前集卷三十九范景仁墓誌銘）。

關於中書，本書已有說明，茲只述樞密院及三司使。先就樞密院言之：

宋初，循唐五代之制，置樞密院，與中書對持文武二柄，號為二府（宋史卷一百六十二職官志二）。

此蓋宋代有鑑於五代軍人跋扈之弊，故不欲以文武二柄委託一人，而如劉安世所說：「國朝革五代之弊，文武二柄未嘗專付一人」（宋史卷一百六十二職官志二）。所以宰相若與樞密使有親族關係，常引起天子懷疑。

例如：

趙普拜相……故事，宰相樞密使每候對長春殿，同止廬中。上聞普子承宗娶樞密使李崇矩女，即令分異之（宋史卷二百五十六趙普傳）。

李崇矩拜樞密使……時趙普為相，崇矩以女妻普子承宗，相厚善，帝聞之不悅（宋史卷二百五十七李崇矩傳）。

但是軍事與政事甚有關係，實難分開。真宗時田錫上疏言：

樞密公事，宰相不得與聞，中書政事，樞密使不得與議，以致兵謀未精，國計未善……此政化壅鬱之大者也（續資治通鑑卷二十真宗咸平元年二月）。

慶曆中，二邊用兵，仁宗從富弼及張方平之言，使宰相兼樞密使之任。然此不過暫時之事，並未成為永制。

慶曆中，二邊用兵，知制誥富弼建言，邊事係國安危，不當專委樞密。仁宗以為然，即詔中書同議。諫官張方平亦言，中書宜知兵事，乃以宰相呂夷簡章得象並兼樞密使（宋史卷一百六十二職官志二，參閱卷三百十三富弼傳、卷三百十八張方平傳）。

神宗即位之初，滕元發又上疏極言，政事與軍事不應分開，各行其是。

中書樞密議邊事多不合，中書賞戰功，而樞密降約束。樞密詰修堡，而中書降褒詔……戰守大事也，而異同如是，願敕二府必同而後下（宋史卷三百三十二滕元發傳）。

元豐改制，議者如王安石等皆欲罷樞密院，歸兵部。顧神宗仍遵祖宗遺訓，不欲文武二柄歸於同一機關，而希望其能互相維制。

> 元豐五年，將改官制，議者欲廢樞密院，歸兵部。帝曰，祖宗不以兵柄歸有司，故專命官以統之，互相維制，何可廢也。於是得不廢（宋史卷一百六十二職官志二）。[32]

然而因此，中書與樞密行事，遂多齟齬。吾人觀真宗時田錫，神宗時滕元發之言，即可知之。若據馬端臨研究，宋雖實行軍事與政事分權，然其所實行的只關於弊的方面。積弊既深，亘北宋一代，要改革，亦無法改革。

> 祖宗時（宋時），樞密院官雖曰掌兵，亦未嘗不兼任宰相之事。景德四年中書命祕書丞楊士元通判鳳翔府，樞密院命之掌內香藥庫。兩府不相知，宣敕各下。乃詔自今中書所行事關軍機及內職者，報樞密院。樞密院所行關民政及京朝官者，報中書。是樞密院得以預除授之事也。又是年命宰臣王旦監修兩朝正史，知樞密王欽若陳堯叟，參知政事趙安仁並修國史，是樞密院可以預文史之事也。至慶曆以後，始以宰臣兼樞密使。及元豐官制行，欲各正其名，遂不復兼，乃詔釐其事大小，大事三省與密院同議，進呈畫旨，稱三省樞密院同奉聖旨，三省官同簽書，付樞密院行之。小事樞密院獨取旨，行訖，關三省（此與上舉之石林燕語完全相同）。每朝，三省樞密先同對，樞密院退待於殿廬。三省始留，進呈三省事退，樞密院再上進呈，獨取旨，遂為定制。然熙寧初，以司馬溫公為樞密副使，公以言新法不見聽，力辭。上使人謂之曰樞密兵

---

[32] 石林燕語卷五，「神宗初更官制，王荊公諸人皆欲罷樞密院。神宗難之，其後遂定官制。論者終以宰相不預兵政為嫌，使如故事復兼，則非正名之意。乃詔釐其事大小，大事三省與樞密同議，進呈畫旨，稱三省樞密院同奉聖旨，三省官皆簽書，付樞密院行之。小事樞密院獨取旨，行訖，關三省」。

事也，官各有職，不當以他事辭。其時文潞公亦在樞府，雖持正論，終不能抑新法之行。至哲宗初即位，蔡確為相，溫公為門下侍郎，章惇知樞密院。溫公欲復差役法，而確言此大事，當與樞密院同議取旨，惇杲駁溫公所言。然則密院雖可以謀三省之事，而又在所以委任之者如何。溫公潞公當熙寧之時，與國論不合，則欲其專任本兵，不預他事。蔡確當元祐之初，欲引章惇以自助，則欲其共立異議，陰排正人。至紹聖以後，則兩府皆憸人，附會紹述，更無異議，亦不復聞以文馬之儔，參錯其間矣（文獻通考卷五十八樞密院）。

觀馬氏之言，可知宋代雖分別文武二權，而中書樞密之職掌如何劃分，並不顯明，所以流弊甚多。南渡之後，常有戰事，軍事與政事不能分開，更見明瞭。所以高宗常令宰相兼樞密使之任。其後或兼或否，至開禧，宰相兼使，遂為永制。

紹興七年，詔樞密本兵之地，事權宜重，可依故事，置樞密使，以帝相張浚兼之……其後或兼或否，至開禧以宰臣兼使，遂為永制（宋史卷一百六十二職官志二）。

次就三司使言之。

三司之職，國初沿五代之制，置使以總國計，應四方貢賦之入，朝廷不預，一歸三司，通管鹽鐵度支戶部，號曰計省，位亞執政，目為計相（宋史卷一百六十二職官志二）。

三司使總鹽鐵度支戶部之事。

三司使……掌邦國財用之大計，總鹽鐵度支戶部之事，以經天下財賦而均其出入焉。鹽鐵掌天下山澤之貨，關市河渠軍器之事，以資邦國之用。度支掌天下財賦之數，每歲均其有無，制其出入，以計邦國之用。

戶部掌天下戶口稅賦之籍，榷酒工作衣儲之事，以供邦國之用（宋史卷一百六十二職官志二）。

鹽鐵度支戶部所掌，據葉夢得說：

唐制，戶部度支各以本司郎中侍郎判其事。蓋戶部掌納，度支掌出，謂常賦常用也。又別制鹽鐵轉運使，以掌山澤之入，與督漕輓之事。中世用兵，因以宰相領其職。乾符後，改置租庸使以總之。至後唐孔謙暴斂，明宗誅謙，遂罷使額，以鹽鐵戶部度支分為三司，而以大臣一人總判，號曰判三司。未幾，張延朗復請置三司使，乃就命延朗班宣徽使之下。本朝因其名，故三司使權常亞宰相（石林燕語卷六）。

即戶部掌收入，度支掌支出，而鹽鐵則掌山澤之利與漕運之事。宋興，「太平興國八年分置三使，淳化四年，復置使一員，總領三部」（宋史卷一百六十二職官志二）。即三部各有使以領之（例如咸平四年，王嗣宗為鹽鐵使，梁鼎為度支使，梁顥為戶部使，見宋史卷二百八十七王嗣宗傳）。同時又置一使，號曰三司使，總領三部。「凡干涉計度者，三使通議之」（宋史卷一百六十二職官志二）。使上有使，官制上不甚合理，咸平六年罷三部使，置副使三人，以領三部，其總領三部之三司使如故（宋史卷一百六十二職官志二）。

三司使所掌，範圍頗見廣汎，不但剝奪戶部的職權，且又奪取工部太府寺將作監都水監軍器監的職權。據宋史及文獻通考所載：

戶部，國初以天下財計歸之三司，本部無職掌，止置判部事一人……以受天下上貢元會陳于庭。元豐正官名，始並歸戶部（宋史卷一百六十三職官志三）。

宋初，工部……凡城池土木工役皆報三司修造案，本曹無所掌（文獻通考卷五十二工部尚書）。

太府寺，舊置判寺事一人……凡廩藏貿易，四方貢賦，百官奉給，時皆隸三司，本寺但掌供祠祭香幣帨巾神席及校造斗升衡尺而已。元豐官制行，始正職掌（宋史卷一百六十五職官志五，參閱文獻通考卷五十六太府卿）。

將作監，舊制，判監事一人……凡土木工匠之政，京都繕修，隸三司修造案。本監但掌祠祀供省牲牌鎮石炷香盥手焚版幣之事。元豐官制行，始正職掌（宋史卷一百六十五職官志五，參閱文獻通考卷五十七將作監）。

軍器監，國初戎器之職領于三司冑曹案。官無專職（宋史卷一百六十五職官志五，參閱文獻通考卷五十七軍器監）。

都水監，舊隸三司河渠案（宋史卷一百六十五職官志五）。

因三司使之設置，許多機關等於虛設。太宗時，羅處約曾謂「九寺三監多為冗長之司，雖有其官，不舉其職」（宋史卷四百四十羅處約傳）。他極論三司之制非古。

臣以三司之制非古也。蓋唐朝中葉之後，兵寇相仍，河朔不王，軍旅未弭，以賦調筦榷之所出，故自尚書省分三司以董之……以臣所見，莫若復尚書都省故事……以今三司錢刀粟帛筦榷支度之事均歸二十四司（尚書省六部，各有四司，故為二十四司），如此，則各有司存，可以責其集事（宋史卷四百四十羅處約傳）。

神宗即位，熙寧三年，將三司使的某幾種職權移歸於各部寺監管轄，於是「三司之權始分」。元豐改制，罷三司，歸戶部，於是「三司之名始泯」。

熙寧三年，以常平免役農田水利新法歸司農，以冑案歸軍器監，修造歸將作監，推勘公事歸大理寺，帳司理欠司歸比部，衙司歸都官，坑冶歸虞部，而三司之權始分矣。元豐官制行，罷三司，歸戶部左右曹，而三司之名始泯矣（宋史卷一百六十三職官志三）。

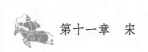

所以志云：

元豐官制既行，三司所掌職務，散於六曹諸寺監（宋史卷一百七十九食貨志下一會計）。

三司之名雖泯，而財用與政事似尚不能聯繫。哲宗時，杜純說：

出財之司則常憂費而緩不急。用財之官則寧過計而無不及（宋史卷三百三十杜純傳）。

蘇轍為戶部侍郎，職掌天下財用，亦說：

他司以辦事為效，則不恤財之有無。戶部以給財為功，則不問事之當否（宋史卷三百三十九蘇轍傳）。

所以南渡之後，「多以宰相兼領兵政財用之事，而執政同預焉」（宋史卷一百六十二職官志二）。今日民主國，軍政之權必屬於行政機關，預算案必由行政機關提出，立法機關不得為增加支出之決議，政軍財不可分立，是理之當然的。

更就御史臺言之，「御史臺掌糾察官邪，肅正綱紀」（宋史卷一百六十四御史臺），雖置御史大夫，而不除人，故御史中丞乃是臺長。其屬依唐之制，置三院，三院名稱與唐同，職權稍異。宋代御史臺組織如次：

宋御史臺組織表33

官名		員數	職掌	備考
御史大夫				宋初不除正員，止為加官。
御史中丞		一人	為臺長。	舊例，中丞，侍御史不並置，見宋史卷三百八十羅汝楫傳。
臺院	侍御史	一人	掌貳臺政。	
殿院	殿中侍御史	二人	掌以儀法，糾百官之失。	

察院	監察御史	六人	掌分察六曹及百司之事，糾其謬誤，大事則奏劾，小事則舉正。

觀上表所列宋御史臺之組織，不免引起許多問題。既置御史大夫了，何以不除正官。若如葉夢得所說：「御史大夫未嘗除人，蓋臺諫之官非宰相所利，故無有啟之者，崇寧中，朱聖予嘗請除，竟不行」（歷代職官表卷十八都察院上，引葉夢得石林燕語）。但中丞既為臺長，何以不成為「非宰相所利」。若謂中丞之權不大，又何能糾察官邪，肅正紀綱，此問題之一也。侍御史只有一人，而又為臺長之貳，何必令其單獨組織一院。殿中侍御史只有二人，由二人組織一院，亦不甚妥，此問題之二也。然此實開元明清三代縮小御史臺之組織，由二院，更縮小為不分院了。監察御史只置六人，那有時日分察六曹及百司之事，此問題之三也。

案御史臺乃「掌糾察官邪，肅正綱紀」（宋史卷一百六十四御史臺）。要達到這個目的，一須御史不由宰臣薦舉，仁宗明道二年詔「自今臺官有缺，非中丞知雜保薦者，毋得除受」（續資治通鑑卷三十九仁宗明道二年）。寶元二年「詔御史闕員，朕自擇舉」（宋史卷十仁宗紀）。神宗時，王安石言：「舊法，凡執政所薦，既不得為御史，執政取其平日所畏者薦之，則其人不復得言事矣」，帝乃令悉除舊法，一委中丞舉之（宋史卷一百

㉝ 本表據宋史卷一百六十四職官志四御史臺。據文獻通考，「又有知雜御史一員，副中丞判臺事」。又據續資治通鑑長編，「御史臺自薛奎後，中丞缺人不補。侍御史知雜事韓億獨掌臺務者踰年。天聖四年始命王臻權御史中丞」。以上均見歷代職官表卷十八都察院上，宋。然則臺院侍御史之外，尚有知雜御史乎，抑臺院侍御史即兼知雜御史乎。案知雜始於唐代，唐臺院侍御史六人，久次者一人知雜事（新唐書卷四十八御史臺）。宋臺院侍御史只一人，則此一人是否兼知雜之任。何以通考用「又有」二字。其應如何解釋，當考。

六十選舉志）。哲宗時，章惇謂：「故事，執政初除，苟有親戚及嘗所薦引者，見為臺臣，則皆他徙，防壅弊也」（宋史卷一百六十選舉志）。到了欽宗靖康年間，又重申舊制，「詔宰執不得薦舉臺諫官」（宋史卷一百六十四御史臺）。即臺官非由天子擇舉，即由臺長保薦，此乃維持御史臺超然的地位，不受宰執的干涉。二須臺臣與其他職官不得互兼，固然宋史中常見中丞兼其他職官，例如真宗時，王嗣宗拜御史中丞，加兼工部侍郎，權判吏部銓（宋史卷二百八十七王嗣宗傳）。又令其他職官兼御史中丞，例如仁宗時，晏殊遷刑部尚書，以本官兼御史中丞（宋史卷三百十一晏殊傳）。據馬端臨說，「中丞除正員外，或帶他官者，尚書則曰某官兼御史中丞，丞郎則曰御史中丞兼某官」（文獻通考卷五十三御史臺）。是則上舉之例，不是一以御史中丞兼工部侍郎，一以刑部尚書兼御史中丞，而是視所兼之官之高低，而有區別而已。學者因此遂謂監察官與行政官互兼其職，將何以糾察官邪。但宋制，「有官、有職、有差遣」（宋史卷一百六十一職官志一）。差遣才是該人之職掌。只因宋史所述不加區別，故令學者發生疑問。宋制之弊乃是諫官與御史漸次混同，而開了元代以後，兩者合併為一之端。真宗天禧元年二月八日始置言事御史，仁宗慶曆五年正月，以殿中梅摯，監察李京並為言事御史（歷代職官表卷十八都察院上，引王應麟玉海）。宋史云：

> 靖康元年監察御史胡舜陟言，監察御史自唐至本朝，皆論政事，擊官邪，元豐紹聖著於甲令。崇寧大臣欲其便己，遂更成憲。乞命本臺增入監察御史言事之文，語依祖宗法（宋史卷一百六十四御史臺）。

對此，歷代職官表（卷十八都察院上）有所批評，其言如次：

> 謹案，歷代本別有諫議大夫，屬門下省，以主諫諍，而御史則專以糾察非違為職。自宋真宗置言事御史，許之論列時政，而臺諫始合為一。然元豐初制，以殿中為言事官，監察為六察官，猶各有司存。其後復令

其互兼御史，遂盡得建言，不專彈劾。逮金元以後，而諫議之官遂廢，亦臺臣積重之勢然也。

宋代御史言事，最初亦若唐初之制，必先白中丞。仁宗初，劉筠為御史中丞，才依唐蕭至忠之言，御史得各彈擊，不相關白（唐會要卷六十一彈劾）。

仁宗即位，劉筠拜御史中丞。先是三院御史言事，皆先白中丞。筠牓臺中，御史自言事，毋白中丞雜知（宋史卷三百五劉筠傳，所謂雜知蓋御史臺有知雜御史一員，副中丞判臺事）。

此外，「宋制，御史入臺，滿十旬無章疏者，有辱臺之罰」（大學衍義補卷八重臺諫之官）。蓋御史之職在於彈擊官邪，緘默不言，是為失職。蘇洵說：

人豈有勇怯哉，要在以勢驅之耳。……所謂性忠義，不悅賞，不畏罪者，勇者也，故無不諫焉。悅賞者勇怯半者也，故賞而後諫焉。畏罪者怯者也，故刑而後諫焉。先王知勇者不可常得，故以賞……以刑……使其前有所趨，後有所避，其勢不得不極言規失，此三代所興也。末世不然，遷其賞於不諫，遷其刑於諫，宜乎臣之噤口卷舌，而亂亡隨之也（嘉祐集卷八諫論下）。

最後關於宋代政制尚須一言者，中國政制到了宋代，紊亂極矣。官與職未必符合，必須別為差遣，而後才治其事。例如「吏部尚書為階官」，未必就掌選舉考課之政，苟加以同中書門下平章事，則為宰相，亦非吏部之長官。舉例言之：

和㠓，至道元年……與王旦同判吏部銓，是秋……卒……長子珙才十歲，即授大理評事，次子璥補太廟齋郎（宋史卷四百三十九和㠓傳）。

按評事乃斷刑之官（宋史卷一百六十五職官志五大理寺），多由法科出身者補之，蔡洸以蔭補將仕郎，中法科，除大理評事（宋史卷三百九十蔡洸傳）。莫濛以祖蔭將仕郎，兩魁法科，官至大理評事（宋史卷三百九十莫濛傳），即其例也。和珙才十歲，何能斷刑，所以其任命為大理評事，單單是官，因為未曾差遣，故不治事。宋志云：

> 三省六曹二十四司，類以他官主判，雖有正官，非別敕不治本司事。事之所寄，十亡二三。故中書令侍中尚書令不預朝政，侍郎給事不領省職，諫議無言責，起居不記注，中書常闕舍人，門下罕除常侍，司諫正言非特旨供職，亦不任諫諍。至於僕射尚書丞郎員外居其官，不知其職者，十常八九。其官人受授之別，則有官，有職，有差遣。官以寓祿秩，敘位著。職以待文學之選，而別為差遣，以治內外之事。其次又有階有勳有爵，故仕人以登臺閣升禁從為顯宦，而不以官之遲速為榮滯；以差遣要劇為貴途，而不以階勳爵邑有無為輕重。時人語曰，寧登瀛，不為卿，寧抱槧，不為監，虛名不足以砥礪天下若此（宋史卷一百六十一職官志一）。

所謂「有官，有職，有差遣」，據明代王鏊言，宋時，「其所謂官乃古之爵也。所謂差遣乃古之官也。所謂職者乃古之加官也」（震澤長語卷上官制）。王鏊之言未必適當。官不是爵，乃以寓祿秩，職才是古之官，但須別為差遣，而後才蒞其職。政制如斯紊亂，政事那有革新的希望。宋自建國以後，國勢即微弱不振，雖然是外有強敵，然而遼夏之強不及匈奴，而宋始終無法抵抗，卒至亡於蒙古，政制之不合理不失為原因之一。

第二項　地方官制

宋史職官志所述地方制度，令人難於了解。吾人再讀地理志，始知宋仍循隋唐之制，地方採州（郡）縣二級制度。州縣之上尚有路。

> 至道三年分天下為十五路，天聖析為十八，元豐又析為二十三，曰京東西，曰京西南北，曰河北東西，曰永興，曰秦鳳，曰河東，曰淮南東西，曰兩浙，曰江南東西，曰荊湖南北，曰成都，曰梓（西川梓州路），利（峽西利州路），夔（峽西夔州路），曰福建，曰廣南東西。崇寧四年復置京畿路，大觀元年別置黔南路，三年並黔南入廣西，以廣西黔南為名，四年仍舊為廣南西路……高宗渡江，中原陝右盡入於金，東盡長淮，西割商秦之半，以散關為界。其所存者，兩浙，兩淮，江東西，湖南北，西蜀，福建，廣東，廣西十五路而已（宋史卷八十五地理志序）。

茲依讀史方輿紀要（卷七）所載，將宋代分路列表於次，並將宋史地理志所載者，作為備考。

宋分路表

路名	幅員	備考
京東路	東至海，西抵汴，南極淮泗，北薄於海。	宋史地理志以開封府四面之地為京畿路，而京東路又分為東西兩路。
京西路	東暨汝潁，西拒崤函，南通漢沔，北抵河津。	宋史地理志分京西路為南北兩路。
河北路	東濱海，西薄太行，南臨河，北據三關。	宋史地理志分河北路為東西兩路。
河東路	東際常山，西逾河，南距底柱，北塞雁門。	

陝西路	東盡殽函，西包汧隴，南連商洛，北控蕭關。	宋史地理志分之為二，即永興軍路及秦鳳路。
淮南路	東至海，西距漢，南瀕江，北據淮。	宋史地理志分之為東西兩路。
江南路	東限閩海，西界夏口，南抵大庾，北際大江。	宋史地理志分之為東西兩路。
湖南路	東據衡岳，西接蠻獠，南阻五嶺，北界洞庭。	宋史地理志合之為荊湖路，但又分為南北兩路。
湖北路	東盡鄂渚，西控巴峽，南抵洞庭，北限荊山。	
兩浙路	東至海，南接嶺島，西控震澤，北枕大江。	
福建路	東南際海，西北據嶺。	
西川路	東距峽江，西控生番，南環瀘水，北阻岷山。	宋史地理志分之為四路，即成都路，潼川路（即梓州路），利州路，夔州路。
峽西路	東接三峽，西抵陰平，南扼群獠，北連大散。	
廣東路	東南據大海，西北距五嶺。	宋史地理志稱之為廣南東路。
廣西路	東北距嶺，南接交阯，西撫蠻獠。	宋史地理志稱之為廣南西路。
		宋史地理志多一燕山府路，此乃石晉時割與契丹者。又有易州於宋太宗雍熙四年陷於契丹，經州於宋徽宗宣和七年陷於金。

路與漢代的州不同，州是監察區。路似不以監察為限。又與魏晉南北朝的都督不同，都督所管轄的沒有固定區域，而路的區域法律上已經固定。復與唐代的道不同，道最初也是監察區，及至採訪使演變為節度使之後，「方鎮相望於內地，大者連州十餘，小者猶兼三四」（新唐書卷五十兵志），其所管轄的區域並不固定。路置經略安撫司（使）一人，掌一路兵民之事。

> 經略安撫司經略安撫使一人（帥臣任河東峽西嶺南路，職在綏御戎夷，則為經略安撫使。河北及近地則使事止於安撫而已，稱司而不稱使），掌一路兵民之事，皆帥其屬，而聽其獄訟，頒其禁令，定其賞罰，稽

其錢穀甲械出納之名籍，而行以法。若事難專決，則具可否具奏。即干機速邊防及士卒抵罪者，聽以便宜裁斷（宋史卷一百六十七職官志七經略安撫使）。

這又有似於東漢末年的州牧了。經略安撫使掌一路兵民之事，即除軍政外，亦兼理民政。國家為監視經略安撫使，軍事方面置走馬承受，每歲入朝奏事。

走馬承受諸路各一員……歲一入奏，有邊警，則不時馳驛上聞……政和六年改為廉訪使者……靖康初……依祖宗舊制，復為走馬承受（宋史卷一百六十七職官志七走馬承受）。

走馬承受乃循唐代宦官監軍之制，雖以士人任之，而任用宦官之事亦常有之，例如元豐中五路出師討夏國，節制諸軍的李憲就曾做過走馬承受（宋史卷四百六十七李憲傳）。走馬承受原則上一路一員，但也有兩路合置一員者，如徽宗崇寧二年二月十七日詔，「成都府利州路瀘南路各添差內臣一員為走馬承受，內瀘南兼梓州路」（宋會要輯稿職官四一之一二五）。復有一路置兩員者，如政和三年七月十四日樞密院言：「勘會走馬承受自來獨員或雙員處」云云（宋會要輯稿職官四一之一二八），可以視為其例。走馬承受之職，本來「止於視軍政，察邊事」（宋史卷三百七宋摶傳），而仁宗又詔「諸路走馬承受公事非本職，不得輒言他事」（續資治通鑑長編卷一百四十二仁宗慶曆三年八月），即走馬承受只能監司一路軍事及邊境安危，而對於戰略及民政無權過問。然而越職侵權之事亦不能免，甚者且欲撼逐帥臣。

滕甫帥太原，為走馬承受所撼，徙潁昌。中書舍人王巖叟封還詞頭，言進退帥臣理宜重慎，今以小臣一言易之，使後人畏憚不自保，此風浸長，非委任安邊之福，乃止（宋史卷三百四十二王巖叟傳）。

經略安撫使雖掌一路兵民之事，而究其實，則以軍事為主。治民之事則為府州軍監，經略安撫使固得監督府州軍監，而監督府州軍監者又不限於經略安撫使，既有都轉運使或轉運使（據文獻通考卷六十一轉運使，兩路以上則曰都轉運使），又有提點刑獄，茲舉兩者之職掌如次：

都轉運使，轉運使掌經度一路財賦，而察其登耗，有以足上供及郡縣之費。歲行所部，檢察儲積，稽考帳籍。凡吏蠹民瘼悉條以上達，及專舉刺官吏之事（宋史卷一百六十七都轉運使，轉運使）。[34]

提點刑獄公事掌察所部之獄訟，而平其曲直。所至審問囚徒，詳覆案牘。凡禁繫淹延而不決，盜竊逋竄而不獲，皆劾以聞，及舉刺官吏之事（宋史卷一百六十七提點刑獄）。[35]

---

[34] 文獻通考（卷六十一轉運使）引東萊呂氏曰，「國初未嘗有監司之目，其始，除轉運使，止因軍興，專主糧餉，至班師即停罷……太祖開寶五年，命二參政事薛居正呂餘慶兼領提舉諸州水陸轉運使。明年薛居正沈義倫拜相，呂餘慶去位，遂以居正義倫二相兼提舉水陸漕事。累朝以武臣為帥守而兼漕事，或以文臣任帥守兼漕……太平興國而後，邊防盜賊刑獄金穀按廉之任皆委於轉運使……於是轉運使於一路之事無所不總也」。故歷代職官表（卷六十漕運各官，宋）云：「謹案，宋於各路置轉運使，以司一路之賦入……實即唐時轉運之職也。然宋之轉運使，其初置，本專以督糧餉，而其後於一路之事無所不統。邊防盜賊刑獄按廉之任皆總之。蓋其稱雖曰漕帥，而實則為今日藩司（清時布政司曰藩司）之任矣」。

[35] 文獻通考（卷六十一提刑）引東萊呂氏曰，「太宗皇帝即位之久，天下無事。湻化二年五月詔應諸路轉運使，各命常參官一人，專知糾察州軍刑獄公事……此初置外路刑獄官之詔也。是時猶隸轉運司，然行之二年，勞擾無補，於是湻化四年十月降詔曰，其諸路刑獄司宜從省罷，委轉運使振舉之。真宗景德四年復置之，不隸轉運，別為一司，稍重其權矣……司局愈多，官吏益眾，而事愈不治。今日之弊正在按察之官不一也」。故歷代職官表（卷五十二司道，宋）云：「謹案，宋監司以轉運及提刑為最重，提刑實為今（清代）按察司之職，即所謂憲司也。其始由轉運

宋之地方制度乃以州縣為骨骼，府只是州之別名，而除府州之外，尚有軍及監，府州軍監均置知事一人，通判一人，依宋史所載：

宋初革五季之患，召諸鎮節度，會于京師，賜第以留之。分命朝臣出守列郡，號權知軍州事，軍謂兵，州謂民政焉……諸府置知府事一人，州軍（監）亦如之，掌總理郡政，宣布條教，導民以善，而糾其姦慝。歲時勸課農桑，旌別孝悌，其賦役錢穀獄訟之事，兵民之政皆總焉。凡法令條制，悉意奉行，以率所屬，有赦宥則以時宣讀而班告于治境。舉行祀典，察郡吏德義材能而保任之，若疲軟不任事，或姦貪冒法，則按劾以聞。遇水旱以法振濟，安集流亡，無使失所……凡屬縣之事皆統焉（宋史卷一百六十七職官志七府州軍監）。

宋初懲五代藩鎮之弊，乾德初，下湖南，始置諸州通判，命刑部郎中賈玭等充。建隆四年詔知府公事，並須長史、通判簽議連書，方許行下。時大郡置二員，餘置一員，州不及萬戶不置。武臣知州，小郡亦特置焉……職掌倅貳郡政，凡兵民錢穀戶口賦役獄訟聽斷之事可否裁決，與守臣通簽書施行。所部官有善否，及職事脩廢，得刺舉以聞（宋史卷一百六十七職官志七通判）。

現在先從府說起，府只是州之別名。宋代的府與唐代不盡相同，首都及陪都所在之州固稱為府，如東京開封府（北宋首都），西京河南府，南京應天府（宋州），北京大名府等是。南宋定都臨安，臨安亦改稱為府。府置牧尹各一人，牧尹不常置，只置知府事一人，至道以後，知府者必帶權字，即暫時之意。

使兼管，後遂專遣朝臣充之……蓋所職以刑獄為主，而地方重務，例得兼掌，亦如今（清代）藩（布政使司）臬（按察司）各司財賦刑名之事，而地方重事，會議舉行，二司實相為聯繫也」。

自至道後，知府者必帶權字（宋史卷一百六十六職官志六開封府註）。

並派通判一人，凡知府公事須經通判連署。

宋初懲五代藩鎮之弊，乾德初……始置諸州通判……建隆四年詔知府公事，並須長史、通判簽議連書，方許行下（宋史卷一百六十七職官志七通判）。

通判之官資不比知府知州為低。馬端臨說：

按藝祖之設通判，本欲懲五季藩鎮專擅之弊，而以儒臣臨制之，號為監襟。蓋其官雖郡佐，而其人間有出於朝廷之特命，不以官資之崇卑論……其與後來之汎汎以半刺稱者不侔矣（文獻通考卷六十三郡丞）。

此外不是首都或陪都，亦常稱府，如京西路之襄州政和初升為襄陽府，河北路之鎮州慶曆八年升為真定府，陝西路之延州元祐四年升為延安府，淮南路之壽州政和四年升為壽春府，皆因其為襟帶之地。又如廣東路之德慶府，紹興元年以高宗潛邸，升為府。江南路之常德府，乾道元年以孝宗潛藩升府。此兩例之多，吾人讀宋史地理志，即可知之。此種府亦置牧尹，而均派知府事一人，通判一人代行其職。

宋於沿邊襟帶之地亦置都督府。職官志只分大都督府及都督府二級（宋史卷一百六十七大都督府），地理志則有大中下三等，如徐州大都督府，延州中都督府，容州下都督府是也。三等之別似依該地之軍事價值。南渡之後，置督更多，而不以一路一州為限，常視軍事上之需要，或兼數路都督，如紹興二年呂頤浩以左僕射出都督江（江南東西路）淮（淮南東西路）兩浙（兩浙路）荊湖（荊湖南北路）諸軍事是也。或兼諸路及襟要之地都督，如趙鼎以知樞密院事，都督川陝荊襄諸軍事是也（宋史卷一百六十七大都督府）。都督府置都督及長史，職同牧尹，而事實上只置知府事一人，通判一人。

州，據地理志所載，有輔雄望緊，上，中，中下，下八等之別。例如鄭州輔，絳州雄，青州望，邠州緊，淄州上，雄州中，階州中下，遼州下。輔為王畿之地。「皇祐五年以京東之曹州，京西之陳許鄭滑州為輔郡，隸畿內」（宋史卷八十五地理志一）。雄望緊則依資地美惡險要。至於上，中，中下，下四級之分，亦如唐代一樣，不盡以戶口多寡為標準。

州級與戶數之關係表[36]

等級	州名	所屬路	戶數	口數	備考
上	沂州	京東路	八二、八九三	一六五、二三〇	
	河州	秦鳳路	一、〇六一	三、八九五	軍事，秦鳳路為陝西路之一。
中	萊州	京東路	九七、四二七	一九八、九〇四	
	憲州	河東路	二、七二二	七、四四四	軍事。
中下	階州	秦鳳路	二〇、六七四	四九、五二〇	軍事。
	沅州	湖北路	九、六五九	一九、一五七	軍事。
下	黃州	淮南路	八六、九五三	一三五、九一六	軍事。
	清州	河北路	六、六一九	一二、〇七八	

依上表所示，州之等級並不是以戶口多寡為標準，亦未必依軍事眼光，定其等第。黃州戶口多，憲州戶口寡，河州戶口更寡，地理志對此三州均注有「軍事」二字，而一是下州，一為中州，一為上州，理由何在，實難了解。莫非是河州屬秦隴路，憲州屬河東路，為首都之北藩，黃州屬淮南路，距離外寇尚遠之

[36] 本表據宋史地理志。

故。

與州同等，而名稱不同者有「軍」有「監」，軍指駐有軍隊之州，監主鐵冶，如京東路之萊蕪監、利國監。或主銀冶，如秦鳳路之開寶監。或掌馬政，如陝西路之沙苑監。或主煎鹽，如西川路之富順監。其實，軍雖與府州同等，而監常由府州統之，其與府州同等者極少，故監只可視之為縣。歷代職官表（卷五十三知府直隸州知州等官）云：

> 謹案，隋以前，未有府之名，其以京郡名府者，自唐始，五代復因而增之。至宋則潛藩之地皆升為府，而府之名遂眾。南北朝以前，未有以州稱郡者，改郡為州，自隋唐始。其後州郡迭稱。至宋，而有有郡之州，有無郡之州[37]，而州之名遂判於郡。自古未有以軍及監名其地，自唐中葉，藩鎮自專，各立軍號，至宋而遂有軍監之目。古者州郡之長皆稱牧、守、刺史，其以知府、知州、知軍監稱者，實自宋始。其初分命朝臣出守列郡，謂之權知軍州事。開封諸府，牧尹不常置，置權知府事。蓋非其本任，特假朝官以知其事而已。其後以文武官參為知州軍事，二品以上則稱判某府州軍監，而諸府皆置知府事，州軍監亦如之。自此以後，刺史特以為虛階，而郡守之稱皆曰知府，州牧之稱皆曰知州矣。考宋代之所謂知州者，皆以州領縣，無有為郡所屬之散州，而府名雖眾，要以為尊崇之特稱，則其所謂府尹，所謂知州，乃正今（清代）之知府也。但州分上中下之差，或以縣升州，或以州改縣，而軍監之設多與下州相等，則今（清代）之直

[37] 此二句似有問題，余查宋史地理志，府州又名為郡者有之，如京畿西路之應天府河南郡，濟州濟南郡，此乃應天府一名河南郡，濟州一名濟南郡，非應天府之下隸以河南郡，濟州之下隸以濟南郡。其只有州名，而不另有郡名者亦有之，如河北東路之雄州霸州等是。

隸州未嘗不統括於諸州之中，特未有以殊其名耳。

府州軍監之下為縣，府所領之縣多者十餘，少亦四五，其只領二三縣者亦有之，或因其地與天子有特殊關係，如廣東路之德慶府只領二縣，以高宗潛邸，升為府。或因其地有許多羈縻州，如夔州路（西川四路之一）只領二縣，然有羈縻州五十六。或因其地有許多砦、堡、城、關，例如陝西路之慶陽路只領三縣，但尚有砦、堡、城不少。

州所領之縣，多者不過十二，例如湖南路之潭州，領縣十二，少者只領一縣或不領縣。其領一縣或不領縣者，大率所屬有許多砦、堡、城、關，如秦鳳路（陝西二路之一）之會州領一縣，而所屬有四堡三城二砦一關。西安州無縣而有二十二堡。但又有例外，陝西路之銀州無縣，河東路之憲州只領一縣。無縣者知州當然親理民事，名為州，其實為縣。只領一縣者，知州與知縣之職權如何分配，是否知州不理民事，但知縣到任繳憑，須由州轉路（日知錄卷八府），待考。

軍雖與州同等，但原則上只領一縣，其領二縣以上者如京西路之信陽軍領信陽等縣二，河北路之永靜軍領東光等縣三，河東路之威勝軍領銅鞮等縣四，秦鳳路（陝西路之一）之懷德軍領平涼等縣五，軍領五縣，是其最多者，然亦只唯懷德軍而已。軍不領縣者亦不少，如秦鳳府之鎮戎軍即不領縣，但有砦，有堡，有城。其不領縣而又無砦、堡、城者亦有之，如河北東路之保順軍是也。此際知事之職權似和知州之不領縣者無異。

宋史職官志（卷一百六十七）雖將府州軍監並列，其實，監或屬於府，如京兆府（屬陝西路）有監二，一鑄銅錢，一鑄鐵錢。或屬於州，如鳳州（亦屬陝西路）有開寶監，主銀冶。此種監實等於縣。但亦有與府州同等者，如成都路（為西川路之一）之仙井監同下州，掌煎監，而又領縣二。潼川路（亦為西川路之一）之富順監同下州，亦掌煎鹽，不領縣，但領鎮十三。此種監為數不多（據余細閱宋史地理志，似只有此二監），而地理志亦明言「同下州」。

縣之等級據職官志言，有下列數等。

建隆元年令天下諸縣除赤畿外，有望緊上中下（宋史卷一百六十七職官志七縣令）。

而據地理志所載，尚有「中下」一級。舉實例言之，凡首都陪都城內之縣曰赤（開封府之開封祥符二縣，應天府之宋城縣，河南府之永安縣，大名府之元城縣均為赤），城外曰畿。除赤畿外，又依資地美惡或戶口多寡，別為望、緊、上、中、中下、下。如青州之益都縣望，臨朐縣緊，臨淄縣上，萊州之即墨縣中，淄州之鄒平縣中下，高苑縣下（宋史卷八十五地理志一）。但此數者以什麼為標準呢？大約因戶口之變動，前後曾有改變。宋史云：

舊制，畿內縣赤次赤畿（按除開封應天河南大名四府，城內之縣曰赤，城外之縣曰畿之外，其他各府例如太原府，城內之縣曰次赤，城外之縣曰次畿）外，三千戶以上為望，二千戶以上為緊，一千戶以上為上，五百戶以上為中，不滿五百戶為中下。有司請據諸道所具板圖之數，升降天下縣，以四千戶以上為望，三千戶以上為緊，二千戶以上為上，千戶以上為中，不滿千戶為中下（宋史卷一百五十八選舉志四）。

即缺少下縣一級。通考云：

四千戶為望，三千戶以上為緊，二千戶以上為上，千戶以上為中，不滿千戶為中下，五百戶以下為下也（文獻通考卷六十三縣令）。

即宋史所缺少者，通考已補充之。縣置縣令，掌治其縣。

縣令掌總治民政，勸課農桑，平決獄訟，有德澤禁令則宣布于治境。凡戶口賦役錢穀振濟給納之事皆掌之，以時造戶版及催理二稅，有水旱則有災傷之訴，以分數蠲免。民以水旱流亡，則撫存安集之，無使失業。有孝悌行義聞于鄉閭者，具事實上于州，激勸以勵風俗。若京朝幕官則為知縣事（宋史卷一百六十七職官志七縣令）。

其實縣和州府一樣，乃置知縣事以治其縣。

宋時大縣四千戶以上選朝官知，小縣三千戶以下選京官知。故知縣與縣令不同，以京朝官之銜知某縣事，非外吏也。如建隆三年冤句令侯涉以清幹聞，擢左拾遺，知縣事是也（日知錄卷九知縣注，引于慎行筆塵）。

所以顧炎武說：「宋時結銜曰以某官知某府事，以某官知某州事，以某官知某縣事。以其本非此府此州此縣之正官而任其事，故云然」（日知錄卷九知縣）。歷代職官表（卷五十四知州知縣等官，宋）云：

謹案縣令之職，自古至今，相仍不改，而知縣之名實始於宋時。知縣者非縣令，而使之知縣中之事……唐貞元以來，已有權知縣令之稱（原注，白居易集裴克諒權知華陰縣令制），至宋初，欲重縣令之任，始以朝官為知縣，其間或參用京官及幕職官為之。于慎行筆塵云：宋時大縣四千戶以上，以朝官知，小縣三千戶以下，選京官知。故知縣與縣令不同，以京朝官之銜知某縣事，非縣令也。逮後罷令，專設知縣，而知縣乃為縣令之專名。

關於宋的地方制度應該提出討論者有三：

第一、本州人是否可以為本州長官。

蜀人官蜀，不得通判州事（宋史卷三百九十八陳希亮傳）。

這個紀錄可使吾人發生兩種疑問：⑴是否單單限制蜀人，⑵是否單單限制通判，文彥博汾州人，而通判絳州，汾州與絳州均屬於河東路，其後又以尚書左僕射，判太原府（河東路），復以司空，為河東節度使（宋史卷三百十三文彥博傳）。由此似可證明宋代單單限制蜀人通判蜀地的。但是蜀乃歷史上的地名，其區域不限於西川路，即陝西路之巴州渝州等等，過去亦為蜀地。蜀四面皆山，便於割據，宋代不許蜀人官蜀，通判州事，蓋出於維持國家統一之故。趙翼說：

蔡邕傳，朝議以州縣相黨，人情比周，乃制婚姻之家，及兩州人士不得互相監臨，於是又有三互法，禁忌轉密。邕乃上疏極言其弊。然則迴避本籍以及親族相迴避之例，蓋起于後漢之季也。然魏晉以來，亦有不拘此者……宋朝，授官本籍之例，大概有三，一以便就養，一以優老臣，一以寵勳臣。太祖本紀乾德五年縣尉鄢陵許永年七十五，自言父年九十九，兩兄皆八十餘，乞一官以便養，乃授永鄢陵令。彭乘益州人，求便養，得知普州，蜀人得守鄉郡自乘始。陳希亮眉州人，初蜀人官蜀，不得通判州事，希亮以母老，願折資為縣，乃令知臨津縣……此皆以親老而不避本籍也。邢昺以老，乞給假歸曹州，上曰便可權與本州，何須假耶，遂拜工部尚書，知曹州。呂大防藍田人，罷相，改永興軍使，便其鄉社。任中師年老，上書言家本曹州，願得守曹，遂以之知曹州，……此皆以優禮老臣，使不避本籍也。韓魏公安陽人，後出鎮大名，即其鄉郡。歐陽公為作晝錦堂記。公歿後，其子忠彥以墳墓缺照管，乞以其弟粹彥監相州酒稅。神宗御批曰韓琦有功于國，特依所乞，今後常註其現仕子孫一人，隨本資任當相州一差遣。後琦之孫治守相州，治之子肖胄乞侍其父疾，詔即除肖胄守相州，代其父任。徽宗謂曰，先帝詔韓氏世官於相，今父子相代榮事也。琦守相，作晝錦堂，治作榮歸堂，肖冑又作榮事堂，三世守鄉，郡人以為榮。此又特寵勳臣，而使世官鄉邑，不避本籍者也。其他亦有不盡關優老便養，而使官於鄉者。王祐大名人，太祖使領大名，謂曰此卿故鄉，所謂晝錦者也。范仲淹蘇州人，亦嘗知蘇州。汪彥章徽州人，後仍知徽州。其謝表有曰，城郭重來，疑千載去家之鶴。交游半在，或一時同隊之魚。至南宋之末，以軍事重，更多有使守鄉郡者。李芾家衡州，攝湘潭縣，知永州，又知潭州。崔與之廣州人，後以廣東安撫使知廣州，即家治事。陳炤常州人，初為丹徒縣尉，後攝常州通判，守城死。此又以軍興需人，不避本籍也（陔餘叢考卷二十七仕宦避本籍）。

第二、地方官之人選如何。西漢之世，中央政府無不精選賢能，以作守令。宋初，太祖亦甚關心民治，對於守令尤為注意。

> 宋法有可以得循吏者三，太祖之世，牧守令錄躬自召見，問以政事，然後遣行，簡擇之道精矣。監司察郡守，郡守察縣令，各以時上其殿最，又命朝臣專督治之，考課之方密矣。吏犯贓遇赦不原，防閑之令嚴矣（宋史卷四百二十六循吏傳序）。

承平日久，漸次發生輕外官而重內任，真宗時，張知白已「以朝廷制官，重內輕外」為言（宋史卷三百十張知白傳）。然而守令乃極重要，而如朱熹所言：

> 四海利病依斯民休戚，斯民休戚係守令之賢否。監司者守令之綱，朝廷者監司之本也。欲斯民之得其所，本原之地亦在朝廷而已（宋史卷四百二十九朱熹傳）。

朝廷既然重內輕外，於是守令遂如范仲淹所說：

> 今之縣令循例而授，多非清識之士。衰老者子孫之計，則志在苞苴，動皆徇己。少壯者恥州縣之職，則

政多苟且，舉必近名。故一邑之間簿書不精，吏胥不畏，徭役不均，刑罰不中，民利不作，民害不去，鰥寡不恤，游惰不禁，播藝不增，孝悌不勸。以一邑觀之，則四方縣政如此者十有七八焉，而望王道之興，不亦難乎……今之郡長，鮮克盡心，有尚迎送之勞，有貪燕射之逸，或急急於富貴之援，或孜孜於子孫之計，志不在政，功焉及民。以獄訟稍簡為政成，以教令不行為坐鎮，以移風易俗為虛語，以簡賢附勢為知幾。清素之人，非緣囑而不薦。貪黷之輩非寒素而不糺，縱胥徒之姦尅，寵風俗之奢僭……使國家仁不足以及物，義不足以禁非，官實素飡，民則菜色。有恤鰥寡，則指為近名。有抑權豪，則目為撥禍。苟且之弊，積習成風。俾斯人之徒共理天下，王道何從而興乎（范文正公集卷八天聖五年上執政書）。

所以志云：

州郡多闕官，縣令選尤猥下，多為清流所鄙薄，每不得調（宋史卷一百五十八選舉志四）。

縣令之選所以尤見猥下者，實因宋代不顧當時需要，設縣太多。范仲淹說：

如西京在後漢時，三十七萬戶，置二十縣。唐會昌中，十七萬戶，置十九縣。今有五萬六千戶，尚置十九縣。是戶口十分去七，而縣額如舊（范文正公集卷十九論復併縣劄子）。

縣令太多，國家遂不能精選賢能，而縣令又「以資考序進者多，才與不才，一塗並進，故能政者十無二三，謬政者十有七八」（范文正公集奏議卷上奏乞擇臣僚令舉差知州通判）。這樣，何能鼓勵賢能，宋代地方政治不能清明，實此之故。

第三、宋代對於地方官之監督如何。宋為削弱地方官的職權，既有通判以牽制之，又有經略安撫使，復有轉運使，更有提點刑獄，後三者均得舉刺官吏之事而為監司之職。但監司亦不能自由行志。今舉葉適之言以為證。

朝廷之設官也，必先知其所以設是官之意；用是人也，必先知所以用是人之說。州郡眾而監司寡，謂州郡之事難盡察也，故置監司以察之。謂州郡之官難盡擇也，故止於擇監司，亦足以寄之。自漢以後，所謂監司者亦若是而已矣，未暇及於岳牧相維之義也。且其若是，則奉行法度者州郡也，治其不奉行法度者監司也。故監司者摻制州郡者也，使之摻制州郡，則必無又從而摻制之，此則今世所以置監司之體統當如是矣。今也，上之摻制監司，又甚於監司之摻制州郡，緊緊恐其擅權而自用，或非時不得巡歷，或巡歷不得過三日，所從之吏卒，所批之券食，所受之禮饋，皆有明禁。然則朝廷防監司之不暇，而監司何足以防州郡哉……今轉運司……提舉司……提刑司……之不法不義反甚於州縣，故今之為州縣者相與聚而嗤笑監司之所為，豈監司之本然哉（水心集卷三監司）。

第三項　文官制度

隋唐雖將魏晉南北朝的貴族政治改造為官僚政治，而世族在社會上及政治上的勢力尚未泯滅。唐末大亂，衣冠舊族譜籍罕存。

唐末五代亂，衣冠舊族多離去鄉里，或爵命中絕，而世系無所考（宋史卷二百六十二劉燁傳）。

唐末喪亂，籍譜罕存（宋史卷四百三十九梁周翰傳）。

因之一般人民就不能以譜牒自誇，貴族政治完全絕跡，繼之而發生的則為純粹的官僚政治。官僚政治的目的，在於賢者在位，能者在職。要達到這個目的，就發生了文官制度。茲試分別述之如次：

(一)學校制度

學校所以培養人才，宋制，京師有許多學校，茲為讀者便於了解起見，依宋史卷一百五十七選舉志三學校試，卷一百六十五職官志五國子監，列表如次：

宋代京師學校[38]

學名		生徒人數	生徒資格	課程	備考
國子學		初無定員，後以二百人為額	以京朝官七品以上子孫為之（學校試）。		
太學	外舍	初無定員，元豐二年才定為二千人	以八品以下子弟若庶人俊異者為之（學校試）。所謂庶人之俊異者，是由各州貢舉，再由太學加以甄別考試。「凡諸生之隸太學者，分三舍，始入學，驗所隸州公據，以試補，中者充外舍」（國子監）。由「驗所隸州公據」觀之，可知下舍生是由各州貢舉的。諸生在學，行藝並重，「行謂率教不離規矩，藝謂治經程文」（國子監）。	經學與文學	
	內舍	三百人	內舍生由外舍生升補，外舍生「月一私試，歲一公試」（學校試）。「私試皆學官自考，公試則降敕差官」（×）。「私試，孟月經義，仲月論，季月策。公試，初場以經義，次場以論策」（國子監）。凡「公試外舍生，入第一第二等，升內舍，皆參考其行藝，乃升」（學校試）。	經學與文學	（×）處忘記出在那一本書，查文獻通考及續通典，亦無。
	上舍	一百人	上舍生由內舍生升補。內舍生間歲一舍試，	經學與文學	試上舍如省試法，行藝與所試之業

		補上舍生（學校試）。「凡內舍生行藝與所試之等俱優者為上舍生」（國子監）。所謂「所試之等」，是謂「內舍試入優平二等，升上舍，皆參考行藝，乃升」（學校試）。		俱優為上，取旨命官。一優一平為中，以俟殿試（即不經省試），一優一否或俱平為下，以俟省試（即不經鄉試）（國子監）。
四門學		自八品至庶人之子弟充學生（學校試）。		未幾學廢，見宋史學校試。
律學		凡命官舉人皆得入學（學校試）。	律令	熙寧六年置，見宋史學校試。
武學	一百人		諸家兵法	仁宗時嘗置武學，既而中輟，熙寧五年又置，見宋史學校試。
算學	二百一十人	命官及庶人為之（學校試）。	數學與天文	崇寧三年置，大觀四年以算學生歸之太史局，見宋史學校試。
書學			篆隸草三體字，說文爾雅等	崇寧三年置，大觀四年併書學生入翰林圖畫局，見宋史學校試。
醫學	三百人		有方脈科，鍼科，瘍科	初隸太常寺，崇寧間改隸國子監，見宋史學校試。

38 元豐二年頒學令，太學置八十齋，齋容三十人。外舍生二千人，內舍生三百人，上舍生百人，總二千四百。月一私試，歲一公試，補內舍生。間歲一舍試，補上舍生。封彌謄錄如貢舉法。而上舍試，則學官不與考校。公試外舍生，入第一第二等，參以所書行藝，升內舍。內舍試，入優平二等，參以行藝，升上舍。上舍分三等，俱優為上，一優一平為中，俱平若一優一否為下。上等命以官，中等免禮部試，下等免解（宋史卷一百五十七選舉志三學校試，卷一百六十五職官志五國子監。此處引文是依大學衍義補卷七十設學校以立教下）。

地方亦有學校，其制由晏殊發之。

晏殊知應天府，延范仲淹以教生徒。自五代以來，天下學校廢，興學自殊始（宋史卷三百十一晏殊傳）。

仁宗慶曆四年詔各地立學。

慶曆四年……令州若縣皆立學……由是州郡奉詔興學，而士有所勸矣（宋史卷一百五十七選舉志三學校試）。

慶曆四年，詔諸路州軍監各令立學。學者二百人以上，許更置縣學。自是州郡無不有學（宋史卷一百六十七職官志七幕府諸曹等官）。

縣學生考選升州學，州學生貢於太學（宋史選舉志三）。太學分為外、內、上三舍。元符二年州學亦行三舍法，其與太學的關係如次：

元符二年初令諸州行三舍法，考選升補，悉如太學。州許補上舍一人，內舍二人，歲貢之。其上舍（即附太學，（補）外舍，試中，補內舍生。三試不升舍，遣還其州。其內舍免試，至則補外舍為生（宋史卷一百五十七選舉志三學校試）。[39][40][41]

---

[39] 宋史所述，不甚明瞭，故依文獻通考（卷四十六郡國鄉黨之學），用括弧增加二字，以表明文意。凡州之上舍生貢至京師，即補太學之外舍為生，若參加甄別考試，試中者補內舍生。州之內舍生，貢至，可以免試，即補外舍為生。

宋史學校試（並參考通考郡國鄉黨之學）云：「崇寧元年宰臣請天下州縣並置學，州置教授二員，縣亦置小學，縣學生選考升諸州學，州學生每三年貢入太學，至則附上舍試，別立號，考取分三等，試入上等補上舍生，入中等補下等上舍生，入下等補內舍生，餘居外舍」。國子監亦云：「崇寧元年宰臣蔡京言，有詔天下皆興學貢士，以三舍但是地方學校自始就有名無實。

自慶曆詔天下立學，十年間，其敝徒文具，無命教之實（宋史卷三百三十一祖無擇傳）。

神宗時，司馬光已經說過：

慶曆以來，天下諸州雖立學校，大抵多取丁憂及停閑官員以為師長，藉其供給，以展私惠。聚在仕官員及井市豪民子弟十數人遊戲其間，坐耗糧食，未嘗講習。修謹之士多恥而不入。間有二千石自謂能興學者，不過盛修宮屋，增置莊產，廣積糧儲，多聚生徒，以采虛名。師長之人自謂能立教者，不過謹其出入，節其遊戲，教以抄節經史，剽窃時刻，以夜繼晝，習賦詩論策，以取科名而已（司馬文正公傳家集卷四十議貢舉狀）。

考選法遍行天下，聽每三年貢入太學。上舍試，仍別為考，分為三等，若試中上等，補充太學上舍。試中中等下等者，補充內舍，餘為外舍生」。兩志（選舉志學校試，職官志國子監）所載，均欠明瞭，似上舍分為兩等，一是上舍，二是下等上舍。至於內舍外舍有否分等，史無記載。

40 宋史學校試云：「崇寧三年，蔡京又奏，臣親承聖旨，天下皆興學貢士，即國南郊，建外學以受之，俟其行藝中率，然後升諸太學……太學專處上舍內舍生，而外學則處外舍生……初貢至，皆入外學，經考，補入上舍內舍，始得進處太學。（現）太學外舍（生）亦令出居外學」。國子監亦云：「崇寧元年宰臣蔡京言，建外學於國之南，待其歲考行藝，升之太學……處上舍內舍於太學，處外舍於外學……諸路貢士並入外學，俟依法考選，校試合格，升之太學，為上舍內舍生。見為太學外舍生，依舊在太學，俟外學成日（外學營建完成之日），取旨外學（由旨令其出居外學）」。是則崇寧元年或三年以後，外舍乃在太學之外。

41 州學生多少，不詳。縣學生，崇寧三年定為大縣五十人，中縣四十人，小縣二十人，見宋史學校試。

同時蘇軾亦說：

慶曆固嘗立學矣，至于今日，惟有空名僅存（宋史卷三百三十八蘇軾傳）。

其後稍置學官：

宋敏求建言，州郡有學舍而無學官，故士輕去鄉里以求師，請置學官，後頗施行之（宋史卷二百九十一宋敏求傳）。

然而元豐元年各州學官只有五十三員，關此，馬端臨云：

按是時大興學校，而天下之有教授者只五十三員，蓋重師儒之官不肯輕授濫設故也（文獻通考卷四十六郡國鄉黨之學）。

以天下之大，而全國學官不過五十三員，固然是重師儒之選，而學校有名無實，則極明顯。所以崇寧三年雖「詔天下士，悉由學校升貢，其州郡發解及試禮部法並罷」（宋史卷一百五十五選舉志一科目上，參閱上列太學上舍表第六欄）。但「宣和三年又詔罷天下三舍法，開封府及諸路並以科舉取士，惟太學仍存三舍，以甄序課試，遇科舉仍自發解」（宋史卷一百五十五選舉志一科目上）。並且學校所習者多係講習章句，而學成之後，又責之以天下國家之事，所學非所用，所用非所學。王安石說：

方今州縣雖有學校，取牆壁具而已，非有教導之官，長育人才之事也。唯太學有教導之官，而亦未嘗嚴其選，朝廷禮樂刑政之事，未嘗在於學，學者亦漠然自以禮樂刑政為有司之事，而非己所當知也。學者之所教，講說章句而已……今士之所宜學者，天下國家之用也。今悉使置之不教，而教之以課試之文章，使其耗精疲神，窮日之力以從事於此。及其任之以官也，則又悉使置之，而責之以天下國家之事。夫古之人以朝夕專其業於天下國家之事，而猶才有能有不能，今乃移其精神，奪其日力，以朝夕從事於無補之學。及其任之以事，然後卒然責之以為天下國家之用，宜其才之足以有為者少矣（王臨川集卷三十九上仁宗皇帝言事書）。

但王安石秉政，又以其所訓釋的詩書周禮，頒之學官——天下號曰新義——「學者無敢不傳習，主司純用以取士，士莫得自名一說」（宋史卷三百二十七王安石傳）。士人思想不能自由，當然文化停滯，社會萎靡不振了。

(二)考選

宋制同唐一樣，舉士由禮部為之，舉官由吏部為之，舉士分常選與制科。常選科目甚多（有進士、九經、五經、開元禮、三史、三禮、三傳、學究、明經、明法）。神宗以後，罷諸科，而分經義詩賦以取進士。制科由天子臨時下詔行之。

> 宋之科目有進士，有諸科，有武舉。常選之外，又有制科，有童子舉。而進士得人為盛，神宗始罷諸科，而分經義詩賦以取進士。其後遵行，未之有改（宋史卷一百五十五選舉志一科目上）。

常選在英宗以前，依文獻通考（卷三十二）所載「宋登科記總目」，太祖時率每年一次，蓋宋承五代之後，建國需要人才，不得不然也。由太宗而至真宗，或每年一次，或二年一次，或三年一次，有時且四年一次。仁宗時亦然。皇祐時，范師道「以四年貢舉，士苦淹久，請易為三年」（宋史卷三百二范師道傳）。其後，胡宿言，「禮部間歲一貢士，不便，當用三年之制」（宋史卷三百十八胡宿傳）。案皇祐元年三月賜禮部奏名進士諸科及第出身千三百九人（宋史卷十一仁宗紀三），皇祐五年三月賜禮部奏名進士諸科及第出身千四十二人

（宋史卷十二仁宗紀四），是隔四年之例。嘉祐二年以後均間歲貢士（文獻通考卷三十二宋登科記總目），到了英宗即位，「議者以間歲貢士法不便，乃詔禮部三年一貢舉」（宋史卷一百五十五選舉志一科目上），自是而後，非萬不得已，三年一貢士，遂成定制，元明清三代均依之。

常選，即進士與諸科之考試總稱為科舉。宋時，「科舉學校絕不相關」，士子應試，不必繫名學校，「其後三舍法行，是為學校之科舉（即用太學之考試以代科舉，見上列「上舍」表備考欄），其不由學校而為科舉者如故也」（明會要卷四十七科目雜錄，引黃尊素言）。固然如前所言，崇寧三年曾詔天下取士，悉由學校升貢，越十七年，到了宣和三年又詔各地仍以科舉取士（宋史卷一百五十五選舉志一科目上）。科舉分鄉貢，省試，廷試三個階段。茲試分別述之。

(1)先就鄉貢言之，每次朝廷下令貢舉之時，各地應舉人先由鄉里推薦，縣令稽其版籍，察其行為，每十人相保，保內有操行不端者，其他九人連坐不得赴舉。次由縣令上之於州，州長復審察得實，而後舉行考試，這稱為鄉試。其中式者，由州解送至京，參加會試，故鄉試又稱為解試。士人解送至京，此時發見其行止踰違，州長縣令皆坐罪（宋史卷一百五十五選舉志一科目上）。宋制乃如明代黃尊素所說：「諸州各自為試，各自發解，與路分無與」（明會要卷四十七科目雜錄，引黃尊素言。案宋制，州之上尚有路，故云）。現在試問各州解送舉子有否一定名額？宋志云：「諸州解試額多，而中者少，則不必足額」（宋史卷一百五十五選舉志一科目上），是則各州應有一定名額了。這樣，各州不會隨便解送麼？宋有制裁之法，凡校試不以實者，監試官考試官停任，若有受賄，則以枉法論（宋史卷一百五十五選舉志一科目上）。省試而文理紕繆，坐元考官（宋史卷一百五十五選舉志一科目上）。而舉子本身也要受懲處，即進士詞理紕繆者，殿五舉，諸科輕殿一舉，重亦殿五舉（宋史卷一百五十五選舉志一科目上）。因此，監試官考試官當然不敢妄舉，而舉子本身亦不敢隨便應舉㊷。

(2)次就省試言之，各州將其所舉之人（故鄉試中式者稱為舉人），解送禮部會試，因禮部屬於尚書省，故稱為省試。參加省試之舉人甚多，太宗淳化元年諸州貢士凡萬七千餘人（宋史卷一百五十五選舉志一科目上），仁宗嘉祐時，「四年一貢舉，四方士子客京師以待試者恆六七千人」（文獻通考卷三十一舉士），其最少時，亦不下三千人（文獻通考卷三十一，引沈氏筆談）。省試不第，來科仍須解試（即鄉試）。蓋「舉人者舉到之人也」（日知錄卷十六舉人），不若明代以舉人為一定之名。省試中式之人，不別地區，唯才是視。吾人讀司馬光「乞貢院逐路取人狀」，謂「今或數路中全無一人及第，則所遺多矣」（司馬文正公傳家集卷三十二），即可知之㊸。

㊷ 宋有許多附試之法，應舉人隨父仕宦，久住京師，又離本貫遙遠者，得於國子監取解，而後參加省試。一般士人久住開封府，已離本貫，難以往返者，得附試於開封府。各路官員子弟，未能歸本貫者，得就轉運司附試；其中式者待轉運司將一路財賦漕運於京師之時，士子與之偕行，參加省試，故特稱為漕試。

㊸ 司馬光在此狀中，有詳細數字，謂每路或四人中取一人（開封府，嘉祐五年），或六十二人中取一人（陝西路，嘉祐七年），或全無及第者（河東路，嘉祐三年；荊湖北路、廣南西路、夔州路，嘉祐五年；廣南東路、廣南西路、利州路，嘉祐七年）。繼著說道：「國家設官分職，以待賢能。大者道德器識以弼諧教化，其次明察惠和以拊循州縣，其次方略勇果以扞禦外侮，小者刑獄錢穀以供給役使，豈可專取文藝之人，欲以備百官，濟萬事邪。然則四方之人雖於文藝或有所短，而其餘所長有益於公家之用者，蓋亦多矣。安可盡加棄斥，使終身不仕邪」。反之，歐陽修則反對逐路取人之制，他說：「言事之人但見每次科場，東南進士得多，而西北進士得少，故欲改法，使多取西北進士。殊不知天下至廣，四方風俗異宜，而人性各有利鈍。東南之俗好文，故進士多而經學少，西北之人尚質，故進士少而經學多。所以科場取士，東南多取進士，西北多取經學者，各因其材性所長，而各隨其多少取之」（歐

省試中式本以四百名為限（宋史卷一百五十五選舉志一科目上），然常超過此數（文獻通考卷三十二宋登科記總目）。省試落第的人若認為錄取有失公平，可訴請覆試。如開寶六年翰林學士李昉知貢舉，榜出，有訴昉用情取捨，帝乃籍終場下第人姓名，得三百六十人，皆召見，擇其一百九十五人，御殿別試，命殿中侍御史李瑩等為考官，得進士二十六人，五經四人（文長不具舉）……明法五人，皆賜及第（宋史卷一百五十五選舉志一科目上），這就是宋代殿試的來源。

(3)最後則為殿試，凡省試中式之人，由天子親策於廷，故又稱為廷試。世人多謂殿試之制始於唐武后，即如富弼所說：「歷代取士悉委有司，未聞天子親試也。至唐武后有殿試，何足取哉」（宋史卷一百五十五選舉志一科目上）。

胡致堂說：

> 漢策問賢良，非試之也。延於大殿，天子稱制，訪以理道，其事重矣。貢士既試於南宮，已精其校選，而又試之殿廡，是以南宮為不足信邪，其先所第名，必從而升降之，殆猶兒戲耳（文獻通考卷二十九選舉二

陽文忠公文集卷一百十三論逐路取人劄子）。歐陽修分考試科目為進士與明經，司馬光對此二科無不反對，蓋「進士專尚屬辭，不本經術；而明經止於誦書，不識義理」（司馬文正公傳家集卷四十議貢舉狀），故他說，「近世以來，專尚文辭。夫文辭者乃藝能之一端耳，未足以盡天下之士也。國家雖設賢良方正等科，其實皆取文辭而已」（司馬文正公傳家集卷二十論舉選狀）。此種見解實與王安石相似。王安石說：「方今取士，強記博誦而略通於文辭，謂之茂才異等賢良方正……記不必強，誦不必博，略通於文辭，而又嘗學詩賦，則謂之進士……今朝廷又開明經之選，以進經術之士。然明經之所取，亦記誦而略通於文辭者則得之矣」（王臨川集卷三十九上仁宗皇帝言事書）。

舉士）。[44]

至於宋之殿試，實由覆試而來，據馬端臨說：

國初殿試本覆試也。唐以來，或以禮部所取未當，命中書門下詳覆。至宋，藝祖太宗重其事，故御殿覆試。至雍熙四年，宰相請如唐故事，以春官之職歸有司，上從之。次年命宋知白知貢舉，榜出，而謗議蠭起，或擊登聞鼓，求別試，於是再行覆試，凡得數百人。又明年，則知貢舉蘇易簡等不敢專其事，固請御試，上從之，自此遂成定例（文獻通考卷三十二選舉五舉士）。

最初廷試尚有黜落，下第之人「雖曾中省試，來科仍復解試，中格然後得上省試也」，即「宋初於御試特重，苟不中格，則省試（及鄉試）皆虛也」（明會要卷四十七科目雜錄，引黃尊素言）。仁宗嘉祐二年以後，遂無黜落之事（宋史卷一百五十五選舉志一科目上），關此顧炎武云：

宋史仁宗紀，嘉祐二年三月賜禮部奏名進士諸科及第出身八百七十七人，親試舉人免黜落始此。詒謀錄曰，舊制，殿試皆有黜落，臨時取旨，或三人取一，或二人取一，或三人取二。故有累經省試取中，而擯棄於殿試者。自張元以積忿降元昊，為中國患，朝廷始囚其家屬，未幾復縱之。於是群臣建議，歸咎於殿試。嘉祐二年詔進士與殿試者皆不黜落。是一畔逆之士子為天下後世士子無窮之利也。阮漢聞言，以張元而罷殿試之黜落，則懲黃巢之亂，將天下士子無一不登第而後可（日知錄卷十七御試黜落）。

---

[44] 馬端臨說：「按致堂之言固善，然武后所試諸路貢士，蓋如後世之省試，非省試之外，再有殿試也。唐自開元以前，試士未屬禮部，以考功員外郎主之。武后自詭文墨，故於殿陛間，下行員外郎之事」（文獻通考卷二十九選舉二舉士）。

殿試中式之後，是否有三甲之制，所謂三甲是將中式的人，依其名次，分為三等：一甲賜進士及第，二甲賜進士出身，三甲賜同進士出身。太祖開寶六年殿試，得進士二十六人，五經四人……明法五人，皆賜及第。時江南未平，進士林松雷說試不中格，以其間道來歸，亦賜三傳出身。太宗太平興國二年殿試之後，有「賜及第」、「賜出身」，又有不中格，憐其老，特賜同出身者（宋史卷一百五十五選舉志一科目上）。即在太祖時代及太宗初年，三甲之制雖未確立，而事實上諸科中式者已漸分為三甲發榜。到了太平興國八年，「進士始分三甲」（宋史卷一百五十五選舉志一科目上），而三甲如何劃分，史闕其文。真宗景德四年的「親試進士條制」，分考第為五等[45]，上二等曰及第，三等曰出身，四等五等曰同出身（宋史卷一百五十五選舉志一科目上）。至於宋時有否狀元榜眼探花之名稱，即第一甲第一名狀元，第二名榜眼，第三名探花。對此，宋史選舉志沒有記載，但列傳中卻有「狀元」一詞。「馬涓以進士舉首入幕府，自稱狀元。呂大忠謂曰狀元云者，及第未除官之稱也，既為判官，則不可」（宋史卷三百四十呂大忠傳）。而陳塤試禮部為第一（這稱為省元），後登進士第，史彌遠謂之曰「省元魁數千人，狀元魁百人」（宋史卷四百二十三陳塤傳）。蓋舉子之參加省試者，常在數千人以上，而省試之後，再參加殿試者不過數百人。文獻通考（卷三十二宋登科記總目）亦只舉狀元。太祖開寶八年王嗣宗為狀元，八年以後，每次殿試均有狀元之號，八年以前，只云榜首。至於榜眼探花，依私人筆記亦有其稱[46]。我們所應注意的，第一甲，即賜進士及第之人數，乃如馬端臨所說：

> 分甲取人，始於太平興國八年，然是年第三甲五十四人，第二甲一百五十七人，反三倍於第三甲之數……

[45] 學識優長，詞理精純為第一，才思該通，文理周率為第二，文理俱通為第三，文理中平為第四，文理疏淺為第五（宋史卷一百五十五選舉志一科目上）。

淳化三年第二甲五十一人，第一甲三百二人，反六倍於第二甲之數，則累科分甲人數之多少，無定例也（文獻通考卷三十選舉三舉士）。

在常選之中，唐時士人所趨向惟明經進士二科，而明經碌碌，不為高才發跡之路。宋時亦然，志（宋史卷一百五十五選舉志一）云：「自唐以來，所謂明經不過帖書墨義，觀其記誦而已，故賤其科」。馬端臨說：

按自唐以來，所謂明經者不過帖書墨義而已。愚嘗見東陽麗澤呂氏家塾有刊本呂許公夷簡應本州鄉舉試卷，因知墨義之式蓋十餘條。有云：作者七人矣，請以七人之名對。則對云七人某某也，謹對。有云見有禮於其君者，如孝子之養父母也，請以下文對。則對云，下文曰見無禮於其君者，如鷹鸇之逐鳥雀也，謹對。有云請以注疏對者。則對云，注疏曰云云謹對。有不能記憶者，則只云對未審。……其上則具考官批鑿，如所對善，則批一通字。所對誤及未審者，則批一不字，大概如兒童挑誦之狀，故自唐以來賤其科。所以不通者殿舉之罰特重，而一舉不第者，不可再應（宋太祖乾德元年許令再應）。蓋以其區區記問猶不能通悉，則無所取材故也（文獻通考卷三十舉士）。

其最衿貴者莫如進士。

天聖初，宋興六十有二載，天下乂安。時取才唯進士諸科為最廣，名卿鉅公皆繇此選，而仁宗亦嚮用之。登上第者，不數年輒赫然顯貴矣（宋史卷一百五十五選舉志一科目上）。

但因及第之人太多，真宗時，王禹偁上疏言：「太祖之世，每歲進士不過三十人，經學五十人……太宗臨

㊻ 上御文德殿臨軒唱名……宣喚三魁姓名……第一名狀元及第，第二名榜眼，第三名探花（宋吳自牧撰夢粱錄三士人赴殿試唱名）。

御之後……拔十得五。在位將逾二紀，登第將近萬人，雖有俊傑之才，亦有容易而得」（宋史卷二百九十三王禹偁傳）。最初高第之人尤其一甲前三名，「知其身必貴，故自愛重，而不肯為非」（容齋隨筆卷九高科得人）。「仁宗之朝十有三舉，其甲第之三人凡三十有九，其後不至於公卿者五人而已」（宋史卷一百五十五選舉志一科目上）。後來應試之人過多，人人皆希望高第，於是就發生了流弊，尤其「秦檜當國，科場尚諛佞，試題多尚中興歌頌。徐庭筠歎曰，今日豈歌頌時耶」（宋史卷四百五十九徐中行傳）。科舉之結果如此，豈能得到俊傑之才。固然制科亦為時人所重：

> 宋初，承唐制，貢舉雖廣，而莫重於進士制科（宋史卷一百五十五選舉志一科目上）。

制科就是制舉，制舉無常科，隨天子臨時所欲，定其科目。仁宗時，有賢良方正能直言極諫科，博通墳典明於教化科，才識兼茂明於體用科，詳明吏理可使從政科，識洞韜略運籌帷幄科，軍謀宏遠材任邊寄科凡六（宋史卷一百五十六選舉志二科目下）。此皆以待非常之士，使山林朴直之人極言當世之故，人主聞所未聞，因能恐懼修省，而謀政治之革新。陳亮說：

> 設科以取士，而制舉所以待非常之才也……彼以一身臨王公士民之上，其於天下之故，常懼其有闕也。自公卿等而下之，以至於郡縣之小官，科目之一士，莫不各得以其言自通。然猶懼其有懷之不盡也，故設為制舉，以詔山林朴直之士，使之極言當世之故，而期之以非常之才。彼其受是名也，宜何以自異於等夷，則亦將盡吐其蘊。凡天下之所不敢言者，一切為吾君言之，以報其非常之知焉。然後人主可以盡聞其所不聞，恐懼脩省，以無負天下之望，則古之賢君為是設科，以待非常之才者，其求言之意可謂切矣，豈徒為是區別而已哉（龍川文集卷十一制舉）。

顧隋唐以後，制舉已經失去本來意義。司馬光說：「國家雖設賢良方正等科，其實皆取文辭而已」（司馬文正公傳家集卷二十論舉選狀）。葉適說：

科舉所以不得才者，謂其以有常之法，而律不常之人，則制科庶乎得之者，必其無法焉。而制舉之法反密於科舉……若今制科之法是本無意於得才，而徒立法以困天下之泛然能記誦者耳。此固所謂豪傑特起者輕視而不屑就也（水心集卷三制科）。

陸九淵亦說：

制科不可以有法，制科而有法，吾不知制科之所取者何人也……今制科者天子所自詔，以待非常之才也。孰謂非常之才，而可以區區之法制，束而取之乎……惟人君之所欲舉欲問，毋拘以法，毋限以時，則是科之設，庶乎其有補，而是科之名，庶乎其無愧矣（象山先生全集卷三十一問制科）。

所以應詔者寡，士人還是以進士出身。

制舉無常科，所以待天下之才傑，天子每親策之。然宋之得才，多由進士，而以是科應詔者少（宋史卷一百五十六選舉志二科目下）。

進士所試的是什麼？

初禮部貢舉，設進士（九經，五經，開元禮，三史，三禮，三傳，學究，明經，明法）等科，皆秋取解，冬集禮部，春考試，合格及第者，列名放榜于尚書省。凡進士試詩賦論各一首，策五道，帖論語十，帖對春秋或禮記墨義十條（凡九經帖書一百二十，帖對墨義六十條。凡五經，帖書八十，帖對墨義五十條。凡三禮，對墨義五十條。凡三禮（明經？）對墨義九十條。凡三傳，一百一十條。凡開元禮，凡三史，各對三百條。凡學究、毛詩，對墨義五十條，論語十條，爾雅孝經共十條，周易尚書各二十五條。凡明法，對律令四十條，兼經並同毛詩之制）（宋史卷一百五十五選舉志一科目上）。

進士所試科目雖多，而以詞賦最為重要。

宋以詞賦取士（宋史卷四百五十尹穀傳）。

案自「五代以還，詞令尚華靡」（宋史卷二百六十三李穆傳），「景德後，文士以雕靡相尚，一時學者鄉之」（宋史卷三百陳從易傳）。蘇洵曾言：「夫人固有才智奇絕，而不能為章句名數聲律之學者，又有不幸而不為者，苟一之以進士制策，是使奇才絕智有時而窮也」（嘉祐集卷四廣士）。司馬光亦說：「以言取人，固未足以盡人之才。今之科場，格之以辭賦，又不足以觀言」（司馬文正公傳家集卷三十貢院定奪科場不用詩賦狀）。又說：「國家用人之法，非進士及第者，不得美官。非善為詩賦論策者，不得及第」（司馬文正公傳家集卷三十二乞貢院逐路取人狀）。用詞賦以甄別人才，自當引起有識之士的反對。仁宗時范仲淹曾說：

音韻中一字有差，雖生平苦辛，即時擯逐。如音韻不失，雖末學淺近，俯拾科級……以此，士之進退多言命運，而不言行業（范文正公集奏議卷上答手詔條陳十事）。

他與宋祁等提議興學校，士須隸學，而以策論取士。然「詩賦聲病易考，策論汗漫難知」（宋史卷一百五十五選舉志一科目上），所以中間雖從仲淹之議，不久又復舊制。

范仲淹參知政事，意欲復古勸學，數言興學校，本行實。詔近臣議，於是宋祁等奏，教不本于學校，士不察于鄉里，則不能覈名實。有司束以聲病，學者專於記誦，則不足盡人材，參考眾說，擇其便于今者，莫若使士皆土著，而教之于學校，然後州縣察其履行，則學者脩飭矣。乃詔州縣立學，士須在學三百日，乃聽預秋試，舊嘗充試者百日而止……三場：先策、次論、次詩賦，通考為去取，而罷帖經墨義。士通經術，願對大義者，試十道。仲淹既去，而執政意皆異。是冬，詔罷入學日限，言初令不便者甚眾，以為詩賦聲病易考，而策論汗漫難知，祖宗以來，莫之有改，且得人嘗多矣。天子下其議，有司請如舊法，乃詔曰，科舉舊條皆先朝所定也，宜一切如故，前所更定令悉罷（宋史卷一百五十五選舉志一科目上）。

既而何群亦請廢去詞賦，而當時公卿既由詞賦出身，何肯撤銷自己出身所依靠的詞賦。

何群上書言三代取士，皆舉於鄉里，而先行義，後世專以文辭。就文辭中，害道者莫甚於賦，請罷去。石介贊美其說，會諫官御史亦言，以賦取士無益治道。下兩制議，皆以為進士科始隋歷唐，數百年將相多出此，不為不得人。且祖宗行之已久，不可廢也（宋史卷四百五十七何群傳）。

仁宗時，王安石上萬言書，所言更見確切。

方今取士，強記博誦而略通於文辭，謂之茂才異等賢良方正。茂才異等賢良方正者公卿之選也。記不必強，誦不必博，略通於文辭，而又嘗學詩賦，則謂之進士，進士之高者亦公卿之選也。夫此二科所得之技能不足以為公卿，不待論而後可知。而世之議者乃以為吾常以此取天下之士，而才之可以為公卿者常出於此，不必法古之取人，而後得士也。其亦蔽於理矣……然而不肖者茍能雕虫篆刻之學，以此進至乎公卿，才之可以為公卿者困於無補之學，而以此絀死於嵒野，蓋十八九矣（王臨川集卷三十九上仁宗皇帝言事書）。

舉士之法既有缺點，神宗即位，就下詔令群臣討論。

神宗篤意經學，深憫貢舉之弊……迺詔曰化民成俗，必自庠序。進賢興能，抑繇貢舉。而四方執經藝者，專于誦數，趨鄉舉者狃于文辭，與古所謂三物賓興，九年大成，亦已乖矣……令兩制兩省待制以上，御史三司三館雜議，以聞……直史館蘇軾曰夫欲興德行……若設科立名以取之，則是教天下相率而為偽也。上以孝取人，則勇者割股，怯者廬墓。上以廉取人，則弊車羸馬，惡衣菲食。凡可以中上意者，無所不至。自文章言之，則策論為有用，詩賦為無益。自政事言之，則詩賦論策均為無用。然自祖宗以來，莫之廢者，以為設法取士不過如此也……矧自唐至今以詩賦為名臣者，不可勝數，何負於天下，而必欲廢之……他日問王安石，對曰……若謂此科嘗多得人，自緣仕進別無他路，其間不容無賢，若謂科法已善則未也。今以少壯時，正當講求天下正理，乃閉門學作詩賦。及其入官，世事皆所不習。此科法敗壞，人才致不如古（宋史卷一百五十五選舉志一科目上）。

當時王安石秉政，熙寧二年罷詩賦，依策論以定等第，限以千字（後周以三千字為率，見石林燕語卷九。元代時務策，又減少為五百字或一千字，見元史卷八十一選舉志一。此皆由於字數少，便於評閱之故）。蓋如神宗所言：「對策亦何足以實盡人才，然愈於以詩賦取人爾」（宋史卷一百五十五選舉志一科目上）。關此，明人丘濬曾言：

方是時蘇軾見一時舉人所試策多阿諛順旨，乃擬一道以進。大略謂科場之文風俗所繫，所收者天下莫不以為法，所棄者天下莫不以為戒，今始以策取士，而士之在甲科者多以諂諛得之。天下觀望，誰敢不然。風俗一變，不可復返，正人衰微，則國隨之。噫，觀軾茲言，則知朝廷以言試士，雖若虛文，而一時人心之邪正，國勢之興衰，實關於此。識治體者不可不加之意（大學衍義補卷九清入仕之途）。

但王安石所謂策論最後乃變為經義，而與漢世對策絕不相同。且又依王安石所訓釋之「新義」以取士，「士莫得自名一說」。這樣，思想更見控制，何足以培養人才。

初安石訓釋詩書周禮既成，頒之學官，天下號曰新義。晚居金陵，又作字說，多穿鑿傅會，其流入於佛老。一時學者無敢不傳習，主司純用以取士，士莫得自名一說（宋史卷三百二十七王安石傳）。

何況如前所言，「詩賦聲病易考，而策論汙漫難知」。蘇軾有言：

> 策論……其為文也，無規矩準繩，故學之易成。無聲病對偶，故考之難精。以易學之士，付難考之吏，其弊有甚於詩賦者矣（東坡七集奏議集卷一議學校貢舉狀）。

所以最後就決定「分經義與詩賦以取進士，其後遵行，未之有改」（宋史卷一百五十五選舉志一科目上）。據馬端臨所記，宋代考試詞賦與經義，變更如次：

> 按熙寧四年，始罷詞賦，專用經義取士，凡十五年。至元祐元年復詞賦，與經義並行。至紹聖元年復罷詞賦，專用經義，凡三十五年。至建炎二年又兼用經賦（文獻通考卷三十二舉士）。

然而經義亦不能盡得人才，蓋勇猛之士未必長於雕蟲小技。而外寇侵陵，國家所需要的卻是勇猛知兵之人。神宗時蘇軾曾言：

> 昔者以詩賦取士，今陛下以經術用人，名雖不同，然皆以文詞進耳。考其所得，多吳楚閩蜀之人，至於京東西河北河東陝西五路蓋自古豪傑之場，其人沉鷙勇悍，可任以事。然欲使治聲律，讀經義，以與吳楚閩蜀之士爭得失於毫釐之間，則彼有不仕而已，故其得人常少。夫惟忠孝禮義之士雖不得志，不失為君子。若德不足，而才有餘者，困於無門，則無所不至矣。故臣願陛下特為五路之士別開仕進之門（東坡七集奏議集卷二元豐元年上皇帝書）。

宋敏求亦請選用材武之士。

> 宋敏求嘗建言，河北陝西河東舉子，性朴茂而辭藻不工，故登第者少。請令轉運使擇薦有行藝材武者特

> 官之，使人材參用，而士有可進之路（宋史卷二百九十一宋敏求傳）。

這頗有似於西漢時，內郡舉文學賢良，而邊郡則舉勇猛知兵法者矣。

太祖時，國家需要人才，而錄取又甚嚴格，每次貢舉，經殿試之後，進士一科不過十餘人，開寶八年最多，亦不過三十一人（文獻通考卷三十二選舉五宋登科記總目）。故凡殿試中式，即命以官。

> 舊制，及第即命以官（宋史卷一百五十五選舉志一科目上）。

這是與唐代不同之點，但宋雖登第入仕，榜首才得丞判。黃宗羲云：

> 唐之士及第者未便解褐入仕，吏部又復試之，韓退之三試於吏部無成，則十年猶布衣也。宋雖登第入仕，然亦止是簿尉令錄，榜首纔得丞判（明夷待訪錄取士下）。

然此優典也只限於科舉中式初任官之人。至於蔭任等各種雜途初任仍需吏部銓試，或試律及詩，或則試判，而科舉中式之人初任任滿後亦須試判，而後升遷。太宗以後，選人漸多，士子縱由科舉出身，其初任仍須試判。銓試機關由太宗而至神宗熙寧年間，前後曾變更數次。今抄錄宋史所載者如次。

> 吏部銓惟注擬州縣官幕職，兩京諸司六品以下官皆無選。文臣少卿監以上中書主之，京朝官則審官院主之。武臣刺史副率以上內職樞密院主之，使臣則三班院主之。其後典選之職分為四，文選曰審官東院，曰流內銓。武選曰審官西院，曰三班院（宋史卷一百五十八選舉志四銓法上）。㊻

㊻ 審官院設置於太祖時，考課中外職事官。太宗淳化四年別置考課院，審官院掌京朝官考課，考課院掌幕職州縣官考課（州縣官均由京朝官權知，故只掌其幕職考課）。至道初，罷考課院，併流內銓（宋史卷一百六十選舉志六考課）。是則宋代初年之審官院乃掌考課之事。三班院設置於太宗雍熙四年，所謂三班是指供奉官，殿直，殿前承旨，此三

到了元豐年間，神宗以為古代本無文武之別，遂由蘇頌建議，立吏部四選之制。

> 唐制，吏部主文選，兵部主武選。神宗謂三代兩漢本無文武之別，議者不知所處。頌言唐制吏部有三銓之法，分品秩而掌選事。今欲文武一歸吏部，則宜分左右曹掌之，每選更以品秩分治。於是吏部始有四選法（宋史卷三百四十蘇頌傳）。

關於吏部四選之制，選舉志云：

> 元豐定制，而後銓注之法，悉歸選部，以審官東院為尚書左選，流內銓為侍郎左選，審官西院為尚書右選，三班院為侍郎右選，於是吏部有四選之法。文臣寄祿官自朝議大夫，職事官自大理正以下，非中書省勑授者，歸尚書左選。武臣升朝官自皇城使，職事官自金吾階衛仗司以下，非樞密院宣授者，歸尚書右選。自初仕至州縣幕職官，歸侍郎左選。自借差監當至供奉官軍使，歸侍郎右選（宋史卷一百五十八選舉志四銓法上，參閱卷一百六十三職官志三吏部）。

吏部擇人之法，初為銓試，試判三道。「自真宗朝，試身言書判」（宋史卷一百五十八選舉志四銓法上）。仁宗景祐年間「議者以身言書判為無益」（宋史卷一百五十八選舉志四銓法上），但仁宗意在遵守故常，不欲改絃更張，因之，吏部擇人，仍用身言書判，而尤重書判之試。舉兩例言之，掌禹錫試身言書判，余靖只試書判（此兩人均於科舉中式，初任任滿之時，參加銓試，而後升遷）。

者均為內職。蓋太宗患中書及樞密院權重，故先置三班院，次置審官院，以分中書及樞密院之權。審官院分為東西是在神宗熙寧三年。所謂流內銓者，自一品至九品謂之流內，不入於九品者謂之流外。但流內銓亦只限於七品以下，七品以上均由中書或樞密院擬定，由天子任命，不經銓試。

> 掌禹錫中進士第，為道州司理參軍，試身言書判第一，改大理寺丞（宋史卷二百九十四掌禹錫傳）。

> 余靖舉進士，起家為贛縣尉，試書判拔萃，改將作監丞（宋史卷三百二十余靖傳）。

凡吏部認為合格者，不問其才之稱否，乃視為萬能博士，既使之治財，又轉而使之典獄，復轉而使之掌禮。仁宗時，王安石曾上疏言：

> 方今取之既不以其道，至於任之又不問其德之所宜，而問其出身之後先；不論其才之稱否，而論其歷任之多少。以文學進者，且使之治財；已使之治財矣，又轉而使之典獄；已使之典獄矣，又轉而使之治禮。是則一人之身，而責之以百官之所能備，宜其人才之難也……且在位者數徙，則不得久於其官……賢者則其功不可以及於成，不肖者則其罪不可以至於著。若夫迎新將故之勞，緣絕簿書之弊，固其害之小者，不足悉數也（王臨川集卷三十九上仁宗皇帝言事書）。

神宗熙寧四年曾定了銓試之法，雖然不復試判，而又增試經義，所以銓試固比前此為佳，然亦不能離開文詞尤其經義。

> 熙寧四年遂定銓試之制。凡守選者，歲以二月八月試斷按二，或律令大義五，或議三道，後增試經義。法官同銓曹撰式考試，第為三等，上等免選注官，優等升資，如判超格，無出身者，賜之出身，自是不復試判（宋史卷一百五十八銓法上）。

茲宜特別一言者，宋代入仕之途甚廣，而人數又多，單單進士一科，太祖建隆元年不過十九人，到了徽宗宣和六年，竟有八百五人。南渡之後，領土失去將半，而高宗建炎二年，進士四百五十一人，理宗寶慶二年，進士九百八十七人，度宗咸淳四年，快亡國了，進士尚有六百六十五人（文獻通考卷三十二舉士，宋登科記總目）。其尤弊者，恩蔭太濫（廿二史劄記卷二十五宋恩蔭之濫），倖進之門阻塞了正途出身之士的入仕路。

案恩蔭之制，照司馬光說，「此蓋國初承五代姑息藩鎮之弊，因循不革」（宋史卷一百五十九選舉志五補蔭）。降至南宋，紹興七年中書舍人趙思誠言：

孤寒之士名在選部，皆待數十年之闕，大率十年不得一任。今親祠之歲，任子約四千人，是十年之後，增萬二千員，科舉取士不與焉。將見寒士有三十年不得調者矣（宋史卷一百五十九選舉志五補蔭）。

員多闕少，任誰均不能久任，其結果如何？人存三日京兆之心，當其在職之時，必急急謀退職後之計，於是貪污之風遂無法禁止。蘇軾說：

國家自近歲以來，率一官而三人共之，居者一人，去者一人，而伺之者又一人，是一官而有二人者無事而食也。且其蒞官之日淺，而閑居之日長，以其蒞官之所得，而為閑居仰給之資，是以貪吏常多而不可禁（東坡七集應詔集卷二策別七）。

豈但如此而已。員多闕少，注擬為難，勢只有依資格以定先後，即如蘇紳所言：「不問官職之閑劇，才能之長短，惟以資歷深淺為先後。有司但主簿籍而已，欲賢不肖有別，不可得也」（宋史卷二百九十四蘇紳傳）。真宗時，「寇準在相位，用人不以次，同列頗不悅。他日又除官，同列因吏持例簿以進，準曰宰相所以進賢退不肖也，若用例，一吏職爾」（宋史卷二百八十一寇準傳）。寇準是宋代名相，其言如此，可知用人純依資格，是不能得到英才的。仁宗時，王安石上萬言書，中有數句：

朝廷明知其賢能足以任事，苟非其資序，則不以任事而輒進之，雖進之，士猶不服也。明知其無能而不肖，苟非有罪，為在事者所劾，不敢以其不勝任而輒退之；雖退之，士猶不服也。彼誠不肖無能，然而士不服者何也，以所謂賢能者任其事與不肖而無能者，亦無以異，故也（王臨川集卷三十九上仁宗皇帝言事書）。

國家用人純依資格，即後魏崔亮之「停年格」，唐代裴光廷之「循資格」。此在當時，已被有識者猛烈抨擊，宋哲宗時，陸佃亦說：

天下多事，須不次用人，茍安寧時，人之才無大相違，當以資歷序進，少緩之，則士知自重矣（宋史卷三百四十三陸佃傳）。

高宗時，金人來寇，正是天下多事之秋，國家自應不次用人，以濟中興之業。李綱奏：

夫治天下者，必資於人才，而創業中興之主，所資尤多。何則，繼體守文，率由舊章，得中庸之才，亦足以共治。至於艱難之際，非得卓犖瓌偉之才，則未易有濟。是以大有為之主，必有不世出之才，參贊翊佐，以成大業（宋史卷三百五十九李綱傳下）。

顧高宗乃謂「果有豪傑之士，雖自布衣擢為輔相可也。苟未能考其實，不若姑守資格」（宋史卷一百五十八選舉志四）。然而計日月，累資考之制，即後魏崔亮所創之停年格，唐代裴光廷所創之循資格，本非所以待英豪之士。葉適說：

資格者生於世之不治，賢否混并，而無可別，故以此限之耳，而本朝遂以治世而行衰世之法。藝祖太宗所用猶未有定式，惟上所拔，間得魁磊之士。至咸平景德初，資格始稍嚴一。寇準欲出意取天下士，而上下群攻之（宋史卷二百八十一寇準傳）。故李沆王旦在真宗時，王曾呂夷簡富弼韓琦在仁宗英宗時，司馬光呂公著在哲宗時，數人以謹守資格為賢，名重當世（水心集卷三資格）。

倘若純依資格，還是依法而任人。陳亮說：「夫人情不易盡，而法之不足恃也久矣。然上下之間每以法為侍者，樂其有準繩也」（龍川文集卷十一銓選資格）。顧法——資格之外，又復有例。高宗建炎年間吏部尚書洪擬曾言：「渡江後，法無見籍，吏隨事立文，號為省記，出入自如」（宋史卷三百八十一洪擬傳）。其後雖修七司敕令（宋史卷三百八十一洪擬傳），而吏弄權既久，又常援例以破法。紹興三十二年吏部侍郎淩景夏說：

> 國家設銓選，以聽群吏之治，其掌於七司，著在令甲，所守者法也。今升降於胥吏之手，有所謂例焉。長貳有遷改，郎曹有替移，來者不可復知，去者不能盡告，索例而不獲，雖有強明健敏之才，不復致議。引例而不當，雖有至公盡理之事，不復可伸。貨賄公行，姦弊滋甚。嘗覩漢之公府，有辭訟比，尚書有決事比。比之為言，猶今之例。今吏部七司宜置例冊。凡換給之期限，戰功之定處，去失之保任，書填之審實，奏薦之限隔，酬賞之用否，凡經申請或堂白或取旨者，每一事已，命郎官以次擬定，而長貳書之于冊，永以為例。每半歲上于尚書省，仍關御史臺。如是，則巧吏無所施，而銓敘平允矣（宋史卷一百五十八選舉志四）。

孝宗時，參知政事龔茂良又言：

> 官人之道在朝廷，則當量人才。在銓部，則宜守成法。法本無弊，例實敗之。法者公天下而為之者也。例者因人而立，以壞天下之公者也。昔之患在於用例破法，今之患在於因例立法。諺稱吏部為例部，今七司法……不無疎略。然守之亦可以無弊。而徇情廢法，相師成風。蓋用例破法其害小，因例立法其害大。法常靳，例常寬，今法令繁多，官曹冗濫，蓋緣此也（宋史卷一百五十八選舉志四）。

國家用人，甚至於一切行政既然唯例是視，於是胥吏就操弄了國之大權。何以故呢？葉適說：

> 國家以法為本，以例為要，其官雖貴也，其人雖賢也，然而非法無決也，非例無行也。驟而問之，不若

吏之素也，蹔而居之，不若吏之久也；知其一不知其二，不若吏之悉也，故不得不舉而歸之吏。官舉而歸之吏，則朝廷之綱目，其在吏也何疑（水心集卷一上孝宗皇帝劄子一）。

這種情況，大率南宋比之北宋為尤甚。「所欲與，則陳與例，欲奪，則陳奪例，與奪在其牙額」（宋史卷三百七十八劉一止傳）。葉適說：

自崇寧極於宣和，士大夫之職業，雖皮膚蹇淺者，亦不復修治，而專從事於奔走進取。其簿書期會一切惟吏胥之聽。而吏人根固窟穴，權勢熏炙，濫恩橫賜，自占優比。渡江之後，文字散逸，舊法往例盡用省記，輕重予奪，惟意所出。其最驕橫者，三省密院吏部七司戶刑，若他曹外路從而傚視，又其常情耳。故今世號為公人世界，又以為官無封建，而吏有封建者，皆指實而言也（水心集卷三吏胥）。

宋代選舉除貢舉外，尚有辟舉與薦舉，徽宗大觀二年之詔雖說：「祖宗鏟革五代辟置，自一命以上，非王命不除」（文獻通考卷三十九辟舉），其實，辟舉並不全廢。然而辟舉亦有弊端，蓋循私昧理，勢所難免，故宋人認為不如付之銓曹，而拘以法律之為佳。

宋初，內外小職任，長吏得自奏辟，熙寧間悉罷歸選部，然……辟置不能全廢也……憸人往往因之以行其私……蓋處心公明，則得以用其所知，固為良法。苟循私昧理，則才不為用，請屬賄賂無所不有矣。又孰若付之銓曹，而槩以公法者哉（宋史卷一百六十選舉志六）。

案宋之辟舉乃與漢唐不盡相同。漢世，公府對其掾屬，郡縣對其曹僚，皆自辟舉而自試用之，考行察能，以次遷補，或至二千石，入為公卿。唐以科舉取士，而士之偶見遺於科目者，嘗自效於幕府，幕府辟士，唯其才能，不問所從來，而朝廷常收其俊偉，以補王官之缺。宋則不然，據馬端臨說：

宋時雖有辟法，然白衣不可辟，有出身而未歷任者不可辟。其可辟者復拘以資格，限以舉主，蓋去古法愈遠，而倜儻弛之士，其不諧尺繩於科目，受羈馬於銓曹者，少得以自遠矣（文獻通考卷三十九辟舉）。

薦舉是令公卿百官推薦人才。然有一種限制，即到任滿一年後，方得薦人。

限到官一考，方得薦（宋史卷一百六十選舉志六）。

公卿百官既有舉官之權，難保他們不循私昧理，所以宋代又令舉主對於被薦舉人負責。

凡被舉擢官，於誥命署舉主姓名，他日不如舉狀，則連坐之（宋史卷一百六十選舉志六）。

太宗每令名臣舉官，所舉善者有賞，否則罪之。

太宗聽政之暇，每取兩省兩制清望官名籍，擇其有德譽者，悉令舉官。所舉之人，須析其爵里及歷任殿最以聞，不得有隱。如舉狀者有賞典、無驗者罪之（宋史卷一百六十選舉志六）。

舉主若知被舉人變節踰矩，而肯告發者，則原其聯坐之罪。

太宗始令內外官，凡所舉薦有變節踰矩者，自首則原其聯坐之罪（宋史卷一百六十選舉志六）。

舉主對被薦舉人負責之事，宋史不乏其例，茲只舉三事為證。

何蒙知溫州，坐舉人不當，削一官（宋史卷二百七十七何蒙傳）。

薛奎出為陝西轉運使，坐失舉免（宋史卷二百八十六薛奎傳）。

秦義知江陵府，坐舉官不如狀，削秩（宋史卷三百九秦羲傳）。

關此，蘇軾曾加以批評。

夫天下之吏不可以人人而知也，故使長吏舉之，又恐其舉之以私，而不得其人也，故使長吏任之。他日有敗事，則以連坐，其過惡重者其法均。且夫人之難知，自堯舜病之矣。今日為善，而明日為惡，猶不可保。況於十數年之後，其幼者已壯，其壯者已老，而猶執其一時之言，使同被其罪，不亦過乎（文獻通考卷三十八舉官）。

有時，舉主因過失而至貶黜，被舉人亦受其累。例如：

御史中丞孔道輔薦王素為侍御史，道輔貶，素出知鄂州（宋史卷三百二十王素傳）。

這種制度不但使舉者慎其所舉，而被舉者亦宜考慮舉者之為人。南宋以後，薦舉漸次敗壞。此蓋政治腐化，任何制度均難收預期之效。光宗時，言者謂：

薦舉固多得人，然有或乏廉聲而舉充廉吏，或素昧平生而舉充所知，或不能文，而舉可備著述（宋史卷一百六十選舉志六）。

㈢祿俸

西漢官階就是官秩，以石為名，祿之多少，則在官秩之中。吾人觀其官秩，即知官階高低，官祿多少。曹魏以後，既有官秩，又有官品，官秩與官品並不一致，官祿多寡則以官品為標準。隋唐廢官秩而留官品，祿之多寡隨品而異，唯唐之官制有職有階，有職者必有階，這稱為職事官，有階而無職者稱為散官。階又與品不同，品分三十等，階由從一品始，只有二十九級。宋初，仍沿唐制，文官九品，有正有從，自四品以下，有上下，共三十等，階由從一品始，共有二十九級。其與唐代不同者，唐時官即是職，同時又加以階官之名稱，如開府儀同三司，特進，光祿大夫等是。宋仍保留階官之名稱，而又將官與職分開，有官必有階，而又未必有職，必須別為差遣，而後才任其事。所以職亦可視為階，而所差遣之職事才是實職。馬端臨說：

按元豐未改官制之先，大率以職為階官。以宰執言之，如吏部尚書（原注，階官）同中書門下平章事（職），尚書禮部侍郎（階官）參知政事（職）之類是也。然所謂吏部尚書禮部侍郎者未嘗專有所係屬，治其事則以為職（武注，此須別為差遣），不治其事則以為階官，猶云可也。至有以京西路某縣令為階官，而為河北路轉運司勾當公事者。有以陝西路某軍節度判官為階官，而為河東路某州州學教授者。有以無為軍判官為階官，而試祕書省校書郎者，其繁雜可笑尤甚（文獻通考卷六十四職官考十八文散官）。

宋在元豐以前，仍保留唐代二十九階之制㊼，而祿則寄於官。元豐改制，「寄祿格以階易官，自開府儀同三司至將仕郎，定為二十五階」。崇寧以後，漸次增加，迄至政和，「寄祿之格，自開府至迪功，凡三十七階」（宋史卷一百六十九職官志九），所以階官就是寄祿官。茲試列表如次：

㊼ 宋在元豐以前，雖仍保留唐代二十九階之制，但每階名稱並不是完全與唐相同。據宋志所載，文散官二十九，開府儀同三司（從一），特正（正二），光祿大夫（從二），金紫光祿大夫（正三），銀青光祿大夫（從三），正奉大夫（正四上階），中奉大夫（正四），太中大夫（從四上階），中大夫（從四），中散大夫（正五上階），朝奉大夫（正五），朝散大夫（從五上階），朝請大夫（從五），朝奉郎（正六上階），承直郎（正六），奉直郎（從六上階），通直郎（從六），朝請郎（正七上階），宣德郎（正七），朝散郎（從七上階），宣奉郎（從七），給事郎（正八上階），承事郎（正八），承奉郎（從八上階），承務郎（從八），儒林郎（正九上階），登仕郎（正九），文林郎（從九上階），將仕郎（從九），見宋史卷一百六十九職官志九文階官。

寄祿格三十七階表㊾

類別	寄祿官名稱	官品	職官之例	備考
陞朝官	開府儀同三司	從一品	如樞密使等。	
	特進	從一品		
	金紫光祿大夫	正二品	如知樞密院事、參知政事等。	
	銀青光祿大夫	從二品	如御史大夫、六部尚書等。	
	光祿大夫	從二品		
	宣奉大夫	正三品	如翰林學士承旨、翰林學士等。	大觀新置
	正奉大夫	正三品		大觀新置
	正議大夫	從三品	如御史中丞、開封尹、尚書列曹侍郎等。	
	通奉大夫	從三品		大觀新置
	通議大夫	正四品	如給事中、中書舍人、太常卿、宗正卿等。	
	太中大夫	從四品	如諫議大夫、七寺卿、國子祭酒等。	
	中大夫	正五品	如觀察使等。	
	中奉大夫	從五品	如太常宗正少卿、諸州刺史等。	大觀新置
	中散大夫	從五品		
	朝議大夫	正六品	如七寺少卿等。	
	奉直大夫	正六品		大觀新置
	朝請大夫	從六品	如侍御史、開封府少尹等。	
	朝散大夫	從六品		
	朝奉大夫	從六品		
	朝請郎	正七品	如殿中侍御史、司諫、兩赤縣令等。	
	朝散郎	正七品		

京官	朝奉郎	正七品	如監察御史等。	
	承議郎	從七品		
	奉議郎	正八品	如國子博士、三京赤縣畿縣令等。	
	通直郎	正八品		
	宣教郎	從八品	如太學博士、諸州上中下縣令等。	元豐，本宣德，政和改
	宣義郎	從八品		
	承事郎	正九品	如京畿縣主簿尉、三京赤縣主簿尉等。	
	承奉郎	正九品		
	承務郎	從九品	如諸州上中下主簿尉等。	
幕職州縣官	承直郎	從八品	由承直郎至迪功郎係政和中特定為選人用舉狀及功賞改官所進之階，故其職錢特高，用此以優待幕職官，例如均是從八品，宣義郎月十二千，修職郎月十五千，均是從九品，承務郎月七千，迪功郎月十二千，見宋史卷一百七十一奉祿。	崇寧初換
	儒林郎	從八品		崇寧初換
	文林郎	從八品		崇寧初換
	從事郎	從八品		崇寧初換
	從政郎	從八品		崇寧通事，政和再換
	修職郎	從八品		崇寧登仕，政和再換
	迪功郎	從九品		崇寧將仕，政和再換

㊾ 三十七階表據宋史卷一百六十九職官志，並參考文獻通考卷六十四文散官。其所以未載正一品者，因為正一品為三太三少，罕除人之故。又者元豐改制後，少數中央大僚及地方巨官之負重大責任者，其俸祿特別優厚。如宰相樞密使月三百千，同中書門下平章事月四百千，參知政事，三司使月二百千，觀察使、防禦使月二百千，刺史月一百千。參閱宋史卷一百七十一職官志。

百官俸祿極其雜亂，既有祿粟，又有職錢，復有匹帛等等（宋史卷一百七十一、卷一百七十二奉祿制），吾人讀後，實難作成簡單的表，徒增讀者的疑惑，故從略。但宋之職官有行、守、試三等之別，其制如次。

> 凡除職事官，以寄祿官品之高下為準，高一品已上為行，下一品為守，下二品已下為試，品同者否（宋史卷一百六十九職官志九）。[48]

例如職錢一項，六曹尚書行六十千，守五十五千，試五十千。六曹侍郎行五十五千，守五十千、試四十五千，凡職事官職錢不言行、守、試者，準行給（宋史卷一百七十一職官志十一職錢，文多不俱載）等是。

現在試來研究宋代祿俸能否代耕，真宗初年百官祿俸大約甚低，楊億說：

> 臣又覩唐制，內外官奉錢之外，有祿米職田，又給防閤庶僕親事帳內執衣白直門夫。各以官品，差定其數。歲收其課，以資於家。本司又有公廨田，食本錢以給公用。自唐末離亂，國用不充，百官奉錢，並減其半，自餘別給，一切權停。今郡官於半奉之中，已是除陌，又於半奉三分之內，其二以他物給之。鬻於市廛，十裁得其一二，曾餬口之不及，豈代耕之足云……竊見今之結髮登朝，陳力就列，其奉也不能致九人之飽，不及周之上農。其祿也未嘗有百石之入，不及漢之小吏。若乃左右僕射百僚之師長，位莫崇焉，月奉所入，不及軍中千夫之帥，豈稽古之意哉（宋史卷一百六十八職官志八）。

仁宗時王安石亦力陳薄俸之弊，他說：

> 方今制祿大抵皆薄，自非朝廷侍從之列，食口稍眾，未有不兼農商之利，而能充其養者也。其下州縣之

---

[48] 宋史卷一百六十三吏部，「除授皆視寄祿官，高一品以上者為行，下一品者為守，下二品以下者為試，品同者不用行守試」。

吏，一月所得，多者錢八九千，少者四五千，以守選待除守闕通之，蓋六七年而後得三年之祿。計一月所得，乃實不能四五千，少者乃實不能及三四千而已。雖廝養之給亦窘於此矣，而其養生喪死婚姻葬送之事皆當於此。夫出中人之上者，雖窮而不失為君子，出中人之下者，雖泰而不失為小人。唯中人不然，窮則為小人，泰則為君子。計天下之士出中人之上下者，千百而無十一。窮而為小人，泰而為君子者，則天下皆是也。先王以為眾不可以力勝也，故制行不以己，而以中人為制。所以因其欲而利道之，以為中人之所能守，則其志可以行乎天下，而推之后世。以今之制祿，而欲士之無毀廉恥，蓋中人之所不能也。故今官大者往往交賂遺，營資產，以負貪污之毀。官小者販鬻乞丐，無所不為。夫士已嘗毀廉恥，以負累於世矣，則其偷惰取容之意起，而矜奮自強之心息，則職業安得而不弛，治道何從而興乎（王臨川集卷三十九上仁宗皇帝言事書）。

所以秉政之後，欲盡祿天下之吏，然而貪污既成為致富之道，祿俸雖厚，亦無補於事。

王安石欲盡祿天下之吏……時主新政者皆謂吏祿既厚，則人知自重，不敢冒法，可以省刑。然良吏實寡，賕取如故，往往陷重辟，議者不以為善（宋史卷一百七十九食貨志下一會計）。

按宋代制祿太過複雜，而又時時變更，且除俸祿職錢之外，又有祿粟之給，宰相月一百石，刺史五十石，赤令七石，畿縣知縣六石至三石有四等，諸縣令五石至三石有三等（宋史卷一百七十一職官志十一祿粟，文多不俱載）。但「一石給六斗，米麥各半」（宋史卷一百七十一職官志十一祿粟），又有隨衣傔人衣糧，宰相至七十人，復有薪炭諸物之給，宰相「月給薪二百束」，「薪自十月至正月二百秤，餘月一百秤」，更有給鹽之制，宰相七石（宋史卷一百七十一職官志十一祿粟）。如果依法發給，高官之祿似不比唐代為少。例如唐代，武德時，正一品祿米歲六百石。宋宰相祿粟月一百石，「每石給六斗，米麥各半」，每月六十石，一年共七百二十石，即不比唐時少。唐代一品月俸（包括俸錢食料雜用防閤等）三十一千。宋代宰相月俸三百千，淳化二年「每千給錢七百」，咸平中，「京師每一千給實錢六百，在外四百」（宋史卷一百七十一職官志十一職錢）。今若以咸平年間為準，三百千應得一百八十千，比之唐代，增加多了。再以縣令為例，唐時，京縣令正五品上，武德時，正五品歲祿二百石。宋呢？「畿縣知縣六石至三石，有四等」（宋史卷一百七十一職官志十一祿粟），今以最高之六石為例言之，一年七十二石，每石給米六斗，共四十三石二斗。然唐五品月俸只九千二百，宋時，「東京畿縣七千戶以上知縣，朝官（月）二十二千，京官（月）二十千」（宋史卷一百七十一職官志十一奉祿）[49]，「每千給錢七百」（宋史卷一百七十一職官志十一職錢），知縣若是朝官，每月共得實錢十五千四百，即畿縣知縣之祿米雖比唐時少，而月俸則比唐時多。唐開元時，米斛二百，而宋「每斗折錢三十文」（文獻通考卷六十五祿米），每斛三百。這與仁宗時范仲淹之言完全吻合。

> 竊以中田一畝，取粟不過一斛。中稔之秋，一斛所售不過三百金，則千畝之獲可給三十萬（范文正公集卷八天聖八年上資政晏侍郎書）。

今將唐宋兩代京縣令的月俸均換算為米，加入其一年所得祿米之中，觀孰多孰少。

唐代　　9,200÷200=46

---

[49] 宋代，應再加職錢一項計算。但宋史（卷一百七十一職官志十一職錢）未載縣令之職錢，只有從略。宋史卷一百五十八選舉志四，所謂朝官與京官之區別如次：「前代朝官自一品以下，皆曰常參官。其未常參者，曰未常參官。宋目常參者曰朝官，秘書郎而下，未嘗參者曰京官」。

$46\times12=552$

$552+200=752$ 石

宋代 $15{,}400\div300\fallingdotseq51$

$51\times12=612$

$612+43.2=655.2$ 石

由此可知宋代縣令祿俸也許與唐代相差不遠，但尚有一個問題，唐宋兩代的權量是否相同。唐時「少壯相均，人日食米二升」（新唐書卷五十四食貨志四）。宋如何呢？志云：「人日支米二升，錢五十」（宋史卷一百七十六食貨志上三漕運），傳云：「然後出步兵，負十日糧，人日給米一升」（宋史卷三百二十四張亢傳），二者相差一半。然據沈括所說，宋時，人日亦食米二升。

> 米六斗，人食日二升，二人食之，十八日盡（夢溪筆談卷十一官政一）。

若依趙翼之言：

> 珊瑚鉤詩話，劉仲原得銅斛二，其一始元四年造，其一甘露元年造，皆云容十斗，後刻云重四十斤。以今權量較之，容三斗，重十五斤。斗則三而有餘，斤則三而不足。陳無擇曰，二十四銖為一兩，每兩古文六銖錢四箇，開元錢三箇。至宋以開元錢十箇為一兩。今之三兩得古之十兩，是宋之斗稱較唐又大矣（陔餘叢考卷三十斗稱古今不同）。

總之，宋之官祿大約不比唐時為少。到了徽宗時代，兼官兼薪之風甚盛。

> 又三省密院吏員猥雜，有官至中大夫，一身而兼十餘俸。故當時議者有俸入超越從班，品秩幾於執政之

言（宋史卷一百七十九食貨志下一會計）。

官已冗矣，而又兼薪，財政困難，自是意中之事㊿。

㈣監　察

關於臺諫給舍，本書已有說明，太宗時代，天子英明，言官無不沉默。據田錫說，「諫官不聞廷爭，給事中不聞封駁……又御史不敢彈奏，中書舍人未嘗訪以政事」（宋史卷二百九十三田錫傳）。由真宗而至仁宗，情形就不同了。「自慶曆後，臺諫官用事，朝廷命令之出，事無當否，悉論之，必勝而後已。專務抉人陰私莫辨之事，以中傷士大夫，執政畏其言，進擢尤速」（宋史卷二百八十五劉沆傳）。可知言官敢言，目的乃在於進擢。而且宋代對於御史以及諫官，極為優容，沿唐之制，許其風聞言事。吾人觀楊察之言：「御史故事許風聞，縱所言不當，自繫朝廷采擇」（宋史卷二百九十五楊察傳）。再觀蘇軾之言，「自建隆以來，未嘗罪一言者，許以風聞，而無官長（即唐蕭至忠所說，「臺中無長官，御史比肩事主，得各彈事，不相關白」之意），言及乘輿，則天子改容，事關廊廟，則宰相待罪」（東坡七集奏議集卷一熙寧四年上皇帝書），即可知之。然而因此，臺諫乃競為激訐。

帝（仁帝）天性寬仁，言事者競為激訐，至汚人以帷箔不可明之事（宋史卷三百三十七范鎮傳）。

呂誨曾請下詔懲革。

㊿ 宋亦有職田，廢置不常，徽宗時，「縣令所得，亦復不齊，多至九百斛。如淄州高苑八百斛。如常之江陰，六百斛。常之宜興亦六百斛。自是而降，或四五百，或三二百。凡在河北京東京西荊湖之間，少則有至二三十斛者」（宋史卷一百七十二職官志十二職田）。

呂誨為殿中侍御史，時廷臣多上章訐人罪。誨言臺諫官許風聞言事，蓋欲廣采納，以補闕政。苟非職分，是為侵官。今乃詆斥平生，暴揚曖昧，刻薄之態，浸以成風，請下詔懲革（宋史卷三百二十一呂誨傳）。[51]

高宗時，李綱亦言：

大抵朝廷設耳目及獻納論思之官，固許之以風聞。至於大故，必須覈實而後言。使其無實，則誣人之罪，服讒蒐慝，得以中害善良，皆非所以修政也（宋史卷三百五十九李綱傳下）。

於是御史遂供為奸臣爪牙之用，前已說過，秦檜當國，諫官均出檜門，多彈劾以媚檜（宋史卷四百三十三洪興祖傳）。韓侂胄用事，日夜謀引其黨為臺諫，以擯斥趙汝愚（宋史卷三百九十二趙汝愚傳），賈似道執政，臺諫有所建白，皆呈稿似道始行（宋史卷四百五十一陳文龍傳）。袁樞曾言：

威權在下，則主勢弱，故大臣逐臺諫，以蔽人主之聰明。威權在上，則主勢強，故大臣結臺諫，以遏天下之公議（宋史卷三百八十九袁樞傳）。

總之行政權若已腐化，監察權雖然獨立，不但不能繩糾愆違，甚且助長行政權之違法。而在宋代，御史且時時掀起政潮，釀成朋黨之禍。此蓋東漢以後御史臺長官——御史中丞不能一躍而為宰相，須與執政勾結，而後才得漸次昇遷。這與西漢御史大夫昇為丞相，部刺史高第者遷為郡守，完全不同。

御史臺只置監察御史六人，其不能和漢之部刺史（十三人）唐之監察御史（新志作十五人，舊志及唐六典作十人）一樣，監察地方官，勢之當然。但宋代之地方官均由京朝官任之，唯為提高監察起見，行政上有轉運使，司法上有提點刑獄。范仲淹說：「轉運使提點刑獄職在訪察」（范文正公集卷八天聖五年上執政書）。

---

[51] 據涑水記聞，當時士大夫嫉歐陽修者：「云與甥亂」（卷三），「有謗其和從子婦者」（卷十六）。

關此數者，本書已有說明。歷代職官表（卷五十二司道，宋）引玉海云：「慶曆三年詔轉運使皆領按察使提刑（即提點刑獄）。不帶使名，亦準此，歲具官吏能否以聞」。並說明云：「謹案，宋監司以轉運使及提刑為最重」。吾人若比較兩者權力的大小，又似轉運使比提點刑獄為大。蓋世風日澆，負監察之責者，非有監察之工具，實難以舉監察之實。轉運使經度一路財賦，自可利用財政權，以舉刺一路官吏之違法失職。仁宗時，陳升之說：

天下州郡治否，悉付之轉運使（宋史卷三百十二陳升之傳）。

轉運使有財政權，與提刑之空有監察權者自不相同。但宋懲唐末五代之亂，一切制度均以控制為目標，所以轉運使等官雖得監察地方官，而宋又令御史監察轉運使等官。舉一例說：

李昌齡拜御史中丞，劾陝西轉運使鄭文寶生事邊境，築城沙磧，輕變禁法。文寶坐貶湖外（宋史卷二百八十七李昌齡傳）。

由此可知宋代於監察方面乃採多元主義。轉運使雖然可利用財政權，以舉監察之實，又常利用財政上之權力干涉地方官之行政。上述之築城等等是行政而非監察，事之至明。

但是宋代亦有一種良好制度，長官對其部吏本來有指揮監督之權，部吏受賄，長官若不糾舉，應負責任。這種制度實可矯上推下諉之弊。例如：

王曙為河北轉運使，坐部吏受賕，降知壽州（宋史卷二百八十六王曙傳）。

黃度知婺州，坐不發覺縣令張元弼贓罪，降罷（宋史卷三百九十三黃度傳）。

(五)考　課

吾國古代最重考課之法，蘇洵云：「夫有官必有課，有課必有賞罰。有官而無課，是無官也。有課而無賞罰，是無課也」（嘉祐集卷九上皇帝書）。宋制，每年一小考，三年一大考。

凡內外官，計在官之日滿一歲為一考，三考為一任（宋史卷一百六十三職官志三考功郎中）。

凡考須到任滿一歲，欠日不得成考。

凡考第之法，內外選人，周一歲為一考，欠日不得成考（宋史卷一百六十選舉志六考課）。

考課機關曾前後變更數次。太祖時置審官院考課中外職事官（宋史卷一百六十職官志六考課），太宗淳化四年別置考課院，將審官院之一部分職權移屬於考課院。即「審官院掌京朝官，考課院掌幕職州縣官」（宋史卷一百六十職官志六考課），「皆中書或兩制臣僚（兩制指翰林學士及知制誥）校其能否，以施賞罰」（宋史卷一百六十職官志六考課）。例如端拱中，「以翰林學士錢若水，樞密直學士劉昌言，同知審官院考覈功過，以定升降，又以判流內，銓翰林學士蘇易簡，知制誥王旦等，知考課院，重其職也」（宋史卷一百六十職官志六考課）。神宗熙寧五年，「罷考課院，間遣使察訪，所至州縣，條其吏課，凡知州通判上中書，縣令上司農，各注籍以相參考」（宋史卷一百六十職官志六考課）。元豐改制，又廢審官院，將一切考課事宜移屬於吏部，於是吏部就有尚書左右選，侍郎左右選之制。京朝官之考課由尚書左選掌之，幕職州縣官之考課，由侍郎左選掌之（文獻通考卷五十二吏部尚書，參閱宋史卷一百五十八選舉志四）。武臣之考課由尚書右選及侍郎右選分別掌之）。而會其成者則為吏部之考功司。

考功郎中員外郎掌文武官選敘磨勘資任考課之政令（宋史卷一百六十三職官志三吏部尚書）。

關於京朝官之考課，歷史沒有詳細記載，下列之例不過證明京朝官有考課之事而已。

> 刁衎遷國子博士，會考校百官殿最，衎以無過，得知光州（宋史卷四百四十一刁衎傳）。

關於地方官之考課，歷史記載較詳。此蓋宋懲唐末五代方鎮之禍，故用考課之法加以控制。宋之考課乃集中於中央。仁宗時，蘇洵上言：

> 臣觀自昔行考課者皆不得其術。蓋天下之官皆有所屬之長，有功有罪，其長皆得以舉刺。如必人人而課之於朝廷，則其長為將安用。惟其大吏無所屬，而莫為之長也，則課之所宜加（嘉祐集卷九上皇帝書）。

然以中國之大，侍郎左選何能一一考校州縣官之功過行能，於是就令地方官層層考課。請看南宋寧宗時右正言應武之言。

> 祖宗以一郡之官總之太守，諸郡之官總之監司，而又以諸道之監司總之御史。朝廷以殿最三等察監司，監司以三科考郡守而下，皆辨其職而進退之（文獻通考卷三十九考課）。[52]

所謂監司乃以轉運使為主，轉運使「專舉刺官吏之事」（宋史卷一百六十七轉運使），因而取得了考課之權，例如，真宗時：

> 張詠知益州，轉運使黃觀上其治狀，有詔褒善（宋史卷二百九十三張詠傳）。

又如南宋孝宗時，

[52] 紹興二年初詔監司守臣舉行考課之法……守倅考縣令，監司考知州，考功會其成，較其優劣而賞罰之（宋史卷一百六十選舉志六考課）。度宗咸淳三年命參酌舊制，以御史臺總帥閫監司，監司總守倅，守倅總州縣屬官（宋史卷一百六十選舉志六考課）。

李衡知溧陽縣，專以誠意化民，民莫不敬……帥汪澈轉運使韓元吉等列上治狀，詔進一秩（宋史卷三百九十李衡傳）。53

宋代考課方法也同考課機關一樣，前後變更數次，比之唐代之確定為四善二十七最者相差遠了。然而我們須知唐在發布六典之後，才成為確定之制度，在此以前，也是隨時變更。今據宋史所載，考課方法特詳於地方官。京朝官幾乎付之闕如。此蓋宋承五代之後，最大任務在於安輯地方人民，建隆三年以前，注重戶口之增減（宋史卷一百六十考課），建隆三年又顧到稅收及治安（宋史卷一百六十考課），太宗及真宗均令諸道辨察部內官吏優劣為三等，而皆失於浮文，不適實用54。神宗時，「凡職皆有考，凡課皆責實」。但宋志只舉縣令之考課如次：

凡縣令之課，以斷獄平允，賦入不擾，均役屏盜，勸課農桑，振恤饑窮，導脩水利，戶籍增衍，整治簿書為最，而德義清謹公平勤恪為善，參考治行，分定上中下等，至其能否尤殊絕者，別立優劣二等，歲上其狀，以詔賞罰。其入優劣者賞罰尤峻（宋史卷一百六十選舉志六考課）。

嗣後對於監司及守令似有確定的考課方法，而對於京朝官仍無記載。

以七事考監司，一曰舉官當否，二曰勸課農桑，增墾田疇，三曰戶口增損，四曰興利除害，五曰事失案覈

53 「帥」是指經略安撫使，因為他對其屬官，有定賞罰之權，見宋史卷一百六十七職官志七經略安撫使。

54 太宗「詔諸道察舉部內官，第其優劣為三等，政績尤異為上，職務粗治為中，臨事弛慢，所涖無狀者為下，歲終以聞」。真宗景德初，「令諸道辨察所部官吏能否為三等，公勤廉幹惠及民者為上，幹事而無廉譽，清白而無治聲者為次，畏懦貪猥為下」（宋史卷一百六十選舉志六考課）。

察，六曰較正刑獄，七曰盜賊多寡。以四善三最考守令，德義有聞，清謹明著，公平可稱，恪勤匪懈為四善。獄訟無冤，催科不擾，為治事之最。農桑墾殖，水利興修，為勸課之最。屏除姦盜，人獲安處，振恤困窮，不致流移，為撫養之最。通善最分三等，五事為上，二事為中，餘為下，若能否尤著，則別為優劣，以詔黜陟（宋史卷一百六十三職官志三考功郎中）。

南渡之後，州縣殘破，戶口與墾田無不減耗，所以紹興三年又以戶口增否，五年復以勸課農桑為考課守令之標準（宋史卷一百六十選舉志六考課）。要之，宋之「考法，因時所尚，以示誘抑……皆因事而增品目，舊法固不易也」（宋史卷一百六十選舉志六考課）。

考課之後，須繼之以賞罰，宋初，「非有勞績不進秩。其後立法，文臣五年，武臣七年，無贓私罪始得遷秩。曾犯贓罪，則文臣七年，武臣十年」（宋史卷一百六十選舉志六考課）。仁宗時，「四年一遷官」（宋史卷一百六十選舉志六考課），大率此時遷官非依勞績，任滿即遷。范仲淹說：

知縣兩任，例升同判，同判兩任，例升知州……賢愚同等，清濁一致（范文正公集卷八天聖五年上執政書）。

張方平亦說：

祖宗之時，文武官不立磨勘年歲，不為升遷次序，有才實者，從下位立見超擢，無才實者，守一官十餘年，不轉其任。監當或知縣通判知州至數任不遷。當時人皆自勉，非有勞效，知不得進。祥符之後，朝廷益循寬大，自監當入知縣，知縣入通判，通判入知州，皆以兩任為限。守官及三年，例得磨勘。先朝始行，未見有弊，及今年深，習以為常，皆謂分所宜得，無賢不肖莫知所勸，願陛下稍革此制（宋史卷一百六十選舉志六考課）。

考課變成年勞，凡遷官者皆謂「分所宜得」，當然不能勸善而懲不肖。茲宜附帶說明者，吾國自隋唐以後，官與吏判為二途，凡不由文學出身者稱為「流外」，不能依考課之法，出仕為官。這與漢世，郡縣秀民推擇為吏，考行察廉，以次遷補，或至二千石，入為公卿者完全不同。王安石說：

又其次曰流外，朝廷固已擠之於廉恥之外，而限其進取之路矣。顧屬之以州縣之事，使之臨士民之上，豈所謂以賢治不肖者乎……蓋古者有賢不肖之分，而無流品之別，故孔子之聖而嘗為季氏吏，蓋雖為吏，而亦不害其為公卿。及後世有流品之別，則凡在流外者，其所成立固嘗自置於廉恥之外，而無高人之意矣。夫以近世風俗之流靡，自雖士大夫之才，勢足以進取，而朝廷嘗獎之以禮義者，晚節末路往往怵而為奸，況又其素所成立無高人之意，而朝廷固已擠之於廉恥之外，限其進取者乎。其臨人親職，放僻邪侈，固其理也（王臨川集卷三十九上仁宗皇帝言事書）。

蓋自考試制度施行之後，國家專以文詞取士，豪俊之士不長於雕蟲小技者，便不能表現其才能，而見用於世。擇才務廣，不宜限於一途。吾國自東漢以後，世乏傑出之才，政治亦缺乏奮發有為之氣，取士不得其法，實為最大原因。

㈥致　仕

宋制，年滿七十，可以致仕。

咸平五年，詔文武官年七十一以上求退者，許致仕（宋史卷一百七十職官志十致仕）。

這裡所謂「七十一」大約是指滿七十。因為咸平以後，凡言致仕，皆云七十。咸平五年之詔，致仕似由該官請求。仁宗以後，七十致仕已著為令，顧當時官吏昧利者多，知退者少，往往年已老耄而不退休。

致仕雖有著令，臣僚鮮能自陳（宋史卷一百七十職官志十致仕）。

這可以阻塞新進之士的出路，而致政治上失去新陳代謝的作用，所以仁宗時就有人說：

侍御史知雜事司馬池言，文武官年七十以上，不自請致仕者，許御史臺糾劾以聞（宋史卷一百七十職官志十致仕）。

這個建議有否實行，歷史沒有資料可考。吾人所知道的，有下列之例。

治平五年，神宗即位……是歲又以果州團練使何誠用，惠州防禦使馮承用，嘉州團練使劉保吉，昭州刺史鄧保壽皆年七十以上至八十餘，並特令致仕。以樞密院言，致仕雖有著令，臣僚鮮能自陳故也（宋史卷一百七十職官志十致仕）。

致仕官原則上只給半俸。

致仕官舊皆給半俸（宋史卷一百七十職官志十致仕）。

若蒙天子特恩，亦可以得到全祿。

晁迥以太子少保致仕，給全俸（宋史卷三百五晁迥傳）。

有時致仕之後，天子特為遷秩，以示優崇之意。

慶曆七年杜衍甫七十……以太子少師致仕……皇祐元年特遷太子太保……進太子太傅……又進太子太師（宋史卷三百十杜衍傳）。

而貶官者似無致仕之權利。

馬季良自貶所求致仕，朝廷從之。郭勸言，致仕所以待賢者，豈負罪貶黜之人可得，請追還敕誥（宋史卷二百九十七郭勸傳）。

唐制，五品以上致仕，才可以得半祿，或兼得半俸。宋制，那一級官有此優典，而除俸錢之外是否可以得到祿粟，歷史沒有詳細記載。

關於上述各種致仕問題，葉夢得說：

> 唐致仕官，非有特敕，例不給俸（此語未可為憑）。國初，循用唐制，至真宗，乃始詔致仕官特給一半料錢，蓋以示優賢養老之意。當時詔云，始呈材而盡力，終告老以乞骸，賢哉雖歎於東門，邈矣遂辭於北闕，用尊耆德，特示特恩。故士之得請者頗難。慶曆中，馬季良在謫籍，得致仕，言者論而奪之，蓋以此。其後有司既為定制，有請無不獲，人寖不以為貴，乃有過期而不請者。於是御史臺每歲一檢舉，有年將及格者，則移牒諷之，今亦不復舉矣（石林燕語卷五）。

若據趙翼研究，宋之致仕制度如次。

> 宋初，致仕官給俸亦出於特恩，如王彥超致仕，太祖詔給大將軍俸。上官正致仕，賜全祿，仍給以見錢。至太宗淳化元年始詔，凡致仕官皆給半俸（原注，獨醒志謂宋自章聖後，始命致仕者給半俸，則太宗時猶未著為令，與宋史互異）。真宗大中祥符五年詔賜致仕官全祿……又宋史謝泌傳云，近制文武官告老，皆還秩給半俸。泌請自今七十以上求退者許致仕，因疾及犯贓者，聽從便，詔從之。然則宋時雖以疾去及犯贓去者，皆得邀還秩給半俸矣。此又立法之太濫也（陔餘叢考卷二十七致仕官給俸）。

附錄　宋建元表

太祖趙匡胤　建隆三　乾德五　開寶九

太　宗　炅　太平興國八，元年即開寶九年　雍熙四　端拱二　淳化五　至道三

真　宗　恆　咸平六　景德四　大中祥符九　天禧五　乾興一

仁　宗　禎　天聖九　明道二　景祐四　寶元二　康定一　慶曆八　皇祐五　至和二　嘉祐八

英　宗　曙　治平四

神　宗　頊　熙寧十　元豐九

哲　宗　煦　元祐八　紹聖四　元符三

徽　宗　佶　建中靖國一　崇寧五　大觀四　政和七　重和一　宣和七

欽　宗　桓　靖康二

高　宗　構　建炎四，元年即靖康二年　紹興三十二

孝　宗　昚　隆興二　乾道九　淳熙十六

光　宗　惇　紹熙五

寧　宗　擴　慶元六　嘉泰四　開禧三　嘉定十七

理　宗　昀　寶慶三　紹定六　端平三　嘉熙四　淳祐十二　寶祐六　開慶一　景定五

度　宗　禥　咸淳十

少　帝　㬎　德祐二

益　王　昰　景炎三，元年即德祐元年，即位於福州

衛　王　昺　祥興二，即位於厓山

宋自太祖至欽宗九帝，一百六十六年。南渡九帝，一百五十二年，共三百十八年。

第十二章 元

第一節　蒙古的勃興與世界帝國的建立

在中國長城之北，有許多遊牧民族，更興迭仆。他們之中常有一個部落，以力侵略近鄰，漸次強大，並乘華夏多事之秋，入寇邊境，終則進入中原，而建國於其上。他們人數既寡，文化又低，一旦建國於中原之地，便與漢族同化。於是另一個部落又興起了，亦循前一個部落的發展途徑，先征服近鄰，次入寇邊境，終進入中原，而同化於漢族。五代之後，契丹是第一個部落，女真是第二個部落。他們習漢族之繁文縟禮，喪失其勇敢善戰的精神，政治上雖然統治中國，文化上卻為中國所同化。依吾國古訓，「進之中國，則中國之」，他們遂成為中華民族之一分子。於是第三個部落又興起了，這第三個部落就是韃靼，也就是蒙古。

韃靼種族散居於大沙漠以北之中間地帶，以遊牧為生，有七萬多戶（馮承鈞譯，多桑蒙古史第一卷一百七十八頁，商務版），分為許多部落，其中有孛兒只斤部 (Böröïgan) 者就是產生鐵木真——成吉思汗的部落。在成吉思汗時代，時人把他們的部落分為兩類，一類稱為尼而倫派 (Nirum)，即與孛兒只斤部有血緣關係的部落，如泰亦兀赤部 (Taijioutes)、巴鄰部 (Barines) 等是，尼而倫為華貴之意。另一類稱為都而魯斤派 (Dürlükin)，而與孛兒只斤部沒有血緣關係，如亦乞列思部 (Ikirasses)、巴牙烏特部 (Bayaoutes) 等是，都而魯斤為寒素之意❶。這些部落固曾組織部落聯盟，至其如何組織，史闕其文。吾人所知道的，鐵木真之父

❶ 新元史卷二十八氏族表上，參閱卷一序紀。蒙古共有部落多少，各書所載不同，名稱亦異，新元史卷二十八氏族表

也速該（Yesugai）曾被近鄰部落舉為盟長。也速該死，聯盟諸部以鐵木真年幼（時年十三），乃舉泰亦兀赤部酋長為盟長。

十餘年後，即一一八八年，鐵木真率眾一萬三千人，擊敗泰亦兀赤部三萬戰士，將其俘虜盡行烹死。這種恐怖政策果然奏效，前此奉戴他父親的部落又奉戴鐵木真為盟長了（馮承鈞譯，蒙古史略九頁，商務版）。這個時候鐵木真部眾東以塔塔兒（Tatares）與金為界，西與乃蠻（Naimans）接壤，北有蔑兒乞特（Mirkites），南有怯烈（Keräites），其社會組織尚停留於部落聯盟，而未進化到國家之域❷。鐵木真次第平定之，蒙古帝國由是成立。各部落奉尊號於鐵木真，曰成吉思汗，即宇宙皇帝之意，時為一二〇六年，即宋寧宗開禧二年。

成吉思汗既已統一蒙古，就想征服世界。當時亞洲情況如何呢？西伯利亞之地盡為狩獵種族所居，地貧窮，不足啟其貪心，而中國富庶，自古就為遊牧種族所覬覦。而中國之地，北方為金所據，西北為夏占

上，尼而倫派有二十部落，都而魯斤派有九部落。多桑蒙古史（第一卷一百七十一頁以下），尼而倫派有二十一部落，都而魯斤派有九部落。而格魯塞之蒙古史略（馮承鈞譯，二頁，商務版），尼而倫派有七部落，都而魯斤派有四部落。

❷ 據新元史卷二十八氏族志上，塔塔兒，蔑兒乞特，怯烈均為蒙古種族。卷二十九氏族志下，乃蠻為色目種族。又多桑蒙古史第一卷一百六十八頁以下，塔塔兒分六部落，蔑兒乞特分四部落，怯烈分五部落，乃蠻不分部落。新元史卷二十八氏族志上，亦謂塔塔兒分六族，蔑兒乞特分四族，怯烈有五支派，如是，怯烈連其本身應有六部落。此又與多桑蒙古史第一卷四十三頁所謂「怯烈部，部眾甚多，有六部落」之語相同。至於乃蠻，新元史卷二十九氏族志下，亦不言其分部落。

領，宋則退守南方。三國均已式微，不能抵抗方興之蒙古。於是成吉思汗先征西夏，數役之後，西夏請和（一二一〇年）。翌年開始侵擾金之雲中九原，進取西京（大同府），遂入居庸，取中京（大定府），北京（臨潢府）亦下。此時成吉思汗有事於中亞，回歸蒙古，留其將木華黎略取河北山西及山東之一部。一二二二年木華黎又攻下今日陝西全省，金只保留河南開封一帶之地。

成吉思汗北歸之後，就開始西征。乃蠻之南為畏吾兒 (Uigur)，它是突厥種族，本來稱藩於西遼。蒙古勃興，就於一二〇九年遣使納款（多桑蒙古史六十四頁及一百八十四頁）。西遼在畏吾兒之西，建國於女真滅遼之時。初女真滅遼，耶律大石出奔西域，自立為帝，建都於八剌沙袞 (Balasagun)。到了成吉思汗征服乃蠻之時，乃蠻酋長太陽罕 (Tayan-khan) 之子古出魯克 (Küclüg) 逃往西遼。西遼王以女妻之。而古出魯克乃與花剌子模 (Khwarizm) 通謀，瓜分西遼。西遼既亡，古出魯克定佛法為國教，不許臣民信奉回教，而賦斂繁重，民心瓦解，唯望蒙古兵速至。成吉思汗聞之，遣將往討，西遼人民爭相迎降。蒙古軍隊直入八剌沙袞，古出魯克出奔，途中為蒙古兵所殺，西遼亡（新元史卷一百十八乃蠻太陽罕傳）。於是蒙古又占領伊犁及天山南路之地（蒙古史略十八頁以下）。

此時蒙古所欲征服的為花剌子模。花剌子模在西遼之西南，它是一個大國，曾經侵略四鄰，國力頗見強大。一二一九年成吉思汗親率大軍，分三路進兵：第一軍由長子朮赤領之，第二軍由次子察合台及三子窩闊台領之，第三軍由成吉思汗及其幼子拖雷領之。花剌子模陳兵於錫爾河 (Sirdarya) 一帶之地，以禦北軍南下。那知成吉思汗善用奇兵，暗遣哲別及速不台率輕騎由合失合兒 (Kasgar) 取道拔扞那 (Fergana)，繞出錫爾河戰線之後。到了花剌子模調兵往禦，而錫爾河戰線又呈空虛之狀，蒙古兵一擁而前，遂取首都不花剌(Bukhara)，一二二一年國王走死，國亡（蒙古史略二十頁以下）。

蒙古軍乘勝，一方由哲別及速不台進兵伊蘭(Iran)北部，所到之處，或將其城垣破壞，或強其貢獻財貨，旋北踰太和嶺(Caucase)，攻入欽察(Kincap)之地。欽察求援於其近鄰的斡羅斯(Oros, Russes)，蒙古軍隊又擊破之（一二二三年），遂長驅直入斡羅斯之境，在其南部，大肆焚殺，進掠克里米亞半島(Crinee)，取道撒哈辛(Sacassin)，與成吉思汗之大軍會合，而後回歸蒙古（蒙古史略二十二頁以下，多桑蒙古史第一卷一百四十二頁以下）。其遠征裏海沿岸，為時共有二年。

當哲別及速不台遠征欽察之時，成吉思汗也平定了伊蘭東部的要塞，並攻取阿富汗(Afghanistan)諸城，所至毀其房屋，屠其人民，其幸而未見屠殺之民，亦驅之為前鋒，攻取未下之地。伊蘭及阿富汗既已降服，成吉思汗遂取道河中(Transoxiane)，與哲別及速不台之軍隊會合，緩緩的歸還蒙古（一二二三年至一二二五年）（蒙古史略二十三頁以下）。

此時，西夏雖降，尚有貳心，一二二六年成吉思汗進攻西夏，夏境州郡望風降下。一二二七年（八月十六日）病卒，而數日之後，西夏就見投降，時為宋理宗寶慶三年。當成吉思汗將死之時，囑諸將，死後祕不發喪，待夏主開城來降，執而殺之，並屠城中居民。諸將果遵命行之（多桑蒙古史第一卷一百五十三頁）。

成吉思汗既死，將領地分給四個兒子，長子朮赤先死，朮赤之子拔都分得欽察及花剌子模一部之地，次子察合台分得西遼舊地，即東西土其耳斯坦，三子窩闊台分得乃蠻舊地，幼子拖雷依「國俗，少子守父遺產，故太祖獨以舊居之地與之」（新元史卷一百八拖雷傳上），並附帶包括將來侵略的中國土地在內。這種分封蓋沿韃靼習慣，依其繼承制度，凡諸子之成年者，家長以什物家畜與之，使其能夠離開父母而獨立。「蒙古俗，父之遺產多歸幼兒」（新元史卷一百四顯懿莊聖皇后傳）。拖雷得地獨多，即此之故。至於伊蘭阿富汗之地，則屬統軍之將管理，直至一二五六年旭烈兀抵此，才建立一個汗國，即伊兒汗（蒙古史略三十六頁註三）。固然分封，尚不妨害蒙古帝國之統一，因為四個分地仍舊隸屬於大汗（蒙古史略三十三頁以下，多桑蒙古史第二卷一百八十九頁）。

成吉思汗死後，先由拖雷監國，誰為大汗，依蒙古習慣，是由宗王大會（Khuriltai）決定。一二二九年拖雷在怯綠連河（Kerulen）之地招集大會，依成吉思汗之遺命，推舉窩闊台為大汗，是為太宗。太宗以和林為都城，設置中書省，任命耶律楚材為中書令，蒙古之政治建設依靠耶律楚材之貢獻者甚大（元史卷一百四十六耶律楚材傳、新元史卷一百二十七耶律楚材傳）。汗位既已決定，蒙古仍繼續侵略歐亞各地。現在先從中國說起，此時金僅保有河南開封一帶之地。太宗親率大軍入陝西，陷鳳翔，遣拖雷寇宋，破漢中蜀口諸州郡，沿漢而東，進陷鈞州。太宗渡河入鄭州，會兵攻汴，西取潼關，東圍歸德，遂陷汴京，金主自經死，金亡。時為一二三四年，即宋理宗端平元年。

金亡之後，太宗又以欽察及斡羅斯諸部未定，出師討之，命拔都（朮赤子）為統帥，速不台副之，察合台之子貝達兒，太宗之子貴由，拖雷之子蒙哥皆從行，時為一二三五年。是時也，神聖羅馬帝國已經式微，而各國復有諸侯割據，不能組織中央集權的國家。因是，蒙古軍隊遂得到處橫行。拔都等先取欽察，擒其酋長八赤蠻（Bacman），裏海以北諸部悉降。旋又進兵斡羅斯，攻其南部。南部諸王忙於內戰（多桑蒙古史第二卷二百二十四頁），蒙古兵遂入烈也贊（Riazan），陷克羅姆訥（Kolomna），北至莫斯科，南下烏克蘭，焚毀乞瓦（Kiev）（新元史卷一百六拔都傳）。自是而後，斡羅斯受蒙古人統治者垂二百餘年（多桑蒙古史第二卷二百四十三頁）。

一二四一年，這一批蒙古遠征軍又分二道，一道往取孛烈兒（波蘭），一道往取馬札兒（匈牙利）。先是一一三九年孛烈兒國王波敕斯拉物 (Beleslow) 第三卒，分地與四子，昆弟構兵，內爭時起（多桑蒙古史第二卷二百二十五頁）。而馬札兒諸將亦因為國王收其采地，不願出戰（多桑蒙古史第二卷二百三十頁註）。於是蒙古軍隊之侵入兩國者，遂勢如破竹，兵之所至，城邑為墟。蒙古本來要在馬札兒建設一個汗國，而大汗凶訊忽至，拔都遂同其他諸王班師回國（蒙古史略四十二頁）。

繼之即位者則為太宗之子貴由，是為定宗，仍循過去政策，對宋用兵，而在位未久，不及施設。定宗崩，拖雷之子蒙哥即位，是為憲宗，由和林遷於上都（開平），命其兩弟（均拖雷之子）忽必烈寇宋，旭烈兀往征伊蘭尚未降服之地，如木剌夷 (Molahidas) 及報達 (Bagdad) 等是。旭烈兀於一二五三年由和林出發，一二五六年滅木剌夷，旋伐報達，一二五八年取之，殺其國王，而滅其國。旭烈兀就在伊蘭之地，建設伊兒汗國。此汗國建於一二五六年，至一三三四年才亡（蒙古史略五十三頁以下，參閱新元史卷二百五十六木剌夷傳）。

當此之時，忽必烈正進兵宋境。在太宗時代，蒙古已經略取四川，而長江為阻，蒙古軍隊不易南下。於是忽必烈就進兵雲南，以拊宋國之背（一二五二年）。雲南在唐代為南詔之地，後又改稱大理，宋時尚能獨立。至是既為忽必烈所滅，至元年間改建為行省，而使雲南成為中國的版圖。蒙古軍隊略取雲南之後，復命兀良合台（速不台之子）進兵交趾，大掠河內（一二五七年），還師北向，侵入宋之南境，經廣西，進圍長沙。時忽必烈之兵已經渡江，會於鄂州（武昌），憲宗之凶問忽至（一二五九年），忽必烈乃與宋媾和，引軍北還（蒙古史略五十三頁以下）。

忽必烈在上都自立為大汗，遷都於大都（燕京），建國號曰元，並循中國之制，建元曰中統，是為元世祖。世祖定都燕京，燕京「南俯吳越，北接朔漠，左控燕齊，右挾韓晉」（元文類卷二十四元明善撰丞相東平忠憲王碑）。顧祖禹云：「蒙古自和林而南，混一區宇。其創起之地僻在西北，而仍都燕者，蓋以開平近在漠南，而幽燕與開平形援相屬，居表裡之間，為維繫之勢。由西北而臨東南，燕京其都會矣」（讀史方輿紀要卷十直隸方輿紀要序）。而其地之經濟形況，又如虞集之言：「京師之東瀕海數千里。北極遼海，南濱青齊，萑葦之場也。海潮日至，淤為沃壤，用浙人之法，築堤捍水為田，聽富民欲得官者……分授以地……三年視其成……以次漸征之……可以近衛京師，外禦島夷，遠寬東南海運，以紓疲民」（元史卷一百八十一虞集傳）。

世祖自立為汗，實破壞蒙古之習慣，固然引起宗室反對，阿里不哥（拖雷子）亦僭號於和林，不久即見平定（新元史卷一百十阿里不哥傳）。皇位爭奪既已解決，忽必烈即繼續伐宋，破樊城，下襄陽，遂取武昌，沿江州郡望風款附。元兵略取建康，直入臨安，虜少帝太后北去。案元之滅宋是由南部進軍。此時「宋人方防蒙古於北，而蒙古兵忽自南來，舉國皆駭，則以蒙古先得西域，已入據大理也」（陔餘叢考卷十八元時疆域之大）。固然宋之遺臣立益王昰於福州，而元卻以舟師出明州，迫福州，又命騎兵出江西，踰梅嶺，占領廣州，絕其後路。福州既陷，宋臣復奉衛王昺保於厓山，一二七九年兵敗，宋亡。時為元世祖至元十六年。

元世祖既登帝位，就依中國傳統的政策，要求四裔稱臣朝貢。高麗在成吉思汗時代雖已降附，而叛服無常。憲宗（蒙哥）時，高麗國王王瞮（高宗）始遣太子倎為質，及卒，憲宗亦崩，世祖遣倎返國，是為元宗，並以公主嫁之。自是而後，高麗遂為忠順的藩國（新元史卷二百四十九高麗傳）。世祖又命日本稱臣，日本因大海相隔，知元師不易來討，拒絕不允。至元十一年（一二七四年）命將率舟師往征日本，陷對馬壹岐等島，而至於九州之筑前國，肆行殺戮，獲婦女以索貫手心，繫於船側，日本人大震。日本快要亡了，而元軍卻因矢盡引還。至元十八年（一二八一年）世祖又命將東征，在九州之肥前國登陸，不意暴風破舟，元之軍隊歸路既斷，多為日本所殺（蒙古史略五十八頁以下，參閱新元史卷二百五十日本傳）。

此時越南半島分為四國，即安南（今日越南北部）占城（今日越南中部及南部）緬國及真臘（今日柬埔寨，亦名高棉）。元軍先平安南（一二八六年），占城隨亦奉表歸款。次又進兵緬國，破其都城蒲甘 (Pagan)，大肆焚掠，緬國恐元軍再至，而於一二九七年奉表稱臣。此後元軍還想占領真臘，討伐爪哇，會世祖崩，國內不甚安定，遠征之事遂罷（蒙古史略五十九頁以下）。

蒙古起自陰山，以七萬戶之眾而能征服歐亞二洲。固然因為宋室式微，亞洲沒有一個大國能夠抵禦，而東歐各國又內訌時起，亦不能一致對外。然而除此之外，尚有許多因素，舉其要者，大約如次。

⑴蒙古為遊牧種族，其家畜有牛羊駱駝，而馬居多。蓋其地嚴寒，冬季積雪成冰，馬蹄較強，能夠破冰覓食，故馬在家畜之中，為數最多。此種民族食馬肉，飲馬乳，乘馬遷徙，逐水草而居，衣家畜之皮革，用家畜之筋作弓，用家畜之骨製鏃，而馬糞則為燃料。即其全部財產皆在家畜。他們自少即習騎射，不斷與風雪交戰，而習於勞苦。戰時每人攜馬數匹，以弓為其重要的武器。遠見敵人，即發矢射之，不欲白刃相接。一見敵人退走，則易健馬還擊之。此種戰術在當時，與持矛操刀之步兵角逐於戰場之上，當然是每戰必勝（多桑蒙古史第一卷三十二頁以下及一百五十九頁）。

⑵韃靼部隊之組織猶如軍隊，凡能荷戈者皆為戰士。各部落中，十人一隊，於十人中擇一人為之長，

而統率其餘九人。合十隊為一連，而隸於百夫長一人。合十連為一團，而隸於千夫長一人。合十團為一軍，而隸於萬夫長一人。君主之命令由傳達官傳於各萬夫長，再由萬夫長按次以達十夫長。各部落各有領地，設有攻戰，需要兵士，則每十人中，簽發一人以至數人。不許將校收錄他隊之人於本隊。同盟部落之人有叛其首領而來降者，雖親王亦不得收容之。此種禁令可使隸屬關係更見鞏固。成吉思汗對於將校之選用極其嚴格。他曾說：「凡善將十人者，即以十人委之。倘十人長不能馭御其小隊，我則並其妻子一同處死，於十人中別選一人代之」（多桑蒙古史第一卷一百五十六頁以下）。組織鞏固，而紀律森嚴，這也是蒙古能夠橫行世界的原因。

(3)成吉思汗善用恐怖政策以威脅各地人民。兵之所至，剽城屠邑，坑師沉卒，往往而然。這種殘暴行為傳播遠近，竟令受侵略之民族畏慴而不敢自衛（多桑蒙古史第一卷一百五十五頁）。所到之處，城邑為墟。設有大城未下，則先蹂躪其周圍之土地（多桑蒙古史第一卷一百五十八頁）。蓋其部眾以遊牧為生，只要地有水草可以養活馬畜，就可繼續作戰，這與城廓居民大不相同。「舊制，凡攻城，城中一發矢石，即為拒命，既克，必屠之」（新元史卷一百二十七耶律楚材傳）。其攻取一地之前，先使人諭其來降，告以「設汝不降，將來的結果僅有上帝知之」（多桑蒙古史第一卷一百五十七頁）。這是恐嚇之語，依其「軍法，凡城邑以兵得者，悉阬之」（元文類卷三十四姚燧撰序江漢先生死生）。豈但不降者阬，降緩者亦阬，蓋降緩，亦須用兵之故。木華黎伐金，攻取北京（臨潢府），「怒其降緩，欲阬之」，蕭也先❸說：「既降而阬之，後豈有降者乎」（元史卷一百十九

❸ 新元史卷一百十九木華黎傳，作石抹也先。元史卷一百五十，新元史卷一百三十五均有石抹也先傳。遼人，遼之后族。遼后妃均姓蕭氏，故元史木華黎傳作蕭也先。他是遼人，故有此見解。元史卷一百二十四塔本傳，亦戒其軍士

木華黎傳），由此一語，幸免於禍，然此不過例外而已。若究其實，敵國居民開城乞降，亦不免於被屠（多桑蒙古史第一卷一百五十八頁）。其對俘虜常加以殘酷的嚴刑，有時且「以俘卒前驅，將士督攻於後」（新元史卷一百六拔都傳），例如拔都遠征馬札兒，兵至丕敕克(Perg)，「以斡羅斯，欽察，馬札兒人為前驅，蒙古人自後督之，踐積尸登城」（新元史卷二百五十七馬札兒傳）。然而勝利之後，又復盡殲俘虜。蓋蒙古以十餘萬之眾，深入敵地，唯恐後方居民反叛，故降城陷壘，不復斷別善惡，阬殺士女，尠有遺類，以絕後顧之憂（多桑蒙古史第一卷一百五十八頁）。當大汗崩殂，拔都班師回國之後，歐洲人民還在恐怖之中，懼蒙古兵之復至（多桑蒙古史第二卷二百四十二頁）。由此可知蒙古之恐怖政策是震撼當時歐洲人民，而非常成功的。

(4)蒙古種族在不良的氣候之下，居鹵磧之地，度其遊牧生活，只唯酋長才有鐵鐙，其貧可知（多桑蒙古史第一卷一百五十五頁）。這個種族與惡運相抗者，為時甚久。到了成吉思汗時代，雖能侵略世界，尚未脫掉遊牧生活，其對土地，不過視為牧場。其對降戶，最多只以之為奴隸。直脫兒從太宗（窩闊台）「收河南關西諸路，得民戶四萬餘，以屬莊聖皇太后（拖雷妃，憲宗蒙哥母），為脂粉絲線顏色戶」（元史卷一百二十三直脫兒傳），這大約等於古代之湯沐邑。依蒙古舊法，凡得一地，該地之一切財產均歸將士所有，所降之戶亦以賜將士（多桑蒙古史第二卷二百八頁）。太祖時，常令功臣引弓射箭，視箭所落之地，悉以與之。例如攻取金之中都（大定府），「謂札八兒曰，汝引弓射之，隨箭所落，悉畀汝為己地」（元史卷一百二十札八兒火者傳）。破燕（金之北京臨潢府）之時，命鎮海「於城中環射四箭，凡箭所至，園池邸舍之處悉以賜之」（元史卷一百二十鎮海傳），又如太宗十年以東平地分封諸功臣。各私其人，不隸有司（新元史卷一百三十七王玉汝傳）。

勿「殺無辜，以堅敵心」。塔本伊吾廬人，故其見解亦同。

此乃得到中國之地以後的事。在此以前，蒙古攻取西方各國，若該地戶口過多，則除必須保留之外，餘盡殺之，有時留為攻擊未下之城之用。退兵時仍不免被屠（多桑蒙古史第一卷一百五十九頁）。蓋遊牧民與農耕民不同，農耕民知道土地之重要，而為耕耘土地，又知道人民之重要。遊牧民所需要的乃是牧場，而欲獨占牧場，又須該地沒有別的種族。萬不得已，不能盡殲其人，亦不過留為奴隸，使他們看守家畜。吾人觀「別迭等言，漢人無補於國，可悉空其人，以為牧地」（元史卷一百四十六耶律楚材傳），即可知之。趙翼云：

> 元初起兵朔漠，耑以畜牧為業，故諸將多掠人戶為奴，課以遊牧之事，其本俗然也。及取中原，亦以掠人為事，并有欲空中原之地以為牧場者。耶律楚材當國時，將相大臣有所驅獲，往往寄留諸郡，楚材因括戶口，並令為民，匿占者死。立法未嘗不嚴，然諸將恃功牟利，迄不衰止，而尤莫甚於阿爾哈雅（元史張雄飛傳，作阿里海牙）豪占之多……其所占之戶以千萬計（文多不錄，見元史卷十一世祖紀至元十七年春正月、卷十二世祖紀至元十九年夏四月、卷一百五十九宋子貞傳、卷一百六十三張雄飛傳）。蓋自破襄樊後，巴延領大兵趨杭州留阿爾哈雅平湖廣之未附者，兵權在握，乘勢營私，故恣行俘掠，且庇逃民，占降民，無不據為己有，遂至如此之多也。他如宋子貞傳，東平將校占民為部曲戶，謂之腳寨，擅其賦役，幾四百所。子貞言於嚴實，乃罷歸州縣。張德輝傳，兵後孱民依庇豪右，歲久掩為家奴。德輝為河南宣撫使，悉遣為民。雷膺傳，江南新附，諸將往往強籍新民為奴隸。雷膺為湖北提刑按察使，出令還為民者數千。王利用傳，都元帥塔爾海抑巫山民數百口為奴，利用為提刑按察出之。袁裕傳，南京總管劉克興掠良民為奴，裕出之為民。此皆散見於各傳者也（廿二史劄記卷三十元初諸將多掠人為私戶）。

總之，遊牧民沒有領土觀念，故得一地，即以該地賜給將士，讓將士把家畜蕃息於其地。及至蒙古知道人民可以供為奴隸之用，而後被侵略之人始得保全生命。到了蒙古知道與其劫掠財物，不如徵收賦稅，而將士就和其君主一樣，享有徵稅之權（多桑蒙古史第二卷二百六十六頁）。由於此種作法，遂令一般將士先為了取得牧場，次為了捕獲看守家畜的奴隸，終為了搾取征服地的租稅，一往直前，勇敢作戰。

(5)蒙古雖為野蠻種族，而其用兵之奇卻非當時歐亞人民所能比擬。郝經謂元「得兵家之詭道，而長於用奇」（元史卷一百五十七郝經傳），洵非虛語。三略（上略）云：「用兵之要，必先察敵情」，蒙古在行軍以前，先遣間諜偵察敵人兵力及敵國地勢，而後決定進攻之策。成吉思汗「欲伐金，乃遣阿剌淺使於金以覘之，金人不為禮，然往返之間盡得金人虛實及道路之險易」（新元史卷一百三十一阿剌淺傳）。虛實既明，即出奇兵攻其不備。成吉思汗西征花剌子模，先陳兵於錫爾河一帶之地，而又別遣輕騎，繞出錫爾河戰線之後，使花剌子模前後受攻，竟遭敗北，即其一例。成吉思汗將死之時，謂左右曰「金精兵在潼關，南據連山，北限大河，難以遽破。若假道於宋，金宋之世仇也，必許。我則由唐鄧直擣大梁，金雖撤潼關之兵以自救，然千里赴援，士馬俱疲，吾破之必矣」（新元史卷三太祖紀下二十二年）。其後太宗滅金即循成吉思汗之戰略。苟非熟知山川形勢，何能作此決定。太宗令速哥使金，因便覘其虛實，達汴，及見金主，「佯為不智，而默識其地理阨塞城郭人民之強弱，既復命，備以虛實告」（元史卷一百二十四速哥傳）。蒙古人深知用兵之法，不特太祖而已，其將帥目濡耳染，亦長於用奇，太祖派速不台往征蔑兒乞(Mirkites)，「速不台選裨將阿里出領百人先行，覘蔑兒乞之虛實。戒之曰汝止宿，必載嬰兒具以行，去則遺之，使若挈家而逃者。蔑兒乞見之，果以為逃，人不設備，速不台大破之，盡殲其眾」（新元史卷一百二十二速不台傳）。此即孫子（始計）所謂「能而示之不能」，孫武用減灶之法，以驕龐涓，卒令龐涓自刎（史記卷六十五孫武傳），速不台之滅蔑兒乞，亦用斯計。由此可知蒙古能夠侵略世界，不但恃其將勇兵強，其戰略之奇亦足供後人參考。

第二節　蒙古帝國的瓦解及對華政策之錯誤

蒙古軍隊侵略歐亞二洲，每「得一地，即封子弟一人鎮之，亦有封及駙馬者」（廿二史劄記卷二十九元封子弟駙馬於各地）。此即封建諸侯以作屏藩之意。但是封建須以宗法觀念為基礎，而「大宗百世不移」尤為重要。蒙古沒有這種制度，而交通不便，領土太大，中央政府鞭長莫及，所以分封諸王多據地叛亂，而令大汗忙於應付，趙翼云：

元封諸王於西北，固收宗支藩衍之效，然多有據地叛亂者。其見於本紀者，世祖時，諸王乃顏反，帝自將討擒之。已而其黨哈丹禿魯叉叛，再出師敗之。而諸王中有海都者尤強盛，屢稱兵內犯，詔以安童佐皇子北平王那不鎮北邊。諸王昔里吉劫北平王，拘安童，脅宗王以叛，帝命伯顏討之，雖敗其兵，而海都仍逸去，故常命皇子鎮北邊以備之。成宗及晉王武宗為皇子時，皆守邊十餘年，未嘗帖服也。此外見於各列傳者，土土哈傳，有叛王脫脫木失烈吉及鐵哥，皆為土土哈所敗，又擒叛王哈兒魯，誅叛王兀塔海，又敗叛王火魯哈孫於兀魯灰之地，夜渡貴烈河，敗叛王哈丹。又阿沙不花傳，有叛王納牙等為阿沙不花所敗。伯顏傳，有諸王明里鐵木兒，從海都叛，伯顏以書喻之，明里鐵木兒感泣來歸。阿朮傳，有叛王昔剌木為阿朮所敗。阿剌罕傳，有世祖母弟阿里不哥搆兵。塔出傳，有叛王曲迭兒為塔出所敗。暗伯傳，有叛王哈魯為暗伯所擒。昔班傳，有火和大王叛，為昔班所敗。玉哇失傳，有諸王和林及失剌等叛。麥里傳，有諸王霍忽叛，掠河西，麥里擊敗之。忽林出傳，有叛王幹羅斯等為忽林出所敗。失剌拔都兒傳，有叛王脫脫為失剌拔都兒所擒。洪重喜傳，有叛王八剌哈赤為重喜所敗。劉國傑傳，有諸王脫脫木反，國傑襲取之。孔元傳，有叛王失里木等，元出兵敗之於兀速洋。劉哈剌八都魯傳，有叛王昔里吉及脫忽，皆戰敗被擒（蓋即劫北平王者）。汪惟正傳，有叛王土魯叛，據六盤山，為惟正所擒。忙哥撒兒傳，有叛王察哈台，為忙哥撒兒所誅。鐵哥傳，有叛王塔不台。月赤察傳，有叛王滅里鐵木兒，屯於金山。武宗為皇子鎮北邊時，出其不意，以師壓之，滅里乃降。成宗元貞二年，猶有諸王都哇徹徹禿，潛師襲火兒哈禿之地。又叛王禿麥幹魯思等犯邊，直至元貞九年，海都子察八兒，及都哇明里帖木兒等，相聚謀曰，昔我太祖，艱難以成帝業，我子孫乃自相殘殺，是隳祖宗之業也。今鎮邊者，皆吾世祖之孫，吾與誰爭哉。不若遣使請命罷兵，通一家之好。乃遣使來，帝許之，於是諸王皆罷兵入朝（牀兀兒傳）。諸王入朝大宴時，脫脫即席陳西北諸王始終離合之迹，去逆效順之義，聽者傾服（脫脫傳）。此元一代分封諸王得失之林也。王思廉傳，帝親征乃顏時，思廉謂段貞曰：諸王反，由地大故也。漢鼂錯削地之議，實為良圖。貞以聞，帝嘉之。其時博羅歡亦謂太祖分封諸王，其地與戶，以二十分為率，忙兀、兀魯、扎剌兒、宏吉利、亦其列思五部，共得十一，乃彥獨得其九，故最強。然則眾建而分其勢，又析圭分土時所當早計歟（廿二史劄記卷二十九元代叛王）。

諸王叛變，大汗與封建諸侯的隸屬關係已經發生動搖。而蒙古人眾又寡，既不能移民於各地，使各地成為蒙古的版圖，而文化又低，復不能使該地居民同化於蒙古。所以數傳之後，不但各地脫離大汗而獨立，而蒙古種人反喪失其種性，而採用該地的風俗習慣。例如忽必烈的後代成為漢人，察合台的後代成為突厥人，旭烈兀的後代成為波斯人。最後察合台欽察波斯三汗國的蒙古人採用回教，而與信佛教的中國分離（蒙古史略九十一頁以下）。案一切民族均有其民族的特質，這不但因為它們的風俗習慣不同，抑亦因為它們的感情思想有別。同一的感情思想是由長期的共同生活鑄造而成。換句話說，各種民族因為生活於不同的環境之下，故乃鑄出不同的感情思想。這個不同的感情思想雖然隨著生活環境而改變，而在一定期間之內常使民族表現其民族的特質，一方自己人民之間有同類之感，他方對於別個民族又感覺其為異類，這種感覺就是民族意識，也就是民族感情。民族歷史愈長，其民族精神愈益顯明，因之愈難接受外國文化。縱令輸入外國文化，亦必透過民族精神，加以許多改造，以適合於民族的需要。反之，民族歷史不長，或沒有高級文化，則外國文化容易接受，縱令全盤外國化，亦為可能。由此可知一個民族不能完全接受外國文化，不是因為該民族之無能，也不是因為該民族之保守，反而因為該民族之有高級文化。蒙古民族在成吉思汗以前沒有文化，連固定的宗教信仰都沒有。其所崇拜的是武力。他們依靠武力征服世界。到了領土擴大，由部落進化為國家之時，因為種族分散於遠方異域，而遠方異域之人，文化又比蒙古人高，所以政治上雖然統治了各地民族，而數傳之後，自己民族反為被征服民族所同化。其能保有韃靼固有的生活習慣者不過蒙古之地而已。

同時促成蒙古帝國之瓦解者，皇位之繼承亦不失為一個原因。依蒙古習慣，諸子已屆成年，家長即以畜群與之，令其離開父母而獨立（多桑蒙古史第一卷一百八十九頁以下）。這種制度只能實行於遊牧時代的行國，到了組織城廓國家，誰繼承皇位，應有一定法制。而「蒙古法不立太子，其嗣大位者，俟諸王大臣集議，然後定策，謂之忽里勒達」（新元史卷一百十三皇太子真金傳史臣曰）。一二二七年成吉思汗臨崩，遺命傳位太宗——窩闊台（新元史卷一百七察合台傳）。「國俗，承大位者，必經忽里勒達之議定」，「忽里勒達，譯言大會議也」。「太宗雖有太祖之前命，猶遵國俗」（新元史卷一百八拖雷傳），於是皇位虛懸約有兩年之久。到了一二二九年才開大會議於怯綠連河畔，由拖雷提議，遵太祖遺命，扶太宗即位。時成吉思汗長子朮赤已死，長孫拔都及次子察合台尚存，而嗣位者竟是第三子窩闊台。由此可知蒙古皇位之繼承乃沒有一定規則。一二四一年，太宗崩，誰人繼承皇位，又發生問題。此時拔都乃宗王之長，與定宗——貴由有隙，知皇后（太宗后乃馬真氏）將立其子定宗，遂託病遷延不行（新元史卷一百六拔都傳）。於是皇位又虛懸五載，由皇后乃馬真氏稱制，既而諸王畢集於達蘭答八思之地（新元史卷五定宗紀），勢不能久延，遂不待拔都之至，即舉太宗長子貴由為大汗，是為定宗。一二四九年定宗崩，皇位又發生問題，「時皇后（定宗后斡兀立氏）欲援先朝故事，立其子，諸王覬覦者尤眾」（新元史卷一百六拔都傳）。拔都遂與諸王會於阿勒塔克山，擁立拖雷長子蒙哥。皇后又遣使來言，「會議宜在東，不宜在西，且諸王未集（出席者盡是朮赤拖雷兩系諸王），不能定議」。拔都因帝位不可久虛，約定明年再會於東方。及期，開會於闊帖兀阿蘭之地，窩闊台及察合台二系諸王皆不至。「拔都乃申令於眾，有梗議者，以國法從事」，諷曰奉蒙哥即位，是為憲宗（新元史卷六憲宗紀）。一二五九年憲宗崩，又發生兩弟忽必烈與阿里不哥（均拖雷子）之爭立。時忽必烈身在中國，其左右有不少的中國士人，遂革除舊制，在上都自立為大汗，建國號曰元，廟號世祖。而阿里不哥亦僭號於和林，世祖親率大軍，進攻和林，阿里不哥遣使乞降，帝赦其罪，而拘禁終身（新元史卷一百十阿里不哥傳）。由此可知自成吉思汗死後，每次大汗崩殂，皇位就發生問題，雖然結果均告無事，而諸王尤其察合台窩闊台兩系諸王不免發生離心。例如憲宗即位之時，海都自以太宗嫡孫，不嗣大位，心常鞅鞅，以封地（海押立）距離大汗甚遠，遂叛變，常入寇邊，而「金山南北不奉正朔者垂五十年」（新元史卷一百十一海都傳）。又如旭烈兀侵入波斯，建設汗國，其子阿八哈雖「以未奉天子命，不敢遽踐汗位」，到了「世祖使命至，冊封為汗」，而後才「重行即位禮焉」（新元史卷一百八阿八哈傳）。但是我們須知旭烈兀乃世祖之同母弟，而再傳之後，也與元朝分離，子孫改奉回教，而同化於突厥種族（蒙古史略九十二頁）。

蒙古所建設的世界帝國次第瓦解，其保留的領土，只有中國。但蒙古對華政策又不妥善。中華建國極久，文化極高。自古以來，只有異族同化於華夏，不聞華人同化於異族。固然歷史上常有侵略中國之事，縱令該族剛強如鐵，而一入中原之後，就如投入烘爐之中，融化無存。中華民族得了新的血液，反可洗滌前此萎靡不振之氣，而恢復勇敢邁進的精神。鮮卑侵略後的隋唐，即其一證。其實，五胡亂華以後的漢族已與秦漢時代的漢族不同。它是混合亞洲許多民族而成的中華民族。中華民族血統上雖然不是漢族，精神上仍秉承漢族的思想。他們的胸襟是寬大的，只要異族接受中華的文化，就視為同一民族，不分彼此，而有平等的私權及公權。漢武帝臨崩之時，受遺託孤者有匈奴人金日磾。安史作亂出師勤王者，有契丹人李光弼。黃巢作亂，朱溫篡唐，此時志復唐祚者乃是沙陀人李克用。阿保機入據中原，而興師討伐，迫使遼主不能不北歸者，又是沙陀人的劉知遠。即許多異族進入中國之後，即忘記自己是異族，中華人民亦不視之為異族，而予以平等的待遇，不問其人顏色如何，血統如何。這與今日各國對於膚色之有偏見，甚至壟斷地區，不許有色人種移住其間者自不相同。世祖中統元年，郝經奏言：

昔元魏始有代地，便參用漢法。至孝文遷都洛陽，一以漢法為政，典章文物粲然與前代比隆，天下至今，稱為賢君。王通修元經，即與為正統，是可以為鑑也（元文類卷十四郝經立政議）。

至元三年許衡亦說：

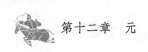

考之前代，北方之有中夏者，必行漢法，乃可長久……夫陸行宜車，水行宜舟，反之則不能行，幽燕食寒，蜀漢食熱，反之則必有變。以是論之，國家之當行漢法無疑也……（切）嘗思之，寒之與暑固為不同。然寒之變暑也，始於微溫，溫而熱，熱而暑，積百有八十二日，而寒始盡。暑之變寒，其勢亦然，是亦積之之驗也。茍能漸之摩之，待以歲月，心堅而確，事易而常，未有不可變者（元史卷一百五十八許衡傳，全文載在元文類卷十三許衡時務五事）。

推他們之意，華夷本來無別，異族能行漢法，亦可以君臨中國。這種思想甚有似漢唐時代的「天下一家」，然其出發點並不相同。漢唐因為征服四裔，故倡「天下一家」之說，以減少異族反抗之心。元初學者則因為中國為異族所征服，遂認夷夏之別並不重要。而如楊奐所說：「中國而用夷體，則夷之，夷而進於中國，則中國之也」（元文類卷三十二楊奐正統八例總序）。蓋他們乃欲以華變夷，使夷同化於華。固然太宗時代已經設置中書省，定宗以後，又撤而不置。世祖即位，才完全採用中華官制，置中書省樞密院御史臺等官，設學校以養士（元太宗六年設國子學，世祖時，學校之制更見完備，參閱續文獻通考卷四十七學校一），用考試以選士（太宗始得中原，輒用耶律楚材言，以科舉選士。世祖既定天下，王鶚獻計，許衡立法，事未果行。至仁宗延祐間，始斟酌舊制而行之。見元史卷八十一選舉志一）。元雖採用中華制度，蒙古色目人亦可與漢人雜居，且與漢人通婚（陔餘叢考卷十八元制蒙古色目人隨便居住）。然皇室依然保存蒙古舊俗，諸帝多不習漢文（廿二史劄記卷三十元諸帝多不習漢文）。而對中華民族又予以不平等的待遇。元代分國民為三等（事實上為四等，詳見下文），即蒙古色目及漢人，蒙古指蒙古人，色目指突厥回紇等西域人，漢人除漢族外，且包括契丹人女真人及高麗人。契丹人及女真人在元代多已漢化，高麗自古即接受中國的文化，故元乃將他們包括於漢人之中。唯在漢人之中，又有稱為南人者，據錢大昕說：

漢人南人之分以宋金疆域為斷，江浙湖廣江西三行省為南人。河南省唯江北淮南諸路為南人（十駕齋養新錄卷九趙世延楊朵兒只皆色目）。

即稱亡金之遺民為漢人，稱亡宋之遺民為南人。自金滅遼，而於一一二七年陷汴京，宋室南渡之後，南北對立有一百餘年之久（一二三四年蒙古滅金）。南北朝時代，北方人民固然是虜漢相雜，而混居既久，彼此又互相同化，而成為中華民族。南宋初期，抗金大將多係北方人。韓世忠延安人（宋史卷三百六十四韓世忠傳），延安府屬陝西路。岳飛相州湯陰人（宋史卷三百六十五岳飛傳），相州屬河北路。劉琦吳玠吳璘德順軍人（宋史卷三百六十六劉琦、吳玠、吳璘傳），德順軍即渭州，屬陝西路。楊存中代州崞縣人（宋史卷三百六十七楊存中傳），代州屬河東路。張俊鳳翔府成紀人（宋史卷三百六十九張俊傳），鳳翔府屬陝西路。劉光世保安軍人（宋史卷三百六十九劉光世傳），保安軍屬陝西路。只唯劉子羽建州崇安人（宋史卷三百七十劉子羽傳），建州屬福建路。虞允文隆州仁壽人（宋史卷三百八十三虞允文傳），隆州即陵州，屬西川路。金人既滅遼國，又得中原之地，「凡女真奚契丹之人，皆自本部徙居中州，與百姓雜處，計戶授田，使自耕種」（廿二史劄記卷二十八明安穆昆散處中原）。於是遼金宋三種民族漸次同化，蒙古總稱他們為漢人，不能謂無原因。

總之，古代華夷之別，經五代，由宋至元，已經消滅，且認元為繼宋而為正統。正統之說創始於晉習鑿齒之「漢晉春秋」（晉書卷八十二習鑿齒傳，據方孝孺說，正統之名，本於春秋），本來以兩個觀念為基礎，就倫理說，是指取天下以「正」。就政治說，是謂「統」天下於一。奇怪得很，理學家的朱熹對於正統，卻將倫理與政治分開。他說：「何必恁地論，只天下為一，諸侯朝覲，獄訟皆歸，便是得正統」（朱子語類卷一百五論自注書通鑑綱目）。即依朱熹之說，凡能統一中華，即有資格成為正統。此後許多理學家不但仕於元，且助元統一南北。例如郝經「家世業儒」（元史卷一百五十七郝經傳）。姚樞「以道學自任」，「許衡見樞，得伊川易傳，朱子論孟等注，中庸大學章句……乃手寫以歸，謂學徒曰昔所授殊孟浪，今始聞進學之序」（新元史卷一百七十許衡傳，參閱卷一百五十七姚樞傳）。理學家之願仕元，蓋朱子「正統」之說有以使之。朱熹的正統說有利於元，故元代學者大率崇奉程朱之學。

案程朱之學傳於北方，乃開始於趙復。太宗窩闊台之時，出師伐宋，取德安，獲趙復，趙復欲投水殉國，「姚樞曉以布衣未仕，徒死無益，不如隨吾而北，可以傳聖教」。趙復本誦法程朱之學，既至北方，遂以理學教眾，而朱子之四書章句集註及近思錄遂通行於海內。世祖忽必烈統一南北，立太學，亦用朱註四書，教授生徒。仁宗延祐年間開科取士，凡鄉試及會試第一場經問，皆由四書內出題，用朱子章句集註，終元之世莫之能改（新元史卷六十四選舉志一，卷一百三十四儒林傳序、趙復傳）。元史儒學傳共二十八人（附傳不計），而屬於朱熹學派者乃有十六人之多。其所以如此者，蓋如韓性所言：「今之貢舉悉本朱熹私議，為貢舉之文，不知朱氏之學，可乎」（元史卷一百九十韓性傳）。即班固所說：「蓋利祿之路然也」（漢書卷八十八儒林傳贊）。自是而後，朱熹的地位提高了，經明至清不變。案道學雖崇孔聖，而只是儒家的小乘。此輩太過注重個人的修養，漢代學者，例如賈誼屬於儒家，他謂「人主之行異布衣，布衣者飾小行，競小廉」。「人主者不恤小廉，不牽小行」。人主所注重的，「天下安，社稷固不耳」（新書卷一益壤）。明初，方孝孺亦言：「治天下與為家異，謹言篤學，持小節，守小信，無怨惡於人，匹夫之事得矣。為君則不然，明以別賢否，而處之各當其位；仁以立政教，而使宜乎民心；勇以及事之幾，而致其決；智以通物之情，而盡其變。剛而不猛，柔而不縱，簡而不怠，自強而不勞，而後天下可為也」（遜志齋集卷五唐文宗）。余已引過梁啟超之言：「宋明諸哲之訓所以教人為聖賢也。盡國人而聖賢之，豈非大善，而無如事實上萬不可致……故窮理盡性之談，正誼明道之旨，君子以之自律，而不以責人也」（中華版飲冰室文集之二十八，中國道德之大原）。嚴復於清末，就反對名教之說：「孟子曰孔子作春秋，而亂臣賊子懼。雖然春秋雖成，亂臣賊子未嘗懼也……必逮趙宋，而道學興，自茲以還，亂臣賊子乃真懼也。然而由是中國之亡也，多亡於外國。何則？非其亂臣賊子故也。王夫之之為『讀通鑑論』也，吾之所謂然，二三策而已。顧其中有獨到之言焉。其論東晉蔡謨駁止庾亮經略中原之議也，謂謨（蔡謨）綽（孫綽）羲之（王羲之）諸子無異南宋之汪（汪伯彥）黃（黃潛善）秦（秦檜）湯（湯思退）諸姦，以其屈庾亮，伸王導，惡桓溫功成，而行其篡也。不知天下有大防，夷夏有大辨，五帝三王有大統，即令溫功成而篡，猶愈於戴異族以為中國主。此所以駁亮者，宜與汪黃秦湯輩同受名教之誅也。此其言烈矣。然不知異族之得為中國主也，其事即興於名教。嗟呼，慮其患而防之，而患或起於所防之外，甚者乃即出於所防之中，此專制之制所以百無一可者也」（法意第五卷第十四章復案）。梁啟超亦說：「春秋公羊傳曰，何言乎王正月，大一統也。此即後儒論正統者所援為依據也……夫統之云者，始於霸者之私天下，而又懼民之不吾認也，乃為是說以箝制之曰，此天之所以與我者，吾生而有特別之權利，非他人所能幾也……故泰西之良史皆以敘述一國國民系統之所由來，及其發達進步盛衰興亡之原因結果為主。誠以民有統而君無統也。藉曰君而有統也，則不過一家之譜牒，一人之傳記，而非可以冒全史之名，而安勞史家之嘵嘵爭論也」（飲冰室文集之九論正統）。然而春秋之大一統，吾人實不能以今日之眼光，加以批評。蓋春秋一書乃內求統一，外求獨立，在民智未開之時，只有假力於天子，此即布丹之主權論。

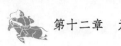

而如方孝孺所言：「春秋之旨雖微，而其大要不過辨君臣之等，嚴華夷之別」（遜志齋集卷二後正統論）。又如王夫之之言：「春秋者精義以立極者也。諸侯不奉王命，而擅興師，則貶之。齊桓公次陘之師，晉文公城濮之戰，非奉王命，則序其績而予之。乃至楚子伐陸渾之戎，猶書爵以進之；鄭伯奉惠王之命，撫以從楚，則書逃歸以賤之，不以一時之君臣，廢古今夷夏之通義也」（讀通鑑論卷十四晉安帝）。道學家不甚研究春秋，其結果也，葉適批評此輩，「高談者遠述性命，而以功業為可略。精論者妄推天意，而以夷夏為無辨」（水心集卷一上孝宗皇帝劄子）。宋亡之後，果然仕元的多是道學家，如姚樞許衡等是。而朱子的地位亦於元代大見提高。

陶九成謂蒙古七十二種，色目三十一種，漢人八種（南村輟耕錄卷一氏族）。而據日人箭內亙研究，「輟耕錄所謂蒙古七十二種中，明知其為重複者凡二十四種，疑係重複者三種，認為當入色目而誤入蒙古者一種，又他處全無所見之十二種中，確認為文字誤脫者三種。若單除重複者，則蒙古種當為四十八種。若再除稍有可疑者，則當減至四十種上下」（箭內亙著，陳捷譯，元代蒙漢色目待遇考十七頁，商務版）。「輟耕錄所謂色目三十一種中，明係重複者五種，當入蒙古而誤入色目者二種。他處全無所見之六種中，二種確係誤脫其頭字而重出者。別有貴赤，禿魯花二種，則非氏族之名，而確為軍名。如是則輟耕錄之色目三十一種中，當刪除者有九種之多，稍可疑者又有二種，故輟耕錄中雖云色目三十一種，其實只二十種上下耳」（元代蒙漢色目待遇考二十二頁）。漢人八種，據輟耕錄所載：

漢人八種：契丹，高麗，女直（即女真），竹因歹，朮里闊歹，竹溫，竹赤歹，渤海（原注，女直同）（南村輟耕錄卷一氏族）。

對此，錢大昕云：

> 陶九成輟耕錄載漢人八種……按遼金元三史，唯見契丹女直高麗渤海四國，餘未詳。考元史鎮海傳，從攻塔塔兒、欽察、唐元、只溫、契丹、女直、河西諸國，只溫蓋即竹溫之轉歟（十駕齋養新錄卷九漢人八種）。

日人箭內互亦謂：「竹因歹以下四種，其名稱頗奇，而無考證，實為遺憾……但編輟耕錄者，在漢人中不舉漢人，殊屬非是……在漢人中嚴密言之，亦有二種。曾在金人治下之中國人曰漢人，在宋朝治下之中國人曰南人，待遇上頗有差別。由此等情形言之，當改漢人八種為漢人六種。又竹因歹等四種果為部落之名否，亦不能無疑。故吾人當以所謂漢人，為漢人南人契丹高麗女真渤海六種」（元代蒙漢色目待遇考二十九頁）。

其實，輟耕錄所載蒙古七十二種，色目三十一種乃沒有一定標準，蓋其中有為種族之名稱，如唐兀（即西夏，其君主本姓拓拔氏，應為鮮卑種族，見宋史卷四百八十五夏國傳上）是。有為部落之名稱，如乃蠻歹（即乃蠻，屬突厥種）是。而且回回列為一種了，而雍古歹（新元史卷二十九氏族表下，作雍古）本回鶻之別部，又另列為一種。有為氏族之名稱，如札剌兒歹（札剌兒）、瓮吉利歹（弘吉剌）、永吉烈思（亦乞烈思）、兀魯歹（兀魯兀台）、忙兀歹（忙兀）等是。元史（卷一百二十朮赤台傳）云：「朮赤台，兀魯兀台氏，其先剌真八都以材武雄諸部，生子曰兀魯兀台，曰忙兀，與札剌兒、弘吉剌、亦乞烈思等五人。當開創之先，協贊大業，厥後太祖即位，命其子孫各因其名為氏」即其例也。這與漢人八種相較，範圍之廣狹似不均勻。

這個問題，本書不想多談。本書所要討論的，乃是元代既分國民為蒙古色目漢人三級，對這三級人民，法律上有何區別。蒙古以少數民族入主中原，蒙古深知欲取江南，須先占領襄樊。而其攻擊襄樊竟然費時五載（元史卷一百六十一劉整傳）。到了臨安淪陷，而漢人抵抗蒙古，直至弓折矢盡，宋師還要退保福州，再退而保厓山。厓山陷沒，宋之君臣還是投海而死，不願投降。蒙古對此頑強的民族，早已存有戒心。何況漢人不但占國民之絕對多數，而其文化之高，又非蒙古種族所能比擬。蒙古君臣由尊敬而生畏憚，可以說是勢之必然。所以得到中國之後，預防漢人尤其南人極其嚴厲。舉一例說：

諸江南之地，每夜禁鐘以前，市井點燈買賣，曉鐘之後，人家點燈讀書工作者並不禁。其集眾祠禱者禁之（元史卷一百五刑法志四禁令）。

禁令明言「諸江南之地」，其關於地的效力限於江南，關於人的效力是以南人為目標，可想而知。依此禁止，大約江南諸地，每晚必鳴禁鐘，每晨必鳴曉鐘。禁鐘以後，晨鐘以前，絕對禁止點燈。禁鐘以前，天雖黑暗，只許商店點燈，曉鐘以後，天尚未亮，只許人家點燈讀書工作。若是白晝，不許人點燈禱祀，蓋防人眾假借宗教，暗中結合，陰謀叛亂之故。

此外，元代對於漢人（包括南人）與蒙古色目人的權利義務，均與以不平等的待遇，而可分為四種，茲簡單述之如次。

㈠所有權

凡與戰爭有關之物件，均禁止漢人有之，例如馬匹：

至元二十三年六月戊申，括諸路馬，凡色目人有馬者，三取其二，漢人悉入官，敢匿與互市者罪之（元史卷十四世祖紀）。

敕中未言蒙古，蒙古人得私有馬匹，不加限制，是可推想而知。豈但平民，即官員存留之馬，三種人亦不平等。

一、官員存留馬，一品五匹，二品四匹，三品三匹，四五品二匹，六品以下一匹。聽除官員，色目人二品以上留二匹，三品至九品留一匹。漢人一品至五品受宣官留一匹，受敕官不須存留。一、外路在閑官員，除受宣色目官留一匹，其餘受敕以下，并漢官馬匹，無論受宣受敕，盡行赴官印烙解納（新元史卷一百兵志三馬政）。

又如刀刃：

至元二十三年二月己亥，敕中外，凡漢民持鐵尺手撾及杖之藏刃者，悉輸於官（元史卷十四世祖紀）。❹

㈡刑　罰

當「中原略定，州縣長吏生殺任情，甚至沒人妻子」。太宗雖從耶律楚材之言，凡犯死罪者，應「具由申奏待報，然後行刑」。然無刑律可循，州縣長吏任意科刑，如故。世祖忽必烈至元二十八年頒布「至元新格」，而後刑罰方有律令可循（新元史卷一百二刑法志上）。但均是犯人，其所受的刑，漢人較嚴，蒙古色目人較寬。舉數例言，一是禁止漢人與蒙古人鬥毆。

❹ 世祖至元二十七年十二月己卯，命樞密院括江南民間兵器。武宗至大二年十二月辛酉，申禁漢人執弓矢兵仗。英宗至治二年春正月甲戌，禁漢人執兵器出獵及習武藝。泰定帝泰定二年秋七月申禁漢人藏執兵仗，有軍籍者出征，則給之，還復歸於官（均見元史各本紀）。順帝即位，元運將終，後至元三年夏四月癸酉，禁漢人南人高麗人不得執持軍器，有馬者拘入官。五年夏四月己酉復申漢人南人高麗人不得執持軍器弓矢之禁（見元史惠宗紀）。順帝以前均只云「漢人」，此漢人當然包括南人在內。順帝時代之禁止，既特舉南人了，又加高麗人，這樣，順帝以前之禁令所謂漢人是否包括輟耕錄之漢人八種，待考。

至元九年五月禁漢人聚眾與蒙古人鬬毆（元史卷七世祖紀）。

這個禁令雖可解釋為元亦禁止蒙古人聚眾與漢人鬥毆，但依文意，似只對漢人言之。元時蒙古色目人聽就便散居內地（陔餘叢考卷十八元制蒙古色目人隨便居住），蒙古人以侵略者之資格，不免侮辱漢人，而引起漢人的憤恚。然而各地蒙古人必不及漢人之多，所以只有漢人由於公憤，聚眾與蒙古人鬥毆。世祖時，「或告漢人毆傷國人，帝怒，命殺以懲眾」。雖因董文忠之言，得免重典（元史卷一百四十八董文忠傳），而蒙古本以恐怖政策征服世界，其對漢人，特別存有戒心，自是意中之事。

二是漢人犯竊盜罪者刺臂刺項，蒙古人犯者不刺。

諸竊盜初犯，刺左臂，謂已得財者。再犯刺右臂，三犯刺項。強盜初犯，刺項……其蒙古人有犯及婦人犯者不在刺字之例（元史卷一百四刑法志三盜賊）。

三是漢人毆打蒙古人，蒙古人固可還毆，而蒙古人毆打漢人，漢人不得還毆，但許其訴於所在有司。

諸蒙古人與漢人爭，毆漢人，漢人勿還毆，許訴於有司（元史卷一百五刑法志四鬬毆）。

四是「諸殺人者死，仍於家屬徵燒埋銀五十兩給苦主」（元史卷一百五刑法志四殺傷），即漢人殺漢人或殺蒙古色目人均處死刑。反之蒙古人殺漢人，可由命其出征，而免死刑。

諸蒙古人因爭及乘醉毆死漢人者，斷罰出征，並全徵燒埋銀（元史卷一百五刑法志四殺傷）。

㈢受教育及應考試之權

蒙古人享有此種一切權利，固不待言，色目人僅次蒙古人一等，例如「唐兀氏仕宦次蒙古一等」（新元史卷二十九氏族表下），即其明證，漢人又次色目人一等，茲分別述之如次：

(1)先就受教育之權言之，元代學校有地方及京師兩種。關於地方學校，元史（卷八十一選舉志一學校）及新元史（卷六十四選舉志一學校）所載，不甚明瞭。兩志均云，「至元二十八年命各路學及各縣學內設立小學，或自願招師，或自受家業於父兄者，亦從其便」。所謂「各路學及各縣學內設立小學」一語，可以發生四種問題：一是除路學與縣學外，是否另有小學，如其然也，路學與路之小學，縣學與縣之小學有何關係。二是元之地方制度，路縣之間有散府，又有州，兩志均謂路、散府、上州及中州設教授，下州設學正，縣設教諭，如是，則散府與州也有學校了。散府及州既有學校，是否也有其附屬的小學。三是各級地方團體均有學校與小學，不識其與上級地方團體的學校小學之關係如何。四是縣必有所隸，縣既有小學了，則一路一散府一州之內，小學生徒將為縣小學所吸收，這樣，如路，如散府，如州，其小學生徒的來源如何。續文獻通考云：

臣等謹按元世祖紀，大司農司所上諸路學校之數，至元二十三年二萬一百六十六所，二十五年二萬四千四百餘所，二十八年二萬一千三百餘所，可謂盛矣。而學校卒未見興起，明太祖謂其名存實亡，豈不信耶（續文獻通考卷五十學校考四至元二十八年）。

諸路學校之數乃在二萬以上，而察之兩史地理志，合併計算路、散府、州、縣不及二千，則地方普設學校（與小學），可想而知。但上述問題如何解答，仍屬懸案。不過元代地方學校自始就有名無實，而國家又許人民自行招師，或受家業於父兄，則地方學校已不重要，吾人固不可用今日縣設小學，省設中學，國設大學之制，以律元代學校制度。

京師學校即太學，有國子學（立於世祖至元六年）、蒙古國子學（立於世祖至元八年）、回回國子學（立於世祖至元二十六年）三種（續文獻通考卷四十七學校一）。蒙古國子學教授蒙古語，回回國子學教授回回語，真正太學乃是國子學，以傳授經學為旨。「其生員之數定二百人，先令一百人及伴讀二十人入學。其百人之數，蒙古半之，色目漢人半之」（元史卷八十一選舉志一學校、新元史卷六十四選舉志一學校），即一百人之中，蒙古五十人，色目漢人共五十人，此外另有伴讀二十人。由成宗而至武宗，二百人之數逐漸補足。仁宗延祐二年增置生員百人，陪堂生二十人，即國子生員已由世祖時一百人增加至三百人。此三百人之數，是否亦依「蒙古半之，色目漢人半之」之數，蒙古為一百五十人，色目漢人共一百五十人，兩志均闕其文。至於陪堂生與伴讀生不知有何區別，若無區別，則前此之二十人伴讀生已增加為四十人❺。

國子學依宋太學三舍之制，分上中下三齋，各齋又分為二，茲依元史（卷八十一選舉志一學校）及新元史（卷六十四選舉志一學校）所載，列表如下：

元代太學三齋表

等級	齋名	課程
下齋	遊藝、依仁	凡誦書講說小學屬對者隸焉。
中齋	據德、志道	講說四書課肄詩律者隸焉。
上齋	時習、日新	講說易書詩春秋科習明經義等程文者隸焉。

國子學依考試之法❻，學業優良者，下齋升中齋，中齋升上齋。但試蒙古生之法從寬，色目生稍密，漢人生更密（元史卷八十一選舉志一學校、新元史卷六十四選舉志一學校），生員坐齋三週歲以上，得充貢舉。仁宗延祐四年以前，國子生員之被貢舉的即可得官，仁宗延祐四年以後，貢舉之法變更，國子生員坐齋三週歲以上，其成績優良者，每年取四十名，即蒙古色目各十名，漢人（應包括南人）二十名，三年共一百二十名，與鄉試合格者三百名，共同參加尚書省禮部之會試。此際國子生員之中，中式者共有多少，史闕其文。凡會試中式之國子生員，最後亦貢於天子，而舉行御試，即所謂廷試或殿試。中式人數有否定額，史闕其文。順帝至正二年為十八名，蒙古人六名，從六品出身，色目人六名，正七品出身，漢人南人共六名，從七品出身，皆授進士（元史卷九十二百官志八選舉附錄科目。出身官品之不同，在仁宗延祐四年以前，即武宗至大

---

❺ 歷代職官表（卷三十四國子監，唐）云：「謹案，自北齊立國子寺，隋改為監。嗣後建國學者皆以國子為名，其實當時諸學並建，其品官及庶人之子為生徒者，各以差等分隸。國子乃專教三品以上子孫之學（此言有誤，唐時已經是生徒之及第者，四門補太學，太學補國子學），以此名監，蓋特取其居首者，以槩其餘耳。元代以後，博士助教總為一學，無分教之法，諸生亦不復以貴賤為區別，而學校猶獨蒙國子之名，蓋亦沿用隋唐之舊也」。

❻ 國子學考試之法，蒙古、色目人與漢人不同。

第一組（蒙古人、色目人）
- 孟月仲月——各試明經一經
- 季月——試策問一道

第二組（漢人）
- 孟月——試經疑一道
- 仲月——試經義一道
- 季月——試策問表章詔誥科一道

四年，已經如是，見元史及新元史選舉志一學校）。由此可知同是太學生，而御試中式人數，以漢人南人之多，而竟和蒙古人、色目人一樣，同為六名，已經不公平了。何況初次入仕，官品又不相同，漢人南人之受差別待遇，可以知道。

總之，仁宗延祐四年以前，國子生員一經貢舉，即可得官。四年以後，必須試於禮部，策於殿廷，登進士第之後，始授之以官。

(2)次就應考試之權言之，凡入國子學之人，考試之不平等已如上述。其不入國子學之人須先參加鄉試。鄉試每三年舉行一次，先由本貫官司（大約是指縣之長官）於諸色戶內，推薦年二十五以上，鄉黨稱其孝悌，朋友服其信義，經明行修之士，結狀保舉，貢於路府，其或徇私濫舉並應舉而不舉者，監察御史肅政廉訪司體察究治（元史卷八十一選舉志一科目、新元史卷六十四選舉志一科舉）。所謂路府當指諸路總管府（元史卷九十一百官志七、新元史卷六十二百官志八），但地方團體亦有不隸於路，而直接屬於行省者，此際所保舉的人似是貢於行省。次由路府將貢來的人送至直隸省部四路（大都、上都、真定、東平），十一行中書省及二宣慰司（河東、山東）治所之所在地，舉行鄉試。鄉試中式的人全國共三百名，即蒙古色目漢人南人各七十五名。各七十五名之名額又分配於各鄉試之地區，其人數並不相等❼。再次又將所錄取之三百人，送至京師，參加會試，而於其中，取一百名，即蒙古色目漢人南人各二十五名。最後則將此一百名貢於天子，參加御試，即參加廷試。鄉試會試及廷試均分兩組，蒙古色目人為一組，漢人南人為一組，兩組所試不同❽。廷試之中式者分左右兩榜發表，蒙古色目人為右，作一榜，漢人南人為左，作一榜（續文獻通考卷三十四選舉一舉士云：「仁宗延祐二年三月始開科，分進士為左右榜，蒙古色目人為右，漢人南人為左」，蒙古尚右，以右居左之上），每榜三甲。仁宗皇慶二年發布條例如次：

❼ 鄉試合格者三百。箭內亙依元史卷八十一選舉志一科目，作表如次。見漢譯元代蒙漢色目待遇考七三頁，商務版。

		蒙古	色目	漢人	南人	合計
中書省直隸	大都	15	10	10	0	35
	上都	6	4	4	0	14
	真定	5	5	11	0	21
	東平	5	4	9	0	18
宣慰司	河東	5	4	7	0	16
	山東	4	5	7	0	16
行省	河南	5	5	9	7	26
	陝西	5	3	5	0	13
	遼陽	5	2	2	0	9
	四川	1	3	5	0	9
	甘肅	3	2	2	0	7
	雲南	1	2	2	0	5
	嶺北	3	2	1	0	6
	征東	1	1	1	0	3
	江浙	5	10	0	28	43
	江西	3	6	0	22	31
	湖廣	3	7	0	18	28
	合計	75	75	75	75	300

❽ 茲抄錄箭內亙依元史卷八十一選舉志一科目所作鄉試會試及御試之科目表如次。見漢譯元代蒙古色目待遇考七十頁至七一頁。

鄉試及會試

第一組（蒙古人 色目人）
- 第一場——經問五條（由大學論語孟子中庸內設問，用朱子章句集註）。
- 第二場——策一道（以時務出題，限五百字以上）。

蒙古色目人作一榜，漢人南人作一榜，第一名賜進士及第，從六品；第二名以下及第二甲皆正七品；第三甲以下皆正八品，兩榜並同（元史卷八十一選舉志一科目，新元史卷六十四選舉志一科舉）。

上述文句雖未明言一甲，而既有二甲及三甲，當然也有一甲。故繼著又說：「監試官同讀卷官以所對，策其高下，分為三甲進奏，作二榜」（元史卷八十一選舉志一科目、新元史卷六十四選舉志一科舉）。又者，既有「賜進士及第」了，必定依宋之制，有「賜進士出身」及「賜同進士出身」。舉例言之：

至正二年二月戊寅廷試舉人，賜拜住，陳祖仁等進士及第，進士出身，同進士出身有差，凡七十有八人，國子生員十有八人（元史卷九十二百官志八選舉附錄科目）。

廷試與宋不同，有黜落之事，蓋會試中式者均為一百人，而廷試中式人數，除順帝元統元年（癸酉科）為一百人之外，其餘少者有仁宗延祐五年之五十人及順帝至正二十年之三十五人。當然國子生員之廷試中式者另有十八人，不計算在內（元史卷八十一選舉志一科目、卷九十二百官志八選舉附錄科目。續文獻通考卷三十四

第二組（漢人南人）
- 第一場
  - 明經經疑二問（由大學論語孟子中庸內出題，並用朱子章句集註，又以己意結之，限三百字以上）。
  - 經義一道（各治一經，詩尚書周易春秋禮記，限五百字以上）。
- 第二場——古賦詔誥章表內科一道（古賦詔誥用古體，章表四六參用古體）。
- 第三場——策一道（經史時務內出題，限一千字以上）。

御試
- 第一組——策一道（以時務出題，限五百字以上）。
- 第二組——策一道（經史時務內出題，限一千字以上）。

元登科總目，中式人數與元史所載者稍有不同，最顯著的則為順帝至正八年之一百八十人，元史為七十八人）。

但尚有兩個問題值得討論，其一、第一甲人數多少，其二、是否第一甲第一名才有「賜進士及第」之稱。我們以為皇慶二年之條例乃著眼於敘品的高低，不是第一名才是第一甲，而賜進士及第。原文云：「第二名以下及第二甲」，這個「及」字甚為重要，即第二名以下，第二甲第一名以上，均屬於第一甲，固然均賜進士及第（故至正二年之賜拜住，陳祖仁等進士及第，有「等」字表示其不僅是左右榜各一人），但敘品與第一名不同，而與第二甲同為正七品。到了順帝初年，制度似有變更。

元統癸酉科廷試進士……左右榜各三人，皆賜進士及第，其餘出身有差（元史卷八十一選舉志一科目）。

即順帝時代，賜進士及第只有三名了，第四名以下似屬於第二甲，賜進士出身，第三甲則為賜同進士出身。這與明代之制相同。明制多沿元之舊，明制如此，吾人推論元亦如此，不能謂無根據。至於第一甲前三名，即所謂三魁，是否有狀元、榜眼、探花之稱，元史及新元史均無記載，但在元之前者為宋，元之後者為明，三魁之稱始於宋代，金有狀元之號（金史卷五十一選舉志一世宗大定二十三年），而明又多依元制，所以元代事實上亦當有三魁的稱號。

吾人觀元代考試之制，固然鄉試出身之進士，其敘官品，兩榜無別，與國子學出身之進士於初次入仕之時，官品高低乃依種族而有差異者不同。但試題既有深淺，而在鄉試與會試，漢人南人錄取名額又與蒙古色目人同數，所以御試之後，縱令兩榜等數錄取，漢人與南人亦必認為不平等待遇。

㈣任官權

元史（卷八十五百官志一）云：「世祖即位，酌古今之宜，定內外之官，官有常職，位有常員，其長則蒙古人為之，而漢人南人貳焉」。文中未曾提到色目，色目降蒙古一等是沒有問題的。元之中央政府，「總政務者曰中書省，秉兵權者曰樞密院，司黜陟者曰御史臺」（元史卷八十一百官志一）。試就此三者分別說明。

中書省有中書令一人，世祖後多以皇太子兼之，人臣無復授此官。右左丞相（蒙古尚右，右丞相在左丞相之上）居令之次，令缺，則總領省事，佐天子，理萬機。又有平章政事掌機務，貳丞相。據趙翼研究：

> 中書省為政本之地，太祖太宗時，以契丹人耶律楚材為中書令，宏州人楊惟中繼之，楚材子鑄亦為左丞相，此在未定制以前。至世祖時，惟史天擇以元勳宿望，為中書右丞相。仁宗時，欲以回回人哈散為相，哈散以故事，丞相必用蒙古勳舊，故力辭。帝乃以伯荅沙為右丞相，哈散為左丞相。太平本姓賀名惟一，順帝欲以為御史大夫。故事臺端非國姓不授，惟一固辭。帝乃改其姓名曰太平，後仕至中書省左丞相。終元之世，非蒙古而為丞相者，止此三人。哈散尚係回回人，其漢人止史天擇，賀惟一耳。丞相之下，有平章政事，有左右丞，有參知政事，則漢人亦得為之。然中葉後，漢人為之者亦少（廿二史劄記卷三十元制百官皆蒙古人為之長）。

對此，日人箭內互認為趙翼之論斷，未免失檢。色目人為丞相者前後實達十一人，漢人為此最高行政機關之長官者原屬極少，猶有四人。即除史天擇賀惟一外，尚有中書令楊惟中及左丞相賀勝（元代蒙漢色目待遇考三十三頁以下）。其實，箭內互之批評反有失檢之處。蓋趙翼已舉楊惟中為中書令之事，然此乃「在未定制以前」。定制以後，武宗至大三年賀勝固以左丞相，行上都留守，兼本路總管府達魯花赤（元史卷一百七十九賀勝傳），惟查元史卷一百十二及新元史卷三十一之宰相年表，至大三年之左丞相乃是脫脫與三寶奴，所以賀勝之為左丞相，有似唐之使相。趙翼謂漢人為丞相者止史天擇賀惟一兩人，未必有誤。

樞密院有樞密使一人，但是樞密使也和中書令一樣，由皇太子兼之，或係虛銜。因之，實際長官乃是知樞密院事（知院）。而同知樞密院事及樞密院副使次之。固然元制，「故事，漢人不得與軍政」（元史卷一百八十四王克敏傳），「至正十一年丞相脫脫奏事內廷，以事關兵機，而中書左丞韓元善及參知政事韓鏞皆漢人，使退避，勿與俱」（元史卷一百八十四韓元善傳）。據箭內互統計，色目人為知院者四人，漢人為副使者有趙璧（世祖至元元年、四年）史天擇（世祖至元三年）二人（元代蒙漢色目待遇考三十八頁）。

御史臺置御史大夫，據箭內互研究，色目人為此者八人，漢人為此者只有賀惟一一人（元代蒙漢色目待遇考四十一頁）。但因「故事，臺端（御史大夫）非國姓不以授」（元史卷一百四十太平傳）。順帝特賜姓改名曰太平，即賀惟一之任命，實為例外。政務機關之左右丞相，軍政機關之副使既許漢人為之，何以監察機關反禁止漢人為之長，此中必有理由。按蒙古在遊牧時代，唯「力」是視，君主極端專制。入據中原後，仍不脫其舊俗，而大臣之權力又大，吾人觀元諸帝多由大臣擁立（廿二史劄記卷二十九元諸帝多由大臣擁立），即可知之。元初州縣亦多世襲（廿二史劄記卷三十元初州縣多世襲），即如廉希憲所言：「國家自開創以來，凡納土及始命之臣咸令世守」（元史卷一百二十六廉希憲傳）。他們不欲有人糾察善惡，尤不欲漢人從傍監察，自是意中之事。此種態度，蒙古大臣比之天子尤為固執，吾人觀世祖命程鉅夫為御史中丞，「臺臣言，鉅夫南人，且年少。帝大怒曰汝未用南人，何以知南人不可用。自今省部臺院必參用南人」。但鉅夫因有臺臣反對，乃拜侍御史，行御史臺事（元史卷一百七十二程鉅夫傳）。此時中丞正三品，侍御史正五品，即降二品見用。

案蒙古於一二三四年滅金，一二七九年滅宋，其間相隔約有五十餘年。北方遺黎早已降服於金，而忘及華夷之別。金亡元興，他們又降服於元，且為元計畫，如何攻取南宋。宋亡之後，天下混一，蒙古色目人得隨便居住，且有與漢人為婚者（廿二史劄記卷三十色目人隨便居住）。

大德七年冬十月癸巳，御史臺臣言，行省官久任，與所隸編氓聯婚害，詔互遷之（元史卷二十一成宗紀四）。

又者，蒙古色目人居外省者，即可在外省鄉試，如台哈布哈中江浙鄉試第一，伊嚕布哈（舊名月魯不花）試江浙鄉試，右榜第一是也（廿二史劄記卷三十色目人隨便居住），苟非住居外省之人甚多，何必令其在外省參加鄉試，各種人民雜居既久，一方面蒙古色目人漸次接受中國文化，甚至有改為漢人姓名者。

元時蒙古色目人有用漢人姓名者，如察罕帖木兒，系出北庭，以祖父家於潁州，遂姓李，字庭瑞。丁鶴年本西域人，以其父職馬祿丁為武昌達魯花赤，遂以丁為姓，而名鶴年（陔餘叢考卷十八元制蒙古色目人隨便居住）。

同時漢人改作蒙古名者亦有之，郝和尚拔都，太原人（元史卷一百五十郝和尚拔都傳），劉哈剌八都魯，河東人（元史卷一百六十九劉哈剌八都魯傳），其例之多，不勝煩舉。因之，漢人亦多通蒙古語。趙翼云：

至元二十七年河南福建省臣，奏請詔書用漢字。帝命以蒙古語詔河南，漢語詔福建（本紀）。又程鉅夫傳，時詔令皆用蒙古字，帝遣鉅夫求賢於江浙，獨用漢字書詔，可見是時詔令多用蒙古語。若非民間多通習，豈可以此詔之也（廿二史劄記卷三十元漢人多作蒙古名）。

北方人民多通蒙古語，元分別中華民族為兩種，一為漢人，一為南人，不能謂無原因。在各種民族之中，最後降服者為南宋之遺民，即所謂南人。世祖時高麗國王王植（即元宗倎）來朝，世祖諭之曰：「汝內附在後（高麗屢降屢叛，其真正內附而不復叛者，自憲宗九年四月元宗為世子入質時始），故班在諸王下。我太祖時，亦都護（畏吾兒國王之稱號）先附，即令齒諸王上，阿思蘭（哈喇魯國王之名）後附，故班其下，卿宜知之」（元史卷七世祖紀至元七年二月）。由此可知元代對待異族，乃視其降服先後，而異其待遇。南人最後投降，故在中華民族之中又是最受冷遇之人。順帝至正年間，元運將終，至正八年台州人方國珍（台州屬兩浙路），十一年潁州人劉福通（潁州屬京西路），蘄州人徐壽輝（蘄州屬淮南路），十二年曹州人郭子興（曹州屬京東路，但其起兵乃在淮南路之濠州），十三年泰州人張士誠（泰州屬淮南路）相繼作亂。明太祖朱元璋生長於濠州之鍾離縣（濠州屬淮南路），而輔佐明太祖平定天下之劉基青田人（青田屬兩浙路之處州），宋濂金華人（金華屬兩浙路之婺州），即均係南人，由是元室對於南人，不能不採取懷柔政策。至正十二年貢師泰擢禮部郎中，再選吏部，拜監察御史。史謂「自世祖以後，省臺之職，南人斥不用，及是……南士復得居省臺，自師泰始」（元史卷一百八十七貢師泰傳）。「平章之職亞宰相也。承平之時雖德望南人，抑而不與」（元史卷一百八十七成遵傳）。到了至正二十年危素才為參知政事（元史卷四十順帝紀）。錢大昕說：「漢人有官至宰執者，而南人不得入臺省。順帝時稍用南人，而入參政者僅危素一人耳」（十駕齋養新錄卷九楊世延楊朵兒只皆色目）。然而吾人須知參政乃降平章二等，南人之受冷遇，可以知道❾。

❾ 順帝至正十二年二月戊辰，詔南人有才學者，依世祖舊制，中書省樞密院御史臺皆用之（元史卷四十二順帝紀）。至正十六年二月甲戌，命六部……各舉才堪守令者一人，不拘蒙古色目漢南人，從中書省斟酌用之（元史卷四十四順帝紀），然而為時已晚，無補於事。

第三節　漢人叛變及元室北歸

元於一二七九年滅宋，一三六八年明軍克大都，順帝北歸，元亡。計其統一華夏，前後不過八十九年。按元在世祖時代，諸王已經叛變於外，而皇位之繼承問題又引起了宗室內訌及大臣爭權之事。據趙翼研究：

元世祖立太子珍戩（舊名真金），詔曰，太祖皇帝遺訓，嫡子中有能繼統者，豫選定之，是用立太宗為帝。自後因不顯立冢嗣，遂啟爭端。今以爾為皇太子，特賜冊命。是太宗以嫡子嗣位，本太祖有命。故太祖崩後，太宗雖統兵在萬里外，而母弟圖類（舊名拖雷）監國，幾及一年。俟太宗歸即位，宗親將相皆無異言。及太宗崩，皇后尼瑪察氏（舊名乃馬真氏）稱制，立己子庫裕克（舊名貴由）為帝，是為定宗。定宗崩，無君者且三年，大臣烏蘭哈達（舊名兀良合台）等，定議立太宗從子莽賚扣（舊名蒙哥）為帝，是為憲宗。是憲宗之立，由烏蘭哈達等之力也。此已啟大臣擁立之端，世祖有鑑及此，故預立珍戩為皇太子。其後珍戩早薨，未及即位。世祖崩後，成宗（珍戩子特穆爾。舊史名鐵木耳）方撫軍北邊，以長幼而論，則母兄晉王噶瑪拉（舊名甘麻剌）當立。而伊實特穆爾（舊名玉昔帖木兒）以成宗在軍時，世祖曾以皇太子舊璽付之。遂告晉王曰，昔儲闈之璽，既有所歸。王為宗盟長，奚俟而不言。晉王乃曰，皇帝踐阼，願北面事之。於是成宗遂即位，是成宗之立，由伊實特穆爾之力也。成宗崩，太子德壽先卒。丞相阿固岱（舊名阿忽台）等，欲奉皇后稱制，以諸王阿南達（舊名阿難答）輔之。丞相哈剌哈斯（舊名哈剌哈孫）則以武宗仁宗，皆珍戩之孫，理宜繼統。而武宗方撫軍北邊，仁宗亦在懷州，乃先迎仁宗入京，誅阿固岱等，而趣武宗入即位。是武宗仁宗之相繼御極，皆哈剌哈斯之力也。仁宗既為帝，立子英宗為皇太子。故英宗繼立之際，朝臣亦無異言。迨英宗為特克實（舊名鐵失）所弒，特克實即遣使迎泰定帝入即位。是泰定帝之立，由特克實之力也。泰定帝崩於上都，丞相都爾蘇（舊名倒剌沙），立其皇太子喇實晉巴（舊名阿速吉八）為皇帝，固亦父子相傳之正理。而樞密使雅克特穆爾（舊名燕鐵木兒），私念武宗舊恩，欲立其子明宗。文宗時明宗遠在沙漠，文宗亦在江陵，乃先迎文宗入即位。其時上都諸王，方舉兵入討，雅克特穆爾力戰勝之，而文宗之立遂定。及明宗歸，雅克特穆爾又害之於途。文宗旋復為帝。是文宗之立，由雅克特穆爾之力也。厥後文宗寧宗相繼崩，皇后布達實哩（舊名卜答失里），已遣人迎明宗長子托歡特穆爾（即順帝）入京，欲付以位。而雅克特穆爾不願，遂不得立。迨雅克特穆爾死，始立焉。倘不死，則順帝之立不立，尚未可知也。是則憲宗、成宗、武宗、仁宗、泰定帝、明宗、文宗，皆大臣所立，此有元一代之大事也。案太祖崩後，無君者凡一年。定宗崩後，無君者且三年。成宗崩後，武宗仁宗皆在遠方，亦年餘始得立。凡此新舊絕續之際，未嘗無疎屬庶孽如額呼布格（舊名阿里不哥）阿南達等，從旁窺伺。然一二大臣定議，卒歸於應立之人。蓋開國之初，風氣淳古，宗親將帥推戴咸出於至公，故無悖常亂紀之事。迨特克實之弒立，雅克特穆爾之廢立，則全是權臣肆意妄行，大柄在手，莫敢誰何，遂任意易置，此可為後世鑑也（廿二史箚記卷二十九元諸帝多由大臣擁立）。

在這種政局之下，中樞機關已不安定，何能施行一貫的政策，以安撫亂極思治的人民。何況元以遊牧種族，力征而得天下，原以為武力可以決定一切。牧羊人愛護羊群，乃欲由羊群身上剪取羊毛，遊牧民對於被征服人，也欲從他們身上搾出更多的賦稅。歷史雖云：

元初取民，未有定制。及世祖立法，一本於寬。其用之也，於宗戚則有歲賜，於凶荒，則有賑恤，大率以親親愛民為重，而尤惓惓於農桑一事，可謂知理財之本者矣（元史卷九十三食貨志一）。

元在太祖成吉思汗時代，因經營西土，未暇定制。太宗窩闊台時，始置中書省，最初以耶律楚材為令。楚材卒，楊惟中代之。惟中卒，不復置令，而置左右丞相，元尚右，右丞相之地位在左丞相之上。蒙古人雖然長於攻戰，而於政治方面，因為沒有經驗，而又不敢信任漢人。太宗時「州縣之官或擢自將校，或起由民伍，率昧於從政，甚者專以掊克聚斂為能，官吏相與為貪私以病民」（元史卷一百五十九宋子貞傳）。按草創有元一代制度的，不是蒙古人，而是漢化契丹人的耶律楚材。他奏「凡州郡宜令長吏專理民事，萬戶（軍官名稱）總軍政」，這就是軍民分治。又因「將相大臣有所驅獲，往往寄留諸郡」，乃「括戶口，並令為民，匿占者死」，即將豪強的領戶改為國家的編戶。「定天下賦稅，每二戶出絲一斤，以給國用。五戶出絲一斤，以給諸王功臣湯沐之資。地稅中田每畝二升又半，上田三升，下田二升。水田每畝五升，商稅三十分而一，鹽價銀一兩四十斤」，即將掊克聚斂改為賦稅。他知攻戰之後，必須與民休息，「常曰與一利不如除一害，生一事不如省一事」（元史卷一百四十六耶律楚材傳）。耶律楚材卒，楊惟中為尚書令，蕭規曹隨，使元之國基漸次鞏固（元史卷一百四十六楊惟中傳）。世祖忽必烈初年史天擇為中書右丞相，「凡治國安民之術無不次第舉行」（元史卷一百五十五史天擇傳）。至元以後，劉秉忠為太保，建國號曰元，遷都燕京（大都），他如頒章服，舉朝儀，給俸祿，定官制，皆自秉忠發之（元史卷一百五十七劉秉忠傳）。此數人者蒙古均稱之為漢人。所惜者，世祖要奉行祖宗遺志，混一天下，而「急於財用」（新元史卷二百二十三阿合馬傳），「用貪狠匹夫，鑽膏剔髓，以勦民命」（新元史卷二百二十三阿合馬傳史臣曰）。其所信任之人，最初是阿合馬，其次是盧世榮，最後為桑哥。今據趙翼研究：

> 中統三年，即以財賦之任委阿合馬，興鐵冶，增鹽稅，小有成效，拜平章中書政事。又立制國用司，以阿合馬領使事，已復罷制國用司，立尚書省，以阿合馬平章尚書省事。奏括天下戶口，下至藥材榷茶，亦纖屑不遺。其所設施，專以掊克斂財為事。史天澤安童等爭之，崔斌等劾之，皆不能勝。以理算陷江淮行省平章阿里伯、右丞燕鐵木兒於死。有秦長卿者欲發其奸，反為所噬，斃於獄。擢用私人，不由部選。以其子忽辛及抹速忽，分據財賦重地。竝援引奸黨郝禎耿仁等，驟陞同列，陰與交通，專事蒙蔽。逋賦不蠲，征斂愈急，內通貨賄，外示刑威，天下之人，無不思食其肉。有益都千戶王著，發義憤擊殺之，阿合馬之奸始上聞。雖命剖棺戮屍，而流毒海內，已二十年矣。阿合馬既死，又用盧世榮，亦以增多歲入為能。鹽鐵榷酤，商稅田課，凡可以罔利者，益務搜括。奏用阿合馬之黨，皆列要職。凡肆惡二年，御史大夫玉速帖木兒盡發其奸，始詔誅之。未幾，又用桑哥，再立尚書省，改行中書為行尚書省，六部為尚書六部。恃其得君，嘗拳毆參政楊寬郭佑及臺吏王良弼，皆誣奏至死。遂以丞相領尚書兼統制使。以沙不丁為江淮左丞，烏馬兒為參政，奏遣忻都阿散等十二人，理算六省錢穀，天下騷然，佞諛者方為之請立碑記功。桑哥又奏笞監察御史四人，自後御史入省部，掾令史皆與抗禮，臺綱盡廢。詮調內外官宣敕，亦付尚書，由是以刑爵為販賣。自至元二十四年至二十八年，為也先帖木兒所劾，始伏誅。統計帝在位三十餘年，幾與此三人者相為終始（廿二史劄記卷三十元世祖嗜利黷武）。

以新集易動之基，而無久安難拔之慮，而大臣擅擁立之權，一帝崩殂，即發生大臣爭權之事，元之國運於是乎衰。而促元之滅亡者尚有三種原因，一是喇嘛驕暴，二是政治腐化，三是財政紊亂，茲試分別說明之：

先就喇嘛驕暴言之，佛教傳入中國，雖在東漢明帝之時，而其盛行則在五胡亂華以後。南北朝時代，佛教固然盛極一時，然其為禍不過愚民僥倖，託足沙門，以避賦役。元則不然，武宗時，監察御史張養浩言：「國家經費三分為率，僧居二焉」（續資治通鑑卷一百七十九元武宗至大三年九月），不但「天下之財」為其所耗，而「朝廷之政」亦「為其所撓」，所以「說者謂元之天下半亡於僧」（陔餘叢考卷十八元時崇奉佛教之濫）。

> 元起朔方，固已崇尚釋教，及得西域，世祖以其地廣而險遠，民獷而好鬪，思有以因其俗而柔其人，乃即其地，設官分職，盡領之於帝師。初立宣政院，正使而下，必以僧為副，帥臣以下亦必僧俗並用，軍民盡屬統理。於是帝師所宣之命所至，與詔勅並行。自西土延及中夏，務屈法以順其意，延及數世，寖以成俗，而益至於積重而不可挽。今以諸書考之，每帝將立，必先詣帝師受戒七次，方正大寶，后妃公主無不膜拜。正衙朝會，百官班立，帝師獨專席隅坐。且每帝即位之始，降詔褒護，必絡珠為字以賜，蓋其重之如此。其未至而迎之，乘傳累百，所過供億無敢慢。比至京，則敕太府假法駕半仗以為前導，詔省院臺官以及百司庶府往迎，禮部尚書專督迎接，此體制之僭，雖親王太子不及也。自世祖崇帝師八思巴，即於殿上置白繖一頂，泥金書梵字於其上。每歲二月望日，迎繖周遊皇城，撥鼓手百二十人……（所舉例多，文長從略）漢人回鶻河西三種細樂各三隊，凡三百二十四人。帝及后妃公主結綵樓觀焉。夏六月上都亦如之，此仗衛之侈雖郊壇鹵簿不過也。正元七年建大護國仁王寺於高良河……（所舉例多，文長從略）至正十四年建大壽元忠國寺於清河，此土木之費雖離宮別館不過也。中統三年作佛頂金輪會於聖安昊天二寺七晝夜，賜銀萬五千兩……（所舉例多，文長從略）至正七年興聖宮作佛事，賜鈔二千錠……先是至元中。內廷佛

寺之目每歲僅百有二。大德七年，其目增至五百有餘。延祐四年宣徽院會計歲供以斤計者麵四十三萬九千五百，油七萬九千，酥二萬一千八百七十，蜜二萬七千三百，他物稱是，此供養之費雖官俸兵餉不及也。中統初，賜慶壽海雲二寺陸地五百頃……（所舉例多，文長從略）後至元七年撥山東地十六萬二千餘畝給大承天護聖寺，此財產之富雖藩王不及也。有嘉木揚喇勒智者，世祖用為江南釋教總統，發掘故宋趙氏諸陵之在錢塘紹興者及其大臣塚墓，凡一百一所，攘奪田二萬三千畝，私庇平民不輸公賦者二萬餘戶，并佔民五十餘萬為佃戶。又至大元年上都開元寺西僧，強市民薪，民訴諸留守李璧，璧方詢問其由，僧已率其黨，持白梃，突入公府，隔案引璧髮，捽諸地，捶朴交下，拽之以歸，閉諸空室，久乃得脫，奔訴於朝，遇赦以免。二年，復有僧龔柯等十八人，與諸王哈喇巴爾妃呼圖克齊德濟爭道，拉妃墮車毆之，且有犯上語。事聞，詔釋不問。宣政院臣方奏取旨，凡民毆西僧者，截其手，詈之者，斷其舌，時仁宗居東宮，聞之，亟奏寢其令。泰定二年，西臺御史李昌言，嘗經平涼府靜會定西等州，見西番僧佩金字圓符，絡繹道途，馳騎累百，傳舍至不能容，則假館民舍，因追逐男子，奸污女婦……僧徒貪利無已，每歲因作佛事，奏釋輕重囚徒，以為福利，雖大臣如阿里，閫帥如必實呼勒等，皆假是以逭其誅。宣政院參議李良弼受賕鬻官，直以帝師之言縱之。其餘殺人之盜，作奸之徒，夤緣幸免者多。此威勢之橫雖強藩悍將不過也。由此觀之，朝廷之政為其所撓，天下之財為其所耗，說者謂元之天下半亡於僧，可謂炯鑑云（陔餘叢考卷十八元時崇奉佛教之濫，參閱元史卷二百二釋老）。

次就政治腐化言之，「方天下未定，軍旅方興，介胄之士莫先焉……簿書期會金穀營造之事，供給應對惟習於刀筆者為適用於當時，故自宰相百執事皆由此起，而一時號稱人才者亦出於其間，而政治繫之矣」

（元文類卷四十經世大典序錄，入官）。故云：「國朝入官之制，自吏業進者為多，卿相守令於此出焉」（元文類卷四十經世大典序錄，補吏）。但吾人須知西漢之世，賢相名臣由吏出身者極多，蓋當時官與吏沒有區別，故賢士大夫不惜借徑於吏以發身。隋唐而後，官與吏別為二途，流品漸分，至宋彌甚。吏胥之賢者不過奉行歷年之文書，其不肖者且舞文弄法，藉以漁利，不惜殘害良民。元興，不知唐宋以後的吏與漢世之吏不同。「自至元以下，雖執政大臣亦以吏為之。小民粗識字，能治文書者，得入臺閣共筆劄。累日積月，皆可以致通顯」（續通典卷二十二選舉六雜議論下）。此輩不識大體，每欲生事，以表示自己的能力。朝發一令，夕發一令，「號令不常，初降旋沒，遂致民間有一緊二慢三休之謠」（新元史卷一百九十三鄭介夫傳）。國家的威信已經掃地。其尤弊者，「元初，無祿秩之制，世祖即位，乃命給之。自中統元年至至元十八年，屢定其制，未有成規，至至元二十二年始定百官俸給」（續通典卷三十九職官十七祿秩）。最初江南官吏無祿，程鉅夫於世祖時條陳五事，其中一事，即請給江南官吏俸錢。

> 仕者有祿，古今定法，無祿而責之以廉，難矣。江南州縣官吏自至元十七年以來⑩，並不曾支給俸錢，直是放令推剝百姓（新元史卷一百八十九程鉅夫傳）。

至元二十一年江南行省諸官司才有祿俸，其數尚減腹裡（河北山東山西之地由中書省直轄之，稱為腹裡。但此處當指江北亡金之地）一半（元史卷九十六食貨志四俸秩）。吾人須知元代祿俸用鈔，而非用米，而鈔自始就不斷的跌價。所以內外群官無不困窮，尤以江南為甚。江北之地早為金人所取，元之征服江南，

⑩ 至元十三年元師入臨安，虜宋帝北去。宋之遺臣立益王昰於福州，十四年走秀山，十五年昰崩，弟昺立，遷厓山，十六年元師陷厓山，宋君臣投海死，宋亡。故云「自至元十七年以來」。其實至元十三年，江南之地已歸元有。

費時數載，元對江南人士不甚信任，故當時遊宦江南者多是北人。此輩生活，據程鉅夫說：

江南官吏多是北人，萬里攜家，鈔虛俸薄，若不侵漁，何以自贍（新元史卷一百八十九程鉅夫傳）。

祿不代耕，內外群官只有營私舞弊。自古以來，地方官最易貪墨，他們貪墨之法甚多，而最嚴重的，則為勾結豪強，侵漁弱小。

民輸米石加六斗，豪右則僅輸二三，以多輸者補之（新元史卷二百十五道童傳）。

以弱民之多輸，補豪強之少輸，此中有弊，不言可知。弱民本來只輸一石，而竟增加六斗，即增加十分之六。民已窮了，將何以堪。在政府尚有威權之時，人民只有飲泣吞聲，不敢反抗，一旦威權衰微，何能不群起叛亂。

且也，封疆大臣有保人為官之權，他們常視官品之高低，定價格之輕重，賣保納賄，視國家名器為一種商品。

雲南甘肅八番兩江等處統帥藩臣，一赴闕下，便行保人，以所保之品級，定價值之輕重。多者百錠，少亦三之二。或當時取盈，或先與其半，或立利錢文書，呈解到省，官可立得。街市富子每聞一帥臣至，則爭先營求（新元史卷一百九十三鄭介夫傳）。

職官視為商品，商品要大量生產，而後方得大量販賣。於是職官之數隨之增加，舉一例說：

至大元年秋七月樞密院言，世祖時，樞密院臣六員，成宗時增至十三員，今署事者三十二員……十一月中書省言，世祖時，自中書以下諸司，官有定員，邇者一司多至二三十員，事不改舊，而官日增（續資治通鑑卷一百九十六元武宗至大元年）。

既用金錢以買官，何能不用官權以求償。世祖之後，即為成宗，史稱成宗「垂拱而已，可謂善守成者矣」（元史卷二十一成宗紀大德十一年）。「析薪克荷，帝無愧焉」（新元史卷十四成宗紀史臣曰）。然觀下文所舉，可知元代一傳之後，奸官贓吏竟然充斥全國。

> 是年諸道奉使宣撫罷贓吏一萬八千四百七十三人，徵贓物四萬五千八百六十五錠，審冤獄五千一百七十六事（新元史卷十四成宗紀大德七年）。

此蓋如程鉅夫所說：

> 國朝內有御史臺，外有行臺按察司，其所關防貪官汙吏者，可謂嚴矣。而貪汙狼藉者往往而是，何也。蓋其弊在於以徵贓為急務，以按劾為具文。故今日斥罷於東，明日擢用於西，隨仆隨起，此棄彼用。多方計置，反得美官，相師成風，愈無忌憚（新元史卷一百八十九程鉅夫傳）。

抑有進者，一司之官太多，雖然事非官不辦，亦有事因官多而益紊。所以政制對於衙門也好，對於職員也好，皆貴寡不貴眾。寡則易於委任責成，眾則不免互相推諉。試看趙天麟之言：

> 官吏人數既多，有當決之事而不決，有當行之事而不行。問其職，則曰我職也；問其施為，則曰僚屬非一，豈我之所能獨主（新元史卷一百九十三趙天麟傳）。

三就財政紊亂言之，古代賦稅乃以戶口土地為基礎。元之戶口在世祖平宋之後，單單中國一隅，即已達到漢唐宋極盛之時。「天下為戶凡一千一百六十三萬三千二百八十一，為口凡五千三百六十五萬四千三百三十七」（元史卷九十三食貨志一農桑）。今將漢唐宋元四代戶口列表如次：

漢唐宋元四代戶口比較表

朝代	戶數	口數	備考
漢平帝時代	一二、二三三、〇六二	五九、五九四、九七八	漢書卷二十八下之二地理志。
東漢桓帝永壽二年	一〇、六七七、九六〇	五六、四八六、八五六	據晉書卷十四地理志上。
唐天寶十三年	九、〇六九、一五四	五二、八八四、〇八八	資治通鑑卷二百十七。
宋徽宗崇寧元年	二〇、〇一九、〇五〇	四三、八二〇、七六九	文獻通考卷十一戶口。
元世祖至元年間	一一、六三三、二八一	五三、六五四、三三七	元史卷九十三食貨志一農桑。

戶口不少，田畝之開墾應該很多。志云：「元之取民，大率以唐為法。其取於內郡者曰丁稅，曰地稅，此倣唐之租庸調也。取於江南者曰秋稅，曰夏稅，此倣唐之兩稅也」（元史卷九十三食貨志一稅糧）。丁稅與地稅既是唐之租庸調，而唐之租庸調在德宗時代，楊炎改之為兩稅，則江南之兩稅與內郡之丁稅與地稅，不過徵收方法不同而已。志又云：「丁稅少而地稅多者，納地稅。地稅少，而丁稅多者納丁稅」（元史卷九十三食貨志一稅糧）。例如「世祖時，淮北內地惟輸丁稅」（元史卷一百七十五張珪傳）⓫。武宗時，「江南平，垂四十年，其民只輸地稅商稅」（續資治通鑑卷一百七十六武宗至大二年冬十月丙辰）⓬。這樣，丁口繁庶，賦稅必定不少。何以元代自始就感覺財政困難呢？成宗時「歲入之數不支半歲」（續資治通鑑卷一百九十三成宗大德三年春正月壬辰），「國用日患其不足，蓋靡於佛事與諸王貴戚之賜賚，無歲無之。而濫恩倖賞溢出於歲例之外者為尤甚」（新元史卷六十八食貨志序）。吾人觀武宗至大元年中書省言：「中都築城，大都建寺，及為諸貴近營造私第，軍民困敝，倉廩空虛。而用度日廣，每賜一人，動至巨萬，恐不能繼」（續資治通鑑卷一百九十六

⓫ 世祖至元十七年所定租稅，可列表如次。除表中已注出處者外，均依元史卷九十三食貨志一稅糧。

武宗至大元年十一月），即可知元代財政狀況。

歲出如斯，歲入如何？元初，有封土分民之制，其後改為分戶受租。例如牙忽都得蠡州三千三百四十七戶為食邑（元史卷一百十七牙忽都傳）。民「五戶出絲一斤，以給諸王功臣湯沐之資」（元史卷一百四十六耶律楚材傳）。即「諸王及后妃公主皆有食采分地……其賦則五戶出絲一斤，不得私徵之，皆輸諸有司之府，視所當得之數，而給與之」（元史卷九十五食貨志三歲賜）。制度固然如此，其實，很難實行。「太宗時，將相大臣所得俘戶，往往寄留諸郡，幾居天下之半」（新元史卷一百二十七耶律楚材傳），「太宗十年以東平地分封諸功臣，各私其人，不隸有司」（新元史卷一百三十七王玉汝傳）。這種情況在世祖平宋之後，還未改善。

是時江南新附，諸將市功，且利俘獲，往往濫及無辜，或強籍新民以為奴隸（元史卷一百七十雷膺傳）。

戶之種類	丁稅	地稅
全科戶	每丁粟三石 驅丁粟一石	每畝粟三升（新元史卷六十八食貨志一稅法，作每畝粟三斗）。
減半稅戶	每丁粟一石	
新收充參戶	第一年五斗 第二年一石（註） 第三年一石二斗五升 第四年一石五斗 第五年一石七斗五升 第六年入丁稅	
協濟戶	每丁粟一石	每畝粟三升（新元史卷六十八稅法，作每畝粟五斗）。

⑫ 新舊志均無此句，依續文獻通考卷一田賦，補入。

例如：

> 先是阿里海牙以降民三千八百戶沒入為家奴，自置吏治之，歲責其租賦，有司莫敢言（元史卷一百十三張雄飛傳）。

戶口都給官豪隱藏，丁稅之收入已經減少了，而官豪又匿田不納田賦，地稅之收入復見逋懸。世祖時：

> 漢中之田，闢已十七，而稅入恆病逋懸。其故惟在軍民之官豪有恃者，率頑驁負而不輸（元文類卷六十二姚燧撰興元行省夾谷公神道碑）。

於是遂有括戶口、覈頃畝之舉。其為害最烈者莫如覈頃畝。「夫民之強者，田多而稅少，弱者產去而稅存，非經理（即覈田）固無以去其害。然經理之制苟有不善，則其害又將有甚焉者矣」。「世祖已嘗行之。但其間欺隱尚多，未能盡實。以熟田為荒地者有之，懼差而析戶者有之，富民買貧民田，而仍其舊名輸稅者亦有之。由是歲入不增，小民告病」（元史卷九十三食貨志一經理）。仁宗延祐元年，又於江浙、江西、河南三省，「限民四十日以所有田自實於官，期限猝迫，貪刻用事，富民黠吏並緣為姦……其後田稅無所於徵，民多逃竄流移者」（續資治通鑑卷一百九十八仁宗延祐元年十一月），終而發生了贛州賊蔡五九之亂。據歷史說，蔡五九之亂完全由於度田之時「郡縣橫加酷暴逼抑，至此新豐一縣撤民廬千九百區，夷墓揚骨，虛張頃畝，流毒居民」，結果，延祐二年八月即下詔罷之（續資治通鑑卷一百九十九仁宗延祐二年八月乙未）。一方田畝集中於豪強，同時度田又有流弊，不能不中途作罷。於是國家財政更覺困難，而只有增發交鈔，以彌縫財政的窮匱。

交鈔始於唐之飛錢，宋之交會。元史（卷九十三食貨志一鈔法）及新元史（卷七十四食貨志七鈔法）關於交鈔均有詳細記載，茲舉趙翼之言如次。

元太宗八年始造交鈔。世祖中統元年又造中統元寶交鈔。據食貨志，其法以絲為本，每銀五十兩易絲鈔一千兩，諸物之直，並從絲例。鈔之文以十計者曰十文，二十文，三十文，五十文。以百計者曰一百文，二百文，三百文。以貫計者，曰一貫文，二貫文。每二貫準白銀一兩。行之既久，物重鈔輕。至元二十四年，乃改造至元鈔，自二貫至五文，凡十一等。與中統鈔通行。每一貫，抵中統鈔五貫。武宗時，又造至大銀鈔，後廢不行。終元之世，常用中統，至元，二鈔。每年印造之數，自數十萬至數百萬不等，亦見食貨志。鈔雖以錢為文，而元代實未嘗鑄錢也。武宗時，曾行錢法，立泉貨監領之。仁宗以鼓鑄弗給仍廢，故有元一代專用鈔。其所以能行用者，各路立平準行用庫，貿易金銀，平準鈔法。每銀一兩入庫，其價至元鈔二貫，出庫二貫五分。金一兩，入庫二十貫，出庫二十貫五百文。是民之有金銀者，可赴庫換鈔。有鈔者，亦可赴庫換金銀也。又立回易庫，凡鈔之昏爛者，許就庫倒換新鈔。增工墨費每貫三分。換存之昏鈔，則解部焚燒，隸行省者，行省委官監燒之。是鈔之敝壞者，可赴庫易新鈔也。至元四年，世祖詔諸路民間包銀，聽以鈔輸納。惟絲料入本色，非產絲之地，亦以鈔輸中書。省臣又奏流通鈔法，凡賞賜宜多給幣帛，課程宜多收鈔，制曰可。是丁錢田賦，皆可以鈔納也。此所以通行天下也。然鈔虛而物實，虛者積輕，勢必所然。故趙孟頫言，始造鈔時，以銀為本，虛實相權，今二十餘年，輕重相去已數十倍，故改中統為至元。二十年後，至元必復如中統矣。今就元史各傳參核之，盧世榮以鈔虛，閉回易庫，鈔有出無入，民間昏鈔，遂不可行。其後監燒昏鈔者，欲取能名，率以應燒昏鈔，指為偽鈔。使管庫官吏誣服（許有壬、韓若愚傳）。由是回易庫不敢以新鈔易昏鈔（張養浩傳，民持昏鈔赴庫倒換者，易十與五，累日不可得）。而民

> 間所存昏鈔，又不能納賦稅，易貨物，於是遂成廢紙矣。且板紙印造，尤易滋偽。鉛山多造偽鈔者，有豪民吳友文為之魁，遠至江、淮、燕、薊，莫不行使，遂致大富，是利權且歸於奸民矣（林興祖傳）。又奸民以偽鈔，鉤結黨羽，脅人財物，官吏聽其謀，株連者數千百家（黃溍傳），是刑罰亦由此日繁矣。古者以米絹為民所須，謂之二實。銀錢與二物相權，謂之二虛。銀錢已謂之虛，乃又欲以紙鈔代之，虛中之虛，其能行之無弊哉。然有元之代，民間究以何市易。案至元中，江淮頒行鈔法，廢宋銅錢。後又敕拘歷代錢餘銅，聽民自用。然胡長孺傳，台州歲饑，宣慰司脫歡斂富民錢一百五十萬備賑，是朝廷雖禁錢，而民間自用錢也。盧世榮傳，立平準庫，禁民間以金銀相買賣。世祖詔，金銀乃民間通用之物，今後聽民從便交易，是朝廷原未禁金銀也。既造交鈔，欲其流通，則賦稅不得不收鈔。而民間自用金銀，則實者常在下，而虛者常在上，於國計亦何補哉（廿二史劄記卷三十元代專用交鈔）。

趙翼最後數句之結論，吾人不敢同意，而其敘述元代交鈔之弊，可謂得其要點。案交鈔之弊乃同宋之會子一樣，庫中沒有本錢，而致不斷跌價。世祖時，「至元寶鈔一貫當中統寶鈔五貫」（新元史卷七十四食貨志七鈔法）。即舊鈔只值新鈔五分之一。泰定帝時，「斗米值十三緡，民持鈔出糴，稍昏，即不用；詣庫換易，則豪猾黨蔽，易十與五，累日不可得，民大困」（元史卷一百七十五張養浩傳）。到了順帝至正年間，交鈔竟同廢楮。

> 又值軍興，糧儲賞犒，每日印造，不計其數。京師鈔十定易斗粟不可得。所在郡縣皆以物貨相易。公私之鈔積壓不行，人視之如廢楮焉（新元史卷七十四食貨志七鈔法）。

這樣，人民不問貧富，皆破產了。國家之亂，常由於政府為解決財政困難，不惜通貨膨脹，濫發錢幣，而致物價騰貴，民不聊生。倘再加之以饑饉，人民必鋌而走險，轉為盜賊。元自順帝即位之後，年年饑荒，甚至發生「人相食」，「莩死盈道，軍士掠孱弱者以為食」的現象（元史卷五十一五行志二稼穡不成），於是遂激起了民變。饑荒雖遍於全國，而民變乃由南方開始。這是有原因的，南方距離大都較遠，中央鞭長莫及，不能迅速應付，而元代對於南人又予以不合理的待遇，南人當然要乘機叛變。茲將順帝時代的民變，擇其重要者列表如次：

元末民變表

年代	民變	備考
至元三年正月	廣州增城縣民朱光卿反，偽稱大金國，改元赤符。	廣州在宋屬廣東路，元廣州路屬江西行省。
二月	陳州賊胡閏兒作亂。	元史卷三十九惠宗紀，胡閏兒號棒胡，陳州人，反於汝寧信陽州，以燒香惑眾，妄造妖言作亂，人執彌勒小旗。陳州在宋屬京西路，元屬河南行省汴梁路。汝寧府信陽州屬河南行省河南府路。
四月	合州大足縣民韓法師反，自稱南朝趙王。	合州在宋屬西川路，元屬四川行省重慶路。
四月	惠州歸善縣民聶秀卿等作亂。	惠州在宋屬廣東路，元惠州路屬江西行省。
四年六月	袁州周子旺反，僭稱周王。	袁州在宋屬江南路，元袁州路屬江西行省。
六月	漳州路南勝縣民李志甫反。	漳州在宋屬福建路，元漳州路屬江浙行省。
至正四年七月	益都瀕海鹽徒郭火你赤作亂。	益都縣在宋屬京東路之青州，元屬中書省之益都路。
六年六月	汀州連城縣民羅天麟等作亂。	汀州在宋屬福建路，元汀州路屬江浙行省。
八年十一月	台州方國珍作亂，聚眾海上。	台州在宋屬兩浙路，元台州路屬江浙行省。

十一年五月	潁州妖人劉福通作亂，以紅巾為號。	初欒城人韓山童祖父以白蓮教燒香惑眾，謫徙廣平永平縣。至山童，倡言天下大亂，彌佛下生，河南及江淮愚民皆翕然信之。劉福通復鼓妖言，謂山童實宋徽宗八世孫，當為中國主。福通等殺白馬黑牛，誓告天地，欲同起兵為亂。事覺，縣官捕之急，福通遂反。山童就擒，其妻楊氏，其子韓林兒逃之武安。元史卷四十二順帝紀。 潁州在宋屬京西路，元潁州屬河南行省汝寧府。 欒城在宋屬河北路真定府，元欒城縣屬中書省真定路。
八月	蕭縣妖賊芝麻李作亂（新元史卷二十五惠宗紀）。	蕭縣屬徐州，徐州在宋屬京東路，元屬河南行省歸德府。
八月	蘄州羅田縣人徐壽輝與黃州麻城人鄒普勝等以妖術陰謀聚眾，遂舉兵為亂，以紅巾為號。	蘄州與黃州在宋均屬淮南路，元屬河南行省。
十二年二月	定遠人郭子興作亂（新元史卷二十五惠宗紀）。朱元璋往從。	定遠縣屬濠州，濠州在宋屬淮南路，元屬河南行省安豐路。
十二年以後從略。舉其要者，十三年泰州人張士誠作亂，據高郵，稱王，國號大周。泰州屬河南行省之揚州路。十五年三月郭子興卒，十六年秋七月朱元璋為吳國公，二十四年春正月朱元璋為吳國王。二十八年春正月朱元璋即皇帝位於金陵，國號曰明，建元洪武。		

元末民變本來限於南方，試問對於元之政權有何影響。吾國經濟要地本在關中，其次移至三河，又次移至江淮。宋元時代又移至江南，而以江浙為多。元史（卷一百三十徹里傳）謂「江浙稅糧甲天下，平江嘉興湖州三郡當江浙十六七」。元史又云：

元都於燕，去江南極遠，而百司庶府之繁，衛士編民之眾，無不仰給於江南。自丞相伯顏獻海運之言，

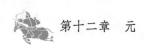

而江南之糧分為春夏二運，蓋至於京師者，一歲多至三百萬餘石（元史卷九十三海運）。⑬

據元史海運所載歲運之數，世祖至元二十年四萬六千五十石，至者四萬二千一百七十二石。其後逐年增加，到了文宗天歷二年，三百五十二萬二千一百六十三石，至者三百三十四萬三百六石，燕京糧食有恃於江南之海運如此之大。江南既有民變，江南海運之粟自必減少，甚至不能運至燕京。此對於元之政權，威脅甚大。唐時，江淮運米不至，竟令德宗恐禁軍叛變，父子不得生（資治通鑑卷二百三十二德宗貞元二年），元之情況大率與唐相去無幾。

最初南方民變不過小撮盜匪而已，雖足以擾亂社會秩序，而尚不能搖動元之政權。據歷史說，「元末，所在盜起，民間起義兵保障鄉里，稱元帥者不可勝數，元輒因而官之。其後或去為盜，或事元不終」（明史卷一百二十四陳友定傳）。其影響最大者厥為至正八年方國珍之亂。蓋民變蔓延，江淮失守，運河失去效用，雖數十萬石之微，亦無法運至北京，南北運輸完全依靠海運。方國珍作亂海上，「刼糧艘，梗糧道」，而「有司憚於用兵，一意招撫」。方國珍累叛，累招撫，亦累遷官，最後官至江浙行省左丞相（新元史卷二百二十七方國珍傳、明史卷一百二十七方國珍傳）。丘濬說：

⑬ 元亦應用運河，「世祖至元十七年二月浚通州運河」。「二十六年開會通河，從壽張縣尹韓仲暉等言，開河以通運道，起項城縣安山渠西南，由壽張西北至東昌，又西北至臨清，引汶水以達御河，長二百五十餘里，中建閘三十有一，以時蓄洩。河成，渠官張禮孫等言，開魏博之渠，通江淮之運，古所未聞，詔賜名會通河」（元史紀事本末卷十二運漕）。據丘濬說，「會通河之名始見於此。然當時河道初開，岸狹水淺，不能負重。每歲之運不過數十萬石，非若海運之多也。故終元之世，海運不罷」（大學衍義補卷三十四漕運之宜下）。

臣按先正有言，元之失天下，招安之說誤之也。何則，人君所以立國者，以其有紀綱也。所以振紀綱者，以其有賞罰也。賞必加於善，刑必施諸惡，使天下之人知所勸懲焉……方國珍敢為亂首……為元人計，宜痛誅剿之，以懲夫民之不逞者，可也；乃聽人言，行招安之策，不徒不加之以罪，而又援之以官（國珍曾任命為海道漕運萬戶，累遷至江浙行省左丞相，見新元史及明史方國珍傳），是以賞善之具以勸惡也。由是群不逞之徒紛然相倣效（方國珍傳云，初國珍作亂，朝廷出空名宣敕數十道，募人擊賊，海濱壯士多應募立功，所司邀重賞，不輒與，有一家死數十人，卒不得官者。而國珍之徒一再招諭，皆至大官，由是民慕為盜，從國珍者益眾），相誘脅。事幸成，或得以為王為伯；不成，亦不失州縣之官。用是，盜賊蜂起，而元因是亡矣。雖然，豈但元哉，宋人有詩云，仕宦捷徑無過賊，將相奇謀只是招，則其來遠矣（大學衍義補卷一百三十八遏盜之機下）。

又說：

夫患莫大於招降……凡盜賊之起，必有梟桀而難制者。追討之官素無奇略，不知計之所出，則往往招其渠帥而降之。彼姦惡之民見其負罪者未必死也，則曰與其俛首下氣，以甘饑寒之辱，孰若剽攘攻劫，而不失爵祿之榮。由是言之，是乃誘民以為亂也，故曰患莫大於招降（大學衍義補卷一百三十八遏盜之機下）。

案元所以不惜用姑息之策，再三招降方國珍，蓋亦有故。史謂「國家既失江淮，藉國珍舟師以通海運，重以官爵羈縻之」（新元史卷二百二十七方國珍傳），那知「國珍愈橫」，而群盜蜂起，卒至順帝北歸，元祚隨之而亡。當蒙古初起和林之時，以數萬之眾，能夠征服亞歐各國，到了末世，對於暴民作亂，竟然束手無策。前此百戰百勝的軍隊，現在也一蹶不振，無力應付，而天下之勢遂至不可為。這固然因為政治腐化，經濟破產，而承平既久，軍政不修，也不失為一個原因。而最重要者，則為蒙古人入居中原之後，漸染華風，而失去剛強之氣。明丘濬說：

自古北狄之為中國害者，非以其地之廣也，亦非以其人之眾也。徒以其生長沙漠之外，逐水草以為居，捕野獸以為食，而衣其皮，耐饑寒，習勞苦，而不畏死。而我中國之人好逸而不禁勞，不能忍饑而受寒，而又惜身愛命，以故往往為彼所勝耳。至於元入中國，奄南北而有之，空其部落，居我內地，棄彼夷習，效我華風，宮居而室處，衣錦而食粟，其聰慧者又學我道藝，雅言而士行，闊步而寬衣。凡其自昔猛鷙之態皆變而為柔，耐苦之性皆變而為驕。況其百年以來，內外官司皆用其國人以為之長，非獨畿甸間為然，即雖遠而瘴癘之鄉，細而魚鹽之職，所謂達魯花赤者，非其種類不用也。所至成群，隨在而有。其言語習尚雖多循其舊，然其肢體筋骨無復如前日之耐饑寒甘勞苦矣。一旦天兵（明兵）南來，其主開建德門夜遁，倉卒隨行者惟宮禁宿衛京輦屯營者耳。若夫遠官之臣，外戍之卒固不能盡從也。敗亡之餘，歸其故域者，蓋亦無幾，非但失中國之法制，而併與其本來之部落而迷失之……方且救死扶生之不暇，以故不能為我邊防之害，雖有小警，不過鼠竊狗偷，非有深謀宿計，處心積慮，如前代匈奴突厥之所為者（大學衍義補卷一百五十四四方夷落之情中）。

元之兵制分中央及地方兩部，中央為宿衛諸軍，地方為鎮戍之兵。而宿衛又分怯薛及各衛二種。怯薛之長由四大元勳（太祖功臣博爾忽、博爾朮、木華黎、赤老溫）之子孫世襲其職（元史卷九十九兵志二宿衛、新元史卷六十五兵志一宿衛），而直隸於天子。各衛之長稱為親軍都指揮使，與鎮戍諸軍同屬於樞密院。鎮戍之軍有萬戶府、千戶所、百戶所三等，其長即稱為萬戶、千戶與百戶。

元為預防地方軍人叛變之故，鎮戍軍均置有達魯花赤。達魯花赤之官，始置於西域各城。最初是用以監視當地土官。

> 後（還在太祖時代）以西域漸定，始置達魯花赤於各城監治之。達魯花赤，華言掌印官也（元史紀事本末卷十四官制之定）。

據趙翼研究：

> 達魯花赤，掌印辦事之長官。不論職之文武大小，或路或府或州縣，皆設此官……達魯花赤多以蒙古人為之，漢人亦有官此者。劉好禮為永熙路達魯花赤，張炤為鎮江路達魯花赤，張君佐為黃州達魯花赤，張貴亨為處州達魯花赤（廿二史劄記卷二十九蒙古官名）。⑭

據大元聖政國朝典章十三「掌印」，凡機關之置有達魯花赤者，其行文須有達魯花赤之蓋印。陶九成云：

> 今蒙古色目人之為官者多不能執筆花押，例以象牙或木刻而印之。宰輔及近輔官至一品者，得旨則用玉圖書押字，非特賜不敢用。按周廣順二年平章李穀以病臂辭位，詔令刻名印用。據此則押字用印之始也（南村輟耕錄卷二刻名印）。

由此可知元代以前，凡押字均署名而不用印。用印雖自五代始，然李穀病臂，不能執筆，故特許其刻印以

---

⑭ 據日人箭內亙研究，高級官廳，如中書省，行中書省，樞密院，行樞密院，御史臺，行御史臺，以及中書省之六部均不置達魯花赤。但地方官廳不問職之文武大小，必置達魯花赤。地方文武官廳均有主管長官，例如路有總管，府有知府（或府尹），州有知州（或州尹），縣有知縣（或縣尹）——以上為民政機關。萬戶府有萬戶，千戶所有千戶，百戶所有百戶——以上為軍政機關。參閱元代蒙漢色目待遇考五十頁以下。

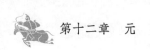

代署名。此乃例外之事。至元，蒙古色目人多不知書，於是用印遂成為普遍制度。但蒙古人用印不是傳自中華，而是學於西域。

> 塔塔統阿畏兀人也……乃蠻大敭可汗尊之為傅，掌其金印及錢穀。太祖西征，乃蠻國亡，塔塔統阿懷印逃去。俄就擒……帝問是印何用，對曰出納錢穀，委任人材，一切事皆用之以為信驗耳。帝善之，命居左右。是後，凡有制旨，始用印章，仍命掌之（元史卷一百二十四塔塔統阿傳）。

達魯花赤多以蒙古人為之，間亦任用色目人，至漢人之任斯職者，為數極少。達魯花赤雖不掌實際政務，只因行文須有他的蓋印，遂成為長官，而負監督之責。且看下列之事：

> 至元十七年賀仁傑為上都留守……明年（至元十八年）尚書省立，桑哥用事。奏上都留守司錢穀多失實，召留守忽剌忽耳及仁傑廷辨。仁傑曰臣漢人，不能禁吏戢姦，致錢穀耗傷，臣之罪。忽剌忽耳曰臣為長，印在臣手，事未有不關白而能行者，臣之罪。帝曰以爵讓人者有之，未有爭引咎歸己者，置勿問（元史卷一百六十九賀仁傑傳）。⑮

據日人箭內亙研究，漢人為各路總管府（民政機關）之達魯花赤者，雖有十三人，而十一人均在世祖至元十六年以前。十六年以後，只唯賀勝於至大三年為上都總管府達魯花赤，然而我們須知他乃上都留守，兼本路總管，開平府尹賀仁傑之子（元史卷一百七十九賀勝傳，參閱卷一百六十九賀仁傑傳）。漢人為萬戶府之達魯花赤者只有賈禿堅不花一人。反之，漢人為萬戶者，在世祖時代卻有五十人之多（元代蒙漢色目待遇考五十四頁至五十九頁）。由此可知達魯花赤之職掌，似以監督民政或軍政為主⑯。而在軍政則有似於唐代監軍之制。

⑮ 此時賀仁傑為上都留守司之留守，則忽剌忽耳當為留守司之達魯花赤。

監軍之流弊如何，吾人讀唐代歷史，即可知之。而元，凡軍官多係世襲，中央軍官，四怯薛之長已經世襲了，凡「攻取有功之士，皆世有其軍而官之」（元文類卷四十雜著，入官），即軍官「無大小，皆世其官，獨以罪去者則否」（元史卷九十八兵志一）。例如特薛禪之後均為萬戶（元史卷一百十八特薛禪傳）。賀進以功為千戶，守膠州，及死，子祉，襲父職，為千戶，仍守膠州（元史卷一百六十六賀祉傳）。張山從軍伐宋，以功為百戶，戰死，子均襲百戶（元史卷一百六十六張均傳）。所以當時「有寧棄相而專將者」，蓋「將可傳子孫，繹繹無究」（元文類卷六十三姚燧撰真定新軍萬戶張公神道碑），這種軍事上的世襲制度也和政治上的世襲制度一樣，失掉新陳代謝的作用，卒至將驕兵惰，不可復用。柯劭忞說：

> 蒙古起朔方……然不及百年，兵力衰耗，而天下亡於盜賊，何也。其失在軍官世襲，使紈絝之童騃，握兵符，任折衝，故將驕卒惰，不可復用也（新元史卷九十八兵志一序）。

軍官如斯，一般軍士亦失去鬥志。元之軍士初有蒙古軍，探馬赤軍。蒙古軍皆國人，探馬赤軍則諸部落也。及取中原，僉民兵，謂之漢軍；得宋降兵，謂之新附軍（元史卷九十八兵志一序、新元史卷九十八兵志一序）。蒙古最初所恃以征服各地者乃是蒙古軍及探馬赤軍。這兩種軍士不但沒有糧餉，而且武器馬匹亦須自備（多桑蒙古史第一卷一五六頁）。不過戰勝之時，可以恣行虜掠。到了天下混一，四海一家，軍士沒有虜掠

⑯ 達魯花赤負監督之責，所以凡事必須監督者，均置達魯花赤。例如中書省之戶部不置達魯花赤，其屬寶鈔總庫有達魯花赤一員，印造寶鈔庫亦有達魯花赤一員，燒鈔東西二庫各有達魯花赤一員（元史卷八十五百官志一）。又樞密院所屬諸衛雖以都指揮使為其長官，而阿速、貴赤、西域、欽察四衛，除都指揮使外，又置達魯花赤（元史卷八十六百官志二）。

的對象，其作戰精神，不免隨之衰萎。成宗元貞二年二月「詔蒙古軍以家奴代役者罪之」（元史卷十九成宗紀），可見世祖以後，蒙古種族即失掉勇敢好戰的精神。固然世祖時代，各軍均有軍糧。

> 世祖定軍戶之籍，凡蒙古探馬赤漢軍皆月給米五斗，鹽一斤，別以米四斗贍其家。及收宋降兵，籍為新附軍，以無貼戶，月給米六斗，鹽一斤，所謂軍人鹽糧例也（新元史卷一百一兵志四軍糧）。

軍士的糧餉如此，他們生活當然窮苦，縱令天子衛士亦不例外。吾人觀下述一事即可知之。

> 帝出，見衛士有敝衣者，駐馬問之，對曰戍守邊鎮，踰十五年，故貧耳（續資治通鑑卷一百九十九仁宗延祐四年秋七月）。⑰

我們所要注意的，漢軍及新附軍是由被征服的漢人及南人組織之。元代對於他們本來不予信任，而「淮江以南，地盡南海，則名藩列郡，又各以漢軍及新附等軍戍焉」（元史卷九十九兵志二鎮戍）。這種鎮戍方法固然因為蒙古種人不多，而卻給予漢人與南人以反抗的武器。一方將校因世襲而驕悍，同時兵士因窮苦而怨嗟，元之軍政完全腐化。兼以州郡無備，地方士卒最初只持悶棍，以後雖有弓箭，其數又少。盜起一方，實難抵禦。

> 至元二十三年省臺官言，捕賊巡馬，先令執持悶棍以行。賊眾多有弓箭，反致巡軍被傷。今議給各路弓箭十副，府州七副，司縣五副，各令置備防盜，從之（元史卷一百一兵志四弓手）。

地方不設軍備，所以南人作亂，即蔓延全國，於是元之政權就不能建立於中華之地，而只能北歸朔漠，

⑰ 蒙古軍在山東河南者，往戍甘肅，跋涉萬里，裝橐鞍馬之資皆其自辦。每行，必鬻田產，甚則賣妻子（元史卷一百三十四和尚傳，此係同簽樞密院事千奴之言，千奴為和尚之子）。

保有其原有領土。這又與歷來胡人，例如五胡以及北魏完全不同了。蓋蒙古雖入中原，而皇室尚未完全漢化，諸帝多不習漢文（廿二史劄記卷三十元諸帝多不習漢文），即其明證。按蒙古起於和林，和林在磧北千餘里，元雖定都燕京（燕京為大都，開平為上都），而發祥地之和林仍建為行省之一（嶺北行省），不但藉以鞏固自己的基礎，且欲用以防遏西方部落之叛變。而該地鹵磧，不能耕稼，所以漢人不願移植其地，其地人民亦不能放棄遊牧，而事農耕。因此之故，蒙漢合併雖近百年，而蒙古之地尚保存固有習慣，而令元之天子能夠北歸朔漠。

第四節　元的政治制度

第一項　中央官制

元肇基漠北，最初「方事征討，重在軍旅之事，故有萬戶千戶之目，而治政刑，則有斷事之官」（元文類卷四十官制）。既取中原，始依中國之制，立朝廷，而建官府。案隋唐的三省制度，到了南宋，已經變更。侍中中書令尚書令不但未曾除人，而且法制上亦無其官。唯置左右丞相以代左右僕射，置參知政事以代中書門下侍郎，並罷門下省不置（續文獻通考卷五十二職官二門下省）。元興，似沿南宋之舊。不過南宋之時，門下省雖罷而不置，而中書尚書二省還是並存，六部亦隸於尚書省。宋太宗曾說：「中書政本」（宋史卷二百八十七李昌齡傳），元豐改制以後，「凡事皆中書取旨」（欒城集卷三十七論三省事多留滯狀），則尚書省並非「佐天子議大政」，而只是「奉所出命令而行之」（宋史卷一百六十一職官志一）。尚書省之下雖置六部，而「掌施行制命」，其實六部應取裁之事還是送至中書省或樞密院（宋史卷一百六十一職官志一），所以中書取旨之後，其所決定者，直接交六部執行，似還可以減少留滯之弊。此種制度在遼金兩國已經採用。遼之中央官制有樞密院中書省門下省及御史臺，中書省置中書令、大丞相、左右丞相、知省事，中書侍郎、同平章事、參知政事等官（遼史卷四十七百官志三）。金之中央官制只置尚書省樞密院與御史臺，尚書省置尚書令、左右丞相、平章政事、左右丞、參知政事等官（金史卷五十五百官志一），即中國官制傳到遼金，已經改造。遼廢尚書省，金廢中書省及門下省。其實，遼之中書省就是金之尚書省。元之制度草創於太宗時代，主其事者則為耶律楚材。楚材契丹人，父履以學行事金世宗，特見親任，終尚書右丞（元史卷一百四十六耶律楚材傳）。世祖時，又命劉秉忠許衡定官制。劉秉忠瑞州人，「世仕遼為官族，曾大父仕金為邢州節度副使，因家焉。故自大父澤而下，遂為邢人」（元史卷一百五十七劉秉忠傳）。許衡懷州河內縣人（元史卷一百五十八許衡傳）。邢州及懷州均屬河北路，南宋時代均沒於金。耶律楚材依遼之制，置中書，不設尚書。劉秉忠許衡一方保留耶律楚材所置的中書以代尚書，同時因金之制，不設門下，於是元之中央機關就只有中書省樞密院與御史臺。

> 世祖即位，命劉秉忠許衡酌古今之宜，定內外之官。其總政務者曰中書省，秉兵柄者曰樞密院，司黜陟者曰御史臺（元史卷八十五百官志一）。
>
> 世祖命劉秉忠許衡定官制，以中書省管政事，樞密院管兵，御史臺司糾劾（新元史卷五十五百官志一）。

這固然有似於西漢之丞相太尉與御史大夫。但是太尉並不常置，而御史大夫只是副相，與元代之三權分立並不相同。葉士奇說：

世祖立中書省以總庶務，立樞密院以掌兵要，立御史臺以糾彈百司。嘗言，中書朕左手，樞密朕右手，御史臺是朕醫兩手的。歷世遵其道不變（歷代職官表卷四內閣下，葉士奇草木子）。

茲將元之中央機關列表如次：

元中央機關表

機關	職官	人數	品秩	職權	備考
三公	太師	一	正一品		太祖十二年以木華黎為太師，後又以耶律禿花為太傅。太宗時，耶律阿海為太師，耶律禿花為太傅，石抹明安為太保，皆崇以位號，無專職。世祖至元元年，以劉秉忠為太保，至成宗以後，始三公並建。又有太尉大司徒司徒，或置或不置，其置者或開府，或不開府（新元史卷五十五百官志一）。
	太傅	一	正一品		
	太保	一	正一品		
中書省	中書令	一	正一品	領百官，會決庶務（元史卷八十五百官志一）。	太宗二年立中書省，以耶律楚材為中書令。自世祖以後，為皇太子兼官（新元史卷五十五百官志一）。
	右丞相、左丞相	各一	正一品	統六官，率百司，居令之次。令缺，則總其事，佐天子，理萬機（元史卷八十五百官志一）。	元典章中書右左丞相，均從一品。元初官制，中書令正一品，右左丞相從一品。未詳何時改正一品（新元史卷五十五百官志一）。
	平章政事	四	從一品	掌機務，貳丞相，凡軍國重事無不由之（元史卷八十五百官志一）。	
	右丞、左丞	各一	正二品	副丞相，裁成庶務，號左右轄（元史卷八十五百官志一）。	

參政	二	從二品	副宰相，以參大政，而其職亞於右左丞（元史卷八十五百官志一）。	
六部				
吏部尚書	三	正三品	掌官吏選授調補之政令，及勳封爵邑之制，考課殿最之法（新元史卷五十五百官志一）。	六部除尚書外，均置侍郎二員正四品，郎中二員從五品，員外郎二員從六品（新元史卷五十五百官志一）。
戶部尚書	三	正三品	掌天下戶口錢糧田土之政令，及貢賦之出納，金幣之轉通，府藏之委積（新元史卷五十五百官志一）。	
禮部尚書	三	正三品	掌禮樂祭祀朝會燕享貢舉之政，及符印簡冊之制（新元史卷五十五百官志一）。	
兵部尚書	三	正三品	掌郡邑郵傳屯牧之政，凡兵站屯田之籍，官私芻牧之場，及遠人之歸化者，悉以任之（新元史卷五十五百官志一）。	
刑部尚書	三	正三品	掌刑名法律，凡大辟之按覆，繫囚之詳讞，孥收產沒之籍，捕獲功賞之格，悉以任之（新元史卷五十五百官志一）。	
工部尚書	三	正三品	掌百工之政，凡營造之程式，材物之給受，銓注局	

				院司匠之官，悉以任之（新元史卷五十五百官志一）。	
樞密院	知院	六	從一品	掌兵事之機密及宮禁宿衛軍官選授簡閱之政令（新元史卷五十六百官志二）。	除知院外，尚有同知四員正二品，副使二員從二品，僉院二員正三品，同簽二員正四品，院判二員正五品，參議二員正五品。但知院等官人數乃延祐五年以後所定，在此以前，增減不常。其屬有六衛，即右衛、左衛、中衛、前衛、後衛、武衛，各有都指揮使（均正三品）等官（新元史卷五十六百官志二）。
御史臺	御史大夫	二	從一品	掌糾察百官善惡，政治得失（新元史卷五十七百官志三）。	除大夫外，尚有中丞二員正二品，侍御史二員從二品，治書侍御史二員從二品，以上官品乃依大德十一年之制，但治書侍御史應作正三品。又有殿中司殿中侍御史二員正四品。凡大朝會，百官班序，其失儀失列，則糾罰之。察院監察御史三十二員正七品，司耳目之寄，任刺舉之事（新元史卷五十七百官志三）。

這三種最高機關之外，尚有府（例如大宗正府），寺（例如光祿寺），司（例如大司農司），院（例如翰林國史院），監（例如國子監），衛（例如六衛，六衛為右衛左衛中衛前衛後衛武衛，而為明代五軍都督府的淵源）等。元制與吾國古代制度所不同者，許多機關均置達魯花赤，其置或不置，非依職官之大小，而視事實上是否必要。例如戶部不置達魯花赤，其屬如寶鈔總庫，印造寶鈔庫，燒鈔東西二庫則置之。達魯花赤多以蒙古人為之。

先就中書省言之，元代不立三省，只置中書省以作政務機關。世祖至元七年曾有一度「議正三省」，侍御史高鳴以為國事繁多，取決一省，猶恐有壅，倘設三省，則政務必至停滯。於是三省之議遂罷。

七年議正三省，高鳴上封事曰，臣聞三省設自近古，其法由中書出政，移門下議，不合則有駁正，或封還詔書。議合，則還移中書，中書移尚書，尚書乃下六部郡國。方今天下大於古，而事益繁，取決一省，猶曰有壅，況三省乎。且多置官者，求免失政也。但使賢俊萃於一堂，連署參決，自免失政，豈必別官異坐，而後無失政乎。故曰，政貴得人，不貴多官，不如一省便。世祖深然之，議遂罷（元史卷一百六十高鳴傳）。

但是元代並不是絕對未設尚書省。元置尚書省，前後曾有三次，第一次置於世祖至元七年春正月，罷於至元九年春正月。第二次置於至元二十四年閏二月，罷於二十八年五月。第三次置於武宗至大二年八月，罷於至大四年春正月。今將元史卷八十五百官志（以下簡稱為舊志）所載，用黑體字錄之如次，而後再依新元史卷五十五百官志一（以下簡稱為新志）以及元史卷一百十二宰相年表（以下簡稱為舊表）、新元史卷三十一宰相年表（以下簡稱為新表）作補充的說明：

至元七年立尚書省，置丞相二員。

此丞相是指中書省右左丞相。舊表及新表均云：「七年置尚書省，唯置平章以下員」。舊志補充云：「七年置尚書省，設尚書平章二員，參政三員」，新志云：「七年立尚書省，中書省增置左丞相一員，平章政事以下如故。尚書省置平章政事一員，同平章事一員，參知政事三員」。新志多「中書省增置左丞相一員」一語，則中書省應有丞相三員。據新舊兩表，七年至八年中書省右丞相為安童，左丞相有忽都察兒及耶律鑄二人。故舊志之「置丞相二員」應作「置丞相三員」。

八年罷尚書省，乃置丞相二員。

新志作九年，而據兩表均云，「八年十二月罷」。又者，因七年有丞相三員，故此處云「乃置二員」。關此，新志較明，「九年罷尚書省，左丞相仍省為一員」。

二十四年復立尚書省，其中書省丞相如故。

新舊兩表均云：「設官如七年制」。舊志補充云：「二十四年復立尚書省，其中書省丞相二員如故。中書尚書兩省平章各二員，參政各二員」。新志亦云：「二十四年復立尚書省，置尚書平章政事二員，參知政事二員」。但兩表於二十五年處，皆有「新置丞相一員」之語，關此，舊志無載，新志則云：「二十五年尚書省置右丞相一員，中書省罷左丞相不置」，如是，則在此期間內，當有右丞相二人，一屬中書省，一屬尚書省。再看兩表，舊表於二十五年處云：「中書省右丞相安童，尚書省右丞相桑哥」。而新表反於二十四年載，「中書省右丞相安童，尚書省右丞相桑哥」，加以「十一月升」之注。若再看兩紀，桑哥為尚書右丞相，乃在二十四年十一月壬辰。不知何者為是。

二十九年以尚書省再罷，專任一相。

兩表均作二十八年五月。此「一相」是指中書省右丞相，蓋二十五年中書省已廢左丞相不置。新志亦云：「三十八年罷尚書省，專任一相」。再看兩表，自至元二十九年至成宗大德年間，均以完澤為中書右丞相，左丞相缺。

武宗至大二年復置尚書省，丞相二員，中書丞相二員。

舊志又補充云：「至大二年再立尚書省，平章三員，中書五員。尚書參政二員，中書參政二員」。新志亦云：「至大二年再立尚書省，置尚書左右丞相各一員，平章政事三員，參知政事二員，中書省增平章政事為五員」。如是，則中書尚書二省均有左右丞相了。兩表對此，所載均欠明瞭，唯元史卷二十三武宗紀，至大二年「七月保八請立尚書省，舊事從中書，新政從尚書」。「八月立尚書，以乞台普濟為右丞相，脫虎脫

> 為左丞相，三寶奴，樂實為平章政事，保八為右丞，忙哥鐵木兒為左丞，王羆為參知政事」。

四年尚書省仍歸中書，丞相凡二員，自後因之不改。

> 新志亦云：「至大四年尚書省併入中書省，尚書省丞相以下諸官並罷」。

以上乃簡單說明尚書省之組織以及尚書省設置之時，中書省之組織有何變更。尚書省旋設旋罷，第一次只有兩年，第二次較長，而亦不過四年又三個月，第三次不過一年又四個月而已。尚書省為何忽設忽罷？其設也，因財政上之必要，其罷也，因其發生流弊。尚書省設置之前，即至元三年春正月立「制國用使司」，以阿合馬為使，二月以中書右丞張易同知制國用使司事，參政事張惠為制國用使司副使（元史卷六世祖紀三）。當時南宋未滅，世祖以用兵之故，「急於富國」，阿合馬「以功利成效自負」，遂置「制國用使司」（元史卷二百五阿合馬傳），是則「制國用使司」乃如宋之三司使一樣，為「總司財用」之機關。阿合馬「欲專奏，請不關白中書」，雖經張文謙之反對，而作罷論（元史卷一百五十七張文謙傳）。然至元七年遂立尚書省，而廢「制國用使司」。

> 至元七年春正月立尚書省，罷制國用使司，以……制國用使阿合馬平章尚書省事，同知制國用使司事張易同平章尚書省事，制國用使司副使張惠、簽制國用使司事李堯咨、麥朮丁並參知尚書省事（元史卷三世祖紀四）。

由此可知尚書省乃代替制國用使司之機關，其中官員不但阿合馬，即張易張惠等等都是制國用使司之舊員。此時，不但戶部，即「掌天下官吏選授之政令」的吏部其職權也為尚書省所剝奪。

> 初立尚書省時，有旨，凡銓選各官，吏部擬定資品，呈尚書省，由尚書咨中書聞奏。至是，阿哈瑪特（即

阿合馬）用私人，不由部擬，不咨中書。丞相安圖以為言。世祖問阿哈瑪特，阿哈瑪特言事無大小，皆委之臣；所用之人，宜自擇。安圖因請，自今唯重刑及遷上路總管始屬之臣，餘事並付阿哈瑪特，庶事體明白，世祖俱從之（元史卷二百五阿合馬傳）。

這樣，中書之權殆完全移於尚書省。既而世祖悟中書尚書二省並立之弊，又於九年併尚書省入中書省，仍以阿合馬與張易為中書平章政事，張惠為中書左丞，李堯咨麥朮丁參知中書政事（元史卷七世祖紀四）。名義上尚書省雖罷，而阿合馬之徒專橫如故。十九年有益都千戶王著，發義憤擊殺之。

南宋滅亡之後，世祖一方承祖宗之遺訓，同時依中國傳統之觀念，要求四裔稱臣納貢，而繼續其征討之行為。財政需要極為迫切，所以又用「能救鈔法、增課額」之盧世榮，以為中書右丞。「世榮居中書才數月，恃委任之專，肆無忌憚，視丞相（時安童為丞相）蔑如也」。然其所行，不過「苛刻誅求，為國斂怨」，肆惡二年，始詔誅之，時為至元二十二年（元史卷二百五盧世榮傳）。世祖既急於國用，而廷臣諱言財利事，無以副世祖之意。於是又於至元二十四年立尚書省，以桑哥為平章政事，「詔告天下，改行中書省為行尚書省，六部為尚書六部，更定鈔法，頒行至元寶鈔於天下，中統鈔通行如故」（元史卷二百五桑哥傳，僧格即桑哥）。二十五年尚書置右丞相一員，以桑哥任之。桑哥「以理算為事」，天下騷然。又以刑賞為市，「入高價以買所欲，貴價入，則當刑者脫，求爵者得，綱紀大壞，人心駭愕」（元史卷二百五桑哥傳）。二十八年春正月桑哥以罪罷，五月廢尚書省，事皆入中書。

武宗之世，興土木，濫賜賚，財政大見窮匱，遂於至大二年立尚書省，以乞臺普濟為右丞相，脫虎脫為左丞相，三寶奴，樂實為平章政事（元史卷二十三武宗紀）。「既創至大銀鈔，又鑄至大銅錢」，而「倍數太多，輕重失宜」，卒至鈔法大亂，民生日弊（新元史卷七十四食貨志七鈔法）。四年春正月武宗崩，仁宗踐祚，以尚書省「變亂舊章，流毒百姓」，又將尚書省併入中書省。脫虎脫、三寶奴等俱伏誅（元史卷二十四仁宗紀一）。

元代三置尚書省，期間均甚短暫，本書所以不厭說明者，蓋欲證明尚書省之設置，目的乃在於解決財政上的困難。到了財政困難不能解決，反而發生流弊之時，即罷而不置。然則試問中書省何不可理財，而必別設一省？我贊成陳邦瞻之言：「元世任用勳舊，諸人（指阿合馬、桑哥等）皆新進，若與之同官，勢必出其下，不可得志。惟別立尚書省，而中書之權遂奪，權奪而諸勳舊束手擁虛位矣。此阿合馬諸人之謀也」（元史紀事本末卷十五尚書省之復）。

關於中書省的組織，本書已列表於上，茲再略加說明。中書省置中書令一人，以皇太子兼之。陶九成云：

> 惟皇太子立，必兼中書令樞密使（南村輟耕錄卷二十二皇太子署牒）。

中書令固然必以皇太子兼之，而皇太子卻不是「必」兼中書令，其見於元史紀傳者，據續通考所載：

> 元中書省有中書令一人，太宗以相臣為之。世祖以皇太子兼之（原注，裕宗紀，中統三年封燕王，守中書令），至元十年立皇太子（即裕宗），行中書令。大德十一年武宗已即位，以皇太子（原注，仁宗時為皇太子）領中書令。延祐三年，仁宗復以皇太子（原注，英宗時為皇太子）行中書令（續文獻通考卷五十二中書省）。

此係世祖以後之事。世祖以前，耶律楚材於太宗時（新元史卷一百二十七耶律楚材傳），楊惟中於定宗時（新元史卷一百三十三楊惟中傳）均曾拜為中書令。自從世祖以皇太子兼為中書令之後，皇太子乃虛掛其名，不任其事。所以中書省的長官並不是中書令，因之元代宰相實際上乃是右丞相及平章政事等官。

元代不設尚書省，又廢門下省，所以政務機關只有中書省一所。成宗大德十一年十二月（此時成宗已崩，武宗即位，尚未改元）詔「一切公事並經由中書省，可否施行，毋得隔越聞奏，違者究治」（大元聖政國朝典章卷一振朝綱。新元史卷十五武宗紀亦有此詔）。所以武宗才云：「中書政本也」（新元史卷十五武宗紀至大元年七月），即如孟攀鱗所說：「紀綱制度悉由中書」（新元史卷一百八十五孟攀鱗傳）。然而中書令不過虛位，因之右左丞相就成為樞機之任，故志云：「右丞相左丞相總省事，佐天子理萬機」（新元史卷五十五百官志一）。元尚右，右丞相的地位乃比左丞相為高。「故事，右丞相必用蒙古勳臣」（新元史卷十七仁宗紀延祐四年九月）。所謂「故事」當指至元四年以後之事。世祖中統二年夏五月史天擇固為中書右丞相（新元史卷一百三十八史天擇傳），此時左丞相則為耶律楚材之子鑄（新元史卷一百二十七耶律鑄傳，參閱卷三十一宰相年表）。至元四年以後，右丞相才專任蒙古人（新元史卷三十一宰相年表）。自此時始，不但右丞相，就是左丞相，也不用漢人（新元史卷三十一宰相年表），天子固有選任丞相的自由，有時亦嘗詢及群臣，如世祖至元二年之用安童（新元史卷一百八十三崔斌傳），二十八年之用完澤（新元史卷一百九十七完澤傳），皆曾咨於廷臣。然此只是例外之事。案元置右左二丞相，蓋欲他們互相牽制。二相制度在秦代及西漢初年亦曾有之。但牽制太甚，又有害政務之施行，所以天子為專任責成起見，又常只用一相。例如：

> 完澤改拜中書右丞相，忽必烈汗懲前政出多門之弊，虛左丞相不置，而專任之（蒙兀兒史記卷八十七完澤傳）。

拜住初拜左丞相，及進右丞相，英宗遂不置左相，使拜住獨任大政（新元史卷一百十九拜住傳）。

余查元史（卷一百十二及一百十三）及新元史（卷三十一）宰相年表，完澤獨相約有七年之久（由世祖至元二十九年至成宗大德二年），拜住獨相不及一年（由英宗至治二年十一月至三年八月）。此外，燕鐵木兒獨相在兩年以上（由文宗至順元年二月至三年），伯顏獨相在四年以上（由順帝至元元年七月至五年），脫脫獨相將近五年（由順帝至正九年七月至十三年）。但兩表所載與各本傳常有出入。

固然侍御史韓若愚曾謂：「國制，宰相必歷御史大夫」。因此，倒剌沙就由左丞相徙為御史大夫，旋復由御史大夫拜左丞相，此泰定帝泰定二年事也。此時群臣反對倒剌沙甚為激烈，韓若愚之言乃為倒剌沙解決難題，所以史云「倒剌沙悅」（新元史卷二百四倒剌沙傳）。元代未必真有其制，縱令有之，亦不過偶爾而已，非若漢世御史大夫位次丞相，有副相之稱者可比。新元史（卷二百三）韓若愚傳只云：「故事，朝廷重臣必為御史大夫」，是則非必指宰相言之。

元制，不但右左丞相為宰相之職，即平章政事雖「位亞丞相」（新元史卷二百十三成遵傳），但「軍國重事無不由之」（新元史卷五十五百官志一）。右左丞亦「副丞相，裁成庶務」（新元史卷五十五百官志一），所謂庶務並不是省內雜務，不但可與丞相討論大政，而且論事不合，尚可面斥丞相（新元史卷一百四十八郝天挺傳）。何況右左丞之下尚有參知政事「職亞於丞」，亦得「參決大政」（新元史百官志一）。總之，右左丞相（各一員）、平章政事（二員）、右左丞（各一員）、參知政事（二員）均是宰相，合稱八府（新元史卷三十一宰相年表）。

中書省之下設置六部，六部自昔皆隸於尚書省，至元，才改隸於中書省。六部的名稱雖然依隋唐之舊，但「中統初，以吏戶禮為左三部（即合為一部），兵刑工為右三部（亦合為一部）。至元中，又以吏禮為一部，兵刑為一部，戶工各為一部，其後始分列為六部」（歷代職官表卷五吏部，元）。尚書省設置之時，六部何隸，各書所載不甚明瞭。但第二次設置尚書省之時，六部隸屬於尚書省，則無疑義。此不但元史桑哥傳載有明文，新元史（卷一百九十八）不忽木傳亦云，至元二十八年，世祖誅桑哥，「罷尚書省，復以六部隸於中書」。觀「復」之一字，可知此中消息。

元代既廢門下省，復罷尚書省，而以中書為政務機關，則唐代屬於門下中書兩省之許多諫官，例如左右諫議大夫等等又將孰屬。關此，我們不能不追述遼金之制。蓋元之制度多仍遼金之舊。遼置左右諫院，有左右諫議大夫、左右補闕、左右拾遺，左屬門下省，右屬中書省（遼史卷四十七百官志三）。然而我們須知遼之中書省即唐宋之尚書省。金廢門下省及中書省，其政務機關仍是尚書省。然卻另設一個獨立的諫院，有左右諫議大夫、左右司諫、左右補闕、左右拾遺等官（金史卷五十六百官志二）。元代不設諫官（續文獻通考卷五十二職官二）。中書省既係政務機關，所以「事有失當及除授非其人，則論奏封還詞頭」（宋史卷一百六十一職官志一）之中書舍人也付缺如。給事中（宋屬門下省）之官雖然存在，而其職已與北宋不同，即不是「政令有失當，除授非其人，則論奏而駁正之」（宋史卷一百六十一職官志一），而是「凡奏聞之事悉紀錄之，如古左右史」（新元史卷五十九百官志五，參閱元史卷八十八百官志四）。即和南宋之給事中一樣，「掌記天子言動」（宋史卷一百六十一職官志一）。「元給事中為修起居注之職」（續文獻通考卷五十二職官志二）。於是宋代之臺（御史臺）諫（諫官）給（給事中）舍（中書舍人），事實上只有御史臺一所。到了英宗即位，因鑑中書省權任太重，宰相貪緣為姦，如世祖時之阿合馬（新元史卷二百三十三阿合馬傳），仁宗時之鐵木迭兒（新元史卷二百二十四鐵木迭兒傳），無不利用權勢，禍國殃民。所以英宗從監察御史鎖咬兒哈的迷失之言，「凡有奏行布告，並從中書省送國史翰林院詳定可否，著為令」（新元史卷一百三十一鎖咬兒哈的迷失傳），即用國史翰林院（亦稱翰林兼國史院，其組織與宋代之翰林院略相同，參閱新元史卷五十七百官志三翰林兼國史院）以代宋代之給舍。然在天子荒庸，丞相姦邪之時，也和宋之給舍一樣，不生效用。

次就樞密院言之，樞密院之組織大體依宋之制，也可以說是依金之制。但宋（宋史卷一百六十二職官志二）金（金史卷五十五百官志一）均有樞密使，而元史及新元史乃無樞密使之官。元典章（大元聖政國朝典章七職品），於「從一品」中有樞密院使之名。世祖紀（元史卷五世祖紀二），中統四年五月「初立樞密院，以皇子燕王守中書令，兼判樞密院事」。裕宗傳（元史卷一百十五裕宗傳）亦云「中統三年封燕王，守中書令。四年兼判樞密院事。至元十年二月立為皇太子，仍兼中書令，判樞密院事」。所謂「判樞密院事」是否樞密使，元史（卷一百四十八）董文忠傳有「至元十六年十月奏曰陛下始以燕王為中書令樞密使」之言，而世祖紀（元史卷十四世祖紀）復云：至元二十三年秋七月癸巳，「銓定省院臺部官，詔諭中外。中書省除中書令外，左右丞相並一員，平章政事二員云云，樞密院除樞密院使外，同知樞密院事一員，樞密院副使二員云云」，則所謂判樞密院事當係兼樞密使之意，所以陶九成說：「惟皇太子立，必兼中書令樞密使」（南村輟耕錄卷二十二皇太子署牒）。其明白見於文獻者，姚燧所撰之普慶寺碑（元文類卷二十二）有「武宗之至，既踐天位，惟以其月授皇太子寶中書令樞密使，誕告四方」云云。不過樞密使既由皇太子兼任，所以也同中書令一樣，皇太子徒有虛銜，不蒞其事，實際長官則為知院。

樞密院「掌兵事之機密」（新元史卷五十六百官志二），關於軍機之事，可直接向天子奏陳，故明宗諭曰：「軍務機要，樞密院即奏聞，毋以夙夜為間而稽留之」（新元史卷二十明宗紀）。元既依宋制，將政事與軍事分開。然政與軍之分權，在宋已經發生弊端，所以常使宰相兼樞密使之職。元代亦然，常命中書省之平章政事或右左丞商議樞密院事。如世祖時李庭拜尚書左丞，商議樞密院事（新元史卷一百六十二李庭傳）。至大初，李世安拜平章政事，商議樞密院事（新元史卷一百八十李世安傳），即其例也。

元史尚有行樞密院之制，「有大征伐之事則置之，止曰行院；為一方之事而設，則稱某處行樞密院，事已則罷」（新元史卷五十六百官志二），即行樞密院不是常設機關。其曾設置者有西川、江南、甘肅、河南、嶺北數處（元史卷八十六百官志二），而其職官亦各處不同。舊志關於西川行樞密院，只云中統二年始置，設官二員。關於嶺北行樞密院，則云，天曆二年置，設知院一員，同知二員，副樞一員，僉院二員，同僉一員，院判二員（品秩不詳），即其職官與中央之樞密院大略相同。

三就御史臺言之，元初，不置御史，其設置的由來，依元史所載，又有二說，一說是依高智耀之言：

> 智耀又言，國初庶政草創，綱紀未張，宜倣前代置御史臺，以糾肅官常。至元五年立御史臺，用其議也（元史卷一百二十五高智耀傳）。

另一說是從張雄飛之奏：

> 雄飛曰，古有御史臺，為天子耳目，凡政事得失，民間疾苦，皆得言。百官姦邪，貪穢不職者，即糾彈之，如此，則紀綱舉，天下治矣。帝（世祖）曰善，乃立御史臺（元史卷一百六十三張雄飛傳）。

高智耀河西人，世仕夏國，世祖在潛邸，已聞其賢，及即位，召見，拜翰林學士。張雄飛琅琊臨沂人，父仕金，至元二年廉希憲薦之於世祖，授同知平陽路轉運司事。不久，處士羅英又謂雄飛乃公輔器，帝命驛召雄飛，問以政事，雄飛請立御史臺。由此觀之，大約高智耀言之在先，而促成世祖之設置御史臺者則為張雄飛。但設置之後，當時權臣反對甚烈。幸有漢化的色目人廉希憲反駁，始不撤廢。

> 五年始建御史臺，繼設各道提刑按察司。時阿合馬專總財利，乃曰庶務責成諸路，錢穀付之轉運，今繩治之如此，事何由辦。希憲曰，立臺察古制也。內則彈劾奸邪，外則察視非常，訪求民瘼，裨益國政，無大於此。若去之，使上下專恣貪暴，事豈可集耶。阿合馬不能對（元史卷一百二十六廉希憲傳）。

廉希憲為布魯海牙之子，畏吾兒人（色目人），已經漢化，「篤好經史，手不釋卷」（元史卷一百二十六廉希憲傳）。元自太祖以降，最深信的，除蒙古人外，以畏吾兒人為首。廉希憲之言如此，御史臺遂得以幸存。

御史臺之組織，本書已經列表於上，御史臺得獨立行使職權，元為維持御史臺的獨立，就採用了三種制度。其一、御史許風聞言事（新元史卷二百二十四哈麻傳，此係監察御史海壽之言），此制始自唐代，至宋已經發生流弊，吾人觀呂誨及范鎮之言（宋史卷三百二十一呂誨傳、卷三百三十七范鎮傳），即可知之。其二、臺臣均由臺方自行選用，此亦萌芽於宋。至元十九年御史中丞崔彧建言：「選用臺察官，若由中書，必有偏徇之弊，御史宜從本臺選擇，從之」（新元史卷一百八十四崔彧傳）。到了至元二十七年，又「詔風憲之選，仍歸御史臺，如舊制」（新元史卷十二世祖紀至元二十七年三月）。由「仍歸」及「如舊制」等字觀之，可知崔彧之建議雖蒙世祖接受，中間必曾廢止。其三、御史臺若有奏言，得「實封言事」（新元史卷一百九十葉李傳），換言之，即加密封，「至御前開拆，以防壅蔽之患」（新元史卷一百七十二李稷傳）。有此三種制度，所以元代不乏敢言之士，且能以去就爭。例如至元（此係順帝年號）七年時：

> 監察御史劾奏別兒怯不花（時為中書右丞相），章甫上，黜御史大夫懿憐真班為江浙行省平章政事。朵爾直班（木華黎之後，時為御史中丞）曰，若此，則臺綱安在，乃再上章劾奏，並請留懿憐真班，不允。臺

臣皆上印綬辭職。帝諭朵爾直班曰汝毋辭。對曰憲綱隳矣，臣安得獨留，帝為之出涕（新元史卷一百二十朵爾直班傳，參閱卷二百十別兒怯不花傳）。

帝雖垂涕，而不能黜罷別兒怯不花，且加官為太保。翌年御史張禎又劾，乃謫別兒怯不花於渤海。觀此一事，可知元代御史固能盡職。

元代御史臺之組織大體依宋之制，但尚有三點不同，其一、吾國古代關於違法與失策有所分別，違法由御史彈擊之，失策由諫官糾正之。宋置言事御史，御史與諫官已將混同。元則不設諫官，因之御史臺除掌糾察百官善惡之外，又掌糾察政治得失（元史卷八十六百官志二、新元史卷五十七百官志三），即失策與違法完全混為一談。成宗元貞年間，李元禮言：「今朝廷不設諫官，御史職當言路，即諫官也」（新元史卷一百九十六李元禮傳），可為一證。其二、唐時，御史臺以御史大夫為臺主，中丞貳之，其屬有三院，即臺院（侍御史）殿院（殿中侍御史）察院（監察御史）。宋以御史中丞為臺主，侍御史貳之，然三院名目猶存（宋史卷一百六十四職官志四）。金置御史大夫，而以中丞為之貳，又有侍御史二員判臺事，復有治書侍御史二員，掌同侍御史。更置殿中侍御史二員，專劾朝者失儀。監察御史十二員，糾察內外非違（金史卷五十五百官志一）。元似依金之制，雖置御史大夫，中丞為之貳，而侍御史與治書侍御史復判臺事。其臺屬只保存殿中司與察院。殿中司置殿中侍御史二員，凡大朝會百官班序，其失儀失列，則糾罰之。察院置監察御史三十二員，司耳目之寄，任刺舉之事（元史卷八十六百官志三）。唐宋御史臺之三院，至元減為二院（殿中司與察院），這種改制是有理由的。宋時，臺院置侍御史一員，掌貳臺政。侍御史既只一員，而又為臺長（御史中丞）之貳，則其地位自與殿中侍御史（殿院）監察御史（察院）不同，何必再設一院，而與殿院察院並列。但元之殿中司只置侍御史二員，所以明代又省殿院，以糾儀之事併入察院。歷代規制至此一變。其三、唐代監察御史（察院）十人，掌分察百僚，巡按州縣。其後分天下為十五道，各置採訪使一人，檢察如漢刺史之職。宋代監察御史（監院）六人，掌分察六曹及百司之事，糾其誤謬（宋史卷一百六十四職官志四御史臺），以區區六人之數，自難監察州縣。固然各路置有轉運使，掌「經度一路財賦」，而又同時「專舉刺官吏之事」（宋史卷一百六十七職官志七轉運使），又有提點刑獄「掌察所部之獄訟，而平其曲直」，復同時「舉刺官吏之事」（宋史卷一百六十七職官志七提點刑獄）。唐宋制度均有缺點，採訪使演變為節度使，釀成方鎮之禍。轉運使既掌財賦，提點刑獄既掌獄訟，而又舉刺官吏之事，這是有反於漢刺史掌奉詔條察州之制的。元制於此，甚為特殊。中央置內臺（御史臺），江南陝西置行臺，設官品秩同內臺（元史卷八十六百官志二）。質言之，內臺就是御史臺，外臺有二，一曰江南諸道行御史臺，二曰陝西諸道行御史臺。行御史臺亦置大夫、中丞、侍御史、治書侍御史、監察御史等官，除員數略減外，品秩同內臺。三個御史臺就是三大監察區，而每區又分為數道肅政廉訪司，全國共有二十二道。每道置廉訪使二員（正三品），副使二員（正四品），僉事四員（正五品）等官（新元史卷五十七百官志三御史臺）。茲依元史（卷八十六百官志二）所載，將全國二十二道肅政廉訪司列表如次：

全國二十二道肅政廉訪司表

內道八隸御史臺
山東東西道濟南路置司
河東山西道冀寧路置司

燕南河北道真定路置司
江北河南道汴梁路置司
山南江北道中興路置司
淮西江北道廬州路置司
江北淮東道揚州路置司
山北遼東道大寧路置司
江南十道隸江南行臺
江東建康道寧國路置司
江西湖東道龍興路置司
江南浙西道杭州路置司
浙東海右道婺州路置司
江南湖北道武昌路置司
嶺北湖南道天臨路置司
嶺南廣西道靜江府置司
海北廣東道廣州路置司
海北海南道雷州路置司
福建閩海道福州路置司
陝西四道隸陝西行臺
陝西漢中道鳳翔府置司
河西隴北道甘州路置司
西蜀四川道成都路置司
雲南諸路道中慶路置司

案元初，依宋提點刑獄之官，置提刑按察司，有舉刺地方官之權，至元二十八年從中書右丞何榮祖之言，改稱為肅政廉訪使（元史卷八十六百官志二肅政廉訪司、卷一百六十八何榮祖傳）。但廉訪之名亦始自宋代，宋置走馬承受，雖以監視一路軍事為職，而常糾察帥臣之行政。政和六年改為廉訪使者，靖康初，復為走馬承受（宋史卷一百六十七職官志七走馬承受）。這就是「廉訪」名稱之所由始。

總之，元代監察機關比之前代，規模甚見龐大。內臺及外臺均置有監察御史，而各道復設肅政廉訪司，置廉訪使等官，其如何分職，各書均不說明，也無資料可供吾人參考。詔書亦常同時下令肅政廉訪司及監察御史糾察官邪。例如：

至元三十一年七月（案此時世祖已崩，成宗嗣位）欽奉聖旨節文，今命御史大夫首振臺綱，凡……所在官司不務存心撫治，以致軍民困苦，或冤滯不為審理，及官員侵盜欺誑污濫不法，若此之類，肅政廉訪司監察御史有能用心糾察，量加遷賞，若罪狀明白，廉訪司御史臺不為糾彈，受賄徇情，或別作過犯，諸人陳告，得實罪，比常人加重。誣告者抵罪反坐（大元聖政國朝典章二肅臺綱）。

大德十年五月十八日欽命詔書，內一款，監察御史廉訪司官所以糾劾官邪，徇求民瘼，肅清刑政，共成治功。今後各思所職，有徇私受賄者，炤依已降聖旨，加重治罪（大元聖政國朝典章二肅臺綱）。

至大二年九月，尚書省（是年置尚書省）欽奉詔書，內一款，風憲為紀綱之司，民生休戚，官政廢舉，關係匪輕。御史臺戒飭監察御史廉訪司體承美意，協贊治功。所司奉詔不虔，並行究治（大元聖政國朝典章二肅臺綱）。

上舉三道詔書均並舉廉訪司及監察御史，可知兩者品秩雖有高低之別，而其職權則無差異。職權既然相同，難免有彼此意見不同之處。意見不同，依吾國古代「御史人君耳目比肩事主，得各彈事」之制，御史臺恐無決定之權，決定之權在於天子。至於達魯花赤只是行政官，對於各機關的行政給與同意或不同意而已。

前已述及「故事，臺端非國姓不以授」（元史卷一百四十太平傳）。漢人為此者只有賀惟一一人，而此事乃在順帝至正六年。此時天下已亂，而賀惟一又改姓名曰太平。固然察院之監察御史，至元五年始置十一員，悉以漢人為之，八年增置六員，十九年增置一十六員，始參用蒙古人為之，至元二十二年參用南儒二人（元史卷八十六百官志二，其總數為三十三員，而非三十二員。新元史卷五十七百官志三所載亦然。但陶九成之南村輟耕錄卷二置臺憲則云監察御史十二人，復增至十六人，皆漢人，又增蒙古色目人，如漢人之數，今三十二人）。反之各道廉訪使，據元史說：

各道廉訪司必擇蒙古人為使，或闕，則以色目世官子孫為之，其次參用色目漢人（元史卷十九成宗紀大德元年四月）。

即廉訪使原則上以蒙古人為之，但漢人並不是絕不任用。例如程鉅夫於世祖成宗武宗三朝，歷任福建閩海道、江南湖北道、山南江北道、浙東海右道肅政廉訪使（元史卷一百七十二程鉅夫傳），即其例也[18]。

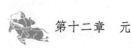

第二項　地方官制

元之地方官制甚見複雜，茲應先行說明者則為行省制度。元置中書省以作政務機關，河北山東西之地由中書省直轄之，這稱為腹裡（元史卷五十八地理志一），如漢三輔之制。腹裡之外，則建行中書省，凡十一。

元代行中書省表⑲

行省名稱	治所	轄地	備考
河南江北等處行中書省	開封	自河南至淮東西，又河北之境亦分屬焉。	至正十二年分置淮南江北行中書省。
江浙等處行中書省	杭州	自兩浙以至江西之湖東，又福建境內皆屬焉。	至元十五年曾設福建行省，其後時置時廢，至正十六年又置。
江西等處行中書省	南昌	自江西至廣東之境皆屬焉。	
湖廣等處行中書省	武昌	自湖廣至廣西貴州及四川南境皆屬焉。	至正中分置廣西行省。
陝西等處行中書省	京兆	自陝西以至漢中，又西南至四川西山諸州之境皆屬焉。	
四川等處行中書省	成都	自四川及湖廣貴州諸蠻境皆屬焉。	
遼寧等處行中書省	遼陽	遼東西諸城鎮以及高麗之西京皆屬焉。	
甘肅等處行中書省	甘州	自靈武至燉煌之境皆屬焉。	
嶺北等處行中書省	和林	漠北諸屯戍皆屬焉。	
雲南等處行中書省	昆明	自雲南接四川西南，又東接貴州西境諸蠻皆屬焉。	
征東等處行中書省	漢城	高麗國境皆屬焉。	

行省之制淵源於魏晉之行臺。魏晉之行臺與元代御史臺之行臺不同，而是指尚書省之行臺。尚書在漢

稱為尚書臺，亦稱中臺（通典卷二十二尚書省），其改稱為省，未識其確定時代。南北朝時，宋曰尚書寺，亦曰尚書省，亦謂之內臺（通典卷二十二尚書省），南齊又稱之為尚書臺或內臺（南齊書卷十六百官志）。隋書關於梁陳制度，則用尚書省之名（隋書卷二十六百官志上）。其在北朝，魏書（卷一百十三）官氏志，載有令僕之官，而不言尚書省。但有道武帝「天賜二年二月復罷尚書三十六曹，別置武歸修勤二職，分主省務」之言，又有太武帝「神䴥元年三月置左右僕射、左右丞、諸曹尚書十餘人，各居別寺」之語。是則後魏尚書稱省或稱寺，尚未確定。然在北齊，則隋書（卷二十七百官志中）直云：「尚書省置令僕」。以予考之，尚書稱省，大約開始於南北朝中葉以後，而確定於隋唐兩代。唐時楊收謂「漢制，總群官而聽曰省，分務而專治曰寺」（新唐書卷一百八十四楊收傳）。臺之含義當與寺同。杜佑關於行臺省云：

行臺省魏晉有之，曹魏末，晉文帝討諸葛誕，散騎常侍裴秀，尚書僕射陳泰，黃門侍郎鍾會等，以行臺從。至晉永嘉四年，東海王越帥眾許昌，以行臺自隨是也。及後魏謂之尚書大行臺，別置官屬。北齊行臺兼總民事，自辛術始焉。其官屬置令僕射，其尚書丞郎皆隨時權制。隋謂之行臺省，有尚書令僕各一人……

⓲ 順帝時，中書右丞相伯顏「風臺臣奏漢人不可為廉訪使……脫脫（時為御史大夫）乃先入告於帝，言漢人為廉訪使，舊制不可廢。及奏上，帝如脫脫言」（新元史卷二百九脫脫傳）。據此，依舊制，漢人得為廉訪使。成宗大德元年四月之詔，亦謂廉訪使可參用漢人。

⓳ 元史（卷九十一百官志七）云：「行中書省凡十」，而所舉則為十一。新元史（卷五十五百官志一）亦云「凡十省」，而所舉之數，除至正十二年增置淮南江北等處行中書省，至正十六年又增置福建等處行中書省之外，亦為十一。蓋「征東行省屢置屢廢，故云行中書省凡十，實十一也」（歷代職官表卷五十總督巡撫）。

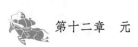

有考功、禮部、兵部、刑部、度支、工部、屯田侍郎各一人……蓋隨其所管之道，置於外州，以行尚書事（例如開皇八年將伐陳，則置淮南行臺省於壽春，九年已平陳，即廢淮南行臺省）。大唐初，亦置行臺，貞觀以後廢（通典卷二十二行臺省）。

馬端臨則謂：

按行臺省之名雖始於魏晉之間，然兩漢初興，高祖所以委蕭何，世祖所以命鄧禹，其權任蓋亦類此。唐天寶以後，以盜賊陷兩京，夷狄侵畿甸，則或以大元帥副元帥，命親王勳臣為之。然但可任專征之責，而他事則稟朝旨，則亦未嘗備行臺省之事也。至其末年，方鎮擅地請節，於是或以侍中、中書令、同平章事、王爵命之，如錢鏐馬殷王審知之徒，蓋名為奉正朔，而實自為一朝廷矣。然則行臺省之名，苟非創造之初，土宇未一，以此任帷幄腹心之臣，則必衰微之後，法制已隳，以此處分裂割據之輩。至若承平之時，則不宜有此名也（文獻通考卷五十二行臺省）。

元代之行中書省乃依金制。金於中央置尚書省，稱之為中臺。在全國襟帶之地，又置行臺尚書省，除不置令之外，一切官屬與中臺同。但行臺官品皆下中臺一等（金史卷五十五百官志一）。前已說過，元廢尚書省及門下省，只置中書省，故不曰行臺尚書省，而曰行中書省。至其設置之故，當如馬端臨所說：「創造之初，土宇未一，以此任帷幄腹心之臣」[20]。

行中書省之組織，兩史百官志均云：「每省丞相一員，從一品（中書省右左丞相各一員，正一品。只唯中書省丞相官品高於行省丞相一級，其他官品皆同）。平章二員，從一品。右丞一員，左丞一員，正二品。參知政事二員，從二品」（元史卷九十一百官志七、新元史卷五十五百官志一）。即行省職官之名稱與品秩乃和中書省相同。但關於行省丞相，兩史百官志又云：「丞相或置或不置，尤慎於擇人，故往往缺焉」。至元二十三年秋七月癸巳，銓定省院臺部官之時，行中書省並無丞相，只有平章政事二員，左右丞並一員，參知政事二員（元史卷十四世祖紀十一）。吾查新元史（卷三十二及卷三十三），行省宰相年表所載，行省亦多以平章政事為長官，其以丞相為長官者為數極少。所以我們以為行省原則上不置丞相，設置丞相多在大征伐之時，如至元十一年要遠征日本，改荊湖淮西二行樞密院為二行中書省，伯顏史天澤並為左丞相（元史卷八世祖紀五），即其例也（可參閱新元史卷三十二及卷三十三行省宰相年表，並與本紀及各傳對照）。

行省以下，制度似無一定規則，歷代職官表云：

謹案，元州縣之制分路府州縣四等，以路領州，以州領縣。而腹裡則以路領府，以府領州，以州領縣，是諸州之設皆在縣上。然考元史地理志，諸路州之領縣者既與錄事司之諸縣並列，其號為州而不領縣者，考其地域即後日之一縣，而亦與府州並列。蓋直隸州與諸州參雜而不分，與明代府州縣之制雖不盡相同，而屬州之制固自元始也。至元中以縣陞州者四十有四，既為明代諸州定制之所由始，而州縣並以尹名，兼設達魯花赤一員，元明同異之制可以參考焉（歷代職官表卷五十四知州知縣等官表）。

又云：

謹案，元制，總管府之下有錄事司，如今（清代）各直省之首府。有散府，與今各府相近，而所隸各異。

---

⑳ 尚書省設置時，行中書省就改為行尚書省，元史（卷十四世祖紀）、新元史（卷十一世祖紀），至元二十四年閏二月立尚書省，改行中書省為行尚書省。又元史（卷二百五）、新元史（卷二百二十三）桑哥傳，亦有「二十四年閏二月，復置尚書省，詔告天下，改行中書省為行尚書省」。

其隸各路行省（應作行省各路）者，制與今同。其直隸省部者，則不與今同也。元諸州亦有領縣不領縣之分，然地理志所載，即不領縣之州亦得與諸散府並列，以直達於各路。惟腹裡諸路則以路領府，以府領州，而州又自領縣。其制與今各府所領之州又不甚相合也（歷代職官表卷五十三知府直隸州知州表）。

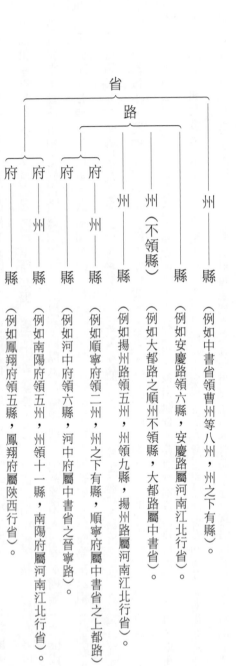

歷代職官表所述與元史地理志所載未必符合。蓋腹裡之路未必都是以路領府，以府領州，其以路領州者亦有之，例如保定路領七州，州領十一縣，並不設府。而行省未必都是以路領州，其以府領州者亦有之，例如南陽府（屬河南江北行省）領五州，州領十一縣。不過行省之以府領州者，府乃與路並列，而直達於行省。茲依元史地理志，作表如次，而後再加說明：

省—州—縣	（例如中書省領曹州等八州，州之下有縣）。
省—路—縣	（例如安慶路領六縣，安慶路屬河南江北行省）。
省—路—州（不領縣）	（例如大都路之順州不領縣，大都路屬中書省）。
省—路—州—縣	（例如揚州路領五州，州領九縣，揚州路屬河南江北行省）。
省—路—府—州—縣	（例如順寧府領二州，州之下有縣，順寧府屬中書省之上都路）。
省—路—府—縣	（例如河中府領六縣，河中府屬中書省之晉寧路）。
省—府—州—縣	（例如南陽府領五州，州領十一縣，南陽府屬河南江北行省）。
省—府—縣	（例如鳳翔府領五縣，鳳翔府屬陝西行省）。

依上表，可知省之下為路，亦有懸之以府或州者。路之下為州，亦有懸之以府，甚至有直轄縣者。府

之下為縣，又有懸之以州，而州復轄縣者。州之下為縣，而不領縣之州亦有之。反過來說，縣多屬於州，而屬於府者亦有之，又有直達於路者。州多屬於路，而屬於府者亦有之，尚有直達於省者。府多屬於路，而直達於省者亦有之。路則必屬於省，其制度極不一致。不過同一名稱之區域（路府州縣），不問其所隸屬之等級如何，其官制是相同的。

路設總管府，分上下二等。其他的府稱為散府，散府不分等，州與縣均分上中下三等。茲依元史（卷九十一百官志七）及新元史（卷六十二百官志八），列表如次㉑：

元地方官制表

區域等級			官名	員數	品秩	備考
路	上路	十萬戶之上者	達魯花赤	一	正三品	當衝要者雖不及十萬戶，亦為上路。此外尚有同知，治中，判官各一員。
			總管	一	正三品	
	下路	十萬戶之下者	達魯花赤	一	從三品	
			總管	一	從三品	
府			達魯花赤	一	正四品	此外尚有同知，判官，推官，知事各一員。
			知府或府尹	一	正四品	
州（江淮以北）	上州	一萬五千戶之上者	達魯花赤	一	從四品	此外尚有同知，判官各一員。
			州尹	一	從四品	
	中州	六千戶之上者	達魯花赤	一	正五品	
			知州	一	正五品	
	下州	六千戶之下者	達魯花赤	一	從五品	
			知州	一	從五品	

				官名	員數	品秩
州	江淮以南	上州	五萬戶之上者	達魯花赤	一	從四品
				州尹	一	從四品
		中州	三萬戶之上者	達魯花赤	一	正五品
				知州	一	正五品
		下州	三萬戶之下者	達魯花赤	一	從五品
				知州	一	從五品
縣	江淮以北	上縣	六千戶之上者	達魯花赤	一	從六品
				尹	一	從六品
		中縣	二千戶之上者	達魯花赤	一	正七品
				尹	一	正七品
		下縣	二千戶之下者	達魯花赤	一	從七品
				尹	一	從七品
	江淮以南	上縣	三萬戶之上者	達魯花赤	一	從六品
				尹	一	從六品
		中縣	一萬戶之上者	達魯花赤	一	正七品
				尹	一	正七品
		下縣	一萬戶之下者	達魯花赤	一	從七品
				尹	一	從七品

此外，尚有丞，簿，尉各一員，中縣及下縣不設丞。

㉑ 除諸路總管府外，其他的府，稱為散府，散府置達魯花赤一員，正四品；知府或府尹一員，俱正四品。散府有隸諸路及宣慰司行省者，有直隸省部者，有統州縣者，有不統州縣者，其制各有差等（元史百官志七、新元史百官志八）。所謂諸路甚為顯明，宣慰司行省乃指河東山東二宣慰司，河南陝西遼陽四川甘肅雲南嶺北江浙江西湖廣十行省，所謂省部當指直隸於中書省所轄的大都上都真定東平等腹裡之地。

茲宜說明者：

⑴元史地理志於兩京（大都路與上都路）均置警巡院，各路均置錄事司。這兩種機關是管什麼呢？

> 錄事司秩正八品。凡路府所治，置一司，以掌城中戶民之事。中統二年，詔驗民戶定為員數，二千戶以上設錄事，司候，判官各一員。二千戶以下，省判官不置。至元二十年置達魯花赤一員，省司候，以判官兼捕盜之事，典史一員。若城市民少，則不置司，歸之倚郭縣。在南京，則為警巡院。獨杭州置四司，後省為左右兩司（元史卷九十一百官志七）。

所謂「路府」當指路總管府，即錄事司乃置於路總管府治所之處，而掌城中戶民之事。城中民少，則不置，而由倚郭之縣掌之。在兩京，置警巡院以代錄事司。查地理志所載，普通的府雖直達於省，也只唯鞏昌府（屬陝西行省）才置錄事司，鞏昌府有戶四萬五千一百三十五，口三十六萬九千二百七十二（元史卷六十地理志三），其他均不置司。故余謂路府是指路總管府。即路均置司，但路之戶口過少，則如志所言，不置錄事司，例如遼陽路（屬遼陽行省），戶僅三千七百八，口僅一萬三千二百三十一，故不置司。

⑵路府州縣均置達魯花赤一員。如前所言，達魯花赤乃蓋印之官，雖然不負實務，而因有監督之權，地位甚為重要。元初，漢人因有行政經驗，雖然可充各路總管府之總管，而達魯花赤必以蒙古人為之，回回人則為同知，蓋欲其學習行政之道，以便日後代替漢人。

> 至元二年甲子，以蒙古人充各路達魯花赤，漢人充總管，回回人充同知，永為定制（元史卷六世祖紀）。

此種辦法有否確實施行，似有問題。元史云：

> 至元五年二月丁丑，罷諸路女真契丹漢人為達魯花赤者。回回畏兀乃蠻唐兀人仍舊（元史卷六世祖紀）。

女真契丹漢人，蒙古均稱之為漢人，回回畏兀乃蠻唐兀人則屬色目人，據日人箭內亙研究，至元十三年以後，漢人為各路總管府之達魯花赤者尚有十二人之多。其中十人均在至元十六年以前。十六年以後，只有兩人，一是劉好禮，為永熙路總管府達魯花赤（至元二十二年以前），二是賀勝，為上都路達魯花赤（至大三年）（元代蒙漢色目待遇考五十五頁、五十六頁）。元史云：

至元十六年九月議罷漢人為達魯花赤者（元史卷十世祖紀）。

既云「議罷」，當然只是討論，不能斷定其已實行。又者，只云「達魯花赤」，是否包括一切達魯花赤在內，亦有問題。但如前所言，至元十六年以後，漢人為諸路總管府達魯花赤者僅有兩人，而考元史，色目人為總管府達魯花赤者前後共二十人，半數以上均任命於至元十七年以後（元代蒙漢色目待遇考五十四頁、五十六頁），則十六年之「議罷」大率成為事實。即排斥漢人，而代以色目人。由此更可證明達魯花赤地位之重要。

(3) 隋唐以後，儒與吏判為二途，由儒出身者多不願在地方為吏，而為吏者亦不能至中央為官。這與西漢之世，名臣賢相多由地方之胥吏出身，而賢士大夫亦不以屈身於地方之胥吏為辱完全不同。蒙古本係遊牧種族，入主中原之後，固然立學校，行考試之制，其實，「士之進身，多由掾吏」（新元史卷六十四選舉志一），「而刀筆下吏遂致竊權勢，舞文法矣」（元史卷八十一選舉志一）。元在世祖忽必烈時，似曾一度儒吏並重，「諸歲貢吏……以性行純謹，儒吏兼通者為上；才識明敏，吏事熟閑者次之；月日雖多，才能無取者不許呈貢」（新元史卷六十六選舉志三銓法上）。繼統的成宗，即位之初，即於「元貞元年，詔諸路有儒通吏事，吏通經術，性行修謹者，各路薦舉，廉訪司試選，每道歲貢二人」（新元史卷六十六選舉志三銓法上）。越八年，即成宗大德七年鄭介夫上太平策，亦主張吏與儒不可偏重，矯之之法，則為內外官之互調。其言如次：

> 吏之與儒可相有而不可相無者也。儒不通吏，則為腐儒。吏不通儒，則為俗吏。必儒吏兼通，而後可以蒞政臨民，漢書稱以儒術飾吏治，正此謂也。今吟一篇詩，習半行字，即名為儒。檢舉式例，會計出入，即名為吏。吏則指儒為不識時務之書生，儒則詆吏為不通古今之俗子。儒吏本出一途，析而為二，遂致人員之冗，莫甚此時。久任於內者，但求速化，未知民瘼之艱難。久任於外者，推務苟祿，不諳中朝之體統。今朝廷既未定取人之科，當思所以救弊之策。百官自三品以下，九品以上，並內外互相注授。歷外一任，則升之朝；隨朝一任，則補之外。凡任於外者必由內發，任於內者必從外取，庶使儒通於吏，吏出於儒，儒吏不致扞格，內外無分重輕矣（新元史卷一百九十三鄭介夫傳）。

然而到了泰定年間，還是「由進士入官者僅百之一，由吏致位顯要者，常十之九」（新元史卷二百十二韓鏞傳）。所以俗有一官二吏九儒十丐之言，即儒之地位差吏甚遠，而比丐只高一級。

> 謝疊山集，有送方伯載序曰，今世俗人有十等，一官二吏。先之者貴之也。七匠八娼九儒十丐，後之者賤之也。鄭所南集，又謂元制，一官二吏三僧四道五醫六工七獵八民九儒十丐。而無七匠八娼之說。蓋元初定天下，其輕重大概如此。是以民間各就所見而次之，原非制為令甲也（陔餘叢考卷四十二九儒十丐）。

而且元初，地方行政長官多係世襲，即如廉希憲之言：「國家自開創以來，凡納土及始命之臣，咸令世守。至今將六十年，州縣長吏皆其皂隸僮奴」（新元史卷一百五十五廉希憲傳）。廉希憲為世祖忽必烈時人，所言如此，那知到了大德十一年，還有「詔色目鎮撫已歿，其子有能，依例用之。子幼，則取其兄弟之子有能者用之。俟其子長，即以其職還之」（新元史卷六十五選舉志二銓法上）。這樣，地方行政何能革新，元代之亡，此亦不失為一個原因。

附錄　元建元表

太祖鐵木真　在位十二年之後，群臣上尊號曰成吉思汗，汗位二十三年，前後共三十五年。成吉思汗崩，汗位虛懸二載，由太祖少子拖雷監國。

太宗窩闊台　太祖第三子，在位十三年，六年滅金。太宗崩，汗位虛懸五載，皇后乃馬真氏稱制。

定　宗　貴　由　太宗長子，在位三年。定宗崩，汗位空懸二載，皇后斡兀立稱制。

憲　宗　蒙　哥　太祖少子拖雷長子，在位九年。

××　××　××

世祖忽必烈　憲宗母弟，至元八年，改國號大元，至元十三年入宋臨安，十六年滅宋於厓山。

中統四　至元三十一

成宗鐵木耳　世祖太子真金第三子。

元貞二　大德十一

武　宗　海　山　世祖子答剌麻八剌之子。

至大四

仁宗愛育黎拔力八達　武宗母弟，武宗以為太子。

皇慶三　延祐七

英宗碩德八剌　仁宗太子，為御史大夫鐵失等所弒。

至治三

泰定帝也孫鐵木耳　真金長子甘麻剌之長子。

泰定四　致和一

幼主阿速吉八　泰定帝太子，文宗遣兵陷上都，不知所終。

天順（即致和元年）

明宗和世㻋　武宗長子，泰定帝崩，文宗先即位於大都，遣使迎帝，尋暴崩。

文宗圖帖睦爾　明宗弟，明宗立為太子，尋即帝位。

天歷三（元年即致和元年）　至順三

寧宗懿璘質班　明宗第二子，即位後，不及改元即殂。

惠宗妥懽帖睦爾　明宗庶長子，至正二十八年，明軍入大都，帝北歸，後二年崩，明太祖追謚之為順帝。

元統二　至元六（此年號與世祖之年號同）　至正二十八

元於至元十六年統一中華，至正二十八年順帝北歸，前後共八十九年。

第十三章 明

第一節　明之統一工作

元失其政，流盜蜂起，朝廷窮於應付，遂成土崩之局。順帝北歸，中國復陷於群雄割據之境。茲將元末起事之人，擇其重要者列表如次：

元末群雄割據表

姓名	國號	據地	性格	史略	備考
郭子興		濠州	子興為人梟悍善鬥，而性悻直少容，方事急，輒從太祖（朱元璋）謀議，親信如左右手，事解即信讒，疏太祖。	其先曹州人，父郭公少以日者術，遊定遠，言禍福輒中，邑富人有瞽女無所歸，郭公乃娶之，家日益饒，生三子，子興其仲也。及長任俠喜賓客，會元政亂，子興散家資，椎牛釃酒與壯士結納。至正十二年春集少年數千人，襲據濠州，太祖往從之。至正十五年三月發病卒。	明史卷一百二十二郭子興傳。
韓林兒（劉福通）	宋		林兒本起盜賊，無大志，又聽命福通，徒擁虛名，諸將率不遵約束，所過焚劫，至啖老弱為糧，福通亦不能制，兵雖盛，威令不行，數攻下城邑，元兵亦數從其後復之，不能守。	韓林兒欒城人，其先世以白蓮會燒香惑眾。元末林兒父山童鼓妖言謂天下當大亂，彌勒佛下生，河南江淮間愚民多信之。潁州人劉福通言山童宋徽宗八世孫，當主中國，乃起兵以紅巾為號。至正十一年五月事覺，福通等遽入潁州反，而山童為吏所捕誅，林兒逃武安山中。十五年福通物色林兒，迎至亳僭稱皇帝，又號小明王，建國曰宋，既而為元師所敗，林兒走安豐。未幾兵復盛。十七年其將破武關，趨長安，又攻下山西，轉掠遼陽，入高麗。福通又陷汴梁，據其城，自安豐迎林兒都之。因諸將	明史卷一百二十二韓林兒傳，參閱新元史卷二百二十五韓林兒傳。

				互相仇敵，勢遂弱。二十二年張士誠入安豐，殺福通。林兒南走，歸太祖，二十六年卒。	
徐壽輝	天完國		壽輝性寬縱，權在群下，其將彭瑩玉攻城略地，所至無噍類。及瑩玉為元師所捕就戮，天下快之。壽輝無大志，所得不能守。	徐壽輝蘄州人，以販繒為業，初袁州有妖僧彭瑩玉以妖術聚眾為亂，用紅巾為號，奇壽輝狀貌，遂推為主。至正十一年陷蘄水，遂即蘄水為都，稱皇帝，國號天完。十二年分兵四出，勢大振。十三年遷都漢陽。湖南之地多為壽輝所有，乃分道入江西，姦民乘勢應之，江西諸路皆陷。十九年壽輝引兵至江州，其將陳友諒佯出迎。壽輝既入，門閉，悉殺其從者，自是權歸友諒，二十年友諒使人擊殺之。	新元史卷二百二十六徐壽輝傳，參閱明史卷一百二十三陳友諒傳。
陳友諒	漢	湖廣 江西		陳友諒沔陽漁家子也。徐壽輝兵起，友諒往從之。江以南，友諒之兵最強。至正十二年襲殺壽輝於采石，自稱皇帝，盡有江西湖廣之地，而與明太祖接壤。二十一年太祖親率舟師，攻陷沿江城邑。友諒憤其疆土日蹙，遂大造戰艦，二十二年悉師攻洪都，太祖引軍馳救，相持數月，二十三年友諒戰死。	新元史卷二百二十六陳友諒傳，參閱明史卷一百二十三陳友諒傳。
張士誠	吳	浙西	士誠為人外遲重寡言，似有器量，而實無遠志。	張士誠泰州人，以操舟運鹽為業，緣私作姦利，頗輕財好施，得群輩心，常鬻鹽諸富家，富家多陵侮之，或負其直不酬。士誠忿，帥壯士十八人滅諸富家，縱火焚其居，招少年起兵。鹽丁方苦重役，遂共推為主，陷泰州，進取高郵，自稱誠王，僭號大周，建元天祐，是歲至正十三年也。十四年寇揚州，陷盱眙，進陷松江常州諸路。又遣兵破杭州，陷淮安。二十三年士誠復自立為吳王。吳承平久，戶口殷盛，士誠漸奢縱，怠於政事。時明太祖與陳友諒相持，友諒遣使約士誠夾攻太祖。士誠欲守境觀變。友諒既滅，二十七年明師攻陷杭州，士誠自經	明史卷一百二十三張士誠傳，參閱新元史卷二百二十五張士誠傳。

				死。	
方國珍		浙東		方國珍黃巖人，以販鹽海上為業。至正八年與其兄弟亡入海，劫糧艘，梗運道，元師不能平。至正十二年汝潁兵起，海內亂，元遣使招降，拜國珍為浙江行省參知政事，累擢至太尉。初國珍作亂，朝廷募人擊賊，而壯士立功不得賞。國珍由海寇遽至大臣，由是民慕為賊，從國珍者益眾。此時元朝已失江淮，藉國珍舟師，以通海運，重以官爵縻之，國珍愈橫，屢降屢叛，閩浙運道為所阻。當明太祖與張士誠交戰之時，國珍納款明太祖，復漕粟以濟張士誠。士誠滅，國珍來歸，復懷反側，明太祖遣將討之，國珍降，授廣西行省左丞，食祿不之官，數年卒。	新元史卷一百二十四方國珍傳，參閱明史卷一百二十三方國珍傳。
明玉珍	夏	四川	玉珍躬履節儉，好賢禮士，蜀人稱之，然無遠略，僅能自守而已。	明玉珍隨州人。徐壽輝起，玉珍與里中父老團結千餘人屯青山，及壽輝稱帝，玉珍引眾降。至正十七年引兵入蜀，取重慶，陷成都。二十年陳友諒弒徐壽輝自立，玉珍亦自立為隴蜀王。二十三年僭即帝位於重慶，國號夏，廢釋老，只奉彌勒佛教。二十六年病卒。子昇嗣，時年十歲，洪武四年明軍入川，昇降，授昇爵歸義侯，徙於高麗。	明史卷一百二十三明玉珍傳，參閱新元史卷二百二十六明玉珍傳。
陳友定		福建	友定以農家子，起傭伍，目不知書，及據八郡，數招致文學知名士，然頗任威福，所屬違令者，輒承制誅竄不絕。	陳友定福清人，徙居汀之清流，世業農，為人沉勇，喜遊俠，鄉里皆畏服。至正十九年舉義兵擊賊，以功授福建行省參政，二十四年授福建行省平章事，遂據有八閩之地。明太祖既平方國珍，即發兵伐友定，友定敗，仰藥死。	明史卷一百二十四陳友定傳。

此外尚有何真據廣東，擴廓帖木兒據山西，李思齊據關中，段氏（大理酋長）據雲南，皆奉元正朔，而為明太祖所滅。

依上表所示，可知當時起事之人不是依民族思想，出來革命，而是乘民眾暴動之時，作攻城奪地之舉。他們均無大志，或隨降隨叛，如方國珍是；或奉元之正朔，割據稱雄，如陳友定是；或形同流寇，雖然得到一地，而又不肯堅守該地，如劉福通是；或蹈元之覆轍，所至殘殺，民無噍類，如徐壽輝是。只唯明太祖朱元璋與眾不同，他本隸郭子興麾下，至正十五年子興卒，時劉福通迎立韓林兒於亳，國號宋。太祖念林兒勢盛，可倚藉，乃用其年號以令軍中。至正十六年攻下應天（即元之集慶），稱吳國王，然仍遙奉林兒，後從劉基言，乃自樹一幟（明史卷一百二十八劉基傳）。二十四年陳友諒滅亡，又改稱吳國王。二十七年攻取汴梁，二十八年始即帝位，國號曰明，改元洪武，都金陵。案元代學者多係道學家，道學家重視四書，注意個人的修養，而忽視華夷之別。元末，學者漸漸研究春秋，而明春秋大義。例如趙汸（新元史卷二百三十六趙汸傳），他著有春秋集傳、春秋師說等書，其自序春秋集傳曰「謹華夏之辨……楚至東周，僭王猾夏，故霸者之興，以卻攘為功。自晉霸中衰，楚益侵陵中國，甚至假討賊之義，以號令天下，天下知有楚而已。故春秋書楚事，無一不致其嚴者。而書吳越與徐，亦必與中國異辭，所以信大義於天下也」（宋元學案卷九十二草廬學案，趙汸春秋集傳自序）。於是學者遂知夷夏之別，終而有朱元璋之起事。朱元璋諭中原檄曰：「自古帝王臨御天下，中國居內以制夷狄，夷狄居外以奉中國，未聞夷狄治天下也。自宋祚傾移，元以北狄入主中國，四海內外，罔不臣服。此豈人力，實乃天授。然達人志士尚有冠履倒置之嘆。自是以後，元之臣子不遵祖訓，廢壞綱常……及其後嗣沉荒，失君臣之道，於是人心離叛，天下兵起，使我中國之民，死者肝腦塗地，生者骨肉不相保。雖因人事所致，實天厭其德而棄之之時也。古云胡虜無百年之運，驗之今日，信乎不謬……予恭天成命，罔敢自安，方欲遣兵北逐群虜，拯生民於塗炭，復漢官之威儀，慮民未知，反為我讎……故先諭告……歸我者求安於中華，背我者自竄於塞外，蓋我中國之民，天必命中國之人以治之，夷狄何得而治哉，爾民其體之」（王世貞弇山堂別集卷八十五詔令雜考一，諭中原檄）。由明太祖之檄，可知中國民族思想又已復興，於是天下群起響應，而順帝遂北歸和林。明初學者方孝孺（他生於元順帝至正十七年，至正二十八年元亡，此時方氏年只十一歲）由春秋華夷之別，進而說明正統之義。照他說：「正統之名……本於春秋……春秋之旨雖微，而其大要不過辨君臣之等，嚴華夷之分」，故凡篡臣賊后以及夷狄雖能統天下於一，亦不能稱之為正統。他尤注重於華夷之別，用先賢之言，證明夷狄所以不可以作正統之理由。意謂「夷狄之不可為統，何所本也。曰，書曰，蠻夷猾夏，寇賊姦宄，以蠻夷與寇賊並言之。詩曰，戎狄是膺，孟子曰，禹遏洪水，驅蛇龍，周公膺夷狄，以戎狄與蛇蟲洪水並言之。禮之言戎狄詳矣。異服異言之人，惡其類夷狄則察而誅之，況夷狄乎。孔子大管仲之功曰，微管仲，吾其被髮左衽矣，如其仁。管仲之得為仁者，聖人美其攘夷狄也。然則進夷狄而不攘，又從而助之者，其不仁亦甚矣，曾謂聖人而肯主之乎」（遜志齋集卷二後正統傳）。此種見解實與隋初文中子之帝拓拔魏不同。方氏又進而抨擊朱熹的正統觀念，他說：「朱子之意曰，周秦漢晉隋唐皆全有天下矣，固不得不與之以正統。苟如是，則仁者徒仁，暴者徒暴，以正為正，又以非正為正也，而可乎。吾之說則不然。所貴乎為君者豈謂其有天下哉，以其建道德之中，立仁義之極，操政教之原，有以過乎天下也。有以過乎天下，斯可以為正統。不然，非其所據而據之，是則變也。以變為正，奚若以變為變之美乎。故周也，漢也，唐也，宋也，如朱子之意則可也。晉也，秦也，隋也，女后也，夷狄也，不謂之變何可哉」（遜志齋集卷二釋統中）。其所謂「變」，蓋於正統之外，立一變統。凡「夷狄而僭中國，女主而據天位，雖傳祚不短，亦只可謂之變統」（遜志齋集卷二釋統上）。總之，方氏的思想完全出於民族意識❶。

❶ 但吾人須知元末學者，民族意識並不甚強。劉基為明之功臣，運籌帷幄，有子房之稱，元至順間舉進士。方國珍起海上，掠郡縣，有司不能制，一意招撫，時劉基為江浙行省都事，以國珍首逆，數降數叛，不可赦，朝議不聽（明史卷一百二十三方國珍傳，卷一百二十八劉基傳）。由此可知劉基此時尚忠於元室。他死於洪武八年，其著作多成於元代，而以寓言居多，雖有民族思想，而又不是絕對的排斥異族。案吾國古代所謂夷夏之別乃以文化為標準，而文化除倫常外，則為衣冠制度。孔子之稱管仲，蓋不欲「被髮左衽」。隋代王通之帝魏，亦因拓拔氏已經漢化。但是元在政治方面雖採用中華制度，而統治中國數十年之久，還要區別蒙古人與漢人。兼以皇室又墨守蒙古習俗，所以明初起義的人反對蒙古，又與魏晉以後，北方世族之願為五胡以及拓拔魏效力者大不相同。劉基說明政治的起源，以為「天生民，不能自治，於是乎立之君，付之以生殺之權，使之禁暴誅亂，抑頑惡而扶弱善也」（郁離子蛇蝎篇）。推此言也，凡能禁暴誅亂，抑頑惡而扶弱善，均有君臨中國的資格。所以他又說：「故中國以夷狄為寇，而夷狄亦以中國之師為寇。必有能辨之者，是以天下貴大同也」（郁離子神化篇）。固然明太祖「諭中原檄」，曾明華夷之別，其實他不過要代元而有天下。其為吳王之時，既滅張士誠，榜示天下，只云：「有元之末，主居深宮，臣操威福，官以賄求，罪以情免。臺憲舉親而劾讎，有司差貧而優富。廟堂以為慮，方添冗官，又改鈔法，役數十萬民，湮塞黃河，死者枕藉於道塗，哀苦聲聞於天下，不幸小民誤中妖術，不解其言之妄誕，酷信彌勒之真有，冀其治世以蘇困苦，聚為燒香之黨，根蟠汝潁，蔓延河洛，妖言既行，兇謀遂逞，焚蕩城郭，殺戮士夫，荼毒生靈，無端萬狀。元以天下兵馬錢粮大勢而討之，略無功效，愈見猖獗……由是天下土崩瓦解」（王世貞弇山堂別集卷八十五詔令雜考，高帝平偽周榜）。明太祖既定南北，又與元順帝書，「妖賊倡亂，海內鼎沸，當是時出師者……終無成功，妖人愈熾，遂致豪傑並起……朕因群雄擾攘，不能自寧……乃命大將軍……出師，由齊魯，經河洛，次及燕城，我師未至，君已棄宗社而去」（王世貞弇山堂別集卷八十五詔令雜考，與元幼主）。觀此文件，可知明太祖之民族意識亦不

明太祖起事之時，一反元之暴政，宋濂告他，「得天下以人心為本。人心不固，雖金帛充牣，將焉用之」（明史卷一百二十八宋濂傳）。他問章溢，「今天下紛紛，何時定乎。溢對曰，天道無常，惟德是輔，惟不嗜殺人者能一之耳」（明史卷一百二十八章溢傳）。他固曾「揭榜禁剽掠，有卒違令，斬以徇，軍中肅然」（明史卷一太祖紀一）。至正十六年攻下應天，他的作風，有似漢高入關之時。

> 太祖入城，悉召官吏父老諭之曰，元政瀆擾，干戈蜂起，我來為民除亂耳，其各安堵如故。賢士吾禮用之，舊政不便者除之，吏毋貪暴，殃吾民。民乃大喜過望（明史卷一太祖紀一）。

案吾國自古就有士農工商四種階級，而在四種階級之中，以士農勢力為大。蓋中國以農立國，農民占絕大多數，雖有商業資本，又因農民貧窮，沒有充分的購買力，國內市場頗見狹隘。而近鄰各國又係遊牧種族，不甚需要中華商品，國外市場又復缺乏，所以商業隆盛之後，不但不能引起工業的進步，反而投資於土地之上，而使土地漸次集中起來。工商業既不發達，所以商工業者在社會上沒有雄大勢力，這與歐洲各國之有市民階級不同之點。農民人數既多，而休養生聚之後，一方人口蕃庶，同時土地由細分而至集中（諸子均分得土地一點，土地的收穫不得養活一家，只有將土地賣給商人及豪富），他們往往變為流民，威脅社會的安全。至於士人也與歐洲近代的知識階級不同，他們所學習的不是科學，謀各種技術之改良，而

甚強，其他士大夫更不必說。趙翼廿二史劄記（卷三十）述「元末殉難者多進士」，共舉十六人，其中十一人為漢人，可知漢人之盡忠於元。蓋北方人種在五代，受了沙陀人之統治，有三代之久。至宋，遼金又相繼進入中原，北方人種之虜漢相雜，有甚於南北朝之時。元時北方所用言語似與宋代有些不同，吾人比較宋人之「語錄」及「大元聖政國朝典章」之白話，即可知之。在這種情形之下，元末漢人的民族意識比之秦漢時代較差，自是勢之必然。

是儒術，而欲治國平天下。文化發達，士人人數漸次增加，增加到大部分的士人不能容納於政界之時，他們又變為遊士，設法打開一個新局面，以開闢自己的出路。上有遊士，下有流民，二者相合，不免興風作浪，而使中國陷入紛亂之境。然而吾人須知士人所希望於政府者在於選賢與能，任誰都能依自己的才智，以取得與自己才智相當的地位。農民所希望於政府者在於輕傜薄稅，使他們的收穫能夠養生送死，歷代帝王對斯二者不知應付之法，往往引起大亂。而草莽英雄對斯二者，不能償其所好，亦不能成就大業。

先就明太祖如何收羅士人言之，元起自漢北，其所崇奉者為佛教。固然學校所教與科舉所試，均用經學，然此乃仍宋之舊，並不是重視儒生，故有九儒十丐之言。明太祖即位之後，即於洪武元年二月丁未以太牢祀先師孔子於國學（明史卷二太祖紀二），表示崇奉儒家之意。固然漢高祖十二年十一月過魯，也以太牢祀孔子（漢書卷一下高帝紀），然此乃在天下統一之後，又在叔孫通制定朝儀之後，知儒生雖不可與共進取，而可與共守成。明太祖少時曾入皇覺寺為僧（明史卷一太祖紀一），而一即帝位，即逃佛歸儒，這可以安慰士人之心。自漢武罷黜百家，表章六經之後，所謂士人就是儒生。洪武元年九月癸亥，下詔求賢。

> 洪武元年九月癸亥詔曰，天下之治，天下之賢共理之。今賢士多隱巖穴，豈有司失於敦勸歟，朝廷疎於禮待歟，抑朕寡昧不足致賢，將在位者壅蔽，使不上達歟。不然，賢士大夫幼學壯行，豈甘沒世而已哉。天下甫定，朕願與諸儒講明治道，有能輔朕濟民者，有司禮遣（明史卷二太祖紀二）。

吾人觀其語氣，不禁聯想到下列漢高祖所下之詔。

> 十一年二月詔曰，蓋聞王者莫高於周文，伯者莫高於齊桓，皆待賢人而成名。今天下賢者智能豈特古之人乎，患在人之主不交故也。士奚由進，今吾以天之靈，賢士大夫定有天下，以為一家，欲其長久，世世

奉宗廟亡絕也。賢人已與我共平之矣，而不與我共安利之，可乎。賢士大夫有肯從我游者，吾能尊顯之。布告天下，使明知朕意（漢書卷一下高帝紀）。

兩祖之詔，口吻相似，然漢高之詔尚有霸氣，明祖之詔不失為禮賢下士之言，而且漢高所求者乃是權術之徒，對於儒生不甚歡迎。而明祖之詔則明言「願與諸儒講明治道」，即其所徵求者乃是儒生。蓋明初與漢初不同，漢承秦之後，秦尚法家，西漢初年，法家學說甚有勢力。「孝文好刑名之言」（漢書卷八十八儒林傳序），「孝景不任儒」（漢書卷八十八儒林傳序）。文帝時有賈誼，景帝時有鼂錯，而據班固之言，「賈誼鼂錯明申韓」（漢書卷六十二司馬遷傳）。唯自武帝罷黜百家，表章六經之後，儒生已經壟斷了文化的市場。朝代更易，孔子之地位日益提高。學者以六經為宗，而鄙百家雜說，利祿之徒欲進身政界，只有埋首讀經。這種情況，自漢元帝以後日見顯明。明太祖下詔求賢，特別指定儒生，實因當時已與漢代初年不同，除儒生外沒有其他知識分子。然而吾人由此亦可知道明太祖如何收羅人才，即收羅士人了。故於攻下應天之後，即元至正二十年，就禮聘劉基宋濂葉琛章溢（明史卷一太祖紀，參閱卷一百二十八劉基傳）。此四人者名重一時，於是韜光韞德之士幡然就道，而太祖卒賴其力成就帝業。

次就明太祖如何安撫農民言之，他在兵馬倥傯之際仍不忘於減免租稅，吾人觀明史太祖紀，即可知之，茲為證明吾言之非偽，列表如次：

洪武年間蠲免田租表❷

時期	蠲免田租
吳元年	正月戊戌賜太平田租二年，應天、鎮江、寧國、廣德田租各一年。
洪武元年	四月以山東州郡新附，詔免今年夏稅秋糧。
二年	正月庚戌詔以海內戡定，民尚未甦，免山東、北平、燕南、河東、山西今年夏稅秋糧。其北京、河南，除徐宿等州已免外，西抵潼關，北界大河，南至唐、鄧、光、息一體蠲免。又詔免應天、鎮江、太平、宣城、廣德及無為州田租。
三年	三月庚寅詔蠲應天、鎮江、徽州、寧國、池州、太平、廬州、廣信、饒州、金華、嚴州、衢州、處州、廣德、滁和十六府州及河南、山東、北平今年田租。又免徐、邳二州夏稅。
四年	二月蠲太平、鎮江、寧國田租。 五月免江西、浙江秋糧。 八月甲午免中都、淮揚及秦、滁、無為田租。
五年	冬十月免應天、太平、鎮江、寧國、廣德田租。
七年	五月癸巳減蘇、松、嘉、湖極重田租之半。
九年	三月己卯詔曰，今蓄儲有餘，其淮、揚、安、徽、池五府及山西、陝西、河南、福建、江西、浙江、北平、湖廣今年租賦悉免之。
十年	十一月免河南、陝西、廣東、湖廣田租。
十一年	五月丁酉蠲、蘇、松、嘉、湖逋賦六十五萬有奇。 八月免應天、太平、鎮江、寧國、廣德諸府州秋糧。
十二年	五月癸未蠲北平田租。
十三年	三月壬辰減蘇、松、嘉、湖重賦十之二。 五月己亥免天下田租。
十四年	冬十月甲寅免應天、太平、廣德、鎮江、寧國田租。
十五年	夏四月壬辰免畿內、浙江、江西、河南、山東稅糧。

十六年	夏五月庚申免應天、太平、鎮江、寧國、廣德田租。
十七年	秋七月丁巳免畿內今年田租之半。八月己丑蠲河南諸省逋賦。
十八年	三月己亥免畿內今年田租。十一月己亥蠲河南、山東、北平田租。
二十四年	春正月丁巳免山東田租。秋七月辛丑免畿內官田租之半。
二十八年	九月以山東民供給遼東、山西、北平軍需，詔蠲其租，又免應天等五府秋糧。十二月壬辰詔河南山東桑棗及二十七年後新墾田毋徵稅。
二十九年	秋八月丁未免應天、太平五府田租。

依上表所示，明太祖蠲免田租之事，在洪武十九年以前，幾乎無歲無之。不但免畿內田租，以固邦本，免被災田租，以蘇民困。其免租地區遍及全國，凡得到一地，即免該地田租。這種免租對於人心乃有極大作用。「奚我後，后來其蘇」，各地人民希望免租，而希望明軍來臨，乃是理之必然。十九年以後，天下已經平定，不須再來收買人心，所以免租就見減少。由此可知明祖之蠲免田租，本非愛民，乃因策略上有此必要。

一方士人願為明祖效力，他方農民又希望明軍之至，明祖能夠得到天下，已經決定了。但以中國之大，凡得一地的，不能不守一地，而要保守該地，不能不派將駐防。這個防地若處理不得其法，往往變為諸將的封地。弄到結果，天下雖然平定，而軍人割據又醞釀於天下平定之中。明祖對此另有一種作法，除「禁

❷ 本表據明會要卷五十四賜田租及明史太祖紀。其因災而免租者不錄。

武官預民事」（明史卷三太祖紀三洪武二十二年），凡命將出師征伐，而得到其地之後，即召還該將，而派別將駐防。不久又復召還該將，更派別一將駐防。史謂：

太祖初起時，數養他姓為子，攻下郡邑，輒遣之出守，多至二十餘人（明史卷一百二十六沐英傳）。

此種方法只可行於內郡，至於邊疆之地尤其北方一帶，非有大將駐防，不能抵抗蒙古軍隊，所以太祖即用召還一將，另遣一將之法。例如徐達，洪武三年春正月率師北伐，既攻下各地城邑，四年先在北平，後在山西練兵，五年十一月召還。六年三月徐達備邊山西北平，冬十月召還，只因十一月蒙古軍隊進犯大同，所以達仍留鎮，然而八年二月又召還了。十一年率師北伐蒙古，還軍北平，留二年而還（明史卷二太祖紀只云十三年十一月徐達還，何時率師北征，本紀未載，今依明史卷一百二十五徐達傳補入）。十四年春正月徐達往征蒙古，還鎮北平，十五年冬十月召還。十六年春正月往鎮北平，冬十月召還。十七年春正月往鎮北平，閏十月召還。十八年二月病卒（明史卷二及卷三太祖紀，參閱卷一百二十五徐達傳）。史謂「徐達每歲春出，冬暮召還，以為常」（明史卷一百二十五徐達傳）。當徐達召還之時，當然又遣別將往鎮，而此別將也同徐達一樣，時時召還（明史卷二及卷三太祖紀）。即太祖不欲武將與軍隊發生「人」的關係，與防區發生「地」的關係，這是可以預防武將叛變之禍。固然是出於「家天下」之私意，而對於人民亦有裨益。一般人民對於政治沒有興趣，他們所要求者不過安居樂業，而要安居樂業，必須政局安定，要使政局安定，又須國內沒有作亂之人。安定之專制比之紛亂的民主，由人民觀之，似是尚勝一籌。太祖末年，「春秋高，多猜忌」（明史卷一百二十九馮勝傳），而自丞相胡惟庸謀反之後，不但武將，就是文臣也不信任。文臣如李善長、汪廣洋，武臣如馮勝、傅友德等等，雖有大功於明而均賜死。學者多以明祖之殺功臣，與漢高相比。其實漢高所殺的不過武將三人，而在此三人之中，韓信被捕之後，尚封為淮陰侯，殺之者乃是呂后。彭越被捕之後，仍赦為庶人，徙之於蜀，殺之者又是呂后。英布謀反，兵敗之後，殺之者乃是番禺人（漢書卷三十四各本傳）。其他功臣，如蕭曹、絳灌等等均受封侯之賞，而卒賴其力，佐惠帝安撫天下，又平諸呂之亂。歷史家言及誅戮功臣，常舉漢高明祖，實係武斷之言。然而兔死狗烹，實是不得已的事，吾人未可厚非。史臣云：

治天下不可以無法，而草昧之時，法尚疎。承平之日，法漸密，固事勢使然。論者每致慨於鳥盡弓藏，謂出於英主之猜謀，殊非通達治體之言也。夫當天下大定，勢如磐石之安，指麾萬里，奔走恐後，復何所疑忌，而芟薙之不遺餘力哉。亦以介胄之士，桀驁難馴，乘其鋒銳，皆能豎尺寸於疆場。迨身處富貴，志滿氣溢，近之則以驕恣，啟危機，遠之則以怨望，扞文網，人主不能廢法而曲全之，亦出於不得已，而非以剪除為私計也（明史卷一百三十二朱亮祖等傳贊曰）。

第二節　分封宗藩之禍

封建制度乃以宗法觀念為基礎。宗法觀念一經消滅，封建制度常成為國家紛亂之源。漢有七國之反，晉有八王之亂，史蹟昭昭，可為殷鑑。明太祖起自布衣，其對於武將本來不予信任。故常養他姓為子，攻下城邑，輒遣之出守，多至二十餘人（明史卷一百二十六沐英傳）。趙翼在廿二史劄記（卷三十二）中，云：

養異姓為子，始於唐之宦官。其後朱全忠李克用李茂貞王建等亦用以創國。蓋群雄角立時，部下多易於去就。惟撫之為家子父子，則有名分以相維，恩義以相浹，久之，亦遂成骨肉之親。以之守邊禦敵，較諸將帥尤可信也。明祖初起，以匹夫舉事，除一姪（朱文正）一甥（李文忠）外，更無期功強近之親。故亦多養異姓子，幼而撫之，長即命偕諸將分守，往往得其力。何文輝傳云，周舍守鎮江，道舍守寧國，馬兒守婺州，柴舍真童守處州，金剛奴守衢州，皆義子也。案周舍即沐英，少孤，從母避兵。母又死，太祖與高后憐之，撫為子。軍中亦呼沐舍，後以功復姓。道舍即何文輝，太祖初下滁州，得之，年十四，撫為子。馬兒即徐司馬，揚州人，年九歲，無所依。太祖養為子，後立功，亦復姓。柴舍即朱文剛，與耿再成同守處州。苗帥之亂，文剛欲聚兵殺賊，不及而死。金剛奴無考。又有朱文遜，史不傳其小字，亦以養子死太平之難。又平安傳，安亦太祖養子，少驍勇，力舉數百斤。沐英傳又言，太祖養子，凡二十餘人，今皆無考（明太祖多養異姓為子）。

但是功臣既不足恃，異姓之子亦何可信任。所以洪武三年，十一年，二十四年各分封一次，「擇名城大都，豫王諸子，待其壯而遣就藩服，外衛邊陲，內資夾輔」（明會要卷四諸王雜錄）。今據明史（卷一百十六至一百十八太祖諸子）所載，列表如次：

明太祖分封諸子表❸

名	王號	何年封	封地	備考
樉	秦王	洪武三年	十一年就藩西安	太祖第二子，洪武二十八年薨。
棡	晉王	洪武三年	十一年就藩太原	棡太祖第三子，洪武三十一年薨。棣太祖第四子。「帝念邊防甚，且欲諸子習兵事，諸王封並塞居者皆預軍務。而晉燕二王尤被重寄，數命將兵出塞及築城屯田。大將如宋國公馮勝、潁國公傅友德皆受節制。又詔二王軍中事大者方以聞」。見明史卷一百十六晉王棡傳。燕王棣
棣	燕王	洪武三年	十三年就藩北平	

				見明史卷五成祖紀一。
橚	周王	洪武三年	十四年就藩開封	太祖第五子，建文初，以橚燕王母弟，頗疑憚之。橚亦時有異謀，召還京錮之。成祖入南京復爵。永樂十八年有告橚反者，帝察之有驗，明年召至京，橚頓首謝，帝憐之，不復問，令其歸國。洪熙元年薨。
楨	楚王	洪武三年	十四年就藩武昌	太祖第六子，永樂二十二年薨。
榑	齊王	洪武三年	十五年就藩青州	太祖第七子，榑數歷塞上，以武略自喜，然性凶暴多行不法。建文初有告變者，召至京，廢為庶人。成祖入南京，令王齊如故。榑陰畜刺客，招異人術士為咒詛，永樂四年來朝。帝留之京邸，召其子至京師，並廢為庶人，宣德三年卒。
梓	潭王	洪武三年	十八年就藩長沙	太祖第八子，洪武二十三年因其妃子坐胡惟庸黨被誅，心不自安，自焚死。
檀	魯王	洪武三年	十八年就藩兗州	太祖第十子，洪武二十二年薨。
椿	蜀王	洪武十一年	二十三年就藩成都	太祖第十一子，永樂二十一年薨。
柏	湘王	洪武十一年	十八年就藩荊州	太祖第十二子，建文初有告柏反者，帝遣使即訊，柏懼無以自明，闔宮焚死。
桂	代王	洪武十一年	二十五年就藩大同	太祖第十三子，建文時以罪廢為庶人。成祖即位，復爵，永樂元年還舊封，正統十一年薨。
楧	肅王	洪武二十五年	二十八年就藩甘州	太祖第十四子，洪武十一年封漢王，二十五年改封肅，永樂十七年薨。
植	遼王	洪武二十五年	二十六年就藩廣寧	太祖第十五子，洪武十一年封衛王，二十五年改封遼。植在邊習軍旅，屢樹軍功。建文中召還京，改封荊州。永樂二十二年薨。
栴	慶王	洪武二十四年	二十六年就藩寧夏	太祖第十六子，正統三年薨。
權	寧王	洪武二十四年	二十六年就藩大寧	太祖第十七子，大寧在喜峰口外，古會州地，東連遼左，西接宣府，為巨鎮，帶甲八萬革車六千，所屬朵顏三衛騎兵皆驍勇善戰，燕王初

❸ 太祖第九子杞，第二十六子楠皆早殤。

				起兵，與諸將議曰，吾得大寧，取邊騎助戰，大事濟矣。建文元年朝議恐權與燕合，使人召權，權不至，乃削其三護衛，燕王急趨大寧，詭言窮蹙來求救，權邀燕王單騎入城。居數日，欵洽不為備。北平銳卒伏城外，燕王辭去，權祖之郊外，伏兵起，擁權行，歸北平。燕王謂權，事成當中分天下，比即位，改封南昌。正統十三年薨。
楩	岷王	洪武二十四年	二十八年改封雲南	太祖第十八子，洪武二十四年封國岷州，二十八年改封雲南。建文元年西平侯沐晟奏其過，廢為庶人。永樂初復王，景泰元年薨。
橞	谷王	洪武二十四年	二十八年就藩宣府	太祖第十九子，宣府上谷地，故曰谷王。橞居國，橫甚，奪民田，侵公稅，殺無罪人。招匿亡命，命習戰法兵陣，造戰艦弓弩器械。永樂十五年廢為庶人。
松	韓王	洪武二十四年	封國開原	太祖第二十子，永樂五年薨，以未之國，改封其子冲㶕於平涼。
模	瀋王	洪武二十四年	永樂六年就藩潞州	太祖第二十一子，宣德六年薨。
楹	安王	洪武二十四年	永樂六年就藩平涼	太祖第二十二子，永樂十五年薨。
桱	唐王	洪武二十四年	永樂六年就藩南陽	太祖第二十三子，永樂十三年薨。
棟	郢王	洪武二十四年	永樂六年就藩安陸	太祖第二十四子，永樂十二年薨。
㰘	伊王	洪武二十四年	永樂六年就藩洛陽	太祖第二十五子，永樂十二年薨。
守謙	靖江王	洪武三年	既長，之藩桂林	太祖從孫，父文正，太祖定江西，以洪都重鎮，屏藩西南，非骨肉重臣莫能守，乃命文正率兵鎮其地。文正死，守謙就藩桂林，洪武二十五年卒。

太祖時諸王「皆擁重兵，據要地」（明會要卷四諸王雜錄隆慶三年五月）。洪武九年葉伯巨已經疏言尾大不掉之弊。他說：

> 先王之制，大都不過三國之一。上下等差，各有定分，所以強榦弱枝，遏亂源而崇治本耳。今裂土分封，

使諸王各有分地，蓋懲宋元孤立，宗室不競之弊。而秦晉燕齊梁楚吳蜀諸國，無不連邑數十，城郭宮室，亞於天子之都，優之以甲兵衛士之盛。臣恐數世之後，尾大不掉，然後削其地而奪之權，則必生觖望，甚者緣間而起，防之不及矣……願及諸王未之國之先，節其都邑之制，減其衛兵，限其疆理，亦以待封諸王之子孫。此制一定，然後諸王有賢且才者，入為輔相；其餘世為藩屏，與國同休。割一時之恩，制萬世之利，消天變而安社稷，莫先於此（明史卷一百三十九葉伯巨傳）。

然而當時太祖所忌者乃是許多功臣，所以不但不作未雨綢繆之計，且復「大怒曰，小子間吾骨肉，速逮來，吾手射之」，卒「奏下刑部獄，死獄中」。

惠帝為皇太孫時，亦以「諸王多尊屬，擁重兵」為慮（明史卷一百四十一齊泰傳）。

惠帝為皇太孫時，嘗坐東角門，謂子澄曰諸王尊屬，擁重兵，多不法，奈何。對曰諸王護衛兵纔足自守。倘有變，臨以六師，其誰能支。漢七國非不強，卒底亡滅，大小強弱不同，而順逆之理異也。太孫是其言，比即位，命子澄兼翰林學士，與齊泰同參國政，謂曰先生憶昔東角門之言乎。子澄頓首曰不敢忘（明史卷一百四十一黃子澄傳）。

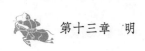

所以即位之後，即與齊泰、黃子澄陰謀削藩。惠帝以皇太孫而承大統，在國基未固之時，已經可以引起諸叔之覬覦。這個時候，只能同漢文帝一樣，外示優容，而陰行削弱。這種策略曾由高巍提出。「上嘉之，然而不能用」（明史紀事本末卷十五削奪諸藩洪武三十一年十二月）。

惠帝即位，用事者方議削諸王，獨巍與御史韓郁先後請加恩。略曰高皇帝分封諸王，比之古制既皆過當。諸王又率多驕逸不法，違犯朝制。不削，朝廷綱紀不立，削之則傷親親之恩。賈誼曰欲天下治安，莫如眾建諸侯，而少其力。今盍師其意，勿行晁錯削奪之謀，而效主父偃推恩之策。在北諸王子弟分封於南，在南子弟分封於北，如此則藩王之權不削而自削矣（明史卷一百四十三高魏傳）。

其實，「在北諸王子弟分封於南，在南子弟分封於北」不如賈誼所建「分齊為六，分淮南為三」之易實行。何況惠帝久忿諸王「擁重兵，多不法」，而黃子澄又告以「先制者制人，毋為人制」（明史卷一百四十一黃子澄傳）之說，於是急急廢立諸王。

> 惠帝……即位，命子澄兼翰林學士，與齊泰同參國政，謂曰先生憶昔東角門之言乎。子澄頓首曰不敢忘。退而與泰謀，泰欲先圖燕。子澄曰不然，周齊湘代岷諸王在先帝時尚多不法，削之有名。今欲問罪，宜先周，周王燕之母弟，削周是剪燕手足也。謀定，明日入白帝，會有言周王橚不法者，遂命李景隆帥兵襲執之，詞連湘代諸府。於是廢橚及岷王楩為庶人，幽代王桂於大同，囚齊王榑於京師，湘王柏自焚死（明史卷一百四十一黃子澄傳）。

周王之廢在洪武三十一年六月，齊湘代三王之廢在建文元年四月，岷王之廢在建文元年六月，僅僅一年，連黜五王，何能不引起燕王之憂懼。七月燕王舉兵反，稱其師曰靖難。靖難軍興，前後共歷三年之久，即始於建文元年七月，終於建文四年六月。兩軍互有勝敗，南軍不能直擣燕京，北軍不能攻下真定。宋祁說，「河朔天下根本，而真定又河朔之根本」，蓋其地「控太行之險，絕河北之要，西顧則太原動搖，北出則范陽震懾。若夫歷清河，下平原，逾白馬，道梁宋，如建瓴水於高屋，騁駟馬於中逵也」（讀史方輿紀要卷十四真定府）。燕王累爭真定，久而不決，北軍不敢南下，蓋恐真正軍隊追躡其後。南軍缺乏名將，軍隊雖多，而號令不能統一，又無一定的作戰計劃。北軍攻大同，則救大同；攻大名又救大名。軍士疲於奔命，師老無功，南軍已由主動退居被動的地位了。建文三年燕兵掠大名，方孝孺建議：「急令遼東諸將入山海關，攻永平；真定諸將渡盧溝，搗北平。彼必歸救，我以大兵躡其後，可成擒也」(明史卷一百四十一方孝孺傳)。其實，建文元年十月李景隆固曾帥師渡盧溝橋，進攻北平，而竟大敗於鄭壩村。建文元年九月及三年十一月遼東守將楊文亦曾引兵圍永平，而皆兵敗北返。蓋彼此未曾聯繫之故。以地理言之，最可牽制燕京者莫如大寧，而鎮大寧者則為寧王權。惠帝既知「燕王智勇，善用兵」(明史卷一百四十一黃子澄傳)，理應結合寧王，誘之以巨利，使其「不聽王而為漢」。顧乃先存懷疑之心，「使人召權，權不至，坐削三護衛」(明史卷一百十七寧王權傳)。「燕王聞，喜曰，此天贊我也」，率師急趨大寧，「擁寧王入關，與俱歸，燕兵既得三衛，兵益盛」(明史紀事本末卷十六燕王起兵)。齊泰黃子澄「兩人本書生，兵事非其所長」(明史卷一百四十一黃子澄傳)，而帝乃信任兩人，故有這種失策。王師疲於奔命，節節敗退，最後集合諸軍二十萬於德州，與真定「相為掎角之勢」。而不知「真定距德州二百餘里」，而「兩軍相薄，勝敗在呼吸間，雖百步不能相救，況二百里哉」(明史紀事本末卷十六燕王起兵建文三年二月)。於是燕師進攻德州，大敗王師之主力軍，至濟南，徇徐州，克盱眙，趨揚州，下鎮江，陷金陵，惠帝出走，不知所終，時為建文四年六月。燕王遂即帝位，永樂十八年遷都北京。此蓋蒙古之餘裔猶熾，習見燕都之宮闕朝市，不無窺伺之情，故靖難之勳既集，切切焉為北顧之憂，不能不建都於此(讀史方輿紀要卷十直隸序)。

漢時景帝削地，雖然引起七國之變，而卒成功。明時惠帝削地，引起燕王之反，而竟遜位，蓋有策略上與地理上不同之原因。

先就策略言之，漢在文帝時代，關於如何削弱諸侯，已有一番布置。他雖外放賈誼於長沙，狀似反對賈誼之言，實則陰行賈誼「眾建諸侯而小其力」之策。分齊為六，分淮南為三，蓋「力少則易使以義，國小則無邪心」。又從「梁足以扞齊趙，淮陽足以禁吳楚」之言，立少子楫為梁王，徙代王武（文帝子）為淮陽王（十一年楫薨無嗣，武徙為梁王，淮陽為郡。景帝二年又置淮陽國，立子餘為淮陽王）。所以七國作亂之時，齊地已分，無能為力。淮南已分為三國，而均為漢。梁復堅守睢陽，使吳楚之兵不敢西向。所以王師一出，七國之亂遂平。反之明初，太祖所注意者乃是功臣之叛變，至於諸王爭位，雖然有害於國家之治安，而由太祖觀之，不外楚弓楚得。惠帝為人既不能忍，即位伊始，即從書生齊泰、黃子澄之言，削奪周、齊、湘、代、岷諸王之地，又不能狠，在諸王之中，燕王「智勇有大略」，「屢帥諸將出征，威名大振」（明史卷五成祖紀一），太祖崩殂之時，燕王自北平入奔喪，已經發表遺詔，令其無至京師了（明史卷五成祖紀一）。建文元年二月燕王入覲，行皇道入，登陛不拜，監察御史劾其不敬，帝曰至親勿問。戶部侍郎卓敬密請徙南昌，以絕禍本，帝又謂燕王骨肉至親，何得及此（明史紀事本末卷十六燕王起兵）。此際若相如奏筑，血犯秦王，朱虛行酒，追斬呂氏，抑數武士力耳。顧齊黃不敢進言，建文亦仁柔寡斷，失去大好機會，縱虎歸山，惠帝地位已不安全。

次就地理言之，漢定都長安，關中「四塞以為固」，「阻三面而守，獨以一面專制諸侯」，諸王已同六國不能攻秦一樣，入武關，而略關中了。而吳楚又僻處東方，三河又為中央的直轄地，諸王又不易經睢陽，取洛陽，過安邑，取滎陽，七國在地理上已難獲勝。而周亞夫又善於用兵，知七國叛變，利於戰，不利於守，遂出武關，抵洛陽，過滎陽，至邑昌，堅壁不戰，而使輕騎偷襲吳楚後路，絕其糧道，於是吳楚敗散，七國之亂遂平。反之，明初，定都金陵，燕王則出鎮北平。洪武二十四年太祖欲徙都關中，因皇太子之薨，遂罷。

都御史胡子祺上言：天下形勝地可都者四，河東地勢高，控制西北，堯嘗都之，然其地苦寒。汴梁襟帶河淮，宋嘗都之，然其地平曠，無險可憑。洛陽周公卜之，周漢遷之，然嵩邙非有殽函終南之阻，澗瀍伊洛非有涇渭灞滻之雄。夫據百二河山之勝，可以聳諸侯之望，舉天下莫關中若也。帝稱善。至二十四年，命皇太子巡撫陝西，太子還，獻陝西地圖，上言經略建都事。明年薨，遂罷（明會要卷七十一國都，明史卷一百十五興宗傳）。

燕幽之地自古以來，就可以威脅河南之安全。河南發生事變，江南最多只能偏安一時。唐時，增節鎮於范陽盧龍之地，安史乘之，遂成天寶之禍，終唐之世，河北常為厲階。其後契丹得幽燕，因以縱暴於石晉。女真得幽燕，因以肆毒於靖康。明初，蒙古之餘裔猶熾，太祖「念邊防甚，且欲諸子習兵事，諸王封並塞居者皆預軍務。而晉燕二王尤被重寄，數命將兵出塞及築城屯田。大將如宋國公馮勝、潁國公傅友德皆受節制。又詔二王軍中事大者方以聞」（明史卷一百十六晉王棡傳）。晉王於洪武三十一年三月薨，惠帝即位之時北邊諸王，燕為最大，「燕王智慮絕倫，雄才大略」，「北平形勝地，士馬精強」（明史卷一百四十一卓敬傳），已經可以南下河南，而奪長江之險。而明又定都金陵。金陵雖稱「龍蟠虎踞，帝王之都」（明會要卷七十一國都）。然而金陵為都，實賴長江為阻，而自古保江必先固淮。胡安國云：「守江者必先守淮，長江以限南北，而長淮又所以蔽長江也」（讀史方輿紀要卷十九江南一）。河北可以威脅淮北，進而略取淮南，淮南一經失守，則金陵之勢岌岌不可終日。三國時，吳不得淮南，而鄧艾理之，故吳併於晉。南北朝時，陳不得淮南，而賀若弼理之，故陳併於隋。自古倚長江之險者，屯兵據要縱在江南，而挫敵取勝必在江北。燕軍與明師交戰，約有三年之久，「所克城邑，兵去，旋復為朝廷守。無何，中官被黜者來奔，具言京師空虛可取狀。王乃慨然曰，頻年用兵，何時已乎，要當臨江一決，不復返顧矣」（明史卷五成祖紀一）。遂於建文三年十二月出師，四年正月徇徐州，五月下泗州，遂克盱眙，淮泗既陷，燕軍又直趨揚州，六月攻下鎮江，師次龍潭，都城遂陷。即亦先取兩淮，然後取揚州，下鎮江，而至金陵。

成祖既即帝位，就由金陵遷都於燕京。當成祖受命之時，「蒙古之餘裔猶熾，習見燕都之宮闕朝市，不無窺伺之情。太宗（成祖）靖難之勳既集，切切焉為北顧之慮，建行都於燕。因而整戈秣馬，四征弗庭，亦勢所不得已也」。然而「都燕京而棄大寧，棄開平，委東勝於榛蕪，視遼左如秦越，是自剪其羽翼，而披其股肱也。欲求安全無患，其得哉」（讀史方輿紀要直隸序）。明成化年間，丘濬已經說過：

漢之邊在北，咸陽去朔方餘千里。唐邊在西，長安去吐蕃亦幾千里焉。今京都北抵居庸，東北抵古北口，西南抵紫荊關，近者百里，遠者不過三百里。所謂居庸則吾之背也，紫荊則吾之吭也。據關中者將以搤中國之吭，而拊其背。都幽燕者切近於北狄，則又將恐其反搤我之吭，而拊我之背焉。所以防蔽之者，尤當深加之意。蓋制人而不得，猶不至於失己；守己而或有所失，則其害豈但不得於人而已哉（大學衍義補卷八十六都邑之建）。

果然，萬曆年間，滿清勃興於東北，取瀋陽，征服察哈爾，以高屋建瓴之勢，搤明之吭，而拊明之背，終乘流寇作亂之際，取燕京，掩有中原之地，而統一華夏。

又者，明既定都燕京，漕運甚為重要。元之漕運以海運為主，明因海運險遠多失亡，乃改用河運。關於河運，明史及明會要所述，太過繁雜，茲抄錄丘濬之言如次：

太宗皇帝（成祖）肇造北京，永樂初，糧道由江入淮，由淮入黃河，運至陽武，發山西河南二處丁夫，由陸運至衛輝下御河，水運至北京。厥後濟寧州同知潘叔正因州夫遞運之難，請開會通舊河。朝廷命工部尚書宋禮發丁夫十餘萬，疏鑿以復故道。又命刑部侍郎金純，自汴城北金龍口，開黃河故道，分水下達魚臺縣塌場口，以益漕河。十年宋尚書請從會通河通運，十三年始罷海運，而專事河運矣。明年平江伯陳瑄又請浚淮安安莊牐一帶沙河，自淮以北，沿河立淺鋪，築牽路，樹柳木，穿井泉，自是漕法通便，將百年於茲矣。臣惟運東南粟以實京師，在漢唐宋皆然。然漢唐都關中，宋都汴梁，所漕之河皆因天地自然之勢，中間雖或少假人力，然多因其勢，而微用人為以濟之。非若會通一河，前代所未有，而元人始剏為之，非有所因也。元人為之而未至於大成，用之而未得其大利。是故開創之功雖在勝國，而所以修理而拓大之者，則有待於聖朝焉。前元所運，歲僅數十萬石，而今日極盛之數則踰四百萬焉，蓋十倍之矣（大學衍義補卷三十四漕運之宜下）。

成祖以藩國而竟滅建文，即帝位，其對諸王有戒備之心，實屬理之當然。固然「防範滋密，兵權盡解」（明會要卷四諸王雜錄隆慶三年五月）。然在宣宗時，尚有漢王高煦之反，武宗時又有寧王宸濠之亂，經此兩次叛變之後，防遏愈嚴。「分封而不錫土，列爵而不臨民，食祿而不治事。蓋矯枉鑑覆，所以杜漢晉末大之禍，意固善矣。然徒擁虛名，坐縻厚祿，賢才不克自見，知勇無所設施。防閑過峻，法制日增，出城省墓，請而後許。二王不得相見，藩禁嚴密，一至於此」（明史卷一百二十諸王傳贊）。據趙翼言：

明史諸王傳贊，謂出城省墓，亦須奏請，二王俱不得相見。今案襄王瞻墡，自長沙徙封，過安陸，見其弟梁王瞻垍，流連不忍去。臨別痛哭，謂此生不得復見矣。此二王不相見之制也。天順中，瞻墡奉旨入朝，英宗以其尊屬，特命歲時，得與諸子出城遊獵。可見非特旨則不得出城也。弘治中，周太后思見其次子崇王見澤，特召之。倪岳奏，自宣德以來，除襄王一人入朝外，無親王朝見之事，乃不果召。萬曆中，鄭貴妃不欲其子福王之國，以留過李太后壽節為詞。太后曰，吾潞王亦可以壽節來乎（潞王，李太后次子，神宗親弟），此可見一受封，即入朝亦不得也。甚至土木之變，韓王子冲秋勤王赴京，亦以敕止之。寇入河套，冲秋願率子壻擊賊，亦不許。崇禎中，京師戒嚴，唐王聿鍵倡義勤王，反被詔切責，削為庶人，錮之鳳陽。是雖赴國家之急，亦不得也（廿二史劄記卷三十二明分封宗藩之制）。

諸王受了防遏，固然不能作亂，而另一種的流弊又發生了。明代每帝嗣位，即封諸子為王，而對於宗室又無恩殺之制，親王之嫡子孫，世襲親王之爵，世世不絕，親王之支子孫封為郡王及鎮國奉國將軍及中尉亦世世不絕，未有去而為民者。

明制，皇子封親王，授金冊金寶，歲祿萬石。……親王嫡長子年及十歲，則授金冊金寶，立為王世子。長孫立為世孫，冠服視一品，諸子年十歲，則授塗金銀冊銀寶，封為郡王。嫡長子為郡王世子，嫡長孫則授長孫冠服，視二品。諸子授鎮國將軍，孫輔國將軍，曾孫奉國將軍，四世孫鎮國中尉，五世孫輔國中尉，六世以下皆奉國中尉。其生也請名，其長也請婚，祿之終身，喪葬予費，親親之誼篤矣（明史卷一百十六諸王傳序）。

年代愈久，宗室愈多，親者封國，疏者食肉，國有土地隨之減少，而財政負擔又隨之增加。關於封國，神宗時宰相葉向高言：

自祖宗以來，封國不少，使各割一大郡，則天下地已盡。今日非但百姓無田，即國家亦無田矣（明會要卷四諸王雜錄）。

關於食祿，嘉靖四十一年，御史林潤言：

天下財賦，歲供京師米四百萬石，而各藩祿歲至八百五十三萬石，山西、河南存留米二百三十六萬三千石，而宗室祿米五百四萬石；即無災傷蠲免，歲輸亦不足供祿米之半，年復一年，愈加蕃衍，勢窮弊極，將何以支（明會要卷四諸王雜錄）。

明代宗室之多，可看隆慶二年尚書王世貞之言：

臣於嘉靖二十九年，遇故修玉牒臣云：自親王而下至庶人，已書名者幾三萬位；又二十年，可得五萬位。周府已近四千位，韓府亦近千餘位。雖竭天下之財力，恐不足以供其源源之產（明會要卷四諸王雜錄）。

再看隆慶三年禮部郎中戚元佐之疏。

夫國初親王、郡王、將軍纔四十九位，女纔九位；今二百餘年，宗支玉牒見存二萬八千有奇，視國初不啻千倍。即盡歲供之輸，猶不能給其半；十年之後，又將何以給之（明會要卷四諸王雜錄）。

親親之意適足以破壞國家財政，結果，便由財政困難，引起經濟崩潰，而發生了流寇之亂。

第三節　邊疆開發、海外探險及中葉以後的外患

今日雲貴之地就是漢時西南夷。武帝開邊，雖將該地改為牂牁（今貴州遵義以南之地）、益州（今雲南大理之地）等郡，但是漢之外患乃是匈奴。漢之軍隊向北推進，占領朔方，至於陰山，而將匈奴逐出大磧

之外。又向西進攻，取河西，置四郡，以隔絕胡羌。出陽關及玉門，降服西域諸國，斷匈奴之右肩。其對於雲貴各地雖然改為郡縣，而未遑經營。西南夷本不統一，往往一地之內有許多渠帥，「力少易使以義，國小則無邪心」，其不能為害中國，勢之至明。而在武帝時代，全國人口不過三、四千萬。元朔四年固曾移民實邊七十餘萬，「衣食皆仰給縣官，數歲貸與產業」（漢書卷二十四下食貨志）。元始以後，連年戰爭，戶口減耗，所以雖得雲貴之地，而不能用移民之法，以同化其地土民。到了東漢，西南夷還是保存舊有的習慣。

> 西南夷者在蜀郡徼外，有夜郎國（元鼎六年以其地為牂牁郡），東接交阯，西有滇國（元封二年以其地為益州郡），北有邛都國（元鼎六年以其地為越嶲郡），各立君長。其人皆椎結左衽，邑聚而居，能耕田。其外又有嶲，昆明諸落，西極同師，東北至葉榆。地方數千里，無君長，辮髮，隨畜遷徙無常。自嶲東北有莋都國（元鼎六年以其地為沈黎郡），東北有冉駹國（元鼎六年以其地為汶山郡），或土著，或隨畜遷徙。自冉駹東北有白馬國（元鼎六年以其地為武都郡），氐種是也。此三國亦有君長（後漢書卷一百十六西南夷傳）。

東漢以後，中國陷入混亂之中，魏晉南北朝之世，國家忙於戰爭，當然無遑開邊。西南夷乍降乍叛。唐興，雖然武功赫赫，而其敵人乃是突厥，在北而不在南。故其對於西南夷，還是羈縻之而已。例如：

> 東謝蠻，其地在黔州之西數百里……土宜五穀，不以牛耕，但為畬田，每歲易。俗無文字，刻木為契。散在山洞間，依樹為層巢而居，汲流以飲。皆自營生業，無賦稅之事……讌聚則擊銅鼓，吹大角，歌舞以為樂。好帶刀劍，未嘗捨離……男女椎髻，以緋束之，後垂向下（舊唐書卷一百九十七東謝蠻傳）。
>
> 牂牁蠻，……無城壁，散為部落……唯征戰之時乃相屯聚。刻木為契。其法劫盜者二倍還贓，殺人者出

牛馬三十頭，乃得贖死，以納死家。風俗略與東謝同（舊唐書卷一百九十七牂牁蠻傳）。

由此可知唐時雲貴之地尚未確實成為中國之版圖。天寶大亂，西南夷遂乘中國多事之秋，漸次強大，由羈縻而至於脫離。其中有南詔者屢為中國之患，南詔以區區之地，而乃每歲出兵，中國雖疲，南詔自耗國力，也衰弱下去，而來朝貢。經五代而至於宋，南詔改稱大理，雖屢來朝貢，然而西南夷草昧之習尚未改變。

> 西南諸夷，漢牂牁郡也……無城郭，散居村落……將戰征，乃屯聚。刻木為契，其法，劫盜者償其主三倍，殺人者出牛馬三十頭與其家，以贖死。病疾無醫藥，但擊銅鼓沙羅以祀神……至道元年其王遣使率西南牂牁諸蠻來貢方物……其使十數輩，從者千餘人，皆蓬髮，面目黧黑，狀如猿猱。使者衣虎皮氈裘，以虎尾插首為飾（宋史卷四百九十六西南諸夷傳）。

這是可以證明宋時西南夷還是保存其傳統的風俗制度，中國對於該地不過視為羈縻郡縣，未曾收入版圖。元興，情況稍稍不同。蒙古侵略中國，先取夏，次滅金，其對南宋，則入四川，進取雲南，以拊宋國之背，經廣西，趨長沙，直抵武昌。當其攻取雲南也，諸蠻力不能抗，只有屈伏於蒙古鐵蹄之下。漢時雖然郡縣其地，而漢人罕至。元取雲南之後，建為行省。雲南北接四川西南，東接貴州西境，元為討伐緬國，常取道貴州廣西，由雲南出兵。雲貴廣西僻處西南，本與中國隔絕，自元出師其地，漢人隨元師而移住其地者為數不少。但元對於西南夷只置土官。

> 宣慰司掌軍民之務，分道以總郡縣。行省有政令，則布於下，郡縣有請，則為達於省。有邊陲軍旅之事，則兼都元帥府（都元帥從二品），其次則止為元帥府（元帥正三品）。其在遠服，又有招討（正三品）安撫

（正三品）宣撫（正三品）等使，品秩員數各有差等（元史卷九十一百官志七）。

諸蠻夷長官司，西南夷諸溪洞各置長官司，秩如下州達魯花赤（從五品），長官副長官參用其土人為之（元史卷九十一百官志七）。

明興，承元之制，於西南夷之地仍用土官。除宣慰使、宣撫使、安撫使、招討使外，尚有長官司長官，又有軍民府土州土縣。

土官，宣慰司宣慰使一人（從三品），宣撫司宣撫使一人（從四品），安撫司安撫使一人（從五品），招討司招討使一人（從五品）。長官司長官一人（從五品）。軍民府土州土縣，設官如府州縣……其府州縣正貳屬官或土或流，皆因其俗，使之附輯諸蠻，謹守疆土，修職貢，供征調，無相攜貳（明史卷七十六職官志五）。

歷代職官表（卷七十二土司各官）關於元明二代之土官，曾云：

謹案，明時土官，曰宣慰司，曰宣撫司，曰安撫司，曰招討司，皆沿元時之制也。然元時宣慰使，內地邊地皆設之。其設於邊陲者，則曰宣慰司都元帥府，或曰宣慰司兼管軍萬戶府，與宣撫、安撫、招討、使（指都元帥及元帥）長官皆參用流官土官。而百官志無明文，今兼採元史本紀中，設立土官之事，可與志相證者，以見一代之制焉。❷

關於明代之土官，又云：

謹案，明代土官設有定職，與兩漢蠻夷君長，唐宋羈縻州縣，微有不同，而亦參用流官。今以會典所載，

❷ 歷代職官表舉世祖紀，至元十四年，二十七年，二十九年。成宗紀，元貞二年，大德元年。武宗紀，至大三年。順帝紀，元統二年。

參考明史及各省通志，四川軍民府四，皆土官世襲也。廣西土府二，土州三十六，雲南土官知府七，土官知州九，土縣一，軍民府土知府二。惟貴州府州縣皆流官，而同知、通判、州判、縣丞之類多以土官為之也。

案明用布政司以代替元之行中書省。建文以前，除京都（領應天等府）外，全國置布政司十三，雲南居其一。成祖即位，以北平布政司為京師，江南之京師改稱南京，布政司還是十三，即雲南與貴州各居其一（雲南布政司置於洪武十五年，貴州布政司置於永樂十一年）。雲貴之地列為中國郡縣。在貴州，中原衣冠多流寓其間，風氣日開，漸成為中國領土。雲南自漢以來，乍臣乍叛。蓋疆域遼闊，夷落環伺，崇山巨川足以為保據之資。明代留軍屯田，而鎮守雲南之沐英又與別將不同，他少孤，太祖養之為子，後從藍玉進軍雲南，略取大理。藍玉召還，沐英因係太祖養子，留鎮其地，而沐氏又世守該土（明史卷一百二十六沐英傳）。布政使張紞在滇凡十七年，務變其俗，滇人遵用之（明史卷一百五十一張紞傳）。成化初，沐英之孫琮因「廣西土官虐所部為亂，請更設流官，民大便」（沐英傳）。這就是改土歸流之策，即廢世襲之土官制，而代以隨時任命之流官制。經此改革之後，不但廣西，而雲南經明師駐防，商民走集，遂同貴州一樣，成為中國版圖。雖然各地尚有土司，即以各蠻之渠帥為各地之長官，寵以宣慰司、宣撫司、招討司、安撫司、長官司之名號，令其統攝部眾，「而府州縣之名亦往往有之。襲替必奉朝命，雖在萬里外，皆赴闕受職」。嘉靖中，「以府州縣等官隸驗封，宣慰招討等官隸武選，隸驗封者布政司領之，隸武選者都指揮領之，於是文武相維，比於中土矣」（明史卷三百十土司傳序）。明除行政制度之外，又不忘文化上的同化。明志關於歲貢（入國學）云：「川雲貴諸遠省，其按年充貢之法亦間有增減」（明史卷六十九選舉志一），關於鄉試（中試後，參加會試）又云：「正統間，雲南二十名為最少，嘉靖間增至四十，而貴州亦二十名」（明史卷七十選舉志二）。明制，非府州縣學諸生，不能充歲貢，不能應鄉試，由此可知雲貴二地必有學校。這是改土歸流的最好方法❺。

中國係大陸國家，大陸國家之武功多向陸地發展。元代兩次討伐日本，均告失敗，即因有大海為阻之故。明在成祖時代，因燕師攻陷金陵，建文不知所終，恐其逃匿海外，乘機復國，乃於永樂三年派宦官鄭和通使西域，前後七次，歷三十餘國，南經越南而至暹羅南部之馬來亞，再下蘇門答臘而抵爪哇。西至印度北部之榜葛剌 (Bengale)，南部之柯枝 (Cochin)，下錫蘭，而至印度西部之葛蘭 (Quilon)、古里 (Calicut)。再西，遂達波斯之忽魯謨斯 (Ormuz)、阿拉伯之阿丹 (Aden)，而抵非洲東海岸之木骨都束 (Mogedoxu)、不刺哇 (Brawa) 等地。茲試列表如次：

鄭和下西洋表❻

次數	出發日期	還朝日期	所到國家
第一次	永樂三年六月	五年九月	蘇門答剌、爪哇、南巫里 (Lambri)，曾到過古里 (Calicut)，如是當經過錫蘭。即其所歷之地遠至印度西岸。
第二次	永樂六年九月	九年六月	占城、爪哇、滿剌加 (Malacca)、蘇門答剌、錫蘭山（即錫蘭）、小咀喃（即葛蘭）、古里。
第三次	永樂十年十一月	十二年七月	占城、闍婆 (Java)、三佛齊 (Palembang)、五嶼（即滿剌加）、蘇門答剌、錫蘭、柯枝、古里、溜山 (Maldives)、忽魯謨斯，即其所歷之地遠至波斯。
第四次	永樂十四年十二月	十七年七月	占城、古里、爪哇、滿剌加、蘇門答剌、南巫里、浡泥 (Bornec)、

			彭亨(Pahang)、柯枝、錫蘭山、溜山、麻林(Malinde)、忽魯謨斯、阿丹，即又由波斯而至阿拉伯之西南海岸了。而據明史（卷三百二十六）所載，鄭和曾至木骨都束、不剌哇，即達到非洲東海岸。
第五次	永樂十九年正月	二十年八月	經印度之甘巴里(Koyampadi)、阿剌伯之祖法兒(Djofar)，而至非洲之木骨都束、不剌哇，其餘行程不詳。
第六次	永樂二十二年正月	是年七月成祖崩，據鄭和傳（明史卷三百四），比還，而成祖已晏駕，可知此次還朝，當在永樂二十二年七	只知到過舊港(Palembang)，即三佛齊之地。

❺ 除西南各省外，安南於永樂時又成為中國版圖。「安南古交阯地，唐以前皆隸中國」（明史卷三百二十一安南傳）。「自唐之亡，交阯淪於蠻服者四百餘年」。永樂三年，安南黎季犛弒其主，自稱太上皇，立子蒼為帝。帝大怒，命成國公朱能、新城侯張輔、西平侯沐晟等率兵八十萬，分道進討。四年獲黎季犛及其子蒼等，檻送京師，「安南平，得府州四十八，縣一百八十，戶三百十二萬，遂設交阯布政司，以其地內屬。交阯復入版圖」。其後「交人苦中國約束，又數為吏卒侵擾，乍服乍叛」。宣宗以後棄去交阯，然交阯為中國附庸，而時時朝貢（明史卷一百五十四張輔傳，卷三百二十一安南傳）。

❻ 本表據「鄭和下西洋史」（伯希和著，馮承鈞譯）。明史（卷三百四）鄭和傳云：「和經事三朝，先後七奉使，所歷占城、爪哇、真臘、舊港、暹羅、古里、滿剌加、渤泥、蘇門答剌、阿魯、柯枝、大葛蘭、小葛蘭、西洋瑣里、瑣里、加異勒、阿撥把丹、南巫里、甘把里、錫蘭山、喃渤利、彭亨、急蘭丹、忽魯謨斯、比剌溜山孫剌、木骨都束、麻林、剌撒、祖法兒、沙里灣泥、竹步、榜葛剌、天方、黎伐、那孤兒，凡三十餘國。所取無名寶物不可勝計，而中國耗費亦不貲。自宣德以還，遠方時有至者，要不如永樂時，而和亦老且死。自和後，凡將命海表者，莫不盛稱和，以夸外蕃。故俗傳三保太監下西洋，為明初盛事云」。

		月以前	
第七次	宣德五年六月	八年	據鄭和傳，歷忽魯謨斯等十七國而還，然隨行之鞏珍撰「西洋番國志」，則言所歷諸番，凡二十國，即占城、爪哇、暹羅、舊港、啞嚕(Aru)、滿剌加、蘇門答剌、那姑兒(Battaks)、黎伐(Lide)、喃勃里(即南巫里)、溜山、榜葛剌、錫蘭山、葛蘭、柯枝、古里、祖法兒、忽魯謨斯、阿丹、天方(Arabie)，即其所歷之地又遠至非洲東海岸。

成祖命鄭和通使西洋，蓋「疑惠帝亡海外，欲蹤跡之」（明史卷三百四鄭和傳）。即其動機不在於耀兵海外，而在於防遏建文復國。目的如斯，所以鄭和雖然南至爪哇，西至非洲，只有耗費國帑，對於國家未必就有利益。固然明史（卷三百二十五）浡泥傳曾載有其國王謝辭，意謂「覆我者天，載我者地，使我有土地人民之奉，田疇邑井之聚，宮室之居，妻妾之樂，和味宜服，利用備器，以資其生，強罔敢侵，眾罔敢暴，實惟天子之賜。是天子功德所加，與天地竝」。明史（卷三百二十六）柯枝傳，又謂該國「慕中華而歆德化久矣」，每遇明朝「命令之至，拳跽鼓舞，順附如歸。咸仰天而拜曰，何幸中國聖人之教，沾及於我。乃數歲以來，國內豐穰，居有室廬，食飽魚鱉，衣足布帛。老者慈幼，少者敬長，熙熙然而樂，淩厲爭競之習無有也。山無猛獸，溪絕惡魚，海出奇珍，林產嘉木，諸物繁盛，倍越尋常。暴風不興，疾雨不作，札沴殄息，靡有害菑，蓋甚盛矣」。此乃被征服種族對於征服者所作的諂辭，未必真有其事。不過自鄭和出使之後，國人漸次知道海外情況，而不得志於國內之人既見鄭和「所取無名寶物不可勝計」（明史卷三百四鄭和傳），遂亦冒險移住於南洋群島。例如浡泥國，自洪熙以後，「雖不復朝貢，而商人往來不絕……華人多流寓其地」

（明史卷三百二十五浡泥傳）。今日華僑遍布於東南亞一帶之地，不能不說是明代海外探險為之敷路。所可惜者，明代天子的魄力不如漢武帝那樣大。漢武帝曾因「東越險阻反覆，為後世患，遷其民於江淮間」（漢書卷六武帝紀），而移殖漢人填補之。成祖之時，中國國力頗見雄厚，而南洋群島尚未開化，若能稍學漢武，用國家之力，大量移民，則今日亞洲領土必定改觀。顧成祖只知蹤跡建文，鄭和所取者只是寶物，而朝廷所希望於群蠻者不過歲來朝貢。耗費國帑，而所得如此，明代士大夫竟然沒有一位如主父偃者，出來主張移民朔方（漢書卷六十四上主父偃傳）。中國失去好機會，讀史至此，不禁歎息秦已無人。善哉嚴復之言：「夫羅馬有所征服，則其法載與俱行，雖其始若難行，顧其終則有絃同之治……至若吾國，因循為治，得國不變其政，臨民不移其俗。若朝鮮，若琉球，若衛藏，若緬甸安南，正朔朝貢而外，皆安其故，此所謂至逸者也。而至於今，效可覩矣」（法意卷二十九十八章復案）。固然景帝（即代宗）時代，劉定之建言：

> 今宜乘大兵聚集之際，遷徙其眾遠居南土。禁其種落，不許自相婚媾；變其衣服，不許仍遵夷俗。或以為兵，使與吾中國之兵，部伍相雜，以牽制之。或以為民，使與吾中國之民，里甲相錯，以染化之（皇明文衡卷八劉定之登極建言）。

然其所言乃是對付北寇，而非對付南蠻，且為時已晚，也先跳躍於北邊，明已救死不暇，何能學漢武一樣，空東越之地，遷其民於江淮間。

國際上絕無正義，有進無退乃是外務的基本原則。我進一尺，彼退一丈；我退一尺，彼進一丈。為國者必須偵察敵人之形勢，估計自己之國力，能進則進，不可失去良機。明在洪武二十六年，天下戶一千六十五萬八百七十，口六千五十四萬五千八百一十二（明會要卷五十戶口），即比漢代最盛時代為多。其所以不能開發南洋群島者，亦有原因。蓋雲貴需要移民，蒙古尚窺伺於北方，明之軍隊須用以防遏北寇，明之財力亦不能用於南征，果然成祖而後，蒙古之禍又發生了。

順帝北歸，數傳之後，就去國號，稱韃靼，去帝號，稱可汗。太祖之時雖命將出師，先取開平，次取應昌。成祖即位，亦六師屢出，漠北塵清。但是蒙古——韃靼乃遊牧民族，而和林之地寒冷，漢軍不能久留。韃靼雖內亂時起，而仍不忘於寇邊。其後有瓦剌部（韃靼之一部落）托懽者以力自為韃靼丞相，脅誘朵顏諸衛，窺伺塞下。托懽死，子也先嗣，益桀驁自雄。而明廷「秉國者，多抑邊功，謂恐生事。然大帥倚內援，敘錄又多踰等，適以長武夫玩寇之心，而無以奬勞臣致死之節」（明史卷一百六十五陶成等傳贊曰）。正統十四年，也先自大同入寇，英宗御駕親征，至於土木，而師徒敗北，也先擁帝北行。是為土木之變。也先原欲「挾此奇貨，羈制中原，以戰不敗，以和可成。輸幣不還，進而割地；割地不歸，誘之稱臣」（明史紀事本末卷三十三景帝登極守禦，谷應泰曰）。那知于謙（時為兵部左侍郎）竟然奉立景帝，既不遷都，又不講和，以表示決心抗戰，不蹈南宋之覆轍。

> 也先大入寇，王振挾帝親征……及駕陷土木，京師大震，眾莫知所為。郕王監國，命群臣議戰守，侍講徐埕言當南遷。謙厲聲曰，言南遷者可斬也。京師天下根本，一動，則大事去矣，獨不見宋南渡事乎……景泰元年，敵（也先）欲朝廷遣使講和，謙曰，和不足恃……況我與彼不共戴天，理固不可和。萬一和，而彼肆無厭之求，從之則坐敝，不從則生變，勢亦不得和（明史卷一百七十于謙傳）。

也先既知拘帝北庭，無補於事，又欲縱帝返國，雖不能用作傀儡，亦可以激起兄弟爭位，乘中國多事之秋，再行侵略。吾人觀其與楊善之對話，即知他是希望英宗復位的。

> 也先曰上皇歸，當仍作天子邪。善曰，天位已定，不再更也（明史卷三百二十八瓦剌傳）。

兄終弟及，社稷為重，「歸亦別院閒宮，不過漢家之老，然則挾天子者，挾一匹夫耳」（明史紀事本末卷三十三景帝登極守禦，谷應泰曰）。景泰元年八月也先送英宗返京。然天位已定，英宗入居南宮，尊為上皇。此種措置比之南宋高明多了，蓋景帝係英宗之弟，高宗乃徽宗之子。景帝本來不希望英宗返國。

> 上皇北狩……也先見中國無釁，滋欲乞和。使者頻至，請歸上皇。大臣王直等議遣使奉迎。帝不悅曰，朕本不欲登大位，當時見推，實出卿等。謙從容曰，天位已定，寧復有他，顧理當速奉迎耳。萬一彼果懷詐，我有辭矣。帝顧而改容曰，從汝從汝（明史卷一百七十于謙傳）。

景帝崩殂，英宗復位，此時也先已死，瓦剌衰，部屬分散，不能為禍中國，然而不久俺答之禍又發生了。天順年間，韃靼部眾潛入河套居之，遂迫近西邊，最初他們以爭水草不相下，不能深入為寇，然時亦通三衛，擾塞下。由憲孝而至武宗，韃靼部眾入居河套者日益眾。到了嘉靖，有吉囊及俺答者，「據河套，雄黠喜兵，為諸部長，相率躪諸邊」。嘉靖二十一年，「吉囊死，諸子狼台吉等散處河西，勢既分，俺答獨盛，歲數擾延綏諸邊」（明史卷三百二十七韃靼傳），朝廷窮於應付。到了二十九年，俺答入大同，寇薊州，至古北口，長驅入內地，遂犯京師。此時嚴嵩當國，以為「敗於邊可隱，敗於郊不可隱，（敵）飽將自去，惟堅壁為上策」（明史紀事本末卷五十九庚戌之變）。而「大將軍仇鸞愞懦不敢戰，兵部尚書丁汝夔恇擾不知所為，閉門守，敵焚掠三日夜」（明史卷三百二十七韃靼傳），引兵而西，「前後所掠男女贏畜金帛財物既滿志，捆載去」（明史紀事本末卷五十九庚戌之變），「徐由古北口出塞，諸將收斬遺屍，得八十餘級，以捷聞」（明史卷三百二十七韃靼傳），是謂庚戌之變。自是而後，俺答雖不深入，而尚寇邊不已。俺答死，韃靼之禍還是與明相終始。到了後金勃興，韃靼諸部皆折入於清國，而明祚也滅亡了。

土木之變距離元亡尚近，也先有政治眼光，故欲利用英宗，勒索明廷之割地賠款，又有領土野心，既見燕都之宮闕朝市，不無窺伺之情。幸有于謙力主抗戰，使也先不能肆志。庚戌之變距離元亡已久，俺答慣於遊牧生活，沒有領土野心，其所欲者子女玉帛而已。所以此時明廷雖然是巨奸當國，朝臣皆闒茸之徒，而俺答兵臨城下，竟又徐引而去。現在試來研究元亡之後，何以它的後裔尚能為禍明廷。察其原因約有兩種：一是地理上的原因，二是軍事上的原因，而地理上的原因又有兩種，一是永樂時棄大寧，二是天順時棄河套，茲試述之如次。

先就地理上之原因言之，韃靼瓦剌均在北荒，明定都燕京，長城以北，以開平為重鎮。開平北控沙漠，南屏燕薊，洪武二年建衛於此。但是欲守開平，須駐重兵於大寧，以作聲援。「大寧東邊遼左，西接宣府，為巨鎮」，太祖封子權為寧王，調各衛戍守其地（明史卷一百十七寧王權傳）。成祖即位，以大寧迫近燕京，改封寧王於南昌，而割大寧之地與三衛（朵顏、福餘、泰寧三衛，其地為兀良哈，在黑龍江南，漁陽塞北。成祖起靖難，得三衛助，故割大寧，以償其勞）。這是一種最大的失策。丘濬說：「洪武之初，西北邊防重鎮，曰宣府，曰大同，曰甘肅，曰遼東，曰大寧，永樂初，革去大寧，惟存四鎮」。「往者有大寧，以為外障，其後移入內地。以此之故，京師東北藩籬單薄之甚。異時卒有外患，未必不由於此」（大學衍義補卷一百五十一守邊固圉之略下）。果然，「大寧既罷，開平勢孤」（明會要卷六十三邊防）。兼以運糧開平，「每軍運一石，又當以騎士護行，計所費率二石七斗而致一石」（明史卷一百六十羅通傳）。因此之故，宣德五年又棄開平，於是大同宣府遂成重鎮，即如宣大總督翁萬達所言：「敵犯山西，必自大同；入紫荊（在保定府易州西四十里。路通宣府大同，山谷崎嶇，易於控扼，自昔為戍守之處），必自宣府」（明史卷九十一兵志三）。大同北控沙漠，居邊隅之要害，為京師之藩屏，女真之亡遼，蒙古之亡金皆先下大同，土木之變、庚戌之變，也先、俺答亦自大同入犯。宣府南屏京師，北控沙漠，左挹居庸之險，右擁雲中之固。石晉初，其地入於契丹，其後金人由此以迫燕雲，蒙古得之，遂亦蠶食山北，而并山南。明將亡也，金鉉還說：「宣大京師北門，大同陷，則宣府危；宣府危，大事去矣」（明史卷二百六十六金鉉傳）。但是大同宣府均在長城之南，棄長城之北，而守長城之南，明之戰略已經失敗。何況紫荊居庸又無守備，「既不能禦虜之入，又不能遏虜之出，名為關塞，實則坦途。虜騎之來若長風之驅雲霧，豁然無所底礙。蓋兵士寡弱，亭障缺敗，蹊隧疏漏，非朝夕之積也」（皇明文衡卷八劉定之登極建言）。這樣，韃靼入寇當然不能防禦。

河套乃「古朔方郡，唐築三受降城處也。地在黃河南，延袤二千里，饒水草。明初守之，後以曠絕內徙」（明史卷三百二十七韃靼傳）。天順以後，韃靼部落，先後繼至，於是「舍黃河衛東勝，後又撤東勝以就延綏，套地遂淪失」。然在弘治以前，「我未守，彼亦未取」。經正德而至嘉靖，「乃任彼出入，盤據其中，畜牧生養，譬之為家，成業久矣」。此時要想一舉復之，實在不易（明史卷一百九十八翁萬達傳）。正德時，楊一清建議復套，意謂：

> 今河套即周朔方，漢定襄，赫連勃勃統萬城也。唐張仁愿築三受降城，置烽堠千八百所，突厥不敢踰山牧馬……夫受降據三面險，當千里之蔽。國初，舍受降而衛東勝，已失一面之險。其後，又輟東勝，以就延綏，則以一面而遮千餘里之衝，遂使河套沃壤為寇巢穴，深山大河，勢乃在彼，而寧夏外險，反南備河，此邊患所以相尋而不可解也。誠宜復守東勝，因河為固，東接大同，西屬寧夏，使河套方千里之地，歸我

耕牧，屯田數百萬畝，省內地轉輸，策之上也。如或不能，及今增築防邊，敵來有以待之，猶愈無策（明史卷一百九十八楊一清傳）。

然而此時劉瑾用事，憾一清不附己，復套之議遂作罷論。嘉靖中，曾銑又請復河套。他說：

賊據河套，侵擾邊鄙，將近百年。孝宗欲復而不能，武宗欲征而不果，使吉囊據為巢穴。出套，則寇宣大三關，以震畿輔。入套，則寇延寧甘固，以擾關中。深山大川，勢顧在敵，而不在我。封疆之臣，曾無有以收復為陛下言者……臣請以銳卒六萬益以山東鎗手二千，每當春夏交，攜五十日餉，水陸交進，直擣其巢。材官趨發，礮火雷激，則寇不能支，此一勞永逸之策，萬世社稷所賴也（明史卷二百四曾銑傳）。

此時，嚴嵩柄國，極言套必不可復，遂又作罷。不久，俺答果然進兵內郡，直犯京師了。總之，土木之變，原因在於棄大寧，庚戌之變，原因在於棄河套。盛衰之理雖曰人事，而地理亦與有關焉❼。

❼ 關於河套，神宗時，丘濬曾言：「臣按朔方郡即今河套地也。唐初，與突厥以河為界，則是固常守河矣，而張仁愿所築之三受降城皆在黃河之北，大漠之南。史謂中城南直朔方，意今河套之地。西城南直靈武，意今寧夏之地。東城南直榆林，意在今綏雲之間……說者多謂東勝州即古東受降城所在……國朝設東勝衛於此，其後移於內地。宣德正統間，往往有建議者，欲復其故，然而卒不果焉。夫自古守封疆者必據險阻，然守險也不守其險，而守於險之外，若即險而守，則敵與我共其險矣。是以古人之守江也，必守淮，而河亦然。唐人禦突厥也，始以河為界，其後張仁愿乃建三城於河之外焉，是即守江之意。蓋擇其要害之地，扼其吭而折其背也。是以唐自有此城之後，朔方益無寇，歲省費億計，減鎮兵數萬，此其明驗也」。又因此時明已放棄河套，而軍隊則守在河套之外，故丘濬又說：「今日吾之守鎮顧有在河套之外者……自昔中國守邊者，皆將卒守其內，而拒戎虜於外。茲地則虜反入吾之內，而吾之所守者反在其外焉。彼所以從入者必有其路，所以屯聚者必有其所，所以食用者必有其物，若一一推求其故，於其所

次就軍事上之原因言之，宣德年間，「承平日久，邊備媮惰」（明史卷一百七十一徐有貞傳）。漢胡交戰，馬隊極為重要。明初，除國家設監養馬之外，又依王安石保馬之法，令民計丁養馬（明會要卷六十二馬政）。即如丘濬所說：

> 案今日馬政，兩京畿及山東河南牧之於民，山西陝西遼東牧之於官，在官者有名而無實，在民者有損而無益（大學衍義補卷一百二十四牧馬之政中）。

但明之與宋，又有不同之點。丘濬說：

> 但宋時戶馬是散官馬於民，今日乃令民自買馬養耳。宋是賦牧地與民，今日乃民自用其地所出以養耳（大學衍義補卷一百二十四牧馬之政中）。

馬政廢弛，而漢胡戰爭，馬隊又不可缺，勢只有購之於外蕃。楊繼盛說：「彼寧肯予我良馬哉」（明史卷二百九楊繼盛傳）。早在永樂末年鄒緝已經疏言：

> 朝廷歲令天下織錦鑄錢，遣內官買馬外蕃，所出常數千萬，而所取曾不能一二。馬至雖多，類益駑下。責民牧養，騷擾殊甚，及至死傷，輒令賠補，馬戶貧困，更鬻妻子，此尤害之大者（明史卷一百六十四鄒緝傳）。

正統初年楊士奇也說：

經行之路，則預扼其要衝；於其所屯聚之處，則先據其形勝。勿但幸其眼前之無事，而必為後日之遠圖。議者若謂置為城守，則饋餉為難……盍思赫連之建國，元昊之列郡皆在此地，何從得食乎。宋史明言其地饒五穀，尤宜稻麥。漢人於境外輪臺之地尚為之屯營，況此乃在黃河之南，次邊之地乎（大學衍義補卷一百五十一守邊固圉之略下）。

瓦剌漸強，將為邊患，而邊軍缺馬，恐不能禦（明史卷一百四十八楊士奇傳）。

未幾也先入寇，民間養馬，果然是倉卒之間，不及調發。

正統十四年，北虜入寇，言者以馬遍在民間，猝不及調發（明會要卷六十二馬政）。

何況編戶竭力破產以養馬，而所養之馬率皆小弱羸劣，不能驍騰禦敵。試看成化末丘濬之言：

編戶養馬之害，甚於熙寧保馬之法。民既供芻糧以給公家之用，復備芻秣以為官馬之養。又生必報數，死必責償。生者歲增，而供之者愈難；死者日繼，而償之者無已。民安得而不窮且盜也？夫使百姓竭力破產以供馬，而官得其用，猶可言也。今所養之馬率皆小弱羸劣，使馳逐數十里，固已頓憊，況望其驍騰禦敵乎？是官民胥失之也（明會要卷六十二馬政）。

馬率小弱羸劣，明在軍事上已經不能與漠北種族決勝於戰場之上，而兵士的生活又甚艱苦，尤以邊軍為然。正統時，羅亨信言：

塞上諸軍防邊勞苦，無他生業，惟事田作。每歲自冬徂春，迎送瓦剌使臣，三月始得就田，七月又復刈草，八月以後，修治關塞。計一歲中，曾無休暇。況邊地磽瘠，霜早收薄，若更徵稅（時遣官度宣府大同二鎮軍田，一軍八十畝外，悉徵稅五升，故有是言），則民不復耕，必致竄逸。計臣但務積粟，不知人心不固，雖有粟，將誰與守（明史卷一百七十二羅亨信傳）。

正統末，「也先入寇，中官挾帝親征，未至大同，士卒已缺糧」（明史卷一百六十七曹鼐傳）。景帝即位，也先之禍雖然小休，而「京師盜賊多出軍伍，間有獲者，輒云糧餉虧減，妻孥饑凍」（明史卷一百六十石璞傳）。按明代初年「養兵最厚，月糧以贍妻子，行糧以贍本身，不時賞犒銀兩，依期給食衣綿」（皇明文衡卷七程信論城守疏）。到了後來，官軍「月給米一石，折銀二錢五分，馬則冬春給料，月折銀一錢八分，即歲稔，不足支數日」（明史卷二百二十二張學顏傳）。其實，月給米一石，乃以有妻者為限，無者只得六斗。

軍以有妻者為有家，月餉一石，無者減其四，即有父母兄弟，而無妻，槩以無家論（明史卷一百七十七李秉傳）。

軍士已經困窮，而武將又令其繳納月錢。軍士為補償月錢之所失，只有經營工商，於是攻戰之事遂不遑習。景泰初，劉定之說：

向者兵士受粟布於公門，而納月錢於私室。於是乎手不習攻伐擊刺之法，足不習坐作進退之術，目不識旗幟之色，耳不聞金鼓之節。但見其或負販貨財以為商，或習學技藝以為工，而工商之所得僅足補其月錢之費（皇明文衡卷八劉定之登極建言）。

成化中，謝鐸也說：

今之邊將……且侵尅軍餉，辦納月錢，三軍方怨憤填膺，孰肯為國家效命者（明史卷一百六十三謝鐸傳）。

弘治時，尅餉惡習仍不革除。

帝（孝宗）乃召見劉大夏於便殿，問曰卿前言天下民窮財盡，祖宗以來，徵斂有常，何今日至此。對曰，正謂不盡有常耳，如廣西歲取鐸木，廣東取香藥，費固以萬計，他可知矣。又問軍，對曰窮與民等。帝曰，居有月糧，出有行糧，何故窮。對曰其帥侵尅過半，安得不窮（明史卷一百八十二劉大夏傳）。

正德年間，除「民苦養馬，馬日瘦削」（明會要卷六十二馬政）不計外，秉權之人且有買功冒功竄名併功之弊。程啟元說：

今倖門大啟，有買功冒功寄名竄名併功之弊。權要家賄軍士金帛，以易所獲之級，是謂買功。衝鋒斬馘者甲也，而乙取之。甚者殺平民以為賊，是謂冒功。身不出門閭，而名隸行伍，是謂寄名。賄求掾吏，洗補文冊，是謂竄名。至有一人之身，一日之間不出京師，而東西南朔四處報功者，按名累級，驟至高階，是謂併功（明史卷二百六程啟元傳）。

到了世宗，嚴嵩弄權，日事掊尅，「吏兵二部尤大利所在」（明史紀事本末卷五十四嚴嵩用事），於是一般武將為了上賂權貴，更不能不下剝士兵了。王宗茂說：

不才之武將，以賂而出其門，則必尅軍之餉，或缺伍而不補，或踰期而不發，兵奈何不疲（明史卷二百十王宗茂傳）。

董傳策亦說：

今諸邊軍饟歲費百萬，強半賂嵩，遂令軍士饑疲（明史卷二百十董傳策傳）。

在這種軍政之下，那裡會有壯士投軍。例如：

嘉靖二十九年，諳達犯京師。集諸營兵，僅四五萬。是時禁軍冊籍皆虛數，半役內外提督大臣家，不歸伍。在伍者半皆老弱，涕泣不敢前（明會要卷六十一軍伍）。

而為武將者又「但知閉營堅壁，假託持重之說，而不能出奇盡力，以收勝捷之功。甚至前隊敗而後隊不救，左哨出而右哨不隨」（皇明文衡卷八劉定之登極建言）。成化時，程信曾見漢夷交戰的情況如次：

都督孫鏜領軍與賊對敵，各路正當分軍策應……然皆各以分地自諉，袖手旁觀。臣於城上遙見西北軍馬約有三四千人，一見上首挫鋒，其餘不戰，亂踰城濠，致令五六犬羊乘勢追趕（皇明文衡卷七程信論城守疏）。

世宗時劉繪亦言：

邊將多自全，或拾殘騎報首功，督巡諸臣亦第列士馬守要害，名曰清野，實則避鋒，名曰守險，實則自衛（明史卷二百八劉繪傳）。

陵遲而至神宗，軍隊愈見腐化，「京師十餘萬兵，歲糜餉二百餘萬，大都市井負販游手而已」（明史卷二百三十六王元翰傳）。葉向高說：

今京營諸將多賈人子，厚金帛，結中貴權貴，既輸財於此，不得不取償於彼。故有索月錢，需常禮，恣意誅求，若以為當然，而不可易者。國家歲漕東南之粟數百萬石以贍兵，而兵歲出月糧之半以贍將。將愈飽而兵愈飢，甚有典衣鬻兒，而枵腹待命者（續文獻通考卷一百二十三兵制，引葉向高蒼霞集）。

所以呂坤疏陳天下亂象已形。他說：

三大營之兵❽，以衛京師也，乃馬半羸敝，人半老弱。九邊之兵以禦外寇也，皆勇於挾上，怯於臨戎。外衛之兵，以備征調，資守禦也。伍缺於役占，家累於需求，皮骨僅存，折衛奚賴。設有千騎橫行，兵不足用，必選民丁，以怨民鬭怨民，誰與合戰（明史卷二百二十六呂坤傳）。

明代朝臣大率喜歡自我表現，而國家法令又甚繁碎。然而疆埸之事，既不可築室道謀，更不宜牽制之以文法。王崇古於神宗時，曾說：

俺答父子兄弟橫行四五十年……緣議論太多，文網牽制，使邊臣無所措手足（明史卷二百二十二王崇古傳）。

兼以執政大臣又喜聞捷，而惡言敗，內外相蒙，上下欺蔽，有如劉應秋所言：

❽ 據明史卷八十九兵志一，「京軍三大營，一曰五軍，一曰三千，一曰神機，其制皆備於永樂時」。

> 近日敵情，有按臣疏，而督撫不以聞者，有督撫聞，而樞臣不以奏者。彼習見執政大臣喜聞捷而惡言敗，故內外相蒙，恬不為怪，欺蔽之端自輔臣始（明史卷二百十六劉應秋傳）。

專制政治所賴以維持者在於軍隊之力。軍政腐化，不但外寇危急，而暴民亦將蠢動於內，明祚之亡似在朝夕間了。

在韃靼擾亂邊境之時，沿海一帶又有倭寇之禍。吾國東接大海，自古以來，外患均來自北方。元世祖討伐日本，師出無功，此時日本尚以島夷自居，而不敢蔑視天朝。然而既知大海之可恃，就漸有夜郎自大之意，吾國古代均稱日本為倭奴國，案倭奴之名似源於日語之「アイヌ」，此係日本之原住民，現居北海道，即所謂蝦夷是。日本皇族與倭奴為兩個不同之人種。皇族來自何方，這須待考古家之研究，唯據其三件傳國寶——一是寶劍，二是玉球，三是銅鏡——觀之，大率來自中國。最初沒有歷史，所謂神武天皇、神功皇后不過後人虛構，猶如吾國之盤古氏，有巢氏，燧人氏一樣。中國自魏晉以後，戰亂不已，此時人民經朝鮮之釜山，移住於日本者必定不少。降至隋唐，中國建立第二次一統帝國，而日本因漢族之來臨，亦漸次開化。隋唐兩代，日本均曾派遣留學生來華求學，於是遂有聖德太子依唐之制，改革國政之事，這稱為大化革新。從此以後，日本更脫掉草昧之習，而進入文明之境，而對於中國，則朝貢不絕。元以漢北遊牧民族，征服歐亞二洲。世祖一登帝位，又依中國傳統的政策，要求四裔稱臣朝貢。日本立國於大海之中，與大陸不相連接，知元師不易來伐，遂不奉命，終元之世未與中國交通。元末，方國珍以海盜之形式，擾掠江浙沿海，竟令元室窮於應付。此種情況對於日本似有影響。「明興，高皇帝即位，方國珍張士誠相繼誅服，諸豪亡命，往往糾島人，入寇山東濱海州縣」（明史卷三百二十二日本傳）。洪武二年帝遣行人楊載詔諭其國，「謂宜朝則來廷，不則修兵自固，倘必為寇盜，即命將徂征耳」。日本仍不奉命，復寇山東，轉掠溫臺，進擾福建沿海郡縣（明史卷三百二十二日本傳）。十四年，日本國王且上書言：

> 臣居遠弱之倭，褊小之國，城池不滿六十，封疆不足三千，尚存知足之心。陛下作中華之主，為萬乘之君，城池數千餘，封疆百萬里，猶有不足之心，常起滅絕之意……臣聞天朝有興戰之策，小邦亦有禦敵之圖……又聞陛下選股肱之將，起精銳之師，來侵臣境。水澤之地，山海之洲，自有其備，豈肯跪途而奉之乎。順之未必其生，逆之未必其死。相逢賀蘭山前，聊以博戲，臣何懼哉。倘君勝臣負，且滿上國之意，設臣勝君負，反作小邦之羞。自古講和為上，罷戰為強，免生靈之塗炭，拯黎庶之艱辛，特遣使臣，敬叩丹陛，惟上國圖之（明史卷三百二十二日本傳）。

帝雖「慍甚，終鑑蒙古之轍，不加兵也」（明史卷三百二十二日本傳）。自是而後，日本屢寇沿海各地，「倭性黠，時載方物戎器，出沒海濱，得間則張其戎器而肆侵掠。不得，則陳其方物，而稱朝貢」（明史卷三百二十二日本傳）。景泰以後，日本雖有入貢，只是海寇。明成化時，丘濬曾言：

> 臣按皇明祖訓所列諸夷國名，凡十有五，而日本與焉。而于其下註曰，日本國雖朝貢，暗通姦臣，謀為不軌，故絕之。蓋以此國，其人雖粗知文字，而心實狡詐。海外諸蕃如占城、真臘、闍婆之類，皆未嘗為邊境患，惟此一國居海之中。在勝國時，許其互市，自四明航海而來，艨艟數十，戈矛劍戟莫不畢具，出其重貨貿易。即不滿所欲，燔焫城郭，鈔掠居民，海道兵卒無以應之，往往為海邊州郡害，聖祖（明太祖）灼知其故，故痛絕之……正德以前，彼猶出沒海濱，以為民害。正德以後，蓋罕有至者矣……數十年來，彼知吾有備，不復犯邊，時或數年一來朝貢，朝廷亦以其恭順之故而禮遇之（大學衍義補卷一百五十五四方

夷落之情下）。

倭性狡猾，其一方修好，同時寇掠的雙面外交，自古已然，所以明廷不得不限制其入貢人數及船數。永樂二年詔日本「十年一貢，人止二百，船止二艘」。宣德八年「又申定要約，人毋過三百，舟無過三艘。倭人貪利，貢物外，所攜私物增十倍」。由英宗至世宗，倭寇每乘我方無備之際，侵掠沿海各省。嘉靖九年日本託琉球使臣奏請修貢如常，朝廷以「倭譎詐難信」，敕令仍遵前命。十九年日本貢使至京。申前請，詔令「貢期限十年，人不過百，舟不過三」。此時，「日本王雖入貢，其各島諸倭歲常侵掠濱海」（大學衍義補卷一百五十四方夷落之情下）。而吾國海防又甚廢弛，以是賊帆所指，無不殘破。

明初，沿海要地，建衛所，設戰船，董以都司巡視副使等官，控制周密。迨承平久，船敝伍虛，及遇警，乃募漁船，以資哨守。兵非素練，船非專業，見寇船至，輒望風逃匿，而上又無統率御之，以故賊帆所指，無不殘破（大學衍義補卷一百五十四方夷落之情下）。

倭寇猖獗，禍延數十年，幸有俞大猷經營兩浙，戚繼光馳驅閩海，海盜不能進入內郡。到了萬曆年間，豐臣秀吉秉政，「用法嚴，軍行有進無退，違者雖子婿必誅，以故所向無敵」（大學衍義補卷一百五十四方夷落之情下）。不禁夜郎自大，「欲侵中國，滅朝鮮而有之」（大學衍義補卷一百五十四方夷落之情下），乃於萬曆二十年四月遣將率舟師數百艘，由對馬島渡海，陷朝鮮之釜山，乘勝長驅，掠開城，陷豐德諸郡，朝鮮軍隊望風崩潰，遂入王京，執其王妃王子，追奔至平壤，放兵淫掠。八月中朝遣李如松統兵討之；明年如松師大捷於平壤，朝鮮所失四道並復。久之，秀吉死，諸倭揚帆盡歸，朝鮮患平，而東南稍有安枕之日矣（大學衍義補卷一百五十四方夷落之情下）。在豐臣秀吉以前，日本雖侵掠中國，其實不過小丑跳梁。在航海技術未曾進化到蒸汽時代，只向瀕海進攻，很難有所成就。因為遠隔大海，接濟不易。到了豐臣秀吉秉政，似有一定策略，他以朝鮮為橋梁，意欲略北韓，而至東北，再學契丹女真，以高屋建瓴之勢，南壓幽燕，進至江淮。若能再取洛陽，一方入關中而偪四川，他方略襄樊而脅武漢，則以明代那樣腐化的政府實難應付。明治維新之後，取朝鮮，侵東北，終而發生七七事變，中國雖受盡焚掠，日本亦疲憊不堪，卒至無條件的投降，宣告對華侵略之失敗。

第四節　君主專制、政治腐化及言路習氣之敗壞

明太祖起自匹夫，其行事固然多倣漢高，但兩人性格未必相同，漢高闊達大度，明祖性多猜忌。古來學者說到誅戮大臣，往往漢高與明祖並舉。其實，殺韓彭者乃是呂后，英布則因其反而誅之（實際是為番禺人所殺），韓王信、盧綰亦以謀反而後征討（他們兩人皆亡入匈奴）。他如蕭曹、絳灌等方且倚為心膂，欲以託孤寄命，未曾概加猜忌。獨至明祖，藉功臣以取天下，天下既定，即盡殺功臣，以保全大明江山的安全。此中原因雖如趙翼所言：「明祖起事雖早，而天下大定，則年已六十餘。懿文太子又柔仁，懿文死，孫更孱弱，遂不得不為身後之慮。是以兩興大獄，一網打盡」。第一次是胡惟庸之獄，族誅至三萬餘人，第二次是藍玉之獄，族誅至一萬五千餘人（廿二史劄記卷三十二胡藍之獄）。抑又如孟德斯鳩所謂「恐怖乃專制政治的精神」。專制政治所恃以統治臣民者在於恐怖，由恐怖建立權威，用權威維持政權。宰予曾說：「周人以栗，使人戰栗」（論語八佾）。明祖每覽章奏，常因一字觸犯忌諱，肆行刑殺，如福州府學訓導林伯景為按

察使撰賀冬表，以儀則天下誅。桂林府學訓導蔣質為布按作正旦賀表，以建中作則誅，蓋則音嫌於賊也。杭州教授徐一夔賀表有光天之下，天生聖人，為世作則等語。帝覽之，大怒曰，生者僧也，以我嘗為僧也，光則薙髮也，則字音近賊也，遂斬之（廿二史劄記卷三十二明初文字之獄）。這就是明初文字之禍，太祖由匹夫而登帝位，「王侯將相寧有種耶」，非常之人一旦得志，往往不諱出身，且以身世孤寒自誇。而太祖似有自卑之感，其見到「則」字即聯想到「賊」，見到「生」字即聯想到「僧」。太祖少時曾否為賊，史無明證，至其為僧則載在史冊，不能抹殺。既為賊了，而又為僧，這當然有害天子的尊嚴，所以深加忌諱。

明祖雖貴為天子，而卻有自卑之感，由這心理變態，遂用刑殺以立威。明祖欲使臣下戰栗，復用廷杖之法，視國家大臣如同宮中奴婢。凡敢直言極諫者，即在群臣面前加以廷杖。「士可殺，不可辱」，解縉亦言「大臣有過惡，當誅，不宜加辱」（明史卷一百四十七解縉傳）。顧明祖為要樹立尊嚴，不惜侮辱大臣。既廷杖了，就宜殺之，明祖不但不殺，且又用之，猶如主人之鞭撲奴婢一樣。毀傷大臣之人格，使大臣自視為軟弱無骨的動物。史稱：

> 帝嘗覽孟子，至草芥寇讎之語，謂非臣下所宜言，議罷其配享，詔有諫者以大不敬論（明史卷一百三十九錢唐傳）。

孟子雖然不是民主主義者，而卻主張放伐暴君，與歐洲中世末期暴君放伐論 (Monarchomachen) 一派之思想相差無幾。這種言論大有害於君主的神聖，明祖欲廢孟子而不祀，專制魄力之大，可以說是空前絕後。茹太素為刑部主事，陳時事，言多忤觸，帝怒召太素，杖於朝，而又外放為浙江參政，既復擢為戶部尚書。太素抗直不屈，這種沒有奴隸性的人，由明祖視之，是不可信任的。未幾，降為御史，復因忤觸帝怒，與同官十二人俱鐐足治事，後竟坐法死（明史卷一百三十九茹太素傳）。鐐足治事，令人想到古代羅馬奴主對於奴隸的作法。

明祖侮辱大臣之事，在明史上不勝枚舉。現在只舉兩則。有李仕魯者為大理寺卿，因帝頗好釋氏，乃上疏匡諫，「及言不見用，遽請於帝前曰：『還陛下笏，乞賜骸骨歸田里。』遂置笏於地。帝大怒，命武士捽搏之，立死階下」（明史卷一百三十九李仕魯傳）。言不見用，棄冠而去，這是深合於孟子所謂「君有過則諫，反覆之而不聽，則去」（孟子萬章章句下）之義。然乃有害於皇帝的尊嚴，而使天子不能再以爵祿牢籠天下之英才。明祖大怒，捽死階下，專制君主之濫肆刑殺，到了明祖，可以說是登峰造極。而其結果，遂如葉伯巨所說：「今之為士者，……以鞭笞捶楚為尋常之辱」（明史卷一百三十九葉伯巨傳）。明祖在天下未定之時，固然禮賢下士，天下既定，亦常下詔求賢，而據葉伯巨之言：

> 其始也，朝廷取天下之士，網羅捃摭，務無餘逸，有司敦迫上道，如捕重囚……洎乎居官，一有差跌，苟免誅戮，則必在屯田工役之科，率是為常，不少顧惜（明史卷一百三十九葉伯巨傳）。

尚有一則，更可證明明祖之專制。有曾秉正者南昌人，為陝西通政使，「在位素言事，尋以忤旨罷，貧不能歸，鬻其四歲女。帝聞大怒，置腐刑，不知所終」（明史卷一百三十九茹太素傳）。官至通政使，而竟貧到鬻女，清廉是清廉了，然乃大傷專制君主之自尊心。專制君主對於祿俸菲薄，無不諱莫如深。蓋恐布衣之士將因此不願干祿。現在曾秉正竟敢公開鬻女，這不啻是一種抗議，抗議朝廷之薄俸，使臣下仰不足以養父母，俯不足以活妻子。明祖大怒，置之腐刑，這又是專制君主之濫肆刑殺。

此種作風到了後代，更見變本加厲。古代，宰相進見天子，御座為起，在輿為下。其或有罪當誅，亦令自殺，不加顯戮（漢書卷八十四翟方進傳及注，引如淳曰）。而明代天子對於大臣往往動輒廷杖。此蓋成祖以後，奄宦漸次用事。黃宗羲說：

自夫奄人以為內臣，士大夫以為外臣，奄人既以奴婢之道事其主，其主之妄喜妄怒，外臣從而違之者，奄人曰夫非盡人之臣歟，奈之何其不敬也。人主亦即以奴婢之道為人臣之道，以其喜怒加之於奄人而受，加之於士大夫而不受，則曰夫非盡人之臣歟，奈之何有敬有不敬也。蓋內臣愛我者也，外臣自愛者也。於是天下之為人臣者見上之所賢所否者在是，亦遂捨其師友之道，而相趨於奴顏婢膝之一途（明夷待訪錄奄宦上）。

明乎明代天子之專制，就可知道黃宗羲之思想乃有其時代的背景。在一定時代，一定社會，思想的來源不過兩種：政治清明，思想常擁護現政治，政治腐化，思想每傾向於反動。黃宗羲生長明末，君主極端專制，而又不恤民瘼，故他謂：

後之為人君者……以為天下利害之權皆出於我，我以天下之利盡歸於己，以天下之害盡歸於人，亦無不可……以我之大私為天下之公，始而慚焉，久而安焉，視天下為莫大之產業，傳之子孫受享無窮……是以其未得之也，屠毒天下之肝腦，離散天下之子女，以博我一人之產業，曾不慘然，曰我固為子孫創業也。其既得之也，敲剝天下之骨髓，離散天下之子女，以奉我一人之淫樂，視為當然，曰此我產業之花息也。然則為天下之大害者君而已矣（明夷待訪錄原君）。

又說：

我之出而仕也，為天下，非為君也；為萬民，非為一姓也……世之為臣者昧於此義，以為臣為君而設者也。君分吾以天下而後治之，君授吾以人民而後牧之，視天下人民為人君橐中之私物。今以四方之勞擾，民生之憔悴，足以危吾君也，不得不講治之牧之之術。苟無係於社稷之存亡，則四方之勞擾，民生之憔悴，雖有誠臣亦以為纖芥之疾也。夫古之為臣者於此乎，於彼乎。蓋天下之治亂不在一姓之興亡，而在萬民之憂樂……為臣者輕視斯民之水火，即能輔君而興，從君而亡，其於臣道固未嘗不背也（明夷待訪錄原臣）。

黃宗羲之思想實出於方孝孺。方孝孺生長於元順帝至正十七年，明太祖時，官不過地方教授，惠帝即位，召在翰林學士，倚為心腹，故當燕兵入京，建文出走，方孝孺即以死報建文知遇之恩。他既習見明太祖之專制，對其臣下若草芥焉，若奴隸焉，故其早期文章，曾說：

> 生民之初，固未嘗有君也。眾聚而欲滋，情熾而爭起，不能自決，於是乎有才智者出而君長之。世變愈下而事愈繁，以為天下之廣，非一人所能獨治也。於是置為爵秩，使之執貴賤之柄，制為賞罰，使之操榮辱修短之權，位於海內之人之上。其居處服御無以大異於人不可也，於是大其居室，彰其輿服，極天地之嘉美珍奇以奉之，而使之盡心於民事。故天之立君所以為民，非使其民奉乎君也……後世人君知民之職在乎奉上，而不知君之職在乎養民，是以求於民者致其詳，而盡於己者卒怠而不修。賦稅之不時，力役之不共，則誅責必加焉。政教之不舉，禮樂之不修，強弱貧富之不得其所，則若罔聞知。嗚呼，其亦不思其職甚矣。夫天之立君者何也？亦以民不能自安其生而明其性，故使君治之也。民之奉乎君者何也？亦以不能自治與自明而有資乎君也。如使立君而無益於民，則於君也何取哉。自公卿大夫至於百執事莫不有職，而不能修其職，小則削，大則誅。君之職重於公卿大夫百執事遠矣，怠而不自修，又從侵亂之，雖誅削之典莫之加，其曷不畏乎天邪。受命於天者君也，受命於君者臣也。臣不供其職，則君以為不臣。君不修其職，

天其謂之何（遜志齋集卷三君職）。

推此言也，可以達到革命的理論。孟子稱許湯武革命，不過許「巨室」起而易位，方孝孺則贊成秦漢以後，百姓起而推翻王朝。他說：「斯民至於秦，而後興亂。後世亡人之國者大率皆民也……視其君如仇讎，豈民之過哉」（遜志齋集卷三民政）。其後有李贄者，言論更見激烈，他見明代天子之專制及大臣之愚忠，每因小事，即爭相苦諫，卒至輕者廷杖，重者馘首。以為「天之立君，所以為民」（溫陵集卷十九道古錄論舜好問）。君若不能保民，臣何必學比干之諫而死。他說：

夫暴虐之君淫刑以逞，諫又烏能入也，早知其不可諫，即引身而退者上也。不可諫而必諫，諫之而不聽乃去者次也。若夫不聽復諫，諫而以死，痴也。何也，君臣之義交也，士為知己死，彼無道之君曷嘗以國士遇我也。然此直云痴耳，未甚害也，猶可以為世鑑也。若乃其君非暴，而故誣之為暴，無所用諫，而故欲以強諫，此非以其君父為要名之資，以為吾他日終南之捷徑乎。若而人者，設遇龍逢比干之主，雖賞之使諫，吾知其必不敢諫矣，故吾因是而有感於當今之世也（初潭集卷二十四君臣四痴臣五）。

李氏又因明代天子蔑視大臣人格，依孔子所說：「君使臣以禮，臣事君以忠」之義觀之，明之大臣實無盡忠的義務。凡事有利於民，雖如馮道歷事五朝，對於一姓也許有背民教，對於萬民，不能謂其無功。何以故呢？人民得免兵革之禍。李贄說：

孟子曰：社稷為重，君為輕。信斯言也，道（馮道）知之矣。夫社者所以安民也，稷者所以養民也。民得安養而後君臣之責始盡。君不能安養斯民，而臣獨為之安養，而後馮道之責始盡。今觀五季相禪，潛移默奪，縱有兵革，不聞爭城。五十年間，雖歷四姓，事一十二君，並耶律契丹等，而百姓卒免鋒鏑之苦者，道務安養之力也（李氏藏書卷六十馮道）。

又說：

以至譙周馮道諸老寧受祭器歸晉之謗，歷事五季之恥，而不忍無辜之民日遭塗炭，要皆有一定之學術，非苟苟者各周於用，揔足辦事。彼區區者欲選擇其名實俱利者而兼之，得乎？此無他，名教累之也。以故瞻前慮後，左顧右盼，自己既無一定之學術，他日又安有必成之事功耶（李氏焚書卷五孔明為後主寫申韓管子六韜）。

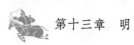

李贄之言似採用柳宗元之說：「曹丕之父攘禍以立強，積三十餘年，天下之主曹氏而已，無漢之思也。丕嗣而禪，天下得之以為晚，何以異舜禹之事耶」（柳河東集卷二十舜禹之事）。其後王船山亦說：「天下者非一姓之私也。興亡之修短有恆數，苟易姓而無原野流血之慘，則輕受他人而民不病，魏之授晉，上雖逆而下固安，無乃不可乎」（讀通鑑論卷十一晉泰始元年）。但吾人須知李贄與王船山有此思想，又是對於明代天子之專制而發。

案廷杖乃所以威嚇大臣，而多出於天子一方欲肆意逞慾，他方心理上又有不安之念之時。成祖之即帝位，依傳統觀念未必合理，他每懷疑「言事者謗訕，下詔嚴禁之，犯者不赦」（明史卷一百六十四鄒緝傳）。這也是用刑殺使人戰栗之意，史稱仁宗「在位一載，用人行政，善不勝書」（明史卷八仁宗紀贊曰）。他雖曾「諭三法司，自今誹謗者悉勿治」（明史紀事本末卷二十八仁宣致治洪熙元年三月）。而李時勉上疏言事，「仁宗怒甚，召至便殿，對不屈，命武士撲以金爪，脇折者三，曳出幾死」。「仁宗大漸，謂夏原吉曰時勉廷辱我，言已勃然怒」（明史卷一百六十三李時勉傳）。以天子之尊，對於大臣之直言極諫，而乃認為廷辱，至死不忘，這比之漢文之對馮唐❾，漢武之對汲黯❿，相差遠了。宣宗在位十年，雖有許多善政，然亦缺乏人君之度。江西巡按御史陳祚上疏請於聽政之餘，命儒臣講說「大學衍義」一書。帝覽疏竟然「大怒曰，豎儒謂朕未讀大學耶。薄朕至此，不可不誅」。宣宗不知大學衍義與大學為兩書，而欲置言者於死刑。雖賴學士陳循之言，免其一死，而還命緹騎逮至京，並其家下錦衣獄，禁繫者五年，其父竟瘐死。到了英宗即位，才釋復官（明史卷一百六十二陳祚傳）。明代天子胸襟之狹，真令人驚奇。

英宗在正統年間，信任宦官王振，振「導帝以嚴御下，大臣往往下獄」。而振亦「大作威福，百官小有牴牾，輒執而繫之，廷臣人人惴恐」（明史卷一百四十八楊士奇傳），「中外莫敢言事」（明史卷一百六十二劉球傳）。劉球曾言：「古之大臣雖至大辟，亦不加刑，第賜之死。今之大臣有小失，輒桎梏箠楚之，然未幾時，又復其職，非所以待大臣也」（明史卷一百六十二劉球傳）。由此可見正統年間，英宗必有廷杖大臣之事。到了土木之變，景帝入承大統，尊英宗為上皇。上皇返國，景帝心不自安，故凡群臣章奏提及上皇或請立上皇之子沂王為嗣，即赫然大怒，予以廷杖⓫。而「錦衣衛卒伺百官陰事，以片紙入奏，即獲罪，公卿大夫莫不惴恐」，「廷臣喪氣，以言為諱」。所以潘榮才說：「國家有利害，生民有得失，大臣有奸慝，何由而知」

❾ 文帝拊髀曰，嗟乎吾獨不得廉頗李牧為將，豈憂匈奴哉。唐曰，主臣，陛下雖有廉頗李牧不能用也。上怒，起入禁中，良久召唐讓曰，公眾辱我，獨無間處乎。唐謝曰云云，文帝悅，是日拜唐為車騎都尉（漢書卷五十馮唐傳）。

❿ 上（武帝）方招文學儒者，上曰吾欲云云。黯對曰，陛下內多欲，而外施仁義，奈何欲效唐虞之治乎。上怒變色而罷朝，公卿益為黯懼。上退謂人曰，甚矣汲黯之戇也……然古有社稷之臣，至如汲黯近之矣（漢書卷五十汲黯傳）。

⓫ 景帝時廷杖之事可閱明史卷一百六十二鍾同傳、章綸傳及廖莊傳。

（明史卷一百五十七潘榮傳）。而聊讓亦引蘇子之言，以為「平居無犯顏敢諫之臣，則臨難必無仗節死義之士」（明史卷一百六十四聊讓傳）。景泰年間，「帝以兵革稍息，頗事宴遊」（明史卷一百七十七葉盛傳）。而朝臣又不顧民之疾苦，「一遇軍興，抑配橫徵，鬻官市爵，率行衰世苟且之政……任掊克聚斂之臣，行朝三暮四之術。民力已盡，而征發無已，民財已竭，而賦斂日增，苟紓目前之急，不恤意外之虞」（明史卷一百六十四左鼎傳）。英宗復位，以天子之尊，竟為北寇所虜，而遜位又有八年之久，皇帝尊嚴，不免打了折扣。所以天順年間，常用廷杖以立威⓬，此亦可以證明皇位苟有問題，天子心不自安，必用刑殺以立威。豈但如此，英宗北狩，可謂恥辱極了，而復辟之後，尚不知臥薪嘗膽，改革政治。自古以來，政治的良窳完全是看地方官能否為民興利除害。天順三年，建安老人賀煬上言：「今銓授縣令，多年老監生，苟且貪污」，「義倉本以振貧民，乃豪猾多冒支不償」，「朝廷建學立師，將以陶鎔士類，而師儒鮮積學，……猥瑣貪饕，要求百故，而授業解惑，莫措一詞。生徒亦往往玩愒歲月，佻達城闕，待次循資，濫升太學，侵尋老耄，倖博一官，但釐身家之謀，無復功名之念」（明史卷一百六十四張昭傳）。觀此言事，可知天順年間政治如何腐化。

憲宗孝宗均以皇太子嗣位，名分已定，本來無須再用刑殺以立威。但是明代士大夫往往毛舉細故，藉以沽名釣譽，而奏章多傷過激，「指斥乘輿，則癸辛並舉，彈擊大臣，則共鯀比肩，迹其事實初不盡然」。天子為了避免君臣衝突，中世以後，就深居簡出，不與朝臣相見。今據趙翼之言：

> 前明中葉以後，諸帝罕有與大臣相見者。明史萬安傳，成化七年，群臣多言君臣否隔，宜時召大臣議政，大學士彭時商輅力請於司禮中官，乃約以御殿日召對，並戒初見，情意未洽，勿多言。及期，時輅及安同

⓬ 英宗天順年間廷杖之事可閱明史卷一百六十二楊瑄傳，卷一百八十魏元傳。

進見，甫奏一二事，安遽呼萬歲欲出，時等不得已亦叩頭出。中宮戲朝士曰，若輩嘗言不召見，及見，止知呼萬歲耳。一時傳笑為萬歲閣老。自是帝不復召見大臣矣。其後尹直入閣，欲請見帝，安輒止之。按尹直入閣，乃成化二十二年，然則自七年召見時輅後，至此十五六年，未嘗與群臣相見也。徐溥傳，弘治十年，帝御文華殿召見溥及劉健謝遷，面議諸事，賜茶而退。自成化間，憲宗召對彭時商輅等後，至此始再見，舉朝詡為盛事。然終溥在位，亦止此一召而已云云。是成化七年至弘治十年，兩朝天子與廷臣不相見，且二十五六年也。劉健傳，帝自召對健後，閣臣希得進見，及是在位久，數召見大臣，欲以次除弊，遂召健等，時時進見，左右竊從屏間聽，但聞帝數稱善，計是時已在弘治十五六年間，閣臣始得頻見。未久而孝宗崩，武宗嗣位，初與劉瑾等八人昵，繼與江彬等昵，色荒禽荒，南北遊涉，至使谷大用等守居庸，不許群臣出諫，則其時廷臣之不得見，更不待言。世宗初，亦尚勤於治，然鄧繼曾傳云，嘉靖三年，帝漸疏大臣，政率內決，是臨政未久，即已疏大臣也。十一年正月祈穀，郭勛攝事，則郊祀已不躬親也。二十一年因宮婢之變，移居西苑，則并大內亦不復入也。丁汝夔傳，俺答薄都城，帝久不視朝，軍事無由面奏。禮部尚書徐階固請，乃許群臣昧爽入，至日晡，帝始御奉天殿，不發一詞，但命階奉敕，諭至午門，集群臣，切責之而已。按是時嘉靖二十九年，本紀特書始御殿，明乎前此未嘗見群臣也。以後亦更無有召見之事。穆宗嗣位，臨御日淺，周宏祖疏言，陛下嗣位二年，未嘗接見大臣，咨訪政事。鄭履亦疏言，陛下御極三年，曾召問一大臣，面質一講官否。是隆慶初，已不復見大臣也。神宗初年，猶有召見大臣之事，張居正傳，帝御文華殿，居正侍講畢，以給事中所陳災傷疏奏上。又居正服闋，帝御平臺，召對慰諭久之。自萬曆十七年以後，漸不復見廷臣，本紀書是年三免陛授官面謝，自是臨御遂簡。王家屏傳云，家屏服闋，召入閣，三月未得見，家屏以為言。帝乃於萬壽節，強一臨，家屏又請勤視朝，帝為一御門，自是益深居不出。家屏疏言，臣一歲間，兩覲天顏而已。按家屏服闋入閣，十七年事也。本紀又書，十八年正月始召見申時行等於毓德宮，出皇太子見之，七月召見閣臣議邊事。一歲中，兩見閣臣，至特書之以為異事。十九年四月享太廟，自後廟祀皆遣代，則十九年以後，太廟亦不親祭矣。二十四年大學士趙志皐請視朝發章奏，不報，直至四十三年以梃擊事起，始召見群臣於慈寧宮。蓋自十七八年至此，凡二十四年，群臣始得一望顏色耳。馬孟正傳，萬曆三十九年怡神殿火，孟正疏言，陛下二十年來，郊廟朝講召對面議俱廢，通下情者惟恃章奏，而疏入旨出，悉由內侍，未知果達御前否。吳道南傳，萬曆四十一年，道南以大學士入閣，故事廷臣受官先面謝，乃莅任。帝不視朝久，皆先莅任，道南至不獲見，不敢入。同官方從哲以為言，帝令先視事。迨梃擊案起，慈寧宮召見群臣，道南始得一見，自是亦不得見云。本紀又書，四十七年群臣請視朝行政，不報，四十八年南京科道言，上深居二十餘年，未嘗一接見大臣，天下將有陸沉之憂，亦不報。則自四十三年梃擊事一見群臣後，終神宗世不復有召見之事也。光宗短祚，僅於彌留召見劉一燝等。熹宗童昏，為權閹所蔽，固無論矣。統計自成化至天啟一百六十七年，其間延訪大臣不過弘治之末數年，其餘皆簾遠堂高，君門萬里。無怪乎上下否隔，朝政日非。神宗初即位，高拱請絀司禮權，還之內閣，是內閣且聽命於司禮監矣。倦勤者即權歸於奄寺嬖倖，獨斷者又為一二權奸竊顏色，為威福，而上不知。主德如此，何以尚能延此百六七十年之天下而不遽失，誠不可解也（陔餘叢考卷十八有明中葉天子不見群臣）。

韓非有言：「人主以一國目視，則視莫明焉，以一國耳聽，則聽莫聰焉」（韓非子第四十三篇定法）。然此尚須人主有判斷之力，又有決斷之心。明代天子拒見群臣，內外懸隔，當然不知民間疾苦，國勢危殆。成化年間，廷杖之事迄未少休⑬。是時帝怠於政，大臣希得見。凡「進退一人，處分一事，往往降中旨」（明史卷一百七十九鄒智傳）。「名爵日輕，廩祿日費」（明史卷一百八十李森傳）。而「言路大阻，給事御史多獲譴」（明史卷一百七十四高瑤傳）。他們耽祿尸位，不敢有所建白，「或以忠義激之，則曰吾非不欲言，言出則禍隨，其誰吾聽」（明史卷一百七十九鄒智傳）。大臣受了主威脅制，「又唯諾惟謹，伈伈俔俔，若有所不敢，反不如一二俗吏足以任事」（明史卷一百七十九鄒智傳）。當時有「紙糊三閣老（劉吉，萬安，劉珝），泥塑六尚書之謠」（明史卷一百六十八劉吉傳）。其結果也，「倖門大開，鬻販如市。恩典內降，遍及吏胥，武階蔭襲，下逮白丁。……以至廝養賤夫，市井童稚皆得攀援，妄竊名器」。「末流賤伎，妄廁公卿，屠狗販繒，濫居清要。文職有未識一丁，武階亦未挾一矢」（明史卷一百八十王瑞傳）。政界人物如斯，政治便如謝鐸所說：

> 今天下有太平之形，無太平之實。因仍積習，廢實徇名。曰振綱紀，而小人無畏忌。曰勵風俗，而縉紳棄廉恥。飭官司，而汙暴益甚。恤軍民，而罷敝益極。減省有制，而興作每疲於奔命。蠲免有詔，而徵斂每困於追呼。考察非不舉，而倖門日開。簡練非不行，而私撓日眾。賞竭府庫之財，而有功者不勸，罰窮讞覆之案，而有罪者不懲（明史卷一百六十三謝鐸傳）。

孝宗嗣位，「登極詔書，不許風聞言事」（明史卷一百八十九李文祥傳）。中人「摭言官過，貶竄殆盡，致士氣委靡」（明史卷一百八十湯鼐傳）。劉吉「居內閣十八年，人目之為劉棉花，以其耐彈也」（明史卷一百六十八劉吉傳）。於是「仕者以剛方為刻，怠緩為寬，學者以持正為滯，恬軟為通」（明史卷一百八十王徽傳）。閹宦

---

⑬ 憲宗時廷杖之事，可閱明史卷一百七十二孫原貞傳，卷一百七十六商輅傳，卷一百七十九章懋傳，黃仲昭傳，莊昶傳，卷一百八十汪奎傳，卷一百八十二劉大夏傳。

奸臣遂乘機竊取政權。弘治初，劉槩上言，天子大權所以為小人攘竊，由此輩心險術巧，人主稍加親信，輒墜計中。槩言如次：

愛者乘君之喜，而游言以揚之，惡者乘君之怒，而微言以中之，使賢人君子卒受曖昧而去。卿相缺人，則遷延餌引，待有交通請屬，軟美易制之人，然後薦用。其剛正不阿者，輒媒孽而放棄之，俟其氣衰慮易，不至大立異同，乃更收錄。巧計既行，刑賞予奪雖名人主獨操，實一出於其所簸弄。迨黨立勢成，復恐一旦敗露，則又極意以排諫諍之士，務使其君孤立於上，耳無聞，目無見，以圖便其私，不至其身與國俱敗不止（明史卷一百八十湯鼐傳）。⓮

當時政治腐化，李文祥曾上封事言：

頃者在位多匪人，權移內侍，賞罰任其喜怒，禍福聽其轉移。讐視言官，公行賄賂，阿之則交引驟遷，忤之則巧讒遠竄。朝野寒心，路道側目……頃法司專徇己私，不恤國典。豪強者雖重必寬，貧弱者雖輕必罪。惠及奸宄，養成玩俗（明史卷一百八十九李文祥傳）。

黃鞏亦上疏言：

臣僚言及時政者，左右匿不以聞。或事關權臣，則留中不出，而中傷以他事，使其不以言獲罪，而以他事獲罪（明史卷一百八十九黃鞏傳）。

不使臣僚以言獲罪，而以他事獲罪，妙哉此計。朝廷有廣開言路的雅量，而言者竟因他事受譴。由是雖有安民長策謀國至計，亦不敢自達於天子。但是百姓的眼光是明亮的，那會受到欺騙，而不之知。天子受到

⓮ 孝宗時廷杖之事可閱明史卷一百七十九鄒智傳。只此一傳，遺漏必多。

蒙蔽，政治每況愈下，國事遂不可為了。

武宗嗣位，下詔南巡，蓋欲假巡狩之名，肆其荒遊之慾。群臣恐千騎萬乘，百姓騷驛，爭相諫阻，於是廷杖之事遂超過前代⑮。據趙翼所述：

成化嘉靖兩次伏闕，固屬大案。而正德中百官諫南巡，被杖之多亦不減此二案也。武宗南巡詔下，員外郎夏良勝，主事萬潮，博士陳九川連疏諫。而舒芬、黃鞏、陸震疏已先入。吏部郎中張衎瑞等十一人，刑部郎中陸俸等五十三人疏繼之。禮部郎中姜龍等十六人，兵部郎中孫鳳等十六人，疏又繼之。帝與諸倖臣大怒，遂令良勝等百有七人，罰跪午門外五日。而大理寺正周敘等十人，行人司余廷瓚等二十人，工部主事林大輅等疏又上。帝益怒，並下詔獄，跪午門者，晚亦繫獄。晨出暮入，纍纍若重囚。僉事張英，且肉袒戟刃於胸，囊土數升，當蹕道跪哭，即自刺血流出。衛士奪其刃送獄，問囊土何為，曰恐污帝廷耳，詔杖八十死。舒芬等百七人，跪既畢，各杖三十。良勝等六人，及敘廷瓚大輅各杖五十。餘三十人各杖四十，有死者（良勝傳）。然是時南巡之行，究因群臣之諫而止。其後南巡，則又自宸濠之變，借為詞耳（廿二史箚記卷三十四正德中諫南巡受杖百官）。

然而箝制言路，竟然助長閹人劉瑾的亂政。劉瑾用事，閣臣「徒擁虛銜，或旨從中出，略不與聞，或眾所擬議，竟行改易」（明史紀事本末卷四十三劉瑾用事正德元年六月）。瑾「以嚴苛折辱士大夫」（明史卷一百八十一劉忠傳），「每摭小過，枷死廷臣」，「毛舉官僚細過，散布校尉遠近偵伺，使人救過不贍，因顓擅威福」。「又

⑮ 武宗時廷杖之事，可閱明史卷一百六十二楊瑄傳，卷一百七十九舒芬傳，卷一百八十八劉蒞傳、戴銑傳、陸崑傳、張士隆傳，卷一百八十九黃鞏傳、夏良勝傳、何遵傳，卷一百九十一薛蕙傳，卷一百九十五王守仁傳。

令六科寅入酉出，使不得息，以困苦之」（明史卷三百四劉瑾傳）。「尤惡諫官，懼禍者往往自盡」（明史卷一百八十八許天錫傳）。嘗「矯旨，禁諸言官無得妄生議論，不言則失於坐視，言之則處以非法，通國皆寒心」（明史卷一百八十八蔣欽傳）。武宗「早朝，有遺書丹墀者，上命拾以進，則告瑾不法狀也。上手匿名書曰，汝謂賢，吾故不用，汝謂不賢，今用之。任瑾益專」（明史紀事本末卷四十三劉瑾用事正德三年六月）。這種性癖不是剛毅，而是褊愎，褊愎乃出於變態心理，即一方有自大之念，同時又有自卑之感，由這兩種心理的衝突，遂假天子之勢，寧犯眾怒，以表示一己之魄力。「時公卿多出入瑾門」（明史紀事本末卷四十三劉瑾用事正德四年春正月），「士大夫悉曲學阿世」（明史紀事本末卷四十三劉瑾用事正德五年八月），而「寡廉鮮恥，趨附權門」遂成為正德年間的風氣（明史卷二百八余珊傳）。「政令出於多門」，「內閣執奏方堅，而或撓於傳奉，六卿擬議已定，而或阻於內批」，「紀綱積弛，國是不立，士氣摧折，人心危疑」（明史卷一百九十二王思傳）。流寇蔓延，幾危社稷，而武宗還是恣情縱慾，不一顧念。這個時候，雖有直言極諫之士，而乃不是言官，而是沒有言責之人。請看嘉靖初，主事仵瑜之疏。

> 嘉靖初主事仵瑜上疏曰，正德間，給事御史挾勢凌人，趨權擇便，凡朝廷大闕失，群臣大奸惡，緘口不言。一時犯顏敢諍，視死如歸，或拷死闕廷，或流竄邊塞，皆郎中員外主事評事行人照磨庶吉士非有言責者（明史卷一百八十九何遵傳）。

世宗以外藩入承大統，大禮之議（追尊所生父興獻王為皇考或為皇叔）本係天子私事，與國計民生毫無關係，而廷臣竟然伏闕哭爭，至謂「國家養士百五十年，仗節死義，正在今日」（明史卷一百九十一何孟春傳）。而欲世宗稱武宗為皇考，興獻王為皇叔。世宗大怒，也用廷杖之法，使廷臣不敢開口[16]。林俊曾言：

「鞭扑之刑非所以加於士大夫也」（明史卷一百九十四林俊傳）。然而世宗「深疾言官」，且「以廷杖遣戍不足遏其言，乃長懸以困之」（明史卷二百九沈束傳）。而小人又借議禮為詞，中傷異己，即如給事中管律所說：

> 比言事者，每借議禮為詞，或乞休，或引罪，或為人辨愬。於議禮本不相涉，而動必援引牽附，何哉。蓋小人欲中傷人，以非此不足激陛下怒，而欲自固其寵，又非此不足得陛下歡也（明史卷二百六杜鸞傳）。

於是「士風日下，以緘默為老成，以謇諤為矯激」（明史卷二百九馮恩傳）。劉世龍說：

> 今天下刻薄相尚，變詐相高，諂媚相師，附比相倚，仕者日壞於上，學者日壞於下，彼倡此和，靡然成風（明史卷二百七劉世龍傳）。

嘉靖中葉以後，「世宗享國日久，不視朝，深居西苑，專意齋醮」（明史卷二百二十六海瑞傳），於是，嚴嵩遂乘機竊取權柄。案「大禮之爭，群臣至撼門慟哭，亦過激且戇矣」（明史卷一百九十二楊慎等傳贊），世宗以外藩入承大統，未免自感孤立，他對嚴嵩說：「卿所云，為人臣於今日率皆觀望禍福，必使人主孤立自勞。此言已盡，但盡心翼贊，以副簡任」（明史紀事本末卷五十四嚴嵩用事嘉靖十五年）。史稱：

> 嵩無他才略，惟一意媚上，竊權罔利。帝英察自信，果刑獄，頗護己短，嵩以故得因事激帝怒，戕害人以成其私（明史卷三百八嚴嵩傳）。

---

[16] 世宗時廷杖之多，可閱明史卷一百八十八陸崑傳，卷一百八十九劉槩傳，卷一百九十一何孟春傳、豐熙傳、薛蕙傳，卷一百九十二楊慎傳、王思傳、劉濟傳、張漢卿傳、郭楠傳，卷一百九十六何遵傳附張璁傳，卷二百二唐龍傳，卷二百五張經傳，卷二百六張逵傳、鄭一鵬傳，卷二百七朱淛傳、楊言傳、劉世龍傳、張選傳、楊思忠傳，卷二百九楊最傳、薛宗鎧傳、沈鍊傳、楊繼盛傳，卷二百十鄒應龍傳，卷二百二十六海瑞傳、邱橓傳。

世宗「頗護己短」，即其胸襟褊狹，而嚴嵩之能竊權圖利，蓋如趙錦所云：

厚賂左右親信之人，凡陛下動靜意向，無不先得，故稱旨者多。或伺聖意所注，因而行之，以成其私。或乘事機所會，從而鼓之，以肆其毒（明史卷二百十趙錦傳）。

結果如何？他繼著又說：

朝廷之上，用者不賢，賢者不用。賞不當功，罰不當罪。陛下欲致太平，則群臣不足承德於左右；欲遏戎寇，則將士不足禦侮於邊疆。財用已竭，而外患未有底寧，民困已極，而內變又虞將作……天下之勢，其危如此，非嚴嵩之奸邪，何以致之（明史卷二百十趙錦傳）。

楊繼盛疏奏嚴嵩十罪五奸，中有：

凡文武遷擢，不論可否，但衡金之多寡而畀之。將弁惟賄嵩，不得不朘削士卒，有司惟賄嵩，不得不掊剋百姓。士卒失所，百姓流離，毒徧海內，臣恐今日之患不在境外而在域中……自嵩用事，風俗大變，賄賂者薦及盜跖，疏拙者黜逮夷齊，守法度者為迂疏，巧彌縫者為才能，勵節介者為矯激，善奔走者為練事。自古風俗之壞，未有甚於今日者（明史卷二百九楊繼盛傳）。

王宗茂云：

夫天下之所恃以為安者，財也，兵也。不才之文吏以賂而出其門，則必剝民之財，去百而求千，去千而求萬，民奈何不困。不才之武將，以賂而出其門，則必尅軍之餉，或缺伍而不補，或踰期而不發，兵奈何不疲（明史卷二百十王宗茂傳）。

張翀亦說：

臣試以邊防財賦人才三大政言之，國家所恃為屏翰者，邊鎮也。自嵩輔政，文武將吏，率由賄進。其始不核名實，但通關節，即與除授。其後不論功次，但勤問遺，即被超遷。託名修邊建堡，覆軍者得廕子，濫殺者得轉官，公肆詆欺，交相販鬻，而祖宗二百年防邊之計盡廢壞矣。戶部歲發邊餉，本以贍軍。自嵩輔政，朝出度支之門，暮入奸臣之府。輸邊者四，饋嵩者六。臣每過長安街，見嵩門下無非邊鎮使人，未見其父，先饋其子，未見其子，先饋家人。家人嚴年富已踰數十萬，嵩家可知。私藏充溢，半屬軍儲，邊卒凍餒，不保朝夕，而祖宗二百年豢養之軍盡耗弱矣。邊防既隳，邊儲既虛，使人才足供陛下用，猶不足憂也。自嵩輔政，藐蔑名器，私營囊橐，世蕃以狙獪資，倚父虎狼之勢，招權罔利，獸攫鳥鈔。無恥之徒，絡繹奔走，靡然成風，有如狂易，而祖宗二百年培養之人才盡敗壞矣（明史卷二百十張翀傳）。

嚴嵩「相世宗，入於嘉靖二十年八月，去位於嘉靖四十一年五月，盤踞津要，盜竊寵靈，凡二十餘歲」（明史紀事本末卷五十四嚴嵩用事，谷應泰曰）。在其入朝以前，「言官締黨求勝，內則奴隸公卿，外則草芥司屬，任情恣橫，殆非一日」（明史卷二百六馬錄傳）。當其在位之時，「士大夫輻輳附嵩」（明史卷三百八嚴嵩傳），「海內賢士大夫被斥者眾」（明史卷二百二周延傳）。「凡論嵩者，不死於廷杖，則役於邊塞」（明史卷二百十王宗茂傳）。「相臣挾權以遏言官，言官懼勢而咈公議」（明史卷二百八劉繪傳）。「自嚴嵩敗，言官爭發憤論事」（明史卷二百十五歐陽一敬傳），所以史臣才說：

> 世宗之季，門戶漸開，居言路者，各有所主，故其時不患其不言，患其言之冗漫無當，與其心之不能無私。言愈多，而國是愈益淆亂也（明史卷二百十五王治等傳贊曰）。

穆宗即位，言事之官承世宗末年之弊，更「悻悻好搏擊」（明史卷二百十五胡應嘉傳），帝雖用廷杖立威[17]，而風氣已成，不能矯除積習。「言官條奏率銳意更張。部臣重違言官，輕變祖制，遷就一時，苟且允覆。及法立弊生，又議復舊政」（明史卷二百十五汪文輝傳）。此時「士習傾危，稍或異同，輒加排陷」（明史卷二百十五駱問禮傳）。朝臣相軋，門戶漸開。到了神宗，張居正當國，他雖「慨然以天下為己任」，其為政以尊主權，課吏職，信賞罰，一號令為主（明史卷二百十三張居正傳）。但居正只是能臣，而非賢相，其能取得權柄，乃倚中人馮保為內助。性又「褊衷多忌，剛愎自用」。「信任奸佞，好諛成風，六曹之長咸唯唯聽命，至章奏不敢斥名，第稱元輔」（明史紀事本末卷六十一江陵柄政萬曆十年）。「操群下如束濕，異己者率逐去之」（明史卷二百十八申時行傳）。「諫官言事必先請」（明史卷二百十五陳吾德傳）。「臺諫習為脂韋，以希世取寵，事關軍國，卷舌無聲，徒摭不急之務，姑塞言責」（明史卷二百二十趙世卿傳）。「至若輔臣（指張居正）意之所向，不論是否，無敢一言，以正其非，且有先意結其歡，望風張其燄者」（明史卷二百二十九王用汲傳）。及居正丁父憂，奪情之議起，「疏劾者轉出於翰林部曹，而科道（六科給事中十三道御史），且交章請留，及居正歸葬，又請趣其還朝。迨居正病，科道並為之建醮祈禱」（廿二史劄記卷三十五明言路習氣先後不同）。由此可見明代言路風紀已壞，不足以肅正紀綱。「居正自奪情後，益偏恣，其所黜陟，多出愛憎，左右用事之人多通賄賂。世以此益惡之」（明史卷二百十三張居正傳）。萬曆十年居正卒，神宗「拒諫益甚，上下否隔」（明史卷二百十七陳于陛傳）。廷杖一事遂不少於張居正握權之時[18]。蓋「人君惟所欲為者，由大臣持祿，小臣畏罪，有輕群下

---

⑰ 穆宗時廷杖之事可閱明史卷二百十五詹仰庇傳，陳吾德傳。

⑱ 神宗時廷杖之多，可閱明史卷二百十三張居正傳，卷二百十六田一儁傳，卷二百二十九劉臺傳、吳中行傳、趙用賢傳、艾穆傳、沈思孝傳，卷二百三十一錢一本傳，卷二百三十三李獻可傳，卷二百三十四盧洪春傳、李沂傳，卷二

心」(明史卷二百十七王家屏傳)。「張四維申時行相繼柄政，務為寬大」(明史卷二百十八申時行傳)，於是「言路勢張，恣為抨擊，是非瞀亂，賢否混淆，群相敵仇，罔顧國是」(明史卷二百十四張四維等傳贊)。趙志皐為首輔，柔而懦，御史給事中爭相詆誶，志皐不禁「憤言，同一閣臣也，往日勢重而權有所歸，則相率附之以媒進。今日勢輕而權有所分，則相率擊之以博名」(明史卷二百十九趙志皐傳)。最初神宗「樂言者訐居正短」(明史卷二百十八申時行傳)，又「心疑大臣朋比，欲大臣摘發之，以杜壅蔽」(明史卷二百二十五楊巍傳)。中葉以後，「帝久倦勤，中外章奏悉留中，惟言路一攻，則其人自去，不待詔令，臺諫之勢積重不返」(明史卷二百三十六夏嘉遇傳)。此時政情如何？「言官舍國事，爭時局。部曹舍職掌，建空言。天下盡為虛文所束縛，有意振刷者，不曰生事，則曰苛求。事未就而謗興，法未伸而怨集。豪傑灰心，庸人養拙，國事殆不可為矣」(明史卷二百四十八梅之煥傳)。而令時人回想到張居正綜名實，振紀綱之可貴(明史卷二百四十八梅之煥傳)。當此之時，內則流賊蔓延，外則邊事日急，而閣臣不斷更迭，「君臣相猜，政事積廢」，「議大事則十疏而九不行，遇廷推則十人而九不用」(明史卷二百三十五張養蒙傳)。「惟孜孜以患貧為事」，「民生憔悴極矣，乃採辦日增，誅求益廣」(明史卷二百二十六呂坤傳)。善乎侍郎馮琦之疏曰，「皇上之心但欲裕國，不欲病民。群小之心必自瘠民，方能肥己」(明史紀事本末卷六十五礦稅之弊，谷應泰曰)。「論者謂明之亡，神宗實基之」(明史卷二百十八方從哲傳)，不是沒有理由的。

由神宗末年，經光宗，而至天啟之初，宮廷之中陸續發生梃擊(萬曆四十三年五月)、紅丸(光宗崩時)、移宮(天啟初年)三案。明代言官自「仁宣以後，往往借端聚訟，逞臆沽名」(歷代職官表卷十八都察院上)。

百三十五王德完傳，卷二百三十六湯兆京傳，卷二百四十三鄒元標傳。

「然論國事，而至於愛名，則將惟其名之可取，而事之得失有所不顧」（明史卷一百八十張寧等傳贊）。天啟之初，國無長君，朝無權臣，言官更肆譸張，而三案之爭訟於是乎開始。最後移宮案雖因楊漣等爭之甚烈，得到勝利。然而選侍去，客氏入，卒與魏忠賢亂政，明祚因之而亡。

熹宗以沖齡即位，不能辨別賢佞。「當是時，人務奔競，苞苴恣行，言路橫尤甚。每文選郎出，輒邀之半道，為人求官，不得，則加以惡聲，或逐之去。選郎即公正，無如何，尚書亦太息而已」（明史卷二百四十三趙南星傳）。法紀蕩然，魏忠賢遂因之竊取威福，「最初外廷尚盛，忠賢未敢加害，其黨有導以興大獄者，忠賢意遂決」（明史卷二百四十葉向高傳），乃挾天子，用廷杖威脅廷臣⑲，「一時罷斥者吏部尚書趙南星，左都御史高攀龍及楊漣左光斗魏大中等先後數十人」，「正人去國紛紛若振槁」。而「忠賢之黨徧要津矣，當是時東廠番役橫行，所緝訪，無論虛實，輒糜爛」。「浙江巡撫潘汝楨，奏請為忠賢建祠，於是頌功德者相繼，諸祠皆自此始矣」。「凡忠賢所宿恨，雖已去，必削籍，重或充軍，死必追贓，破其家」。「當此之時，內外大權一歸忠賢，文臣則崔呈秀等主謀議，號五虎。武臣則田爾耕等主殺僇，號五彪。又吏部尚書周應秋等號十狗，又有十孩兒四十孫之號，自內閣六部至四方總督巡撫徧置死黨」。「忠賢所過，士大夫遮道拜伏，至呼九千歲，忠賢顧盼未嘗及也」。「群凶煽虐，以是毒痡海內」（明史卷三百五魏忠賢傳）。然而臺諫反為其鷹犬，所以周宗建才說：「先朝汪直劉瑾雖皆梟獍，幸言路清明，臣僚隔絕，故非久即敗，今權璫報復，反借言官以伸，言官聲勢反借權璫以重」（明史卷二百四十五周宗建傳）。言官對於內政，固然噤如寒蟬，而對於

⑲ 熹宗時廷杖之事，可閱明史卷二百四十葉向高傳，卷二百四十五黃尊素傳、萬燝傳。東林黨人如楊漣、左光斗、魏大中等皆下詔獄，拷訊死。

邊事乃亂發議論。當時遼得幸存，不能不歸功於熊廷弼，而「御史馮三元乃劾其無謀者八，欺君者三，謂不罷，遼必不保」。繼而給事中復劾之，所以廷弼才說：「今朝堂議論全不知兵。冬春之際，敵以冰雪稍緩，鬨然言師老財匱，馬上促戰。及軍敗，始愀然不敢復言。比臣收拾甫定，而愀然者又復鬨然責戰矣。自有遼難以來，用武將，用文吏，何非臺省所建白，何嘗有一效。疆場事當聽疆場吏自為之，何用拾帖括語，徒亂人意。一不從，輒怫然怒哉」（明史卷二百五十九熊廷弼傳）。閹黨亂政，言官竟拾邊事以掩飾其不言之罪，明祚何得不亡。

崇禎即位，雖縊死忠賢而磔其尸，閹宦次第伏誅。然「四海漸成土崩瓦解之形，諸臣但有角戶分門之念，意見互觭，議論滋擾，遂使剿撫等於築舍，用捨有若舉碁」（明史卷二百五十八華允誠傳）。兼以內剿流寇，外禦強敵之臣又受臺諫掣附，而如盧象昇所說：「臺諫諸臣不問難易，不顧死生，專以求全責備，雖有長材，從何展布」（明史卷二百六十一盧象昇傳）。言官專事攻擊，終而造成不正確之輿論，所以湯開遠才說：

往往上以為宜詳宜新之事，而下以為宜略宜仍之事。朝所為縲辱擯棄不少愛之人，又野所為推重惋歎不可少之人。上與下異心，朝與野異議，欲天下治平，不可得也（明史卷二百五十八湯開遠傳）。

到了這個地步，雖無滿清入關，明祚之亡亦不能免。

第五節　宦官之禍與朋黨之爭

太祖鑑前代宦官之禍，定下許多制度，以預防宦官之干預政事。

> 明太祖鑑前代之失，定制（宦官）不得兼外臣文武銜，不得御外臣冠服。官無過四品，月米一石，衣食於內庭嘗鑄鐵牌置宮門曰，內臣不得干預政事，預者斬。敕諸司不得與文移往來（明史卷三百四宦官傳序）。

又恐閹宦逞其智巧，逢君作奸，而禁其讀書識字。

> 太祖制，內臣不許讀書識字（明史卷三百四宦官傳序）。

最初宦官猶如西漢宦官之隸少府一樣，隸於禮部，職不過供掖廷洒掃而已。

> 國初，宦官悉隸禮部，秩不過四品，職不過掃除（明史卷一百八十九葉釗傳）。

立法雖備，而太祖卻自禁之，而自紊之。

> 三編，洪武八年正月，遣中官趙成使河州市馬。十一年詔以辰州指揮楊仲名討五開蠻，遣內官吳誠往諭仲名，且觀兵。復遣尚履奉御呂玉詣軍閱勝。而明史職官志於二十五年慶童之行（命聶慶童往河州敕諭茶馬）云，中官奉使自此始，其實不始於此也。太祖馭內侍甚嚴，而奉使觀兵，早開其隙，是自禁之而自紊之，又何怪後之變本加厲耶（明會要卷三十九宦官洪武十七年，文彬按）。

建文嗣位，箝制內侍頗見嚴厲。

> 建文帝嗣位，御內臣益嚴，詔出外稍不法，許有司械聞（明史卷三百四宦官傳序）。

而卒因此，引起內侍之不滿，靖難軍興，內侍密遣人赴燕，具言京師虛實。

> 建文三年，燕王因兵屢敗，不敢決意南下。無何，有以中官奉使侵暴為言者，帝詔所在有司械繫，於是中官密遣人赴燕，具言京師空虛可取狀，約為內應（明會要卷三十九宦官）。

成祖「以為忠於己，即位後，遂多所委任」（明史卷三百四宦官傳序）。今據明會要所載：

永樂元年遣中官侯顯等使外域，此出使外夷之始。三年六月遣中官鄭和等率兵二萬七千餘人，遍歷西洋諸國，復遣中官山壽帥師出雲州，此將兵之始。七年十一月始令中官刺事，此刺事之始。八年十二月敕內官王安等監都督譚青軍，馬靖巡視甘肅，此監軍巡視之始。十八年立東廠於東安門北，以內監掌之，東廠始此（明會要卷三十九宦官）。

降至宣宗，設內書堂，選小內侍，令大學士教其讀書識字。

初太祖制，內臣不許讀書識字。後宣宗設內書堂，選小內侍，令大學士陳山教習之，遂為定制。用是，多通文墨，曉古今，逞其智巧，逢君作奸。數傳之後，勢成積重（明史卷三百四宦官傳序）。

故史家云：「中人多通書，曉文義。宦寺之盛，自宣宗始」（明史卷一百六十四黃澤傳）。及至英宗，宦官之禍就發生了。關於武宗時代的劉瑾，熹宗時代的魏忠賢，前章已經述及，茲不厭重複，再將明代宦官之禍，列表如次。

明代宦官之禍表

時代	宦官姓名	弄權情況	備考
英宗	王振	王振少選入內書堂，侍英宗東宮為局郎。及英宗立，年少，振狡黠得帝懽，遂掌司禮監，導帝用重典御下，防大臣欺蔽。於是大臣下獄者不絕，而振得因以市權。然是時太皇太后賢，方委政內閣，閣臣楊士奇楊榮楊溥皆累朝元老，振心憚之，未敢逞。至正統七年，太皇太后崩，新閣臣勢輕，振遂跋扈不可制。所忤恨，輒加罪讁。帝方傾心嚮振，嘗以先生呼之，賜振敕極褒美，振權日益積重，公侯勛戚呼曰翁父，畏禍者爭附。兵部尚書徐晞等多至屈膝。十四年瓦剌太師也先大舉入寇，振挾帝親征，次土木，瓦剌兵追至，師大潰。帝蒙塵，振為亂兵所殺。郕王監國，振族無少長皆斬。振擅權七年，籍其家，	明史卷三百四王振傳。

		得金銀六十餘庫，玉盤百，珊瑚高六七尺者二十餘株，他珍玩無算。	
	曹吉祥	曹吉祥素依王振，後與石亨結，帥兵迎英宗復位，遷司禮太監，總督三大營。嗣子欽從子鉉鐸鏞等皆官都督。門下廝養冒官者，多至千百人。朝士亦有依附希進者。惡言官有言，譖於帝，逮治閣臣徐有貞李賢等。無何石亨敗，吉祥不自安，漸蓄異謀。欽問客馮益曰自古有宦官子弟為天子者乎。益曰君家魏武其人也。天順五年七月欽舉兵反，王師討平之，磔吉祥於市，其姻黨皆伏誅。	明史卷三百四曹吉祥傳。
憲宗	汪直	汪直初給事萬貴妃於昭德宮。直為人便黠。成化十三年設西廠，以直領之，列官校刺事，屢興大獄，人情大擾。直每出，隨從甚眾，公卿皆避道。兵部尚書項忠不避，迫辱之。權燄出東廠上。大學士商輅等奏其狀，帝震怒，罷西廠，然帝眷直不衰。御史戴縉者佞人也，窺帝旨，盛稱直功，詔復開西廠。直燄愈熾，諷言官論忠違法事，竟勒忠為民。大學士輅亦罷去。一時九卿劾罷者數十人。直威勢傾天下。會東廠獲賊，廉得直所洩禁中祕語，奏之，帝始疎直。十七年命直往宣府禦敵，敵退，直請班師，不許，徙鎮大同，而盡召將吏還。直既久鎮不得還，寵日衰。給事御史交章奏其苛擾，乃調直南京御馬監，罷西廠不復設，中外欣然，然直竟良死。	明史卷三百四汪直傳。
武宗	劉瑾	劉瑾侍武宗東宮。武宗即位，以舊恩得幸。瑾慕王振之為人，日進鷹犬歌舞角觝之戲，導帝微行，帝大歡樂之，漸信用。大學士劉健謝遷李東陽驟諫不聽，會星變，健遷等復連疏請誅瑾，瑾等伏帝前環泣。帝立命瑾掌司禮監，馬永成掌東廠，谷大用掌西廠。瑾既得志，遂毛舉官僚細過，散布校尉，遠近偵伺，使人救過不贍，因顓擅威福。瑾每奏事，必偵帝為戲弄時，帝厭之，亟麾去曰，吾用若何事，乃溷我，自此遂專決不復白。是時瑾權傾天下，威福任情，公侯勳戚以下，莫敢鈞禮，每私謁，相率跪拜。章奏先具紅揭投瑾，號紅本，然後上通政司，號白本，皆稱劉太監而不名。有匿名書詆瑾所行事，瑾矯旨召百官，跪奉天門下，瑾立門左詰責。日暮，收五品以下官盡下獄。凡瑾所逮捕，一家犯，鄰里皆坐，或瞰河居者以河外居民坐之。屢起大獄，冤號遍道路。邊將失律，賂入即不問，有反陞擢者。又遣其黨丈邊塞屯地，誅求苛刻，邊軍不堪，焚公廨，守臣諭之始定。五年四月安化王寘鐇反，檄數瑾罪。瑾始懼，匿其檄，而起都御史楊一清太監張永為總督討之。及永出師還，欲因誅瑾，一清為畫策，先期入獻俘畢，帝置酒勞永，瑾等皆侍，及夜，瑾退，永出寘鐇檄，因奏瑾不法十七事。帝已被酒，俛首曰瑾負我。	明史卷三百四劉瑾傳。

		永曰此不可緩，遂執瑾，繫於菜廠，分遣官校封其內外私第。次日，帝親籍其家，得偽璽一，穿宮牌五百，及衣甲弓弩袞衣玉帶諸違禁物，又所常持扇內藏利匕首二，始大怒曰，奴果反，趣付獄，獄具，詔磔於市，族人逆黨皆伏誅。	
神宗	馮保	馮保嘉靖中為司禮秉筆太監，隆慶元年提督東廠，兼掌御馬監事。時司禮掌印缺，保以次當得之。適不悅於穆宗，大學士高拱薦御用監陳洪代，保由是疾拱，及洪罷，拱復薦用孟沖。保疾拱彌甚，乃與張居正深相結，謀去之。穆宗甫崩，保言於后妃斥孟沖，而奪其位。又矯遺詔，令與閣臣同受顧命。及帝登極，保既掌司禮，又督東廠，兼總內外，勢益張。拱諷六科給事中十三道御史交章數其奸。而保匿其疏，亟與居正定謀，遂逐拱去。慈聖太后遇帝嚴，保倚太后勢，數挾持帝，帝甚畏之。帝有所賞罰，非出保口，無敢行者。帝積不能堪，而保內倚太后，外倚居正，帝不能去也。居正固有才，其所以得委任專國柄者，由保為之左右也。已而居正死，太后久歸政，保失所倚，帝又積怒保，遂謫保奉御南京安置，久之乃死。	明史卷三百五馮保傳。
熹宗	魏忠賢	魏忠賢自萬曆中，選入宮，與長孫乳母客氏相結。光宗崩，長孫嗣立，是為熹宗。忠賢遷司禮秉筆太監，密結大學士沈潅為援。初神宗在位久，怠於政事，章奏多不省，廷臣漸立門戶，以危言激論相尚。吏部郎顧憲成講學東林書院，海內士大夫多附之，東林之名自是始。既而梃擊紅丸移宮三案起，盈廷如聚訟，與東林忤者眾，目之為邪黨。天啟初，廢斥殆盡。及忠賢勢成，其黨果謀倚之以傾東林。三年忠賢兼東廠事。四年副都御史楊漣劾忠賢二十四大罪，帝懵然不辨也，嚴旨切責漣。當是時，忠賢欲殺異己者，乃用廷杖威脅廷臣，廷臣大讋，一時罷斥者吏部尚書趙南星左都御史高攀龍及楊漣左光斗魏大中等先後數十人，正人去國紛紛若振槁，乃矯中旨召用阮大鋮等為之爪牙。未幾復用崔呈秀為御史。初朝臣爭三案及辛亥癸亥兩京察與熊廷弼獄事，忠賢本無預。其黨欲藉忠賢力，傾諸正人，遂相率歸忠賢，稱義兒。且云，東林將害翁，以故忠賢欲甘心焉。朝署一空，於是忠賢之黨徧要津矣。當是時，東廠番役橫行，所緝訪，無論虛實，輒糜爛。六年浙江巡撫潘汝楨奏請為忠賢建祠，於是頌功德者相繼，諸祠皆自此始矣。凡忠賢所宿恨雖已去，必削籍，重或充軍，死必追贓，破其家，或忠賢偶忘之，其黨必追論前事，激忠賢怒。當此之時，內外大權一歸忠賢。文臣則崔呈秀等主謀議，號五虎。武臣則田爾耕等主殺戮，號五彪。又吏部尚書周應秋等號十狗，又有十孩兒四十孫之號。	明史卷三百五魏忠賢傳。

> 自內閣六部至四方總督巡撫，徧置死黨。帝性機巧，好親斧鋸髹漆之事，積歲不倦。每引繩削墨時，忠賢輩輒奏事。帝厭之，謬曰，朕已悉矣，汝輩好為之。忠賢以是恣威福，惟己意。歲數出，所過，士大夫遮道拜伏，至呼九千歲，忠賢顧盼未嘗及也。忠賢無他長，其黨日夜教之，客氏為內主，群凶煽虐，以是毒痛海內。七年熹宗崩，崇禎立，安置忠賢於鳳陽，尋命逮治，忠賢縊死，詔磔其尸，笞殺客氏。盡逐忠賢黨，東林黨人復進用，諸麗逆案者，日夜圖報復。其後溫體仁輩相繼柄政，潛傾正人，為翻逆案地。帝亦厭廷臣黨比，復委用中璫，而逆案中阮大鋮等，卒肆毒江左，至於滅亡。

明代宦官時或出使，時或將兵，時或刺事，時或監軍，而其弄操國權，乃另有其他原因。自洪武十二年革去中書省，中書之權分於六部，而六部又直接隸屬於天子之後，天子威柄自操，不假宰相[20]。吾人觀嚴嵩得志之時，尚須惴忖帝指，而作票擬，到了其子世蕃縱淫樂，嵩所進青詞，往往失旨，便失帝歡，而至謫死（明史卷三百八嚴嵩傳）。由此一事，亦可知道明之權臣乃與過去朝代不同，其操弄國權，不過城狐社鼠，假天子之勢而作威福而已。成化以後，天子深居宮中，不見朝臣，於是傳遞章奏，宣示詔令，不能不假手於閹宦。依歷史所示，凡有傳遞章奏之權，常得審查章奏，而干涉大臣之行政。而有宣示詔令之權，

---

[20] 明末清初學者，例如黃梨洲以為，「吾以謂有宰相之實者，今之宮奴也。蓋大權不能無所寄，彼宮奴者，見宰相之政事墜地不收，從而設為科條，增其職掌，生殺予奪出自宰相者，次第而盡歸焉……故使宮奴有宰相之實者，則罷丞相之過也」（明夷待訪錄置相），王船山亦說：「因權臣之蠹國而除宰相，棄爾輔矣。宰相廢而分任於六官……事權散亂，統之者唯秉筆內官而已」（噩夢）。按尚書周官，有「冢宰統百官」之語。杜佑解釋云：「六官之職皆總屬於冢宰，故論語曰君薨，百官總己以聽於冢宰。爾雅曰，冢大也，冢宰則太宰於百官，無所不主」（通典卷十九職官總序）。即周制，雖置六官，但天官冢宰實為宰相之職。

又得假託聖旨，變為發布詔令之機關。閹宦既為天子之喉舌，遂同東漢之尚書一樣，成為樞機之任。例如穆宗甫崩，馮保即矯遺詔，令與閣臣同受顧命。大學士高拱，諷六科給事中十三道御史數其奸，保又匿其疏，而逐拱去（明史卷三百五馮保傳）。明初宦官本來屬於禮部，旋即改制，而直隸於天子。宦官十二監，以司禮監為最貴，而在司禮監之中，掌印太監與秉筆太監尤有權力。明志云：

司禮監，掌印太監一員，秉筆太監無定員。掌印掌理內外章奏及御前勘合。秉筆掌章奏文書，照閣票批硃（明史卷七十四職官志三宦官十二監）。

明在洪熙以前，凡遇大事，臣下惟面奏請旨，而批答皆出自御筆。宣德以後，始令內閣關於中外奏章，許用小票墨書，貼附奏疏以進，中易紅書批出。而遇大事，亦命內閣條旨，然後批行（歷代職官表卷四內閣，引廖道南殿閣詞林記）。其收發文書的過程乃如孝宗時大學士劉健之言：

朝廷有命令，必傳之太監，太監傳之管文書官（宦官所司，尚有文書房，掌房十員，管公文之收發，凡升司禮者必由文書房出。見明史卷七十四職官志三宦官十二監），管文書官方傳至臣。內閣有陳說，必達之管文書官，管文書官達之太監，太監乃達至御前（續文獻通考卷五十二職官二宰相）。

但是每日御筆親批，不過數本，其餘皆令太監分批，即如劉若愚所云：

凡每日奏文書，自御筆親批數本外，皆眾太監分批，遵照閣中票來字樣，用硃筆楷書批之，間有偏旁偶訛者，亦不妨改正（酌中志卷十六內府衙門職掌）。

劉若愚為明代宦官，酌中志撰於崇禎末年。他必詳知明代宦官之事，據其所述，甚似宦官分批之時，乃照閣中所擬字句，若有錯字，無妨略為改正。這樣，宦官對於內閣的票擬，是不能變更其內容了。然此乃就常態言之，劉若愚又云：

一日欲處錢受益，以為錢謙益之昆仲也；又一日欲處黃願素，以為黃尊素之昆仲也。各直房執事之人，細查籍貫父母姓名，逆賢（魏忠賢）始知其不相干，乃止。凡每日票本奏下，各秉筆分到直房，即管文書者，打發本管公公，一本一本照閣中原票，用硃筆謄批，事畢奏過，才打發。此係皇祖以來，累朝舊制，非止今日一家一人如此也（酌中志卷十二各家經管紀略）。

所謂「照閣中原票」，原則上是如前所舉，「遵照閣中票來字樣」，易紅筆批出，當然天子保留有更改內容之權。天子若怠於政務，批硃就由司禮監代作。此際宦官不免有任意更改之事，唯須奏明天子，所以劉瑾必偵武宗為戲弄時奏事（明史卷三百四劉瑾傳）。劉瑾弄權之時，首輔為李東陽，瑾黨焦芳為閣臣，張綵為吏部尚書。據王鏊言：

劉瑾雖擅權，然不甚識文義，徒利口耳。中外奏疏處分亦未嘗不送內閣。但秉筆者（指首輔）自為觀望，本至，先問此事當云何，彼事當云何，皆逆探瑾意為之，有事體大者，令堂後官至河下（震澤紀聞卷下李東陽，原注云河下者瑾所居也），然後下筆，故瑾益肆。使人人據理執正，牢不可奪，則彼亦不敢大肆其惡也（明王鏊撰震澤長語卷上官制，參閱王鏊撰震澤紀聞卷下李東陽）。㉑

王鏊乃正德初年的閣臣，因反對劉瑾弄權，力求去，遂致仕。依其上述之言，正德初年閣臣已依大璫之意，票擬旨意了。劉瑾不甚識文義，故須利用閣臣，代為擬旨，其後宦官多識文義，遂進一步，不經內閣票擬，

㉑ 明史（卷三百四）劉瑾傳，「瑾不學，每批答奏章，皆持歸私第，與妹壻禮部司務孫聰、華亭大猾張文冕相參決，辭率鄙冗，焦芳為潤色之，東陽頫首而已。」

而經由宦官批示，此即所謂內批，中旨。內批之事由來已久，宣宗時，太監已有矯旨之事。

> 宣德四年七月太監馬騏矯旨下內閣書，勑付騏復往交趾間辦金銀珠香，時騏自交趾召還未久，內閣覆請，上正色曰朕安得有此言（鄭端簡公今言類編卷三建官門婦寺）。

宣宗常與大臣面議政事，所以馬騏矯旨，內閣可面告宣宗，宣宗亦識馬騏之姦。憲宗口吃，不欲與大臣接談，深匿宮廷之中，朝夕所接近者乃是宦官，於是宦官遂得擅權，發布中旨。成化（憲宗年號）中，御史涂棐嘗言：「批答多參以中官，內閣或不與」（明史卷一百七十九羅倫傳附涂棐傳）。武宗即位之初，給事中劉茞上疏言：「近日批答章奏……閣臣不得與聞，而左右近習陰有關與矣」（明史卷一百八十八劉茞傳）。世宗時，御史程啟元言：「邇者旨由中出，而內閣不知……司禮之權重於宰相，樞機之地委之宦官」（明史卷二百六程啟元傳）。神宗時，給事中喻安性言「今日政權不由內閣，盡移於司禮」（明史卷二百十九朱賡傳）。熹宗時，左副都御史楊漣言：「祖制，以擬旨專責閣臣，自魏忠賢擅權，多出傳奉，或徑自內批」（明史卷二百四十四楊漣傳），以上不過略舉數例，說明批硃之事，事實上乃歸於宦官。

但秉筆太監批硃之後，尚須蓋以御璽，才為有效。元時，達魯花赤不過掌蓋印而已，而竟為機關之長官，必以蒙古人為之。所以司禮監之中，掌印之權似比秉筆為大。馮保在嘉靖中已為秉筆太監，隆慶時司禮掌印缺，穆宗惡瑾為人，大學士高拱薦陳洪代，洪免，拱又薦用孟沖，瑾嫉拱彌甚。穆宗崩，保言於后妃，斥孟沖而奪其位（明史卷三百五馮保傳）。由此可知掌印地位必比秉筆為高。二者均掌章奏，所以天子倦勤，他就代替天子批閱章奏，而操弄國權。職官志云：「內閣之票擬，不得不決於內監之批紅，而相權轉歸於寺人」（明史卷七十二職官志序）。即如許譽卿所說：「內閣政本重地，而票擬大權拱手授之內廷」（明史卷二百五十八許譽卿傳）。王振於正統七年太皇太后崩後，才跋扈不可制。蓋太皇太后賢慧，委政內閣，王振不能威福任情。劉瑾於世宗時，魏忠賢於熹宗時，每乘天子遊弄之際，前來奏事，天子厭聞，他們遂得恣行威福。此種史料均可以證明明代宦官之禍雖不減於漢唐，而其地位比之漢唐宦官，相差尚遠。

明代天子威柄自操，雖然仁宗以後，設置內閣，有閣臣若干名。閣臣之中且有首輔。明之首輔與漢之丞相不同，丞相是法律上的官制，首輔乃偶爾發生的職官。丞相所請，靡有不聽。首輔呢？凡事皆須取旨，由首輔票擬，而後批硃施行。長君在位，首輔必須迎合天子之意旨，嚴嵩竊權二十年，蓋「能先意揣帝指」（明史卷三百八嚴嵩傳），又須買收宦官，「上左右小璫詣嵩，必執手延坐，持黃金置其袖中，故璫輩爭好嵩」（明史紀事本末卷五十四嚴嵩用事嘉靖二十四年）。要是天子年幼，首輔更須勾結後庭。張居正之能專擅朝政，因有宦官馮保協助，而保復「內倚太后」，「帝雖積怒」，而「不能去也」（明史卷三百五馮保傳），光熹之際，「群賢滿朝，天下欣欣望治」（明史卷二百四十葉向高傳），蓋有司禮秉筆太監王安勸帝行諸善政，而大學士劉一燝給事中楊漣御史左光斗等皆與之交。到了王安病，不能數見帝（熹宗），而竟謫死之時，魏忠賢代為秉筆太監，東林黨人便相繼斥逐了（明史卷三百五王安傳）。首輔須倚宦官為援，所以百官與宦官交接，莫敢抗禮，趙翼云：

> 明內監故事，永樂中差內官至五府六部稟事，內官離府部官一丈作揖；途遇公侯駙馬，則下馬旁立。今則呼府部官如屬吏。公侯駙馬途遇內官，轉迴避矣（陸容菽園雜記）。張吏侍延祥云，內閣待中官之禮凡幾變。天順間，李賢為首相，司禮監巨璫至者，以便服接見之，事畢，揖之而退。彭文憲繼之，門者來報，必衣冠見之，與之分列而坐。太監第一人，對閣老第三位，常虛其二位。後陳閣老文，則送之出閣；商閣

老輅，又送之下階；萬閣老安，則送至內閣門矣。今凡調旨等事，司禮者間出，或使少監等傳命而已（陸深金臺記聞）。太監至，閣臣迎之於花臺，送之止中門。李西涯告王鏊云，此定例也（陸深玉堂漫筆，又見王鏊震澤長語）。朱象元云，有一順門上內官云，我輩在順門上久，見時事凡幾變。昔日張先生（孚敬）進朝，我輩俱要打恭。後來夏先生（言），我們只平眼看著。今嚴先生（嵩），與我們恭恭手纔進（何良俊四友齋叢說）。此閣部大臣與內官交接先後不同之大概也。至王振、汪直、劉瑾、魏忠賢，則有長跪叩頭，呼九千歲者矣（廿二史劄記卷三十六明代宦官先後權勢）。

明代又有東廠，創於永樂十八年，專刺緝刑獄之事，而以宦官任之。

東廠掌印太監一員，掌刺緝刑獄之事，專用司禮秉筆第二人或第三人為之（秉筆太監無定員）。其貼刑官則用錦衣衛千百戶為之……西廠不常設，惟汪直谷大用置之（明史卷七十四職官志三宦官十二監）。

這無異於東漢之黃門北寺獄。穆宗時，舒化說：

廠衛徼巡輦下，惟詰奸宄，禁盜賊耳。駕馭百官，乃天子權，而糾察非法，則責在臺諫，豈廠衛所得干。今命之刺訪，將必開羅織之門，逞機阱之術，禍貽善類，使人人重足累息，何以為治（明史卷二百二十舒化傳）。

宦官常利用廠衛加害大臣。成化十三年設西廠，以汪直領，列官校刺事，直遂「屢興大獄」（明史卷三百四汪直傳）。劉瑾掌司禮監，以其黨馬永成掌東廠，谷大用掌西廠，亦得「毛舉官僚細過，散布校尉，遠近偵伺，使人救過不贍，因顓擅威福」（明史卷三百四劉瑾傳）。馮保「既掌司禮，又督東廠，兼總內外，勢益張」（明史卷三百五馮保傳）。魏忠賢以秉筆太監兼東廠事，「東廠番役橫行，所緝訪，無論虛實，輒糜爛」（明史卷三百五魏忠賢傳）。由此可知宦官之掌廠衛無異於助虎以翼。

明代有外庫與內庫之別，成化以後，常將正供之銀納入內庫（明會要卷五十六庫藏）。世宗時「帑銀屬內府，雖計臣不得稽贏縮」（明史卷二百七劉最傳）。穆宗時「內官監歲入租稅至多，而歲出不置籍」（明史卷二百十五詹仰庇傳）。神宗時「加賦重征，礦稅四出，移正供以實左藏，中涓群小橫斂侵漁」（明史卷七十七食貨志序）。即國家之財政權也歸於閹宦了。所以黃梨洲才說：

今夫宰相六部，朝政所自出也，而本章之批答，先有口傳，後有票擬；天下之財賦先內庫而後太倉；天下之刑獄先東廠而後法司，其他無不皆然。則是宰相六部為閹宦奉行之員而已（明夷待訪錄閹宦上）。

閹宦弄權當然引起賢士大夫之不滿，終則發生朋黨之禍。中國士人自古就以干祿為目的，所謂「不事王侯，高尚其志」，只是少數人之志趣。嘉靖中，「講學者以富貴功名，鼓勵士大夫，談虛論寂，靡然成風」（明史卷二百二十七張岳傳）。士人既以富貴功名相尚，則士人之數應與職官之數保持一定比例。官多士少，則官職曠虛。官少士多，則人才壅滯，超過一定程度，勢必引起黨爭。證之吾國歷史，至為顯明。明代士人入仕之途甚多，有進士舉人監生雜流數種，進士為殿試及格之人，舉人為鄉試及格之人，監生為國子監學生之通稱，雜流是由吏道出身之人。合此數途，士人人數必超過職官之數。單單監生一途，弘治八年聽選於吏部，至萬餘人，有十餘年不得官者（明史卷六十九選舉志一）。而考選又不公平，達官子弟往往名列前茅。例如成化弘治之間，萬安「在政府二十年，每遇考，必令其門生為考官，子孫甥婿多登第者」（明史卷一百六十八萬安傳）。正德三年「太監劉瑾錄五十人姓名，以交主司，因廣五十名之額」（明史卷七十選舉志二）。神宗初，張居正當國，其子禮闈下第，居正不悅。至五年，其子嗣修遂以一甲第二人及第，至八年，其子

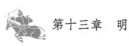

懋修以一甲第一人及第。而次輔呂調陽張四維申時行之子亦皆先後成進士（明史卷七十選舉志二）。而考場之中又有舞弊，如「賄買鑽營懷挾倩代割卷傳遞頂名冒籍，弊端百出，不可窮究。而關節為甚，事屬曖昧。或快恩讐報復，蓋亦有之」（明史卷七十選舉志二）。明以文字取士，本非擇人之法，而既用文字了，就須以文學為標準，顧乃不視文學優劣，惟視權力大小。而考試及第之後，能否得官，又非倚仗權貴汲引不可。於是「無恥之徒但知自結於執政，所得爵祿直以為執政與之」（明史卷二百三十湯顯祖傳）。他們「分曹為朋，率視閣臣為進退。依阿取寵則與之比，反是則爭。比者不容於清議，而爭則名高。故其時端揆之地，遂為抨擊之叢，而國是淆矣」（明史卷二百三十蔡時鼎等傳贊曰）。閹宦柄權，雖以大臣之尊，亦須夤緣內侍。而如李俊所說：

> 今之大臣，其未進也，非夤緣內臣，則不得進。其既進也，非依憑內臣，則不得安。此以財貿官，彼以官鬻財，無怪其漁獵四方，而轉輸權貴也（明史卷一百八十李俊傳）。

兼以明代用人極重資格，太祖「謂吏部曰，資格為常流設耳，有才能者當不次用之」（明史卷一百三十八黃震傳）。然此乃明代初年之事。徵之吾國歷史，開國之初，用人往往不講資格，因為若講資格，則上自天子，下至公卿，均無資格。天下既定，又必重視資格，因為不講資格，不能壓倒後起之秀，而保全許多權貴之地位。明代資格獨重進士。

> 明初三途並用，薦舉一途，進士舉貢一途，吏員一途。正統以後，薦舉之途廢，進士與舉貢遂分為二途。然進士升於禮部為高選，而下第舉人與歲貢，使肄業國學以觀其成，本非輕以待之也。內而臺諫，外而藩臬，由此遷擢者不少，原與進士並重。迨制科（進士）日盛，內外要重之司皆歸之。而舉貢之在太學者，

循資待選，年老始博一官，又積久不遷，於是與進士判若天淵矣……或謂太學之成材者多錄於甲科（進士），而亦不盡然也……而在監者自分遷擢無階，頹惰荒廢；重以納粟例開，致舉貢監生益形壅滯，此所以積輕而莫能挽也（明會要卷四十八銓選，龍文彬曰）。

這種資格制度當然引起舉（人）監（生）之不滿，而據顧炎武之言，資格與朋黨還有關係。他說：

明初，薦辟之法既廢，而科舉之中尤重進士，神宗以來，遂有定例。州長印官，以上中為進士缺，中下為舉人缺，最下為貢生缺。舉貢歷官，雖至方面，非廣西雲貴不以處之，以此為銓曹一定之格。間有一二舉貢受知於上，拔為卿貳大僚，則必盡力攻之，使至於得罪譴逐，且殺之而後已。於是不由進士出身之人遂不得不投門戶以自庇。資格與朋黨二者牢不可破，而國事大壞矣（日知錄卷十七進士得人）。

顧炎武為明末清初之人，其言必有所本。唯依明史所載，明代朋黨之禍似與資格，即與出身無關。世宗時大禮之議，主張追尊興獻王為皇叔者楊廷和為之倡，廷和由進士出身（明史卷一百九十楊廷和傳）。主張追崇興獻王為皇考者張璁桂萼為首，張璁桂萼亦由進士出身（明史卷一百九十六張璁桂萼傳）。神宗時張居正丁父憂，吏部侍郎李幼孜欲媚居正，唱奪情議，意謂奪情之言乃宋人腐語。李幼孜明史無傳，他「初講學，盜虛名」，即他的學問頗受社會尊崇（明史卷二百十三張居正傳，但卷二百十六田一儁傳，作工部尚書李幼滋，想係一人）。張居正本人於嘉靖二十六年成進士，此時反對奪情者甚多，而以吳中行、趙用賢最為激烈，此二人也是出身於進士（明史卷二百二十九吳中行、趙用賢傳）。

由萬曆四十三年而至天啟之初，陸續發生三案，此與明祚覆亡頗有關係。趙翼曾簡單敘述三案本末，茲特錄之如次，以供讀者參考。

萬曆中，鄭貴妃專寵，光宗雖為皇長子，而儲位未定，朝臣多疑貴妃欲立己子福王，故請建儲及爭三王並封之議者，無慮數十百疏。迨光宗既立為太子，猶孤危無依，故朝臣請福王之國者又數十百疏。福王已之國矣，四十三年五月四日忽有人持棗木梃，入慈慶宮（光宗為太子時所居），擊傷門者，至前殿，為內侍所執。皇太子奏聞。巡城御史劉廷元訊其人名張差，語無倫次，狀似瘋癲，移刑部。郎中胡相士等遂欲以瘋癲具獄，提牢主事王之寀，密訊其人，名張五兒。有馬三舅，李外父，令隨一老公至一大宅，亦係老公家，教以遇人輒打死。之寀錄其語。明日刑部又覆訊，馬三舅名三道，李外父名守才，引路老公係龐保，大宅老公係劉成，保成，皆鄭貴妃宮內奄人也。中外籍籍，皆疑貴妃弟鄭國泰主謀，欲弒太子，為福王地。帝亦心動，貴妃窘，自乞哀於皇太子。帝御慈寧宮，皇太子及三皇孫侍，召閣臣方從哲吳道南及朝臣入。極言我父子慈愛，以釋群疑。命磔差保成三人，無他及。群臣出，帝意中變，命先戮差。及九卿三法司會同司禮監，訊保成於文華門，保成以無左證，遂輾轉不承。刑部尚書張問達，請移入法司刑訊。帝以事連貴妃，恐付外益滋口實，乃斃保成於內，三道守才遠流，其事遂止（張問達、王之寀傳）。此梃擊一案也。

光宗即位甫數日，即病痢。中官崔文昇進利劑，益劇。有鴻臚寺官李可灼，進藥稱仙丹。帝召閣臣方從哲、韓爌等，入受顧命。因聞李可灼有藥，即傳入診視，言病源甚悉。帝命速進藥，諸臣皆不敢決。可灼遂進一丸，帝稍覺舒暢。諸臣退，帝又命進一丸。明日天未明，帝崩（韓爌傳）。此紅丸一案也。光宗初即位，時鄭貴妃尚在乾清宮，李選侍為貴妃，請封皇太后。帝已允太后之封，諭司禮監矣。時外廷傳言，貴妃以美女進帝以致病。御史楊漣劾崔文昇，用藥無狀。並請帝慎起居，因及鄭貴妃，不宜封太后。越三日，帝召大臣，並及漣，數目視漣，毋聽外間流言，遂逐文昇，且停太后命。漣自以小臣受顧命，誓以死報。帝崩，漣急催閣部大臣同入，臨畢，閣臣劉一燝問群奄，皇長子何在，東宮伴讀王安曰，為李選侍所匿耳。一燝大呼，誰敢匿新天子者。安入白，選侍乃令皇長子出，一燝等即呼萬歲，掖升輦，至文華殿，先正太子位，時選侍在乾清宮，一燝謂太子不可與同居，乃奉太子暫居慈慶宮。明日，周嘉謨，左光斗等疏請令選侍移宮。光斗疏中，有武氏語。選侍怒，欲召太子，加光斗重譴，漣正色謂諸奄，太子今為天子，選侍何得召。明日又合疏上，選侍不得已，即日移噦鸞宮，帝乃還乾清（一、漣、光斗傳）。此移宮一案也。梃擊自龐保、劉成死後，浮議已息。明年之寀為徐紹吉劾去。天啟中，之寀復官，乃追理前事，上復讎疏，謂梃擊一事，何等大變，乃劉廷元以瘋癲蔽獄，胡士相亦朦朧具詞。實緣外戚鄭國泰私結廷元，謀為大逆耳，此又梃擊一案爭端之始也。光宗崩，閣臣方從哲票擬，賞李可灼銀幣。御史王舜等劾可灼，乃改令可灼引疾歸。已而孫慎行入朝，追劾從哲，謂可灼非太醫，紅丸是何藥，從哲乃敢使進御，從哲應坐弒逆之罪。王紀、鄒元標等疏繼之。黃克纘等則為從哲辨，此又紅丸一案爭端之始也。李選侍移宮時，內豎李進忠劉朝等盜金寶，過乾清門而仆。帝下法司案治，諸奄懼，則揚言帝薄待先朝妃嬪，致選侍移宮日，跣足投井，以搖惑外廷。御史賈繼春遂上安選侍書，黃克纘入其言，亦附和之。帝怒，削繼春籍。已而帝漸忘前事，王安又為魏忠賢排死。劉朝等乃賄忠賢而上疏辨冤。於是繼春等起用，倚奄勢與楊漣等為難，此又移宮一案爭端之始也。此三案者本各有其是……乃此三案遂啟日後無窮之攻擊者，緣萬曆中，無錫顧憲成等講學東林書院，為一時儒者之宗……天下清流之士群相應和，遂總目為東林。凡忤東林者，即共指為奸邪，而主梃擊紅丸移宮者皆東林也。萬曆末，東林已為齊楚浙三黨斥盡（葉向高傳）。光熹之際，葉向高再相，與劉一燝等同心輔政，復起用東林。及趙南星長吏部，又盡斥攻東林者。於是被斥者謀報復，盡附魏奄，借其力以求勝。向高等相繼去國，楊漣左光斗等又被誣害。凡南星所斥者無不拔擢，所推者無不遭禍。迭勝迭負，三案遂為戰場。倪元璐所謂三案在逆奄未用之先，雖甚水火，不害損箎。逆奄得志後，逆奄殺人，則借三案；群小求進，則借三案：經此二借，而三案全非矣（廿二史劄記卷三十五三案）。

盈廷互訟，不問主之者，或爭之者均出身於進士，而各有各的理由，即如倪元璐所說：「主梃擊者，力護東宮。爭梃擊者，計安神祖。主紅丸者，仗義之言。爭紅丸者，原情之論。主移宮者，弭變於幾先。爭移宮者，持平於事後。數者各有其是，不可偏非」（明史卷二百六十五倪元璐傳）。案梃擊乃發生於萬曆四十三年，神宗父子均不欲擴大其事（明史卷二百四十四王之寀傳）㉒，中經光宗而至天啟之初，其間相隔約有五年之久，卒因紅丸移宮二案，舊事重提。此際東林黨人能夠顧全大局，不欲小題大作者固不乏其人，例如韓爌關於紅丸一案，疏請「勿以小疑成大疑」（明史卷二百四十韓爌傳）。張問達對於三案，「持議平允，不激不隨」（明史卷二百四十一張問達傳）。唯在政局動盪（光宗即位一月而崩，熹宗年幼）之時，中庸之論往往不為人士所接受，而明代臣僚自張居正死後，又如余懋學所說：「或大臣交攻，或言官相訐。始以自用之私，終之好勝之習，好勝不已，必致忿爭，忿爭不已，必致黨比」（明史卷二百三十五余懋學傳）。於是梃擊一案王

㉒ 神宗親御慈寧宮，皇太子侍御座右，三皇孫孫鴈行立左階下。召大學士方從哲暨文武諸臣入，責以離間父子。因執太子手曰，此兒極孝，我極愛惜。既又手約太子體，諭曰，自襁褓養成丈夫，使我有別意，何不早更置。因命內侍引三皇孫至石級上，令諸臣熟視曰，朕諸孫俱長成，更何說。顧問皇太子有何語，與諸臣悉言無隱。皇太子具言瘋癲之人宜速決，毋株連。又責諸臣云，我父子何等親愛，而外廷議論紛如，爾等為無君之臣，使我為不孝之子。帝又謂諸臣曰，爾等聽皇太子語否。復連聲重申之，諸臣跪聽叩頭出（明史卷二百四十四王之寀傳）。

之寀又追理前事（明史卷二百四十四王之寀傳），紅丸一案孫慎行復發其端（明史卷二百四十三孫慎行傳），移宮一案左光斗爭執最烈（明史卷二百四十四左光斗傳）。此三人者皆是進士出身，亦均掛名於東林黨籍。可知關於三案如何處理，固然與諸臣出身沒有關係，而在東林黨人之中，意見亦不一致。不過主三案者以東林黨人為多而已。不寧唯是，光熹之際，東林黨人且依監生汪文言，而與太監王安（神宗時，為皇長子伴讀，光宗即位，擢司禮秉筆太監）結合，而得登用（明史卷二百四十四魏大中傳，參閱卷三百五王安傳），這更可以證明顧炎武所謂「資格與朋黨二者牢不可破」之言未必真確。

所謂東林黨本來不是一個團體，最初不過顧憲成等數人講學於東林書院。因其諷議朝政，裁量人物，士大夫抱道忤時而退處林野者，聞風響附，遂為一代名望所歸。

> 顧憲成無錫人……削籍里居……邑故有東林書院，宋楊時講道處也，憲成與弟允成倡修之，常州知府歐陽東鳳與無錫知縣林宰為之營構，落成，偕同志高攀龍、錢一本、薛敷教、史孟麟、于孔兼輩，講學其中。學者稱涇陽先生。當是時士大夫抱道忤時者，率退處林野，聞風響附，學舍至不能容。憲成嘗曰，官輦轂，志不在君父，官封疆，志不在民生，居水邊林下，志不在世道，君子無取焉。故其講習之餘，往往諷議朝政，裁量人物。朝士慕其風者，多遙相應和，由是東林名大著，而忌者亦多（明史卷二百三十一顧憲成傳）。

明代「士大夫好勝喜爭」（明史卷二百四十葉向高傳），世宗時大禮之爭，神宗初奪情之議，朝臣不識大體，而乃化小事而為大事，這種作風已經可以發生黨派了。而明代又有廷推大臣之制，即大臣有闕，令吏部會同朝臣推舉之（明會要卷四十八廷推），此乃「爵人於朝，與眾共之之義」（明史卷二百二十四孫鑨傳）。然而黨同伐異，人情之常，他們何能以大公無私之心，品藻人才，勢必引用私人而排斥異己。這樣，又助長了朋黨之爭。顧憲成就是因為吏部廷推閣臣王家屏，神宗特旨任用沈一貫，先後疏爭，而被削籍，乃歸臥無錫，而講學於東林的（明史紀事本末卷六十六東林黨議萬曆二十二年）。何況仕宦壅塞，退處林野之人惟冀目前有變，不樂政局安定，遇有機會，即借題發揮，攻擊當途。蓋欲引起政變，使得意者退處林野，不得意者彈冠相慶。這種心理更是黨爭的根本原因，在這種政局之下，最可利用者莫如言官，「而言事者又不降心平氣，專務分門立戶」，其「論人論事者，各懷偏見，偏生迷，迷生執」（明史卷二百四十三鄒元標傳）。於是明代遂同宋代一樣，每次掀起政潮都是出於御史及給事中，而各派亦利用御史及給事中排斥異己，而朋黨遂形成了。「朋黨之成也，始於矜名，而成於惡異。名盛則附之者眾，附者眾則不必皆賢，而胥引之，樂其與己同也。名高則毀之者亦眾，毀者不必不賢，而怒而斥之，惡其與己異也。同異之見歧於中，而附者毀者爭勝而不已，則黨日眾，而為禍熾矣」（明史卷二百三十二魏允貞等傳贊曰）。泰昌天啟之初，東林黨人因有太監王安之助漸次登用。此時攻擊東林者不是閹宦，而是一般士大夫，即齊楚浙三黨。此三黨者均以地域為基礎。案吾國在南北朝時代，已有南北的歧視。隋唐建立大一統的國家，南北歧視已經消滅。宋室南渡，北方遺黎受金統治，南北分立約有一百五十年之久。元興，又分別北人（漢人）與南人，其舉士復以省分為標準。明興，承元之舊，早在太祖時，關於考試取士，已有南北之見。

洪武三十年列三吾偕紀善白信蹈等主考會試，榜發，泰和宋琮第一，北士無預者。於是諸生言三吾等南人，私其鄉。帝怒，命侍講張信等覆閱，不稱旨。或言信等故以陋卷進，三吾等實囑之。帝益怒，信蹈等論死，三吾以老戍邊，琮亦遣戍。帝親賜策問，更擢六十一人，皆北士。時謂之南北榜，又曰春夏榜云（明史卷一百三十七劉三吾傳）。

明祖起自南方，他為撫循北士起見，不能不擢北士六十一人中式，原未必有南北之見。自成祖遷都北京，數傳之後，縱令天子亦有重北輕南之意。「英宗嘗言，北人文雅不及南人，顧質直雄偉，緩急當得力」（明史卷一百七十七王翶傳）。景帝命吏部尚書李賢盡用北人，南人必若彭時者方可（明史卷一百七十六彭時傳）。成化時，「萬安為首輔，與南人相黨附。（閣臣劉）珝與尚書尹旻王越又以北人為黨，互相傾軋」（明史卷一百六十八萬安傳）。孝宗時「王翶為吏部，專抑南人，北人喜之，至夔，頗右南人」（明史卷一百七十七姚夔傳）。最初還只有南北之別，以後又發生省界之分，齊楚浙三黨即其一例。「齊則給事中亓詩教周永春，御史韓浚。楚則給事中官應震吳亮嗣。浙則給事中姚宗文，御史劉廷元」。他們「與相倡和，務以攻東林，排異己為事」。「後進當入為臺諫者，必鉤致門下，以為羽翼。當事大臣莫敢攖其鋒」（明史卷二百三十六夏嘉遇傳）。其後汪文言用法破齊楚浙三黨（明史卷二百四十四魏大中傳，參閱卷二百三十六夏嘉遇傳）。三黨的聯合既然瓦解，遂相率歸附於魏忠賢，而東林閹黨的鬥爭便開始了。

魏忠賢與東林黨本來沒有恩怨，「朝臣爭三案與熊廷弼獄事，忠賢本無預」（明史卷三百五魏忠賢傳）。他雅重趙南星，「嘗於帝前，稱其任事」（明史卷二百四十三趙南星傳）。當此之時，東林黨人若知天子年幼，司禮權重，能同張居正之利用馮保一樣，稍與忠賢周旋，使宮中府中不至隔閡，藉以改革弊政，則明代歷史也許改觀。顧東林黨人專以意氣用事，忠賢「一日遣娣子傅應星，介一中書贄見，南星麾之去」（明史卷二百四十三趙南星傳）。倖倖然拒人於千里之外，試問對於政治有何裨益。而嫉惡過甚，予人難堪，更可以製造敵人。例如「大學士魏廣微南星友允貞子也，素以通家子畜之。廣微入內閣，嘗三至南星門，拒勿見。又嘗嘆曰，見泉無子。見泉允貞別號也。廣微恨刺骨，與忠賢比，而齕南星」（明史卷二百四十三趙南星傳）。為政之道絕不能意氣用事，更不宜製造敵人，尤宜爭取中立之士以為己助。左光斗亦東林之一強將，身為朝中大臣，而乃「務為危言覈論，甄別流品」（明史卷二百四十四左光斗傳），此何為者。「方東林勢盛，羅天下清流。士有落然自異者，詬誶隨之矣。攻東林者，幸其近己也，而援以為重。於是中立者類不免蒙小人之玷，核人品者乃專以與東林厚薄為輕重，豈篤論哉」（明史卷二百五十六崔景榮等傳贊曰）。中立者蒙小人之玷，何能不引起他們反感。東林陷入孤立之中，在策略上已經失敗了。何況不知當時敵我形勢，而唯以意氣用事。當楊漣將劾魏忠賢二十四大罪之時，「魏大中以告，黃尊素曰，除君側者，必有內援，楊君有之乎。一不中，吾儕無噍類矣」（明史卷二百四十五黃尊素傳）。楊一清之能剪除劉瑾，即倚中官張永為內援（明史卷一百九十八楊一清傳，參閱卷三百四劉瑾張永傳）。果然，楊漣之疏一出，忠賢就與東林決裂，而過去蒙小人之玷之人便乘機羅織，以梃擊紅丸移宮三案為東林離間天子之骨肉。東林黨人相繼去位，多下獄而死，黨禍之慘比之東漢，似有過而無不及。

崇禎即位，誅忠賢，殺逆黨，東林諸人復進用，元年且「命內臣俱入直，非受命，不許出禁門」，並「諭戒廷臣結交近侍」（明史紀事本末卷七十四宦寺誤國）。然而諸麗逆案者日夜圖報復，其後溫體仁輩相繼柄政，異己者概坐以袁崇煥黨，日造蜚語，次第去之。帝亦厭廷臣黨比，肉食寡謀，乃始「參用貂璫，往來給使，勞軍轉餉，偵刺行間」，終則「內外各司必兼貂貴，緣邊諸鎮復設中涓」，「南衙樞機，權過宰相矣」（明史紀事本末卷七十四宦寺誤國，谷應泰曰）。這個時候，流寇躪畿輔，擾中原，邊警雜沓，民生日困，而朝臣「未嘗建一策，惟日與善類為仇」（明史卷三百八溫體仁傳）。到了李自成攻陷北京，崇禎殉國，福王即位於南京，國勢岌岌不可終日，而朝臣還是以偏安自慰，日事黨爭，而如劉宗周所說：「中朝之黨論方興，何暇圖河北之賊」（明史卷二百五十五劉宗周傳）。然而自古以來，志在恢復，已難偏安，志在偏安，何能自立。史可法說：

> 昔晉之東也，其君臣日圖中原，而僅保江左。宋之南也，其君臣盡力楚蜀，而僅保臨安。蓋偏安者恢復之退步，未有志在偏安，而遽能自立者也（明史卷二百七十四史可法傳）。

何況馬士英、阮大鋮許多逆黨又在江左肆毒，內「借三案為題，凡生平不快意之人一網打盡」（明史卷三百八馬士英傳），外結四鎮（黃德功、高傑、劉澤清、劉良佐）為援，「慮東林倚左良玉為難，謾言修好，而陰忌之」（明史卷二百七十三左良玉傳），良玉移檄遠近，引兵進討，士英又撤江北之防，以禦良玉。其有「請無撤江北兵，亟守淮揚者，士英厲聲叱曰，若輩東林，猶藉口防江，欲縱左逆入犯耶。北兵至，猶可議款，左逆至，則若輩高官，我君臣獨死耳」（明史卷三百八馬士英傳）。會良玉死，而四鎮又互相攻戰，劉宗周說：

> 四鎮額兵各三萬，不以殺敵，而自相屠毒，又日煩朝廷講和，何為者，夫以十二萬不殺敵之兵，索十二萬不殺敵之餉，必窮之術耳（明史卷二百五十五劉宗周傳）。

何剛亦說：

> 若以驕悍之將，馭無制之兵，空言恢復，是卻行而求前也。優游歲月，潤色偏安，錮豪傑於草間，迫梟雄為盜賊，是株守以待盡也（明史卷二百七十四何剛傳）。

在天啟崇禎年間，黨爭尚局限於朝廷之內，而福王監國之時，竟然擴大到軍隊之間。領土愈狹隘，士大夫愈集中，攘奪的對象愈少，鬥爭的情況愈激烈，這是必然之勢。於是清兵破揚州，逼金陵，挾福王而去。嗣後唐王即位於福州，桂王即位於肇慶，而群臣仍為水火，朝士植黨相角，雖前有史可法，後有何騰蛟瞿式耜崎嶇危難之中，介然以艱貞自守，而國事已壞，明祚終在黨爭之中，歸於淪亡。史臣云：

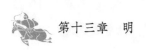

明自中葉以後，建言者分曹為朋，率視閣臣為進退。依阿取寵則與之比，反是則爭。比者不容於清議，而爭則名高。故其時端揆之地，遂為抨擊之叢，而國是淆矣（明史卷二百三十汪若霖等傳贊）。

又云：

明自神宗而後，寖微寖滅，不可復振。揆厥所由，國是紛呶，朝端水火，寧坐視社稷之淪胥，而不能破除門戶之角立。故至桂林播越，旦夕不支，而吳楚之樹黨相傾，猶仍南都翻案之故態也。顛覆之端有自來矣。於當時任事諸臣，何責哉（明史卷二百七十九呂大器等傳贊曰）。

第六節　經濟崩潰、流寇蜂起與明之滅亡

歷代易姓革命常以政治腐化為遠因，而以財政困難為近因，政府入不敷出，不惜竭澤取魚，而苛斂繁徵便促成經濟破產。稅源既然枯竭，財政更見困難，政府更要搾取。於是流民遍地，土匪蜂起，而朝代隨之更易。

明代賦稅還是循唐之舊，以田租丁役為主，即楊炎之兩稅是。

自楊炎作兩稅法，簡而易行，歷代相沿，至明不改。太祖為吳王，賦稅十取一，役法計田出夫……即位之初定賦役法，一以黃冊為準。冊有丁有田，丁有役，田有租。租曰夏稅，曰秋糧，凡二等。夏稅無過八月，秋糧無過明年二月。丁曰成丁，曰未成丁，凡二等。民始生籍其名曰不成丁，年十六曰成丁，成丁而役，六十而免（明史卷七十八食貨志二賦役）。

如次：

先就田賦言之，田有兩種，一為官田，二為民田。其田租輕重不同。明志所載，稍欠明瞭，茲試抄錄

初太祖定天下官民田賦，凡官田畝稅五升三合，民田減二升。重租田八升五合五勺，沒官田一斗二升。惟蘇松嘉湖，怒其為張士誠守，乃籍諸豪族及富民田以為官田。按私租簿為稅額。而司農卿楊憲又以浙西地膏腴，增其賦，畝加二倍。故浙西官民田，視他方倍蓰，畝稅有二三石者。大抵蘇最重，嘉湖次之，杭又次之（明史卷七十八食貨志二賦役）。

即除官田民田之外，尚有重租田與沒官田。志既云：「籍諸豪族及富民田以為官田」，而傳又云：

初太祖平吳，盡籍其功臣子弟莊田入官，後惡富民豪并，坐罪沒入田產，皆謂之官田。按其家租籍征之，故蘇賦比他府獨重。官民田租共二百七十七萬石，而官田之租，乃至二百六十二萬石，民不能堪（明史卷一百五十三周忱傳）。

這樣，官田與沒官田有何區別，官田之租特重，則所謂重租田又復何指。歷史對此未加說明。以意猜之，大約重租田是指吳中之民田，沒官田是指吳中沒入之官田。明代田租自始就無劃一之制，累世相沿，未曾改革。王士性有云：

天下賦役有土地肥瘠不甚相遠，而徵科乃至懸殊者。當是國初草草未定畫一之制，而其後相沿，不敢議耳。如真定之轄五州二十七縣，蘇州之轄一州七縣，無論所轄，即其廣輪之數，真定已當蘇之五，而蘇州糧二百三萬八十石，真定止一十萬六千石，然猶南北異也。若同一北方也，河間之繁富，二州十六縣，登州之貧寡，一州七縣，相去殆若莛楹，而河間糧止六萬一千，登州乃二十三萬六千，然猶直隸山東異也。

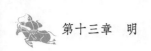

若在同省，漢中二州十四縣之殷庶，視臨洮二州三縣之衝疲易知也。而漢中糧止三萬，臨洮乃四萬四千，然猶各道異也。若在同道，順慶不大於保寧，其轄二州八縣均也。而順慶糧七萬五千，保寧止二萬，然猶兩郡異也。若在一邑，則同一西南充也，而負郭十里田以步計，賦以田起，二十里外則田以絙量不步矣，五十里外田以約計不絙矣。官賦無定數，私價亦無定估，何其懸殊也。惟是承平日久，累世相傳，民皆安之，以為固然，不自覺耳（日知錄卷八州縣賦稅，引王士性廣志繹）。

而以江南各府為最重，丘濬云：

韓愈謂賦出天下，而江南居十九，以今觀之，浙東西又居江南十九，而蘇松常嘉湖又居兩浙十九也。考洪武中，天下夏稅秋糧以石計者，總二千九百四十三萬餘，而浙江布政司二百七十五萬二千餘，蘇州府二百八十萬九千餘，松江府一百二十萬九千餘，常州府五十五萬二千餘。是此一藩三府之地，其田租比天下為重，其糧額比天下為多。今國家都燕，歲漕江南米四百餘萬石以實京師，而此五府者幾居江西湖廣南直隸之半。竊以蘇州一府計之，以準其餘。蘇州一府七縣（時未立太倉州），其墾田九萬六千五百六頃，居天下八百四十九萬六千餘頃田數之中，而出二百八十萬九千石稅糧，於天下二千九百四十餘萬石歲額之內，其科徵之重，民力之竭，可知也已（續文獻通考卷二歷代田賦之制，引丘濬大學衍義補）。

隋唐以後，經濟中心移至江南，國家財賦所出亦以江南為主。

故時公侯祿米，軍官月俸皆支於南（明史卷一百五十三周忱傳）。

由江南之蘇松常鎮四府，輸糧於徐淮，「率三石而致一石，有破家者」（明史卷一百六十八王文傳）。而遠輸除正額外，又須加耗。景泰中，孫原貞疏言：

如浙江糧軍兌運米，石加耗米七斗。民自運米，石加八斗，其餘計水程遠近加耗。是田不加多，而賦斂實倍，欲民無困，不可得也（明史卷一百七十二孫原貞傳）。

其尤弊者，江南本係富庶之區，受了漕運的負荷，一到萬曆年間，遂因力竭，由富庶變為貧窮。試看徐貞明之言：

神京雄據上游，兵食宜取之畿甸。今皆仰給東南……而軍船夫役之費常以數石致一石，東南之力竭矣（明史卷二百二十三徐貞明傳）。

江南田賦獨重，民不能堪，只有逃亡。宣宗時，

宣宗即位，廣西布政使周幹巡視蘇常嘉湖諸府。還言，諸府民多逃亡，詢之耆老，皆云重賦所致（明史卷七十八食貨志二賦役）。

降至世宗之初，馬錄疏言「江南之民最苦糧」（明史卷二百六馬錄傳），而徵糧又不合於公平原則，「蘇松田不甚相懸，下者畝五升，上者至二十倍」（明史卷二百三歐陽鐸傳）。於是就引起細民逃亡的現象，細民逃亡，國家又將耗額加在居民之上，豪強不肯加耗，而耗額復落在細民身上。這在宣德年間已經有此現象了。

宣德五年九月帝以天下財賦多不理，而江南為甚，蘇州一郡，積逋至八百萬石……乃遷周忱工部右侍郎巡撫江南……始至，召父老問逋稅故，皆言豪戶不肯加耗，并徵之細民。民貧逃亡，而稅額益缺（明史卷一百五十三周忱傳）。㉓

㉓ 據周忱言，「忱嘗以太倉一城之戶口考之，洪武……二十四年黃冊，原該……八千九百八十六戶。今宣德七年造冊，止有……一千五百六十九戶。覈實又止有見戶七百三十八戶，其餘又皆逃絕虛報之數。戶雖耗，而原授之田俱在。

由「天下財賦多不理」一語觀之，可知不獨蘇州，其他各地無不皆然。例如：

畿內征徭繁重，富民規免，他戶代之（明史卷一百八十五叢蘭傳）。

其結果也，人民或匿田不報，或棄田不耕，洪武二十年之「魚鱗圖冊」㉔已失效用。田日益少，賦日益減。景泰年間張鳳奏言：

國初，天下田八百四十九萬餘頃，今數既減半，加以水旱停征，國用何以取給（明史卷一百五十七張鳳傳）。

此種減半現象，一直由弘治而至嘉靖還是一樣。

弘治十五年，天下土田止四百二十二萬八千五百十八頃，官田視民田得七之一。嘉靖八年，霍韜奉命修會典，言自洪武迄弘治百四十年，天下額田已減強半，而湖廣河南廣東失額尤多，非撥給於王府，則欺隱於猾民。廣東無藩府，非欺隱，即委棄於寇賊矣（明史卷七十七食貨志一田制）。

萬曆八年張居正用開方法，測量天下田畝，雖然增田不少，其實，不過有司短縮步弓，以求田多，或掊克見田以充虛額。

萬曆八年十一月，閣臣張居正議：天下田畝通行丈量。遂用開方法，以徑圍乘除畸零截補。於是豪猾不得欺隱，里甲免賠累，而小民無虛糧。總計田七百一萬三千九百七十六頃，視孝宗時贏三百萬頃。居正頗

夫以七百三十八戶而當洪武年間八千九百八十六戶之稅糧，欲望其輸納足備而不逃去，其可得乎。竊恐數歲之後，見戶皆去而漸至於無徵矣（皇明文衡卷二十七周忱與行在戶部諸公書）。

㉔ 洪武二十年命國子生武淳等分行州縣，隨糧定區。區設糧長四人，量度田畝方圓，次以字號，悉書主名及田之丈尺，編類為冊，狀如魚鱗，號曰魚鱗圖冊（明史卷七十七食貨志一田制）。

以溢額為功。有司短縮步弓以求田多，或掊克見田以充虛額，後遂按溢額增賦（明會要卷五十三田制）。

舉例言之：

時方覈天下隱田，大吏爭希張居正指，增賦廩，令如額而止（明史卷二百二十七蕭廩傳）。

隱田未曾括出，而見田乃增加其虛額，這樣，農民受了賦稅的壓迫，更日益憔悴了。洪武初年田賦就不平均，後代相沿，未曾改革。解縉說：

貧下之家不免拋荒之咎，或疾病死喪逃亡棄失，今日之土地無前日之生植，而今日之徵聚有前日之稅糧。里胥不為呈，州縣不為理，或賣產以供稅，產去而稅存，或賠辦以當役，役重而民困。又土田之高下不均，而起科之輕重無別，或膏腴而稅反輕，瘠鹵而稅反重（皇明文衡卷六解縉上皇帝封事，參閱明史卷一百四十七解縉傳）。

不消說，「膏腴而稅反輕」是豪猾的田，「瘠鹵而稅反重」是細民的田，現在「開方法」又用人為之法，增加細民田畝之數，小民窮困可想而知。

次就丁役言之，明代役法如次：

役法定於洪武元年，田一頃，出丁夫一人，不及頃者以他田足之，名曰均工夫。每歲農隙赴京供役，三十日，遣歸。田多丁少者，以佃人充夫，而田主出米一石資其用。非佃人而計畝出夫者，畝資米二升五合（明史卷七十八食貨志二賦役）。

明代役法非以人丁為本，而以田畝為基礎，即如葛守禮所說：

工匠及富商大賈，皆以無田免役，而農夫獨受其困（明史卷二百十四葛守禮傳）。

而編制冊籍時，又「放大戶而勾單小」（明史卷七十八食貨志二賦役）。宣宗時徭役不均，觀范濟之言即可知之。

無丁之家，誅求不已。有丁之戶，詐稱死亡，託故留滯，久而不還。及還，則以所得財物，徧賄官吏，朦朧具覆。究其所取之丁，十不得一，欲軍無缺伍難矣（明史卷一百六十四范濟傳）。

兼以官吏尚有免役的權利，太祖時不過京官一家免役。

洪武十三年七月詔京官復其家（明會要卷五十二優免）。

世宗嘉靖二十四年又定內外官均得免役，又得免稅。其所免數目如次。

嘉靖二十四年所定優免表（據明會要卷五十二優免）

京官	免役數	免租數	外官及教官
一品	三十丁	三十石	外官各減一半。教官免二丁，糧二石。
二品	二十四丁	二十四石	
三品	二十丁	二十石	
四品	十六丁	十六石	
五品	十四丁	十四石	
六品	十二丁	十二石	
七品	十丁	十石	
八品	八丁	八石	
九品	六丁	六石	

由上表所列丁數之多，似可推測內外官吏不但一家免役，且可蔭及別人，這又與魏晉以後的蔭附相差無幾

了。何況出資振荒者稱為義民，一家亦得免役。例如：

宣德五年三月，詔旌出穀振荒者為義民，復其家（明會要卷五十二優免）。

正統二年詔旌出穀振荒者為義民，復其家（明會要卷五十二優免）。

到了嘉靖年間，人民尚得出資買官，而免傜役。

嘉靖八年令：有仗義出穀二十石、銀二十兩者，給與冠帶；三十石，三十兩者，授正九品散官；四十石，四十兩者，正八品；五十石，五十兩者，正七品；俱免雜泛差役（明會要卷五十二優免）。

萬曆九年行「一條鞭」法，將丁役之稅與土貢方物均加在田賦之中，計畝徵銀，一歲之役，官為僉募。

一條鞭法者，總括一州縣之賦役，量地計丁，丁糧畢輸於官。一歲之役，官為僉募。力差，則計其工食之費，量為增減。銀差，則計其交納之費，加以贈耗……以及土貢方物悉併為一條，皆計畝徵銀，折辦於官，故謂之一條鞭。立法頗為簡便。嘉靖間，數行數止，至萬曆九年，乃盡行之（明史卷七十八食貨志二賦役）。

一條鞭乃「計畝徵銀」，還是以田畝為基礎。小農受了重稅的壓迫，遂由「浮戶」而淪為富家的佃客。

天下浮戶依富家為佃客者何限（明史卷二百二十三徐貞明傳）。

又者魏晉以後，為僧者可以免役。明代亦然，吾人觀下述「其實假此以避差役」一言即可知之。

洪武十七年閏十月癸亥，禮部尚書趙瑁言：自設置僧道二司，未及三年，天下僧尼已二萬九百五十四人。今來者益多，其實假此以避差役。請三年一次出給度牒，且嚴加考試，庶革其弊。從之（明會要卷三十九僧道錄司）。

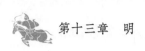

國家對於度僧人數，固然曾加限制，而年年增加，到了弘治年間，已超過限制之數。

> 弘治中，尚書馬文升奏：定制：僧道，府不過四十名，州不過三十名，縣不過二十名。今天下一百四十七府，二百七十七州，一千一百四十五縣，共額設僧三萬七千九十餘名。成化十二年，度僧一十萬；二十二年，度僧二十萬；以前各年所度僧道不下二十餘萬；共該五十餘萬（明會要卷三十九僧道錄司）。

小民憚役，只有逃隱，於是又發生了戶口減少的現象。成化初，徐州之地，「丁夫不足，役及老稚」（明史卷一百六十一夏寅傳）。弘治年間，承平日久，而戶口反比明初為少。

> 時承平久，生齒日繁。孝宗覽天下戶籍數，乃視國初反減（明史卷一百八十七何鑑傳）。

減少的原因乃如戶部尚書韓文所說：

> 耗損之故有二，有因災傷斂重，逼迫逃移者；有因懼充軍匠諸役，賄里長匿報者（明會要卷五十戶口弘治十八年）。

人民受賦役的壓迫，已經貧窮，若再有水旱之災，他們將無以為生。固然明代也有義倉，以賑凶荒，稱之為豫備倉。洪武間，每縣四境設倉，永樂中，移置城內（明會要卷五十六豫備倉）。如是，農挑穀至倉，不免多費腳力。何況饑饉之年，窮民又不能得到倉米。成化中，商輅疏言：

> 各處豫備倉所儲米穀，本以賑濟饑民。每歲，官司取勘里老，將中等人民開報，其鰥寡孤疾無所依倚饑民一概不報。蓋慮其無力還官，負累賠納（明會要卷五十六豫備倉）。

不但窮苦無告之饑民，不得賑濟，而守令既暴斂於民，而遇到凶荒之年，又常匿災不報。此事在正統初年已經有了，請看彭勗之言：

真定保定山東民逃鳳陽潁州以萬計，皆守令匿災暴斂所致（明史卷一百六十一彭勗傳）。

這樣，當然是百姓逃荒，編戶為之減少，天順初，張昭曾上疏言：

今畿輔山東仍歲災歉，小民絕食逃竄，妻子衣不蔽體，被薦裹蓆，鬻子女無售者。家室不相完，轉死溝壑，未及埋瘞，已成市鬻（明史卷一百六十四張昭傳）。

明乎此，可知明代建國不久，就有流寇之禍的原因了。茲將明代戶口之增減列表如次：

明代戶口增減表㉕

時代	戶數	口數
太祖洪武十四年	一〇、六五四、三六二	五九、八七三、三〇五
洪武二十六年	一〇、六五二、八七〇	六〇、五四五、八一二
成祖永樂元年	一一、四一五、八二九	六六、五九八、三三七
英宗天順元年	九、四六六、二八八	五四、三三八、四七六
憲宗成化二年	九、二〇一、七一八	六〇、六五三、七二四
孝宗弘治四年	九、一一三、四四六	五三、二八一、一五八
武宗正德元年	九、一五一、七七三	四六、八〇二、〇〇五
世宗嘉靖元年	九、七二一、六五二	六〇、八六一、二七三
穆宗隆慶六年	一〇、六二一、四三六	六〇、六九二、八五六
熹宗天啟六年	九、八二五、四二六	五一、六五五、四五九

㉕ 本表據續文獻通考卷十三戶口，是書云，「今考會典所載，自萬曆六年而止。後惟天啟元年一見於實錄，餘歲皆不書」，故穆宗隆慶六年應依明會要卷五十戶口，為萬曆六年之數。

墾田減少，戶口隱匿，國家財政隨之窮匱，朝廷為解決財政困難，又重斂於民。世宗初年，張漢卿已經上言：

> 今天下一歲之供不給一歲之用，加以水旱頻仍，物力殫屈……內庫不足，取之計部；計部不足，取之郡邑小民；郡邑小民將安取哉（明史卷一百九十二張漢卿傳）。

穆宗時，「邊陲多事，支費漸繁，其初止三五十萬，後漸增至二百三十餘萬」（明史卷二百十四馬森傳）。此單指邊餉言也。神宗時又見增加，到了光啟，邊餉增加到三百五十三萬，而歲入不過二百萬。

> 崇禎元年六月，戶部給事中黃承昊上言，祖宗朝，邊餉止四十九萬三千八十八兩。神宗時，至二百八十五萬五千九百餘（據明史卷二百三十五王德完傳，弘正間近四十三萬，至嘉靖則二百七十餘萬，而今（萬曆中）則三百八十餘萬。數目不同）。先帝（熹宗）時，至三百五十三萬七千七百餘（其他京支雜項，萬曆間歲放不過三十四萬一千六百餘，邇來至六十八萬二千五百餘，今出數共百餘萬）。而歲入不過三百二三十萬，即登其數，已為不足。而重以逋負，實計歲入僅二百萬耳。戍卒安得無脫巾，司農安得不仰屋乎（明史紀事本末卷七十二崇禎治亂）。

職官之數又多，官多則俸多。劉體乾說：

> 歷代官制，漢七千五百員，唐萬八千員，宋極冗，至三萬四千員，本朝自成化五年，武職已逾八萬，合文職蓋十萬餘，多一官則多一官之費……供億日增，餘藏頓盡（明史卷二百十四劉體乾傳）。

宣宗初，范濟詣闕言八事，其中一事，即言官多之弊。案官之多少應以事之多少為標準，而事之多少又必以民之眾寡為標準。民寡官多，十羊九牧，政事反而不理。他說：

> 國家承大亂後，因時損益，以府為州，以州為縣，繼又裁併小縣之糧不及俸者。量民數以設官，民多者縣設丞簿，少者知縣典民而已。其時官無廢事，民不愁勞。今藩臬二司及府州縣官視洪武中再倍，政愈不理，民愈不寧，姦弊叢生，詐偽滋起。甚有官不能聽斷，吏不諳文移，乃容留書寫之人，在官影射，賄賂公行，獄訟淹滯，皆官冗吏濫所致也（明史卷一百六十四范濟傳）。

左鼎於代宗中，亦疏言：

> 國初，建官有常，近始因事增設。主事每司二人，今有增至十人者矣。御史六十人，今則百餘人矣。甚至一部有兩尚書，侍郎亦倍常額。都御史以數十計，此京官之冗也。外則增設撫民管屯官，如河南參議益二而為四，僉事益三而為七，此外官之冗也。天下布按二司各十餘人，乃歲遣御史巡視，復遣大臣巡撫鎮守。夫今之巡撫鎮守即曩之方面御史也。為方面御史，則合眾人之長而不足；為巡撫鎮守，則任一人之智而有餘，有是理邪（明史卷一百六十四左鼎傳）。

建官既多，官俸就成為國家財政的負荷。而且各種官吏又不久任，於是功罪在誰，便無法考核。萬曆時，張養蒙曾舉治河一事為證。他說：

> 二十年來，河幾告患矣。當其決，隨議塞；當其淤，隨議濬，事竣輒論功。夫淤決則委之天災，而不任其咎，濬塞則歸之人事，而共蒙其賞。及報成未久，懼有後虞，急求謝事，而繼者復告患矣。其故皆由不久任也（明史卷二百三十五張養蒙傳）。

國家為籌劃經費，只有增加賦稅。那知在一定期間之內，「天下之財止有此數，君欲富，則天下貧；天下貧，而君豈獨富」（明史卷二百二十六呂坤傳）。何況朝廷苛斂，天下守令又緣之為姦。武宗時張原說：

> 比年軍需雜輸十倍前制，皆取辦守令。守令假以自殖，又十倍於上供，民既困矣，而貢獻者復巧立名目，爭新競異，號曰孝順。取於民者十百，進於上者一二（明史卷一百九十二張原傳）。

然守令之不廉亦自有故。吾人觀韓一良之言即可知之。

> 戶科給事中韓一良上言，皇上召對平臺，有文臣不愛錢之語，然今之世，何處非用錢之地，何官非愛錢之人，向以錢進，安得不以錢償。臣起縣官，居言路，以官言之，則縣官行賄之首，而給事為納賄之魁。今言蠹民者俱咎守令之不廉，然守令亦安得廉。俸薪幾何，上司督取，不曰無礙官銀，則曰未完紙贖。衙途過客，動有書儀。考滿朝覲，不下三四千金。夫此金非從天降，非從地出，而欲守令之廉得乎。科道號為開市，臣兩月來辭金五百，臣寡交猶然，餘可推矣（明史紀事本末卷七十二崇禎治亂崇禎元年）。

守令之貪污蓋由中央大僚之好貨。嘉靖年間王廷相說：「今廉隅不立，賄賂盛行。先朝猶暮夜之私，而今則白晝之攫。大臣污則小臣悉傚，京官貪則外臣無畏」（明史卷一百九十四王廷相傳）。這種腐化情況似由永樂年間開始，吾人觀鄒緝之言，即可知之。

> 在外藩司府縣之官聞有欽差官至，望風應接，惟恐或後。上下之間賄賂公行，略無畏憚，剝下媚上，有同交易，貪污成風，恬不為怪（皇明文衡卷六鄒緝撰奉天殿災上疏）。

張原所謂「取於民者十百，進於上者一二」，民窮而國不富，只予官僚以侵漁的機會，所以邱橓乃說：

> 方今國與民俱貧，而官獨富，既以官而得富，還以富而市官（明史卷二百二十六邱橓傳）。

明代賦稅如何壓迫民生，洪武年間，解縉已經說過，「夏稅一也，而茶椒有稅，菓絲有稅，既稅於所產之地，又稅於所過之津」（明史卷一百四十七解縉傳）。嘉靖時，余珊又復警告：

近年以來，黃紙蠲放，白紙催徵。額外之斂，下及雞豚；織造之需，自為商賈。江淮母子相食，兗豫盜賊橫行，川陝湖貴疲於供餉，田野嗷嗷，無樂生之心（明史卷二百八余珊傳）。

降至萬曆，天下殷戶竟然十減其五。

比來天下賦額，視二十年以前，十增其四。而民戶殷足者，則十減其五（明史卷二百十六馮琦傳）。

然在古代，社會之安定有靠於殷戶者甚大，周禮荒政十二，保富居一。蓋如錢士升所說：

且郡邑有富家，固貧民衣食之源也。地方水旱，有司令出錢粟，均糴濟饑。一遇寇警，令助城堡守禦。富家未嘗無益於國（明史卷二百五十一錢士升傳）。

人民受了重稅的剝削，其生活的困難，萬曆年間又比嘉靖為甚。試看呂坤之言：

臣久為外吏，見陛下赤子凍骨無兼衣，饑腸不再食，垣舍弗蔽，苫藁未完，流移日眾，棄地猥多。留者輸去者之糧，生者承死者之役，君門萬里，孰能仰訴（明史卷二百二十六呂坤傳）。

貧窮已經成為普遍的現象，而政府尚不知安撫百姓，且為鑄錢之故，尋求銀銅，而有採礦之事。按吾國古代皆用銅鑄錢。秦時銅錢，文曰半兩（漢書卷二十四下食貨志）。兩漢之錢均用銅鑄，吾人觀賈誼之言：「上收銅，勿令布下，則民不鑄錢」（賈誼新書卷三銅布，參閱漢書卷二十四下食貨志），即可知之。縱是董卓更鑄之小錢，亦「悉取洛陽及長安銅人鍾虡飛廉銅馬之屬，以充鑄焉」（後漢書卷一百二董卓傳）。由魏晉而至南北朝，固然貨幣不甚流通，然其所鑄之錢還是用銅，只唯「昭烈（劉備）入蜀，僅鑄鐵錢」（日知錄卷十一銅），這是鐵錢之始。南朝宋文帝時，「先是患貨重，鑄四銖錢，民間頗盜鑄，多翦鑿古錢以取銅」（宋書卷六十六何尚之傳）。北朝魏孝莊帝時，高恭之說：「在市銅價八十一文，得銅一斤，私鑄薄錢，斤餘二百」（魏書卷七十七高恭之傳），可知當時鑄錢還是用銅。梁武帝普通年間，「盡罷銅錢，更鑄鐵錢，人以鐵賤易得，並皆私鑄」（隋書卷二十四食貨志）。隋文肇興，又鑄銅錢，開皇三年「詔四面諸關各付百錢為樣，從關外來，勘樣相似，然後得過，樣不同者即壞以為銅入官」（隋書卷二十四食貨志），即其一證。唐代亦然，所以楊嗣復謂「禁銅之令，朝廷常典，但行之不嚴。市井逐利者銷錢一緡，可為數器，售利三四倍」（舊唐書卷一百七十六楊嗣復傳）。降至五代，中原國家還是以銅鑄錢。唐同光二年二月詔曰「錢者即古之泉布……工人銷鑄為銅器」（舊五代史卷一百四十六食貨志）。周世宗「以縣官久不鑄錢，而民間多銷錢為器皿及佛像，錢益少」。顯德二年九月「始立監採銅鑄錢……民間銅器佛像五十日內悉令輸官，給其直，過期隱匿不輸，五斤以上，其罪死，不及者論刑有差」（資治通鑑卷二百九十二周世宗顯德二年），是則五代也是以銅鑄錢的。但諸國割據者，錢有銅鐵二等（文獻通考卷九錢幣二）。宋時亦銅鐵二品並行（宋史卷一百八十食貨志下二錢幣）。元代未曾鑄錢，專用楮幣，而以金銀為擔保。武宗至大三年初行錢法，而仁宗即位，復下詔以鼓鑄弗給，廢而不行（元史卷九十三食貨志）。明祖即位，洪武二十二年，詔更定錢式，生銅一斤鑄小錢百六十（明史卷八十一食貨志五錢鈔），一斤十六兩，一兩十錢，即小錢一文用銅一錢，洪武二十三年復定錢制，每小錢一文用銅一錢二分（明會要卷五十五錢法），嘉靖六年每文重一錢三分（明會要卷五十五錢法），然亦雜用鐵錢及楮幣。此皆可以證明吾國古代鑄錢皆以銅為主要原料。蓋吾國自古乏銅（日知錄卷十一銅），以銅鑄錢，民間不易盜鑄，這就是神宗致力於採礦的原因。然既乏銅，而礦使四出，所至肆虐，天下咸被其害。茲抄錄趙翼之言如次，以供讀者參考。

萬曆中有房山民史錦，易州民周言等，言阜平房山各有礦砂，請遣官開採，以大學士申時行言而止。後言礦者爭走闕下，帝即命中官與其人偕往，蓋自二十四年始，其後又於通都大邑，增設稅監，故礦稅兩監遍天下。兩淮又有鹽監，廣東又有珠監，或專或兼，大璫小監，縱橫繹騷，吸髓飲血，天下咸被害矣。其最橫者，有陳增、馬堂、陳奉、高淮、梁永、楊榮等。增開採山東，兼徵東昌稅，縱其黨程守訓等，大作奸弊，稱奉密旨搜金寶，募人告密，誣大商巨室藏違禁物，所破滅什伯家，殺人莫敢問。又誣劾知縣韋國賢、吳宗堯等皆下詔獄，凡肆惡山東者十年。堂天津稅監，兼轄臨清。始至，諸亡命從者數百人，白晝手鋃鐺，奪人財，抗者以違禁罪之。僮告主者，畀以十之三。破家者大半，遠近罷市。州民萬餘，縱火焚堂署，斃其黨三十七人，皆黥臂諸偷也。事聞，詔捕首惡，株連甚眾。有王朝佐者，以身任之，臨刑，神色不變。州民立祠祀之。陳奉徵荊州店稅，兼採興國州礦砂，鞭笞官吏，剽劫行旅。商民恨刺骨，伺其出，數千人競擲瓦石擊之。至武昌，其黨直入民家，奸淫婦女，或掠入稅監署中。士民公憤，萬餘人甘與奉同死，撫按三司護之始免。已而漢口、黃州、襄陽、寶慶、德安、湘潭等處，民變者凡十起。奉又誣劾兵備僉事馮應京等數十員，帝皆為降革逮問，武昌民恨切齒，誓必殺奉。奉逃匿楚王府，眾乃投奉黨耿文登等十六人於江。以巡撫支可大護奉，焚其轅門，而奉倖免。高淮採礦徵稅遼東，搜括士民財數十萬，招納亡命，縱委官廖國泰虐民激變，誣繫諸生數十人，打死指揮張汝立，又誣劾總兵馬林等，皆謫戍。率家丁三百人，張飛虎旗，金鼓震天，聲言欲入大內，遂潛住廣渠門外。御史袁九皐等劾之，帝不問。淮益募死士出塞，發黃票，龍旗走朝鮮，索冠珠貂馬，又扣除軍士月糧，前屯衛軍甲而譟，誓食其肉，錦州松山軍相繼變，淮始內奔。梁永徵稅陝西，盡發歷代陵寢，搜摸金玉，縱諸亡命，旁行劫掠。所至邑令皆逃，杖死指揮縣丞等官，私宮良家子數十人。稅額外增耗數倍，索咸陽冰片五十斤，麝香二十斤。秦民憤，共圖殺永，乃撤回。楊榮為雲南稅監，肆行威虐，誣劾知府熊鐸等皆下獄。百姓恨榮入骨，焚稅廠，殺委官張安民。榮益怒，杖斃數千人。又怒指揮樊高明，榜掠絕觔以示眾。於是指揮賀世勛等，率冤民萬人焚榮第，殺之，投火中，並殺其黨二百餘人，帝為不食者累日。此數人其最著者也。他如江西礦監潘相，激浮梁景德鎮民變，焚燒廠房。相往勘上饒礦，知縣李鴻戒邑人，敢以食物市者死。相竟日饑憊而歸，乃劾鴻罷其官。蘇杭織造太監孫隆激民變，遍焚諸委官家，隆走杭州以免。福建稅監高寀，在閩肆毒十餘年。萬眾洶洶欲殺寀。寀率甲士二百人，突入巡撫袁一驥署，刼之令諭眾始退。此外如江西李道，山西孫朝張忠，廣東李鳳李敬，山東張曄，河南魯坤，四川邱乘雲輩，皆為民害，猶其次焉者也。是時廷臣章奏悉不省，而諸稅監有所奏，朝上夕報可，所劾無不曲護之。以故諸稅監益驕，所至肆虐，民不聊生，隨地激變。迨帝崩，始用遺詔罷之，而毒痛已遍天下矣。論者謂明之亡，不亡於崇禎，而亡於萬曆云（廿二史劄記卷三十五萬曆中礦稅之害）。㉖

㉖ 吾國古代，貨幣用銀，並不普遍。趙翼在陔餘叢考（卷三十銀），曾考證用銀為幣，始於何時。他說：「漢武元狩四年始造白金為幣，白金乃銀錫所造……然歲餘，終廢不行。王莽時又制為銀貨與錢貨並行，而民間仍以五銖錢交易……此歷代未用銀之證也。文獻通考，蕭梁時，交廣之域全以金銀交易。後周時，河西諸郡或用西域之錢，此蓋用銀之始，然第行於邊地，而中土尚未行……唐憲宗元和三年（以銀無益於生人，禁止採銀），則並禁用銀矣。然唐書齊映傳（有銀瓶、銀佛之事），則是時雖不用銀，而已競相貴重，既競相貴重，則漸用之於市易，亦勢所必然……五代史，後唐莊宗將敗，諭軍士曰適報魏王平蜀，得金銀五十萬，當悉給爾等。又李繼韜既反復降，其母楊氏……齎銀數十萬兩至京都，厚賂莊宗之宦官伶人，並賂劉皇后，繼韜由是得釋……想其時民間已皆用銀……宋真宗澶淵之盟，定以銀絹各三十萬兩疋……南宋時，賜秦檜造第銀絹萬兩疋，賈似道母死，賜銀絹四千兩匹。金史張行

其實，明朝承歷代之制度，錢幣還是以銅為主，徽宗急於取銅，到處採礦，而當時治金之法不甚進步，不在山陵採取銅砂，而於民房，掘取成銅，禍國殃民，自是意中之事。

國家在財政困難之際，幣制往往隨之紊亂。明代錢幣就各品之關係說，是合理的。各品所表示的價格與其所含有的價值成為正比。

太祖即位，頒洪武通寶錢，其制凡五等，曰當十、當五、當三、當二、當一。當十錢重一兩，餘遞降，

信疏稱買馬官，市於洮州，以銀百錠，幾得馬千匹，乞捐銀萬兩，可得良馬千匹云，亦可見銀已通用也。按宋史仁宗景祐二年，詔福建二廣歲輸緡錢易以銀，此為歲賦徵銀之始。紹熙中，臣僚言今之為絹者一倍，折而為錢再倍，折而為銀，銀愈貴，錢愈難得，此又南宋時折絹收銀之始。金章宗承安五年，以舊例銀每錠重五十兩，其直錢百貫，民間或有截鑿用之者，其價亦隨輕重為低昂，乃更鑄承安寶貨一兩至十兩，分五等，凡官俸軍須皆銀鈔兼支，此朝廷用銀之始。……元憲宗五年，定漢民包銀額征四兩者以半輸銀，半折絲絹等物。因張晉亨言，五方土產各異，必責以輸銀，有破產不能辦者，乃詔民聽輸土物，不復徵銀。又續通考，文宗天歷元年，天下課稅之數，金二萬四千四百三十兩，銀七萬七千五百一十八兩，則猶是土宜所出，而非以當賦稅也。明史洪武初天下田賦夏稅米麥四百七十一萬二千七百石，錢鈔三萬九千八百錠，絹二十八萬八千四百八十七疋，秋糧米二千四百七十三萬四百五十石，錢鈔五千七百三十錠，絹五十九疋，是所徵者猶第米麥錢鈔及絹，而未有銀。洪武九年始有折納令，其制屢有增減，然是時，制令凡願折者聽，不願者仍納本色，並非專主於銀。永樂中，以鈔法不行，並禁民間金銀交易，犯者以奸惡論，有首捕者，即以交易金銀賞之，則賦稅不收銀可知也。宣德四年，偶有秋糧折銀赴部之令，遂為徵銀之始。正統元年，令南京糧米願折色者，聽以布帛銀兩折納，則亦尚不全徵銀。七年令夏稅絹每疋折銀五錢解京，又令各省不通河道之處，糧米折銀，自後各省夏稅類多徵銀。隆慶中，葛守禮言近乃為一條鞭法，計畝取銀，則夏稅一概徵銀，實起於隆慶中。」

至重一錢止（明史卷八十一食貨志五錢鈔）。㉗大約各錢所含有的價值不能與其所表示的價格相稱，所以洪武二十三年「復定錢制，每小錢一文用銅一錢二分，其餘四等錢依小錢制遞增」（明會要卷五十五錢法）。嘉靖六年「大鑄嘉靖錢，每文重一錢三分」（明會要卷五十五錢法）。小錢一文初用銅一錢，次用銅一錢二分，再用銅一錢三分。可知當一之錢只用銅一錢鑄之，依當時物價，其所含有的銅是不值一文的。

明代也同宋代一樣，每帝即位，均鑄錢幣。成祖時有永樂通寶，宣宗時有宣德通寶，孝宗除鑄弘治通寶外，又補鑄累朝未鑄者。錢漸薄劣，雜以鉛錫，「姦偽倣傚，盜鑄日滋」（明史卷八十一食貨志五錢鈔），穆宗鑄隆慶通寶，高拱為相，奏言「錢法朝議夕更，迄無成說，小民恐今日得錢，而明日不用。是以愈更愈亂，愈禁愈疑」（明史卷八十一食貨志五錢鈔）。可知錢幣時時改鑄，大有害於人心的安定。萬曆四年鑄萬曆通寶（明史卷八十一食貨志五錢鈔）。天啟元年補鑄泰昌通寶，天啟二年又鑄大錢，有當十當百當千三種，「當十者重二倍，當百者重五倍，當千者重十倍」（續文獻通考卷十一錢幣），這又蹈王莽及唐代第五琦之覆轍，當然「民不願行」，乃「差官收買大錢，改鑄小錢」（續文獻通考卷十一錢幣）。崇禎中「內帑大竭，命各鎮有兵馬處，皆開鑄，以資軍餉。而錢式不一，盜鑄孔繁」（續文獻通考卷十一錢幣）。且「日益惡薄，大半雜鉛砂，百不盈千，捽擲輒破碎」（明史卷八十一食貨志五錢鈔），「末年，每銀一兩易錢五六千文，有煞兒，大眼賊，短命官諸號」（續文獻通考卷十一錢幣），而至於亡。

㉗ 洪武二十二年，詔更定錢式，生銅一斤鑄小錢百六十。折二錢半之。當三至當十準是為差（明史卷八十一食貨志五錢鈔）。按一斤十六兩，一兩十錢，一斤生銅鑄小錢百六十，即小錢一文用生銅一錢。其餘依小錢遞增。

吾國到了明代，全國各地經濟上愈有連帶關係。交易頻繁，錢幣不易攜帶，因之，「商賈沿元之舊習，用鈔，多不便用錢」（明史卷八十一食貨志五錢鈔）。這是經濟進步之必然現象。但是政府要發行鈔票，須有限額，又須有準備金，聽人民兌換金銀。明代鈔票發行於洪武七年，有一貫，五百文，四百文，三百文，二百文，一百文凡六等。本來是「每鈔一貫準錢千文，銀一兩，四貫準黃金一兩」（明史卷八十一食貨志五錢鈔）。末年鈔法已亂，「兩浙江西閩廣，民重錢輕鈔，有以錢百六十文折鈔一貫者」（明史卷八十一食貨志五錢鈔）。成祖時，鈔法更失信用，蓋「朝廷出鈔太多，收斂無法，以致物重鈔輕」（明史卷八十一食貨志五錢鈔）。仁宗時，「夏原吉言鈔多則輕，少則重，民間鈔不行，緣散多斂少，宜為法斂之」（明史卷八十一食貨志五錢鈔）。然通貨既已膨脹，緊縮實不容易。「宣德初，米一石用鈔五十貫」（明史卷八十一食貨志五錢鈔），「民間交易惟用金銀，鈔滯不行」（明史卷八十一食貨志五錢鈔）。正統初，「朝野率皆用銀，其小者乃用錢，鈔壅不行」（明史卷八十一食貨志五錢鈔）。憲宗時「鈔一貫不能直錢一文」（明史卷八十一食貨志五錢鈔）。鈔法完全破壞。到了嘉靖，「鈔久不行，錢亦大壅，益專用銀矣」（明史卷八十一食貨志五錢鈔）。崇禎十七年戶部主事蔣臣「請行鈔法，言歲造三千萬貫，一貫價一兩，歲可得銀三千萬。帝特設內寶鈔局，晝夜督造，募商發賣，無一人應者。蔣德璟言百姓雖愚，誰肯以一金買一紙。帝不聽」（明史卷二百五十一蔣德璟傳）。「歲入不過三百二三十萬」，除去逋負，「實計歲入僅二百萬耳」（明史紀事本末卷七十二崇禎治亂崇禎元年六月）。而所發紙幣竟達銀三千萬兩，商人不肯購買，只有發給官吏軍人，官吏軍人強迫人民接受，於是社會經濟又由鈔票之濫發，更見破壞了。

國家之亂常由支出增加，先之以苛捐繁斂，次之以濫發錢幣，吾國錢幣惟漢武帝所鑄之五銖錢，最為合理，所以人心思漢就表現為「五銖當復」之言。自茲以降，歷代錢法無有不亂，而均引起貧民叛變。吾人讀古代歷史，即可知之。明代自始就是錢鈔俱亂，其結果，遂表現為米價的騰貴。明代錢幣似由銅本位而漸次變為銀本位。洪武年間，「每鈔一貫準錢千文，銀一兩」（明史卷八十一食貨志五錢鈔），即銅錢千文值銀一兩。嘉靖年間，錢已濫惡，「率以三四十錢當銀一分」，後更薄劣，「至以六七十文當銀一分」。一兩十錢，一錢十分，即六七千文值銀一兩。錢幣雖然貶值，而銀價與米價還能保持一定比例，永樂年間，周忱「請檢重額官田極貧下戶兩稅，準折納金花銀，每兩當米四石」（明史卷一百五十三周忱傳）。景泰中，蘇松常鎮四府糧四石折白銀一兩（明史卷一百六十八王文傳），弘治年間，「豐年用糧八九石方易一兩」（明史卷一百八十二馬文升傳），正德年間，米價漸貴，米石值銀一兩，即增加四倍，後又增至十之五（明史卷一百八十六楊守隨傳）。崇禎初年斗米四錢（明史卷二百四十八李繼貞傳），即一石值銀四兩。中年以後，邊疆則外敵搶攘，內郡則群盜延蔓，加以天災流行，饑饉洊臻，「山東米石二十兩。而河南乃至百五十兩」（明史卷二百七十五左懋第傳）。貧窮已經普遍化了，明代遂同過去朝代一樣，發生了許多流寇。

明代流寇之禍開始於永樂末年。永樂十九年唐賽兒倡亂於山東（明史卷一百七十五衛青傳）。此後乘暇弄兵，頻見竊發，正統中，葉宗留鄧茂七作亂於福建（明史卷一百七十二張驥傳）。景泰中，「黃蕭養作亂於廣東」（明史卷一百七十二楊信民傳）。天順中，李添保作亂於貴州（明史卷一百六十六李震傳）。成化中，劉千斤、李鬍子作亂於荊襄，流民歸者四十餘萬（明史卷一百七十二白圭傳，卷一百七十八項忠傳），雖皆旋見撲滅，而吏治不修，發生禍患，已經萌芽。當時「銓授縣令，多年老監生，逮滿九歲，年幾七十，苟且貪污」（明史卷一百六十四張昭傳）。武宗之世，流寇蔓延，幾危社稷，劉寵劉宸等亂畿輔，方田曹甫藍廷瑞等躪四川，江澄二羅先權王鈺五等擾江西，皆稱王，四方告急無虛日（明史卷一百八十七何鑑傳）。其所以如此者，固然因為民窮為盜，而「官軍所殺皆良民，以故捷書屢奏，而賊勢不衰」（明史卷一百八十七陸完傳）。群盜剽掠，「官軍不敢擊，潛躡賊後，馘良民為功，士兵虐尤甚。時有諺曰，賊如梳，軍如篦，士兵如鬀」（明史卷一百八十七洪鍾傳）。此批小股寇賊雖然不久就告消滅。而「盜賊所至，鄉民奉牛酒，甚者為效力」（明史卷一百九十四王廷相傳）。可知當時人民已有輕視朝廷之意，而希望朝代變更，另有一位真命天子出來拯救他們。到了嘉靖年間，據余珊說：「近年以來，黃紙蠲放，白紙催徵。額外之斂，下及雞豚；織造之需，自為商賈。江淮母子相食，兗豫盜賊橫行，川陝湖貴疲於供餉。田野嗷嗷，無樂生之心」（明史卷二百八余珊傳）。所以趙炳然以福建為例，而謂「福建所以致亂者，由將吏撫馭無術，民變為兵，兵變為盜耳」（明史卷二百二趙炳然傳）。於是彌勒佛又出世了，山西妖賊李福達以彌勒教誘惑愚民為亂（明史卷二百六馬錄傳），令人回想到隋煬帝大業六年「彌勒佛出世」之謠言。「神宗末年，徵發頻仍，礦稅四出，海內騷然煩費，郡縣不克修舉厥職。而廟堂考課，一切以虛文從事，不復加意循良之選，吏治既以日媮，民生由之益蹙」（明史卷二百八十一循吏傳序）。盜賊群起，使政府陷入進退維谷之中，「留兵則民告病，恤民則軍不給」（明史卷二百四十一汪應蛟傳）。到了天啟魏閹亂政，「四川則奢崇明叛，貴州則安邦彥叛，山東則徐鴻儒亂」（明史卷二百四十六滿朝薦傳）。徐鴻儒以白蓮教惑眾，「見遼東盡失，四方奸民思逞」，遂於天啟二年倡亂，這又是外戰失敗引起內亂之一證。其「徒黨不下二百萬」，後雖伏誅，而社會秩序已經動搖（明史卷二百五十七趙彥傳）。崇禎即位，國事已不可為，「流寇日熾，緣吏朘民，民益走為盜，盜日多，民生日蹙」（明史卷二百六十五王家彥傳）。蓋當時吏治乃如王家彥所說，「不肖而墨者以束濕濟其饕餮，一二賢明吏，束於文法，展布莫由」（明史卷二百六十五王家彥傳）。朝廷為了討伐盜匪，不能不集兵增賦。崇禎曾言：「不集兵無以平寇，不增賦，無以餉兵」（明史卷二百五十二楊嗣昌傳）。而其結果，乃如盧象昇之言：「賊橫而後調兵，賊多而後增兵，是為後局。兵至而後議餉，兵集而後請餉，是為危形。況請餉未敷，兵將從賊而為寇。是八年來所請之兵皆賊黨，所用之餉皆盜糧也」（明史卷二百六十一盧象昇傳）。何況「司農告匱，一時所講求者，皆掊克聚斂之政，正供不足，繼以雜派，科罰不足，加以火耗，水旱災傷，一切不問。敲扑日峻，道路吞聲。小民至賣妻鬻子以應，有司以掊克為循良，而撫字之政絕，上官以催徵為考課，而黜陟之法亡。欲求國家有府庫之財，不可得已」（明史卷二百五十五劉宗周傳）。所以吳甘來才說，「臣所慮者，兵聞賊而逃，民見賊而喜。恐非無餉之患，而無民之患，宜急輕賦稅，收人心」（明史卷二百六十六吳甘來傳）。帝雖頷之，而不能行。到了崇禎之末，熊汝霖還謂：「比者外縣難民紛紛入都，皆云避兵，不云避敵。霸州之破，敵猶不多殺掠，官軍繼至，始無孑遺」（明史卷二百七十六熊汝霖傳）。軍紀如斯，明已大失民心，安得不亡。

崇禎承神熹之後，「神宗怠荒棄政，熹宗暱近閹人，元氣盡澌，國脈隨絕」（明史卷三百九流賊傳序）。崇禎雖說：「朕非亡國之君」（明史卷二百五十三魏藻德傳），「皆諸臣誤朕」（明史卷二十四莊烈帝紀崇禎十七年）。然其為人，「性多疑而任察，好剛而尚氣。任察則苛刻寡恩，尚氣則急遽失措。當夫群盜滿山，四方鼎沸，而委政柄者非庸即佞。剿撫兩端，茫無成算。內外大臣救過不給。人懷規利自全之心，言語戇直切中事弊者，率皆摧折以去。其所任為閫帥者，事權中制，功過莫償。敗一方，即戮一將，隳一城，即殺一吏。賞罰太明，而至於不能罰。制馭過嚴，而至於不能制」（明史卷三百九流賊傳序）。此蓋崇禎「恃一人之聰明，而使臣下不得盡其忠。憑一人之英斷，而使諸大夫國人不得衷其是」（明史卷二百五十五劉宗周傳）。且「求治之心，操之太急，醞釀而為功利。功利不已，轉為刑名。刑名不已，流為猜忌。猜忌不已，積為壅蔽」（明史卷二百五十五劉宗周傳）。「在位十七年輔相至五十餘人，其克保令名者數人而已」（明史卷二百五十一李標等傳贊曰）。到了「國事益棘，獲罪者益眾，獄幾滿朝」（明史卷二百五十八傳朝佑傳）。天子用人不專，用法益峻，於是朝臣遂不敢任責，亦不肯任責。然而「諸臣之不肯任不敢任者罪，而肯任敢任者亦罪，且其罪反重」（明史卷二百五十八湯開遠傳）。此種作風在國家太平之時已可引起禍亂，國家已亂，更何能挽回危局。崇禎性情如斯剛愎，而其御將治兵，又常流於姑息。「兵譁則為兵易將，將譁則為武抑文」（明史卷二百五十八湯開遠傳）。當此之時，滿清已經勃興於東北，天啟元年攻下瀋陽，崇禎十四年陷錦州，十五年克薊州，以高屋建瓴之勢，南壓區夏。「邊事日壞」（明史卷二百五十八魏呈潤傳），崇禎「好察邊事，頻遣旂尉偵探」（明史卷二百五十一錢龍錫傳），而不知「軍不可從中御」，「疑志不可以應敵」，「軍中之事不聞君命，皆由將出」（六韜第二十一篇立將）。而守邊之臣又復牴牾。天啟年間經略熊廷弼主守，巡撫王化貞主戰，各有廷臣為之後援。這更患了「凡兵之道莫過乎一。一者能獨往獨來」（六韜第十二篇兵道）的道理。難怪「廷弼憤上言，臣以東西南北所欲殺之人，而適遘事機難處之會。諸臣能為封疆容則容之，不能為門戶容則去之。何必內借閣部，外借撫道以相困。又言經撫不和，恃有言官。言官交攻，恃有樞部。樞部佐鬪，恃有閣臣。臣今無望矣」（明史卷二百五十九熊廷弼傳）。最後廷弼化貞並論死。稍後，袁崇煥為遼東巡撫，雖然勤於職守，將士樂為盡力，而亦內受朝廷干涉，外受監司掣附。「用兵之要，必先察敵情」（三略上略），而最知道敵情的莫如前線主將。孫子（第十篇地形）云：「知吾卒之可以擊，而不知敵之不可擊，勝之半也。知敵之可擊，而不知吾卒之不可以擊，勝之半也。知敵之可擊，知吾卒之可以擊，而不知地形之可以戰，勝之半也。故曰知彼知己，勝乃不殆，知天知地，勝乃可全」。天啟時，袁崇煥說：「戰雖不足，守則有餘。守既有餘，戰無不足。顧勇猛圖敵，敵必讎，奮迅立功，眾必忌。任勞則必召怨，蒙罪始可有功。怨不深則勞不著，罪不大則功不成。謗書盈篋，毀言日至，從古已然，惟聖明與廷臣始終之」。崇禎時他又說：「以臣之力制全遼有餘，調眾口不足。一出國門，便成萬里。忌能妬功，夫豈無人。即不以權力掣臣肘，亦能以意見亂臣謀」（明史卷二百五十九袁崇煥傳）。結果也受讒間而誅。自是而後，「諸將本恇怯」，「邊兵多虛額」（明史卷二百五十二楊嗣昌傳），明之亡徵已決。而天子又多猜忌，邊臣遇有兵警，不敢自作主張，常「請旨示方略，比下軍前，則機宜已變，進止乖違，疆事益壞云」（明史卷二百五十二楊嗣昌傳）。三略（中略）云：「出軍行師，將在自專，進退內御，則功難成」，孫子（第十篇地形）云：「故戰道必勝，主曰無戰，必戰可也。戰道不勝，主曰必戰，無戰可也」。戰事請旨示方略，其不敗北，自古以來，實未曾有。

在疆事益壞之時，國內流寇又復蔓延，而以出自陝西之群盜最為囂張。顧祖禹說：「陝西據天下之上游，制天下之命者也。是故以陝而發難，雖微必大，雖弱必強，雖不能為天下雄，亦必浸淫橫決，釀成天下之大禍……蓋陝西之在天下也，猶人之有頭項然。患在頭項，其勢必至於死，而或不死者，則必所患之非真患也……然吾觀自古以來為天下禍者，往往起於陝西。東漢當承平之時，而羌胡構亂於西陲，故良將勁卒盡在河隴間。迨其末也，封豕長蛇，憑陵宮闕，遂成板蕩之禍……晉武帝既併天下，以關中勢在上游，為作石函之制，非至親不使鎮焉。及元康之世，亂果始於關中。元魏之亂起於沃野高平諸鎮，而盛於蕭寶寅之徒，則亦關中為厲階矣。女真入關中，而宋室之中原遂不可得，蒙古入關中，而金人之汴蔡遂不可保。明初以北方為慮，沿邊四鎮竭天下之力以供億之，及於輓季，獷夫悍卒奮臂而起，縱橫蔓衍，以致中原鼎沸，宗社淪胥，此何為者也。嗚呼，當創興之日勢大力強，即有桀黠之徒，亦且弭耳俛首，以就我之驅除。迨淩遲之際，庸夫牧豎忽然思逞，初視為疥癬之憂，而卒有滔天之禍，雖時勢使然，抑亦地勢形便為之也。然則陝西之為陝西，固天下安危所懸也，可不畏哉」（讀史方輿紀要卷五十二陝西方輿紀要序）。崇禎元年，陝西大饑，「是時秦地所徵，曰新餉，曰均輸，曰間架，其目日增，吏因緣為姦，民大困」（明史卷三百九李自成傳）。所在群盜蜂起，「巡撫陝西都御史胡廷宴庸而耄，惡聞盜，杖各縣報者曰，此饑氓，徐自定耳。於是有司不以聞，盜偵知之，益恣」（明史紀事本末卷七十五中原群盜崇禎元年）。馬賊高迎祥乘機作亂，自稱闖王，勤王之師又復譁變，與群盜合。這個時候給事中劉懋又「議裁驛站山陝游民，仰驛糈者無所得食，俱從賊，賊轉盛」（明史卷三百九李自成傳）。這又與唐代「銷兵」相同了。「官兵東西奔擊，賊或降或死，旋滅旋熾」（明史卷三百九李自成傳）。官軍難於應付，米脂人李自成，延安人張獻忠亦聚眾反，號闖將。群賊分道四出，「陝西河南湖廣四川江北數千里地，皆被蹂躪。當此之時，賊渠率眾，無專主，遇官軍，人自為鬥。勝則爭進，敗則竄山谷，不相顧。官軍遇賊追殺，亦不知所逐何賊也。賊或分或合，東西奔突，勢日強盛」（明史卷三百九張獻忠傳）。崇禎九年高迎祥被擒磔死，賊黨又擁自成為闖王。入四川，取成都，又出擾河南。時「河南大旱，斛穀萬錢，饑民從自成者數萬」（明史卷三百九李自成傳），自成勢復振。明代「資格獨重進士，致舉貢無上進階」（明史卷二百六陸粲傳），舉貢受了歧視，於是舉人李巖牛金星等皆往投自成，為其謀主。巖因說曰，「取天下以人心為本，請勿殺人，收天下心」。又「散所掠財物振饑民」，「巖復造謠詞曰迎闖王，不納糧，使兒童歌以相煽，從自成者日眾」（明史卷三百九李自成傳）。此時也，朝廷非無良將，顧天子性多猜忌，朝臣又黨同伐異，熊廷弼、袁崇煥均遭誅戮之禍，諸將心不自安，所以賊勢窮蹙，亦不肯乘機進攻。

崇禎十三年左良玉擊破張獻忠，追且及，獻忠使人告良玉曰，「獻忠在，故公見重，無獻忠，則公滅不久矣，良玉心動，縱之去」（明史卷二百七十三左良玉傳）。但是李張二賊亦無成功之道。自成嗜殺人，「李巖者故勸自成以不殺人者也」，而自成左右又譖殺之。自成「攻城，迎降者不殺，守一日殺十之三，二日殺十之七，三日屠之。凡殺人，束屍為燎，謂之打亮。城將陷，步兵萬人環堞下，馬兵巡徼，無一人得免。獻忠雖至殘忍，不逮也」（明史卷三百九李自成傳）。其實獻忠亦「嗜殺，一日不殺人，輒悒悒不樂。詭開科取士，集於青羊宮，盡殺之，筆墨成坵塚。坑成都民於中園，殺各衛籍軍九十八萬，又遣四將軍分屠各府縣，名草殺。偽官朝會拜伏，呼獒數十下殿。獒所齅者引出斬之，名天殺。又創生剝皮法，皮未去而先絕者，刑者抵死。將卒以殺人多少敘功次，共殺男女六萬萬有奇」（明史卷三百九張獻忠傳）。當闖賊起事之時，民眾所以響應者，蓋積忿於明廷，希望他們解其倒懸，而闖賊之殘忍又有甚於明之官吏，其終歸滅亡是當然的。

方李張二寇橫行於山陝四川湖廣之時，「清兵南侵，京師方告急，朝廷不暇復討賊」（明史卷三百九李自成傳）。自成又於崇禎十六年十月入陝西，陷西安，「初自成剽掠十餘年，既席捲楚豫，始有大志。然地四通皆戰場，所得郡縣，官軍旋復之。至是，既入秦，百二山河遂不可制」（明史紀事本末卷七十八李自成之亂崇禎十六年十月辛未）。十七年稱王於西安，國號曰大順，改元永昌。又進兵山西，陷大同，略宣府，迫居庸，而犯燕京。是時禁軍至為腐化，「京營故有占役虛冒之弊，占役者其人為諸將所役，一小營至四五百人。虛冒者無其人，諸將及勛戚奄寺豪強以蒼頭冒選鋒壯丁，月支厚餉」（明史卷二百六十五李邦華傳）。而且「伍虛而餉仍在，不歸主帥，則歸偏裨，樂其逃而利其餉。凡藉以營求遷秩，皆是物也。精神不以束伍，而以侵餉。厚餉不以養士，而以求官。伍虛則無人，安望其練。餉糜則愈缺，安望其充」（明史卷二百六十六陳純德傳）。

至於真正之「京軍五月無餉，一時驅守，率多不至」，「守軍不用命，鞭一人起，一人復臥如故」（明史紀事本末卷七十九甲申之變）。士無鬥志，自成勢如破竹，而內侍又為之內應，京營兵潰，遂陷外城而入內城，崇禎登煤山，望烽火徹天，嘆曰苦我民爾，書衣襟為遺詔曰，朕死，任賊分裂，無傷百姓一人，以帛自縊於山亭（明史卷二十四莊烈帝紀，參閱卷三百九李自成傳）。這個時候，山海關總兵吳三桂奉詔入援，自成劫其父襄作書招之，三桂欲降，既聞愛姬陳沅被掠，憤甚，乞降於清，引清兵南入北京。自成遂歸西安，僭即帝位。順治二年清兵攻破潼關，自成逃襄陽，走武昌，為村民所殺（明史卷三百九李自成傳）。張獻忠則於崇禎十七年入川，進陷成都，僭號大西國王，改元大順。順治三年獻忠率眾出川北，至漢中，猝遇清兵，中矢墜馬，清兵擒斬之（明史卷三百九張獻忠傳）。流寇之禍雖滅，而明祚亦隨之而亡。固然福王即位於南京，唐王即位於福州，桂王即位於肇慶，最後鄭成功又取臺灣，舉兵抗清，然大勢已去，明祚不能復興了。茲借史可法之言，以作本節結論。

昔晉之東也，其君臣日圖中原，而僅保江左。宋之南也，其君臣盡力楚蜀，而僅保臨安。蓋偏安者恢復之退步，未有志在偏安，而遽能自立者也（明史卷二百七十四史可法傳）。

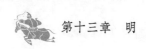

第七節　明的政治制度

第一項　中央官制

明初，承元之制，設中書省以統天下之文治，都督以總天下之兵政，御史臺以振朝廷之紀綱。即採文治、兵政、監察三權分立之制，不過改元之樞密院為都督府而已。太祖說：

國家立三大府，中書總政事，都督掌軍旅，御史掌糾察，朝廷紀綱盡繫於此（明史卷七十三職官志二都察院）。

中書省置左右丞相（正一品，明尚左，左丞相在右丞相之上）、平章政事（從一品）、左右丞（正二品）、參知政事（從二品），以統領眾職（明史卷七十二職官志一內閣）。到了左丞相胡惟庸圖謀不軌而伏誅，洪武十三年遂革去中書省，陞六部，直屬於天子；置五軍都督府，以分領軍衛。

洪武十三年春正月己亥，左丞相胡惟庸等既伏誅，上諭文武百官曰，朕今革去中書省，陞六部，仿古六卿之制，俾之各司所事，更置五軍都督府，以分領軍衛。如此則權不專於一司，事不留於壅蔽，卿等以為何如。監察御史許士廉等對曰，歷代制度皆取時宜，況創制立法天子之事，既出聖裁，實為典要。癸卯詔罷中書省，陞六部，改大都督府為五軍都督府，布告天下（黃元昇昭代典則，引自歷代職官表卷四內閣下）。

又改御史臺為都察院：

洪武十三年罷御史臺，十五年更置都察院（明史卷七十三職官志二都察院）。

明中央官制表

職官		員數	品級	職掌	備考
三公	太師		正一品	掌佐天子理陰陽，經邦弘化，其職至重，無定員，無專授。	洪武初，授李善長太師，徐達太傅，贈常遇春太保。三孤無兼任者。建文永樂間罷公孤官。仁宗復設，宣德三年敕太師張輔等各輟所領，侍左右，咨訪政事，公孤但屬虛銜，為勳賊文武大臣加官贈官而已。而文臣無生加三公者，惟贈乃得之。其後文臣得加三公，惟張居正，萬曆九年加太傅，十年加太師。
	太傅				
	太保				
三孤	少師		從一品		
	少傅				
	少保				
六部	吏部尚書	一人	正二品	尚書掌天下官吏選授封勳考課之政令，以甄別人才，贊天子治，侍郎為之貳。	左右侍郎各一人，正三品。其屬，文選驗封稽勳考功四清吏司各郎中一人，正五品，員外郎一人，從五品，主事一人，正六品。
	戶部尚書	一人	正二品	尚書掌天下戶口田賦之政令，侍郎貳之。	左右侍郎各一人，正三品。其屬，浙江江西湖廣陝西廣東山東福建河南山西四川廣西貴州雲南十三清吏司各郎中一人，正五品，員外郎一人，從五品，主事二人，正六品。
	禮部尚書	一人	正二品	尚書掌天下禮儀祭祀宴饗貢舉之政令，侍郎佐之。	左右侍郎各一人，正三品。其屬，儀制祠祭主客精膳四清吏司各郎中一人，正五品，員外郎一人，從五品，主事一人，正六品。
	兵部尚書	一人	正二品	尚書掌天下武衛官軍選授簡練之政令，侍郎佐之。	左右侍郎各一人，正三品。其屬，武選職方車駕武庫四清吏司各郎中一人，正五品，員外郎一人，從五品，主事二人，正六品。
	刑部尚書	一人	正二品	尚書掌天下刑名及徒隸勾覆	左右侍郎各一人，正三品。其屬，浙江江西湖廣陝西廣

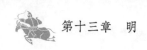

				關禁之政令，侍郎佐之。	東山東福建河南山西四川廣西貴州雲南十三清吏司各郎中一人，正五品，員外郎一人，從五品，主事二人，正六品。
	工部尚書	一人	正二品	尚書掌天下百工山澤之政令，侍郎佐之。	左右侍郎各一人，正三品。其屬，營膳虞衡都水屯田四清吏司各郎中一人，正五品，員外郎一人，從五品，主事二人，正六品。
都察院	左右都御史	各一人	正二品	都御史職專糾劾百司，辯明冤枉，提督各道，為天子耳目風紀之司。	左右副都御史，正三品，左右僉都御史，正四品。又十三道監察御史一百十人，正七品。
六科	都給事中	每科各一人	正七品	六科掌侍從規諫，補闕拾遺，稽察六部百司之事。	每科左右給事中各一人，從七品，給事中吏科四人，戶科八人，禮科六人，兵科十人，刑科八人，工科四人，並從七品。
五軍都督府	左右都督	每府各一人	正一品	都督府掌軍旅之事，各領其都司衛所，以達於兵部。	中軍左軍右軍前軍後軍五都督府，每府除左右都督外，有都督同知從一品，都督僉事正二品等官。初太祖下集慶，即置行樞密院，自領之。尋罷樞密院，改置大都督府，以朱文正為大都督，節制中外諸軍事。吳元年，更定官制，罷大都督不設，以左右都督為長官（左右都督本大都督之屬官）。洪武十三年始改都督府為五軍都督府，分領在京各衛所及在外各都司衛所。

本表乃依明史職官志，擇其重要者列之。此外尚有府（例如宗人府）、寺（例如大理寺）、院（例如翰林院）、監（例如國子監）等，均從略。茲宜特別提出者，明初定都金陵（南京），永樂十八年遷都燕京（北京），而南京六部都察院、五軍都督府及其他職官仍然存在（明史卷七十五職官志四）。明採天子集權之制，縱在北京，凡事多仰成於天子，則南京職官之為虛設，可想而知。故史臣云：「南京卿長體貌尊，而官守無責，故為養望之地，資地深，而譽聞重者處焉。或彊直無所附麗，不為執政所喜，則以此遠之」（明史卷二百二十一袁洪愈等傳贊曰）。「明既定都北京，南京官僚，仍舊並置，而實無職業可任。於是投閑置散者則一切屏之於南京。其為是官者，亦率以養高自放，不復事事。其間如吏部都察院尚有考察之責，則又借以行其私意，遇有一事，則紛紜論列，與北京部院互相攻擊，群肆把持，徒受冗官之弊，於實政毫無裨補」（歷代職官表卷四十九盛京五部等官）。

明在太祖時代，「威柄在上，事皆親決」（歷代職官表卷四內閣），「中外章奏皆上徹御覽，每斷大事，決大疑，臣下惟面奏取旨，有所可否，則命翰林儒臣折衷古今，而後行之。故洪武時，批答皆御前傳旨當筆」（廖道南殿閣詞林記，引自歷代職官表卷四內閣）。此時雖有殿閣大學士，而亦不過「侍左右備顧問」（明史卷七十二職官志一內閣），並不以之為宰輔之任。殿閣大學士有下列數種。

洪武十五年倣宋制，置華蓋殿武英殿文淵閣東閣諸大學士，又置文華殿大學士；以輔導太子，秩皆正五品……當是時……大學士特侍左右備顧問而已（明史卷七十二職官志一內閣）。㉘

然以萬乘之尊，而乃親總吏職，不但精神上有顧此失彼之虞，而一日萬機，何能無錯，集錯既多，又有害天子之尊嚴。成祖登極，自操威柄，但為集思廣益，特簡親信七人，直文淵閣，參預機務。茲依明史（卷一百九宰輔年表一）所載，將七人之姓名官職列表如次：

最初閣臣七人表

建文四年秋七月，燕王即皇帝位，仍稱洪武三十五年，始簡翰林官，直文淵閣，參預機務。	黃淮，編修，八月入，十一月晉侍讀 胡廣，侍講，九月入，十一月晉侍讀 楊榮，修撰，九月入，十一月晉侍講 解縉，侍讀，八月入，十一月晉侍讀學士 楊士奇，編修，九月入，十一月晉侍講 金幼孜，檢討，九月入，十一月晉侍講 胡儼，檢討，九月入，十一月晉侍講

㉘ 仁宗時又置謹身殿大學士。世宗時，改華蓋為中極，謹身為建極，見明史卷七十二職官志一內閣。

一般人「以其授餐大內，常侍天子殿閣之下，避宰相之名，又名內閣」（明史卷七十二職官志一內閣）。即在成祖時代，內閣已由「備顧問」，進而「參預機務」。然當時「入內閣者皆編（編修正七品）檢（檢討從七品）講（侍講正六品）讀（侍讀正六品）之官」（明史卷七十二職官志一內閣），此四者皆屬翰林院。但明志尚遺漏修撰一官，修撰從六品，亦屬翰林院，故志云：「內閣固翰林職也」（明史卷七十三職官志二翰林院）。然在「嘉（嘉靖）隆（隆慶）以前，文移關白猶稱翰林院（以後則竟稱內閣矣）」（明史卷七十三職官志二翰林院）。內閣既係內直天子之近臣，所以「不置官屬，不得專制諸司，諸司奏事亦不得相關白」（明史卷七十二內閣）。固然屬吏有中書舍人，而其「所掌僅書寫繕錄之事，不得行詞，非唐宋中書舍人之職」（歷代職官表卷四內閣下，詳見明史卷七十四職官志三中書舍人）。

最初閣臣必以翰林院之官為之，而所謂入閣亦即翰林官入直文淵閣，參預機務。其後入閣者不限於入直文淵閣。凡為四殿（中極殿，建極殿，文華殿，武英殿）二閣（文淵閣，東閣）之大學士，若有參與機務之旨，均為閣臣（明史卷七十二職官志一內閣）。大約直文淵閣者必為閣臣，其他「大學士無入內閣旨，不得與機務也」（明鄭端簡公今言類編卷三建官門閣臣）又者明志云：「成祖初年內閣七人，非翰林者居其半」（明史卷七十選舉志二，此言似有問題，觀上表所列，無一不是翰林院之官）。天順以後，「非進士不入翰林，非翰林不入內閣」（明史卷七十選舉志二）。穆宗隆慶三年，南京刑科給事中駱問禮言：「內閣政事根本，宜參用諸司，無拘翰林」（明史卷二百十五駱問禮傳）。神宗萬曆中，「內閣缺人，建議者謂不當專用詞臣，宜與外僚參用」（明史卷二百三十二李三才傳）。但是翰林入閣已成慣例，故某人入閣之時雖然不是翰林官，而過去必曾做過翰林院之官。明史（卷二百五十三）張至發傳，「自世宗朝許讚後，外僚入閣，自至發始」，對此，趙翼以為英宗時的李賢，世宗時的張璁與夏言均非翰林官而入閣（陔餘叢考卷二十六殿閣大學士）。其實，李賢於英宗復位之時，以吏部侍郎，兼翰林學士，入直文淵閣，預機務（明史卷一百七十六李賢傳）。即李賢入閣，仍帶有翰林官之銜。張璁固曾為詹事兼翰林學士，嘉靖六年拜禮部尚書，兼文淵閣大學士，入參機務（明史卷一百九十六張璁傳）。夏言亦曾為侍讀學士、翰林學士，嘉靖十年由禮部侍郎晉禮部尚書，十五年遂兼武英殿大學士，入參機務（明史卷一百九十六夏言傳）。由此可知閣臣不問其入閣前之官職如何，必須過去做過翰林官，或入閣之時兼為翰林官。至於許讚，正德元年由御史改編修，嘉靖二十三年以吏部尚書兼文淵閣大學士，參預機務（明史卷一百八十六許進傳附許讚傳），即許讚也做過翰林官。崇禎八年，「帝將增置閣臣，以翰林不習世務，思用他官參之」（明史卷二百五十三張至發傳）㉙。於是王應熊、張至發、薛國觀、程國祥、范復粹（明史卷二百五十三各本傳）、吳甡（明史卷二百五十二吳甡傳）、方岳貢（明史卷二百五十一方岳貢傳）、范景文（明史卷二百六十五范景文傳）等均次第以外僚入閣。他們均未曾做過翰林官，入閣之時，亦不兼翰林官之職。

明代內閣乃肇始於成祖之時，仁宗即位，「以楊士奇楊榮東宮舊臣，陞士奇為禮部侍郎，兼華蓋殿大學士。榮為太常卿，兼謹身殿大學士，閣職漸崇。其後士奇榮等皆遷尚書，職雖居內閣，官必以尚書為尊」（明史卷七十二內閣）。即「其署銜必曰某部尚書兼某殿閣大學士。本銜在下，而兼銜反在上」（歷代職官表卷四內閣）。「永樂洪熙二朝，每召內閣造膝密議，人不得與聞，雖倚毗之意甚專，然批答出自御筆，未嘗委之

㉙ 鄭以偉於崇禎二年與徐光啟並相，「票擬非其所長，嘗曰吾富於萬卷，窘於數行，乃為後進所藐。章疏中有何況二字，誤以為人名也。擬旨提問，帝駁改始悟，自是詞臣為帝所輕，而閣臣不專用翰林矣」（明史卷二百五十一鄭以偉傳）。

他人也」（歷代職官表卷四內閣，引廖道南殿閣詞林記）。至宣德時，「事無大小，悉下大學士楊士奇等參可否，雖吏部蹇義戶部夏原吉時召見，得預各部事，然希闊，不敵士奇等親，自是內閣權日重」（明史卷七十二職官志序）。且「令內閣楊士奇輩於中外奏章，許用小票墨書，貼各疏面以進，謂之條旨，中易紅書批出」，此即所謂票擬及批硃。然「遇大事猶命大臣面議，議既定，傳旨處分，不待批答」（歷代職官表卷四內閣，引廖道南殿閣詞林記）。真正的票擬乃始於英宗正統初年。「英宗即位方九齡，軍國大政關白太皇太后（仁宗張皇后），太后推心任士奇榮溥三人，有事遣中使詣閣諮議，然後裁決」（明史卷一百四十八楊士奇傳）。固然太后多依內閣所擬，即內閣的票擬有如最後的決定。唯在制度上，票擬只供太后參考，裁決之權還是屬於太后。夏言曾謂「聖意所予奪，亦必下內閣議而後行，絕壅蔽矯詐之弊」（明史卷一百九十六夏言傳）。鄧繼曾亦說：「凡有批答，必付內閣擬進者，非止慮獨見之或偏，亦防矯偽者之假託也」（明史卷二百七鄧繼曾傳）。而且聖意決定之後，「詔旨必由六科（六科給事中），諸司始得奉行，脫有未當，許封還執奏，如六科不封駁，諸司失檢察者，許御史糾彈」（明史卷二百十五駱問禮傳）。然而票擬不過提供意見，與漢世「丞相所請，靡有不聽」，絕不相同，則天子深居宮中，旨從中出，誰能判斷其非矯偽。英宗初年，太皇太后聽政，「王振雖寵於帝，終太后世，不敢專大政」（明史卷一百十三仁宗張皇后傳）。正統七年太后崩，「振遂跋扈不可制」（明史卷三百四王振傳）。成化以後，天子罕見朝臣，此際傳遞天子與內閣之文件者乃是閹人。孝宗時大學士劉健曾言：

> 朝廷有命令，必傳之太監，太監傳之管文書官，管文書官方傳至臣。內閣有陳說，必達之管文書官，管文書官達之太監，太監乃達於御前（續文獻通考卷五十二職官二宰相）。

但是每日御筆親批不過數本，其餘皆令太監分批（酌中志卷十六內府衙門職掌），於是「內閣之擬票，不得不決於內監之批紅。而相權轉歸之寺人」（明史卷七十二職官志序）。例如武宗「悉以天下章奏付劉瑾，瑾初亦送內閣擬旨，但秉筆者逆探瑾意為之。其事大者，令堂後官至瑾處請明，然後下筆。後瑾竟自於私宅擬行」。「瑾自建白本，則送內閣擬旨，閣臣李東陽等必極為稱美」（明史紀事本末卷四十三劉瑾用事正德元年十二月）。天啟中魏忠賢用事，許譽卿「言內閣政本重地，而票擬大權，拱手授之內廷」（明史卷二百五十八許譽卿傳）。其所以如此者，實因明代法制上無宰相之職有以致之。黃宗羲說：

> 或謂後之入閣辦事，無宰相之名，有宰相之實也。曰不然，入閣辦事者職在批答，猶開府之書記也。其事既輕，而批答之意又必自內授之，而後擬之，可謂有其實乎。吾以謂有宰相之實者今之宮奴也。蓋大權不能無所寄，彼宮奴者見宰相之政事墜地不收，從而設為科條，增其職掌，生殺予奪出自宰相者次第而盡歸焉。有明之閣下，賢者貸其殘膏剩馥，不賢者假其喜笑怒罵，道路傳之，國史書之，則以為其人之相業矣。故使宮奴有宰相之實者，則罷丞相之過也（明夷待訪錄置相）。㉚

㉚ 龍文彬亦言：「周官內小臣、閽人、寺人、內豎之屬，皆內宰統之，上隸於冢宰。以冢宰相總轄，而又有內宰之禁令，行乎其間。使君無私暱，下無私干。故歷八百載，未聞有閹寺敢為不義者，宰相制之也。西漢制猶近古，三公總九卿，而少府之官，內臣皆屬焉。佞幸如鄧通，小有不謹，申屠嘉得召而斬之，權在故也。東漢以後，不然矣。自是迄於唐宋，宦官之弊，無代無之，非無英君誼辟，嚴為防閑，而卒陰受其沉毒，而莫之覺，總由於制之不得其道也。明初，內官悉隸禮部，旋即更制。正德中，主事葉釗疏請易置司禮，仍隸之部，武宗不能從。向使初制不更，若輩有所鈐束，何得暴橫至此。太祖惟慮相權太重，罷中書省，散政六部。鰓鰓然內官是禁，又不求所以閑制之方。一家之中，既奪冢子之柄，欲使狡奴黠婢無乘閒用事，以蠱惑其父母，得乎。雖洪、宣後，閣體稍崇，而璫權既盛，勢不相攝。甚且有閣臣甘為其腹心鷹犬，而不以為羞者。積重難返，勢使然也」（明會要卷三十九宦官）。

內閣雖然只是票擬機關，然而既有內閣，勢之所趨，不能不有主持之人。這位主持之人稱為首輔。唯在法制上似無首輔之官。宣德及正統之初，閣臣有楊士奇、楊榮、楊溥等數人。三楊見眷特隆，而其權限似無軒輊，即誰是首輔，無法分別。明史三楊之傳（明史卷一百四十八三楊傳），亦未曾提及首輔，此蓋明自太祖罷中書省之後，不欲國家設立宰相。

> 洪武二十八年敕諭群臣，國家罷丞相，設府部院寺，以分理庶務，立法至為詳善。以後嗣君，其毋得議置丞相。臣下有奏請設立者，論以極刑（明史卷七十二職官志一內閣）。

祖訓如斯，嗣君何敢設置宰相及類似宰相之首輔，據明代朱國禎說：

> 洪武十三年革丞相，學士及大學士等官皆儒臣備顧問者。至永樂始有入閣之名。三楊歷年既久，名位益崇，然止稱曰閣臣，曰閣老，不敢著輔相字面。世宗御筆有元輔之稱，後遂因之，亦有稱相者（朱國禎撰湧幢小品卷九內閣）。

元輔即是首輔，蓋年代已久，嗣君漸次忘記祖宗禁止設置宰相之言，猶如忘記祖宗禁止內臣干政一樣。朱國禎謂元輔之稱始於世宗。朱氏明人，天啟初，曾為首輔（明史卷二百四十朱國祚傳附朱國禎傳），其言必有根據。唯依明史所載，首輔一職似開始於英宗復位之時。歷史雖未明言某人為首輔，苟有「當國」或「柄政」之語，該人亦為首輔，如萬曆十年「張居正卒，四維始當國」（明史卷二百十九張四維傳）。沈一貫於萬曆三十二年至三十四年前後，「輔政十有三年，當國者四年」（明史卷二百十八沈一貫傳）。萬曆十年「張居正卒，張四維申時行相繼柄政」（明史卷二百十八申時行傳），均其例也。茲再於明史之中，舉出每帝之時首輔數人。英宗復位，「天順之世，李賢為首輔，呂原彭時佐之」（明史卷一百七十六李賢傳）。成化（憲宗）時，萬安曾為首輔（明史卷一百六十八萬安傳），弘治（孝宗）時，徐溥（明史卷一百八十一徐溥傳）、劉健（明史卷一百八十一劉健傳）曾為首輔。正德（武宗）時，李東陽、楊廷和為首輔（明史卷一百八十一李東陽傳，雖未明言其為首輔，但卷一百九十楊廷和傳云：「東陽致政，廷和遂為首輔」，可知廷和之前為首輔者乃是東陽）。嘉靖（世宗）時，首輔有楊一清（明史卷一百九十八楊一清傳）、張璁（明史卷一百九十六張璁傳）、李時（明史卷一百九十三李時傳，參閱同卷顧鼎臣傳）、夏言（明史卷一百九十六夏言傳）、翟鑾（明史卷一百九十三翟鑾傳）、嚴嵩、徐階（明史卷三百八嚴嵩傳，雖未明言嵩為首輔，但卷二百十三徐階傳有「階遂代嵩為首輔」之語，可知徐階之前，為首輔者乃是嚴嵩）等。隆慶（穆宗）時，首輔有李春芳（明史卷一百九十三李春芳傳）、高拱（明史卷二百十三高拱傳）等。萬曆（神宗）時，首輔有張居正（明史卷二百十三張居正傳）、王家屏（明史卷二百十七王家屏傳）、趙志皐（明史卷二百十九趙志皐傳）、葉向高（明史卷二百四十葉向高傳有「向高遂獨相」一語，時為萬曆三十六年至四十一年。四十一年九月方從哲、吳道南入閣，向高為首輔）、方從哲（明史卷二百十八方從哲傳，四十二年八月葉向高致仕，從哲遂獨相。四十八年七月神宗崩，八月劉一燝、韓爌、朱國祚入閣，從哲為首輔）等。光宗即位，一月而崩，首輔仍為方從哲。天啟（熹宗）時，最初是劉一燝當國（明史卷二百四十劉一燝傳），不久葉向高還朝，復為首輔（明史卷二百四十葉向高傳），此外首輔尚有韓爌（明史卷二百四十韓爌傳）、朱國禎（明史卷二百四十朱國祚傳）等。到了崇禎（莊烈帝）時代，「在位僅十七年，輔相至五十餘人」（明史卷二百四十一李標等傳贊曰），首輔有十餘人之多。舉其要者，如李標（明史卷二百五十一李標傳）、韓爌（明史卷二百四十韓爌傳）、周延儒（明史卷三百八周延儒傳）、溫體仁（明史卷三百八溫體仁傳）、張至發（明史卷二百五十三張至發傳）等，最後首輔為魏藻德。崇禎十七年三月李自成攻陷北京，下令勒內閣十萬金，藻德輸萬金，賊以為少，酷刑五日夜，腦裂而死（明史卷二百五十三魏藻德傳）[31]。

內閣之內既然發生首輔，而為首輔者因得君獨專，不免攬權自恣，這是有反於太祖不設宰相的宗旨的，所以嘉靖年間趙錦上疏反對。

> 昔太祖高皇帝罷丞相，散其權於諸司，為後世慮至深遠矣。今之內閣無宰相之名，而有其實，非高皇帝本意（明史卷二百十趙錦傳）。

但無補於事，在嚴嵩弄權、張居正秉政之時，首輔之權特大。但首輔之得弄權，又與古代權臣不同，權臣依一己之才智，遭時際會，而登高位，首輔不過城狐社鼠，竊弄國權而已。嘉靖二十一年嚴嵩拜武英殿大學士，入直文淵閣，先傾首輔夏言去之，次又諷言官彈擊首輔翟鑾去之，「吏部尚書許讚，禮部尚書張璧同入閣，皆不預聞票擬事，政事一歸嵩」（明史卷三百八嚴嵩傳）。但嚴嵩之得弄權，乃因其「能先意揣帝指」（明史卷三百八嚴嵩傳）。神宗即位時，張居正已入閣，先與中人馮保結合，陰陷高拱去之，「居正遂代拱為首輔」（明史卷二百十三張居正傳），此時閣臣呂調陽「衰，數寢疾不出」（明史卷二百十九馬自強傳），張四維「家素封，歷時餽問居正不絕」（明史卷二百十九張四維傳），申時行「以文學受知張居正，蘊藉不立崖異，居正安之」（明史卷二百十八申時行傳）。「居正固有才，其所以得委任專國柄者，由馮保為之左右也」，而「保內倚太

㉛ 據鄭曉言，「初設內閣，楊文貞公（士奇），官止兼兵部尚書，陳芳洲（循）官亦止戶部尚書。此後惟李文達公（賢）領吏部尚書。而彭文憲（時）商文毅（輅）萬安相繼領吏部尚書，自後遂成首相故事」（鄭端簡公今言類編卷三建官門閣臣）。但是萬安以後，首相之不領吏部尚書者亦未曾無。嘉靖十六年李時為首輔，此時吏部尚書乃是許讚，嘉靖二十一年翟鑾為首輔，此時吏部尚書還是許讚（明史卷一百九十三翟鑾、李時、顧鼎臣傳，參閱卷一百十宰輔年表二，卷一百十二七卿年表二）。

后」（明史卷三百五馮保傳）。案明代閣臣沒有法定人數，成祖初年，解縉與「黃淮楊士奇胡廣金幼孜楊榮胡儼並直文淵閣，預機務」（明史卷一百四十七解縉傳）。即閣臣有七名之多。而天啟三年，閣臣竟有九人。

> 天啟三年正月，拜（朱國禎）禮部尚書，兼東閣大學士，與顧秉謙、朱延禧、魏廣微並命。閣中已有葉向高、韓爌、何宗彥、朱國祚、史繼偕。又驟增四人，直房幾不容坐（明史卷二百四十朱國祚傳附朱國禎傳）。

有時亦有一人獨相的，如李時傳（明史卷一百九十三）云：「張孚敬已罷，翟鑾獨相」，「孚敬謝政，費宏卒，李時遂獨相」，通常閣臣大率是三人。所謂首輔本來只是票擬由其秉筆。

> 故事，閣中秉筆止首輔一人（明史卷二百四十韓爌傳）。

當然首輔柄筆之前，須與同僚商議。即如申時行所說：「閣中票擬當使同官知……至票擬無不與同官議者」（明史卷二百十八申時行傳）。但首輔若勇於任事，不免獨舒己見，張居正即其一例。反之，首輔不負責任，又常令諸臣各書所見，類奏以聽上裁。例如萬曆二十年趙志皐為首輔，張位佐之，「凡會議會推，並令廷臣類奏，取自上裁」（明史卷二百三十一史孟麟傳）。所以史孟麟才說：

> 曩太祖罷中書省，分設六部，恐其專也。而官各有職，不相侵越，則又惟恐其不專。蓋以一事任一官，則專不為害，即使敗事，亦罪有所歸，此祖宗建官之意也。今令諸臣各書所見，類奏以聽上裁，則始以一部之事，分而散之於諸司，究以諸司之權，合而收之於禁密。事雖上裁，旨由閣擬，脫有私意奸其間，內託上旨，外諉廷言，誰執其咎（明史卷二百三十一史孟麟傳）。

天啟中，魏忠賢操國柄，欲奪當時首輔韓爌之權，曾令閣臣協恭。

> 韓爌為首輔，每事持正，為善類所倚……而同官韓廣微又深結忠賢，遍引邪黨……忠賢勢益張。故事，

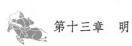

閣中秉筆止首輔一人，廣微欲分其柄，囑忠賢傳旨，諭爌同寅協恭，而責次輔毋伴食，爌惶懼，即抗疏乞休（明史卷二百四十韓爌傳）。

所謂「協恭」，即票擬由閣臣分任，不專屬於首輔一人。

先是內閣調旨，惟出首輔一人，餘但參議論而已。魏廣微欲擅柄，謀之忠賢，令眾輔分任，政權始分。後遂沿為故事（明史卷三百六顧秉謙傳）。

由此可知魏忠賢之時，首輔之權大見削弱。到了崇禎時代，為首輔者多不負責，「平時養威自重，遇天下有事，輒曰昭代本無相名，吾儕止供票擬，上委之聖裁，下委之六部」（明史卷二百五十七馮元颺傳）。吾人須知宰臣之不負責，實因崇禎性格有使宰臣不敢負責之故（明史卷二百五十八湯開遠傳）。

隨著內閣的設置，六部地位也發生了變化。太祖初年，「六部初屬中書省，權輕，多仰承丞相意旨」（明史卷一百三十八陳修傳）。及洪武十三年革去中書省之後，六部分掌庶政，如古六卿之制，事皆專達於天子。

案六官分職始自成周，而今之六部，其原實起於漢魏以下之尚書諸曹。唐宋迄元，則為尚書六部，隸於尚書都省……其都省之制，以令僕所居為都堂，當省之中，左為吏戶禮部，分三行，每行四司，右為兵刑工部，分三行，每行四司，皆東西相向……元代廢尚書省，移入中書，六部亦隨之改隸……其制亦與唐宋無異，故當時六部署銜，皆曰尚書某部，中書某部，以其統屬於都省故也。自明太祖罷丞相，革中書省，倣古六卿之制，析其職歸之六部，以尚書分掌庶政，侍郎佐之，於是六部始各為分署，事皆專達，而都省之制遂廢（歷代職官表卷五吏部序）。㉜

內閣本來只是議政機關，不負實際行政責任。內閣不得侵犯六部之權，「至世宗中葉，夏言嚴嵩迭用事，遂赫然為真宰相，壓制六卿矣」（明史卷七十二職官志一），尤其嚴嵩秉政，六部之權尤輕，迨張居正時，六部便如屬吏，凡事皆稟承內閣風旨而後行。

> 明制，六部分蒞天下事，內閣不得侵，至嚴嵩始陰撓部權。迨張居正時，部權盡歸內閣，逡巡請事如屬吏（明史卷二百二十五楊巍傳）。

張居正卒，張四維申時行相繼柄政，雖然「務為寬大」，而六部之權猶輕。

> 及居正卒，張四維申時行相繼柄政，務為寬大……然是時內閣權積重，六卿大氐徇閣臣指（明史卷二百十八申時行傳）。

此種制度由政制原理觀之，未必有錯。內閣決定施政方針，六部依施政方針，各管其專管的事務，這樣，行政方能統一，不致互相牴牾，而減少其效用，張居正之能「起衰振隳」，未必不是因為「部權盡歸內閣」之故（明史卷二百十三張居正傳）。然此只就大政方針言之，至於部務依委任責成之意，應由各部尚書自行決定而辦理之，內閣不必越俎代庖。西漢丞相之於九卿，固未嘗隨意指示。但大政方針由內閣決定，又須看閣臣尤其首輔之人選如何。黃宗羲說：

> 古者不傳子而傳賢，其視天子之位，去留猶夫宰相也。其後天子傳子，宰相不傳子。天子之子不皆賢，

㉜ 古來尚書，只是一省，凡吏戶兵刑之類同在此一省中，各分職務，非如今之分為六署也。唐楊嗣復遷禮部員外郎，因父於陵為戶部侍郎，乃請避同省。以禮戶雖分，而省則同也。龐元英文昌雜錄，宋制尚書，凡六曹，除告身帳目外，一百六十八案，吏額一千四百十三人。總五月六月，文書十二萬三千五百餘件。天下事莫不上於尚書，是曹雖六，而省則仍一。其分為六署，亦自明祖始（陔餘叢考卷二十六尚書）。

尚賴宰相傳賢，足相補救，則天子亦不失傳賢之意。宰相既罷，天子之子一不賢，更無與為賢者矣，不亦並傳子之意而失之乎（明夷待訪錄置相）。

黃宗羲之言尚不能抓到問題的核心。古代，用人之權操於天子，天子不皆賢，則其所謂賢也許只是大奸巨猾，世宗以嚴嵩為賢，崇禎以周延儒、溫體仁為賢，而卒亂政亡國。這是吾國古代政治的缺點。但內閣統制六卿太甚，而至於干涉六部的行政，又有反於宰相不親小事之理。錢一本云：

我國家倣古為治，部院即分職之六卿，內閣即論道之三公。未聞三公可盡攬六卿之權，歸一人掌握。而六卿又低首屏氣，唯唯聽命於三公，必為請教而後行也（明史卷二百三十一錢一本傳）。

內閣對於各種政務，雖有票擬之權，但朝廷若有大政或任用文武大臣，皇帝常令廷臣集議，前者稱為廷議，後者稱為廷推，閣臣本來不能參加集議，因之首輔也不是集議之時的主席。集議開始於洪武時代。

洪武二十四年令，今後在京衙門有奉旨發放為格為例及最要之事，須會廷臣計議允當，然後施行（明會要卷四十五集議）。

據宣德三年之令，參加集議的朝臣如次：

宣德三年夏四月癸亥敕：凡官民建言章疏，尚書、都御史、給事中會議以聞（明史卷九宣宗紀）。

最初集議是於御前舉行。英宗即位年方九歲，張太皇太后以女主攝政，不接公卿，面議遂廢。這個時候，內閣已經成立，依上舉宣德三年之令，閣臣除兼為六部尚書，都御史，六科給事中之外，未必就有出席的權利。到了正統十年，張太后已崩（正統七年），三楊死者過半（正統五年楊榮卒、九年楊士奇卒、楊溥老，十一年卒），內閣不能負此重任，「始命」內閣與各衙門會議大政。

正統十年三月，始命內閣與各衙門會議大政。宣德以前，每有大事，與群臣面議，傳旨施行，不待批答。上嗣位幼沖，面議遂廢。至是，命廷臣赴內閣會議，具本奏決（明會要卷四十五集議）。㉜

此蓋一切政事既由內閣票擬，則各衙門之政，內閣必須周知通悉而後可。內閣與各衙門會議大政，在皇帝倦勤而不出席之時，由誰主持，與會之人選是否仍照宣德三年之令，均有問題。照原則說，凡閣臣、尚書以及左右都御史、六科都給事中均得與會。凡所議之事屬於某部則由該部之長貳主持之。有時與會人數尚比上述為多。舉一例說，嘉靖二十九年俺答進犯京師，求以三千人入貢，形勢危急，此時廷議之情況如次：

帝召大學士嚴嵩李本，禮部尚書徐階，出書示之曰何以應之。嵩曰此禮部事，階曰云云，帝曰卿言是，命出集廷臣議。日午，群臣畢集。階出俺答書，言欲以三千人入貢，許之則緩兵，否則益兵破京師。群臣相顧莫敢發言，因陳筆劄，令各書所見，奏請上裁。國子司業趙貞吉抗言曰，萬一許貢，則彼必入城，三千之眾何以禦之。檢討毛起謂時事孔棘，宜暫許之。是夕火光燭天，上在西內，聞中官稍稍道貞吉語，乃馳使召入對……時帝久不視朝，吏部尚書夏邦謨疏請延見廷臣，許之（明史紀事本末卷五十九庚戌之變）。

文中有「命出集廷臣議」，「上在西內，聞中官稍稍道貞吉語」，「時帝久不視朝」，可知此次廷議不是面議。主持之人不是首輔，而是與該事件有關之尚書，故由禮部尚書徐階擔任主席。因禮部有「主客」一司，「掌諸蕃朝貢接待給賜之事」（明史卷七十二職官志一禮部）之故。發言之人，有國子司業，又有檢討，則參

㉜ 明史卷一百六十八陳循傳，「陳循進翰林院學士，正統九年入文淵閣，典機務。初廷議天下吏民章奏，皆三楊主之。至是楊榮楊士奇已卒，禮部援故事，請帝以楊溥老，宜優閒，令循等預議」。由此可知在正統十年以前，張太皇太后攝政之時，面議既廢，凡大政之決定，大僚之任命，均由三楊決定。

加會議之人並非以宣德三年之令所列舉之職官為限。由上述之例，吾人又可知道：凡所議之事屬於某一部，則由該部之尚書主持之，苟其事不屬於某一部，似由吏部尚書主持之，因為六部之中，吏部乃是第一部之故。例如：

張問達天啟元年冬代周嘉謨為吏部尚書……會孫慎行鄒元標追論紅丸，力攻方從哲，詔廷臣集議，與議者百十餘人，問達既集眾議，乃會戶部尚書汪應蛟等上疏曰云云（明史卷二百四十一張問達傳）。

案集議是令群臣討論事件。討論是交換意見，各用合理之言，一方使對方相信自己意見之正確，他方又使自己相信對方意見之正確。即彼此均能說服別人，而又願意為別人所說服，不受黨派的拘束，不為個人利害所束縛，這是討論的要件。顧明代「士習傾危，稍或異同，輒加排陷」（明史卷二百十五駱問禮傳）。這樣，集議之制勢將引起朋黨之爭。吾國古代沒有多數決的觀念，所以廷議之後，主席往往不肯負責，而將各人意見分類呈奏，倘若意見紛歧，則摘要上達。例如：

楚恭王薨，子華奎嗣。宗人華訴許華奎行賄狀，詔公卿雜議，日晏方罷。議者三十七人各具一單，言人人殊。李廷機以（禮部）左侍郎代郭正域（時為禮部尚書）署部事，正域欲盡錄諸人議，廷機以辭太繁，先撮其要以上（明史卷二百二十六郭正域傳）。

案會議之最重要者乃是與議的人須有表示意見的自由，即言論的自由，又須有決定那一個意見是正確意見的自由，即投票的自由。而各人所發表的意見和他們所作的投票絕不能因官之大小，有所差別，而宜有平等的價值。要是意見不合於天子或權臣之旨意，輕則斥其謗訕，重又加以廷杖，試問誰敢直言。這在明史上不乏其例，現在只舉一事。

朝廷有大政及推舉文武大臣，必下廷議。議者率相顧不發，拱手以聽（明會要卷四十五集議嘉靖八年）。㉝

何況最後決定權又屬於天子。正德末，馬文升為吏部尚書，「孝宗崩，文升承遺詔，請汰傳奉官七百六十三人，命留太僕卿李綸等十七人，餘盡汰之。正德元年，御用監中官王瑞復請用新汰者七人，文升不奉詔。瑞恚，誣文升抗旨，更下廷議，皆是文升，帝終不聽。文升因乞歸」（明史卷一百八十二馬文升傳）。朝臣明哲保身，遂依天子之意，而作決議。嘉靖二十六年曾銑建言復套，條上八議，又條上方略十八事，「並優旨下廷議，廷臣見上意向銑，一如銑言」。到了嚴嵩反對復套，「兵部尚書王以旂令廷臣覆議（這又可以證明主席為與該問題有關之尚書），遂盡反前說，言套不可復」（明史卷二百四曾銑傳）。這種集議那能集思廣益。其尤弊者御史及給事中往往在集議之時，意見互觭，議論滋擾，但有角戶分門之念，而無共襄國是之誠意，而致築室道謀，始終沒有確定的政策。明代御史及給事中合稱為科道，因為御史是指十三道御史，給事中是指六科給事中之故。茲述御史及給事中如次。

先就御史言之，明改前代御史臺為都察院。唐時，御史臺分為三院（臺院殿院及察院）。宋雖以侍御史為臺長（御史中丞）之貳，而三院名目猶存。至元，減為二院（殿中司及察院）。明又併之為一，即將糾儀之事歸屬於監察御史，並革去察院之名，於是彈劾、糾儀、巡察之任，一切責之監察御史。茲依明史所載，

㉝ 有時也取多數決之法，例如隆慶五年王崇古上疏言俺答封貢事，「詔下廷議，定國公徐文璧侍郎張四維以下二十二人以為可許。英國公張溶尚書張守直以下十七人以為不可許。尚書朱衡等五人言封貢便，互市不便。獨僉都御史李棠極言當許狀。郭乾（兵部尚書）悉上眾議，會帝御經筵，閣臣面請外示羈縻，內修守備，乃詔封俺答順義王」（明史卷二百二十二王崇古傳）。

將都察院之組織及職掌，錄之如次：

都察院左右都御史（正二品）左右副都御史（正三品）左右僉都御史（正四品）……十三道監察御史一百十人，正七品。浙江江西河南山東各十人，福建廣東廣西四川貴州各七人，陝西湖廣山西各八人，雲南十一人。其在外加都御史或副僉都御史銜者，有總督，有提督，有巡撫，有總督兼巡撫，提督兼巡撫，乃經略總理贊理巡視撫治等員。

都御史職專糾劾百司，辯明冤枉，提督各道，為天子耳目風紀之司。凡大臣姦邪，小人搆黨，作威福亂政者劾。凡百官猥茸貪冒壞官紀者劾。凡學術不正，上書陳言，變亂成憲，希進用者劾。遇朝覲考察，同吏部司賢否陟黜。大獄重囚，會鞫於外朝，偕刑部大理讞平之。其奉敕內地，拊循外地，各專其敕行事。

十三道監察御史，主察糾內外百司之官邪，或露章面劾，或封章奏劾……而巡按則代天子巡狩，所按藩服大臣，府州縣官諸考察，舉劾尤專，大事奏裁，小事立斷。按臨所至，必先審錄罪囚，弔刷案卷，有故出入者理辯之……存恤孤老、巡視倉庫、查算錢糧、勉勵學校、表揚善類、翦除豪蠹，以正風俗，振綱紀。凡朝會糾儀，祭祀監禮。凡政事得失，軍民利病，皆得直言無避。有大政、集闕廷預議焉。蓋六部至重，然有專司，而都察院總憲綱，惟所見聞，得糾察（明史卷七十三職官志二都察院）。

左右都御史正二品，即其品秩與六部尚書相同，「臺職與部權並重，七卿之名遂為一代定制」（明會要卷三十三都察院）。蓋明罷丞相之後，六部直屬於天子，秩皆正二品，都御史為天子之耳目，秩亦正二品，故與六部尚書合稱為七卿。

明代不置侍御史，十三道監察御史不但巡按在外十三道，因其「主察糾內外百司之官邪」，故又「各協管兩京直隸衙門」（明史卷七十三職官志二都察院）。茲依明志（明史卷七十三職官志二都察院）所載，擇其所協管之重要衙門，列表如次：

十三道監察御史協管兩京重要衙門表

道名	協管之衙門
浙江道	中軍
江西道	前軍
福建道	戶部
四川道	工部
陝西道	後軍，大理寺
雲南道	順天府
河南道	禮部，都察院，翰林院，國子監，太常寺，光祿寺，鴻臚寺，司禮監
廣西道	六科
廣東道	刑部，應天府
山西道	左軍，錦衣衛
山東道	宗人府，兵部
湖廣道	右軍
貴州道	吏部，太僕寺

其次，十三道監察御史雖隸於都察院，而其行使職權，乃依古代習慣，「比肩事主，得各彈事，不相關白」。「其分巡回京，不須經由本院，逕赴御前覆奏」（明會要卷二百十奏請點差），且得彈劾都御史。即如陸崑所言：「御史與都御史例得互相糾繩，行事不宜牽制」（明史卷一百八十八陸崑傳）。例如「乙丑年，南御史王藩臣劾南掌院右都耿定向。辛丑年，北掌院左都李世遠亦為御史胡克儉所彈」（萬曆野獲編卷十九御史大夫被論）。所以監察御史之官銜只書其道，而不繫於都察院。

> 今六部官屬皆書其部，如吏部屬則曰吏部文選清吏司，兵部屬則曰兵部武選清吏司之類是也。唯監察御史則書其道，而不繫於都察院焉（丘濬大學衍義補，引自歷代職官表卷十八都察院上）。

仁宗洪熙元年定巡按以八月出巡（續文獻通考卷五十四御史臺），由此更可證明十三道監察御史猶如漢世部刺史，不是地方官，而是中央官。平時群萃於京師，其印曰「某道監察御史印」。天子有命，才出巡按，其印曰「巡按某處監察御史印」（明史卷七十三職官志二都察院）。

再次，給事中在秦漢為加官，漢東京省，魏代復置，或為加官，或為正員。晉無加官，亦無常員。隋置給事郎，初隸吏部，後移為門下之職。唐改給事郎為給事中，掌駁正違失（文獻通考卷五十給事中）。宋仍唐制，給事中四人，分治六房，凡政令有失當，除授非其人，則論奏而駁正之（宋史卷一百六十一職官志一門下省）。南渡後，不置門下省（續文獻通考卷五十二門下省），另置一局以處諫官（歷代職官表卷十九都察院下，引王應麟玉海），給事中則與起居郎同為掌記天子言動之官（宋史卷一百六十一職官志一門下省）。元給事中為修起居注之職（續文獻通考卷五十二給事中）。至明，似依宋給事中分治六房之制，而分給事中為六科，不屬於任何衙門，自成一曹。茲將明志所載六科制度錄之如次：

吏戶禮兵刑工六科各都給事中一人正七品，左右給事中各一人從七品。給事中吏科四人，戶科八人，禮科六人，兵科十人，刑科八人，工科四人，並從七品（原注，後增減人數不常）。六科掌侍從規諫補闕拾遺，稽察六部百司之事。凡制敕宣行，大事覆奏，小事署而頒之，有失，封還執奏。凡內外所上章，疏下分類抄出，參署付部，駁正其違誤，……而主德闕違，朝政失得，百官賢佞，各科或單疏專達，或公疏聯署奏聞（原注，雖分隸六科，其事屬重大者，各科皆得通奏。但事屬某科，則列某科為首）……凡大事廷議、大臣廷推、大獄廷鞫、六掌科皆預焉（明史卷七十四職官志三六科）。

即明以給事中代替諫官，其職本與御史不同。歷代職官表云：

案唐宋臺諫為兩官，臺則侍御史殿中侍御史監察御史，諫則諫議大夫左右拾遺補闕左右司諫正言，掌侍從規諫，宋世亦稱為諫院。而臺官則專主糾劾官邪，各分職守。宋真宗詔亦有令諫官奏論，憲臣彈舉之文。洪邁容齋隨筆謂，臺諫官例不往來相見，蓋職事各殊，故諫官御史得以互相糾駁也。至給事中雖與諫官同居門下，而其職但主封駁，書讀亦與諫議不同。自後世不置三省，而諫議司諫正言之在門下者隨之俱廢，諫院已久無其宮。明初立制，復以其職併入於科道。故丘濬（見大學衍義補）有給事中實兼前代諫議補闕拾遺之語（歷代職官表卷十九都察院下）。

給事中為言事之官，故現任大臣之子不得為之，例如：

許誥授戶科給事中，進刑科右給事中。正德元年父進為兵部尚書，故事，大臣子不得居言職（御史應包括在內）遂改翰林檢討（明史卷一百八十六許進傳）。

給事中即前代諫官之職，其職掌與御史根本不同。宋代對斯二者雖有區別，而乃漸次混同。元廢諫官，只置御史，而御史所掌者不但糾察百官善惡，又得糾察政治得失（元史卷八十六百官志二）。明承元制，都察院固然職專糾劾百官，為天子耳目風紀之司，同時「凡政事得失，軍民利病，皆得直言無避」（明史卷七十三職官志二都察院）。六科給事中除奏聞「朝政得失」之外，又得奏聞「百官賢佞」。這個奏聞「百官賢佞」似不限於諫正「大臣至百官任非其人」，且有糾舉「百官邪慝」之意。英宗說：

給事中乃近侍之官，凡朝廷政令得失，百官邪慝，舉得言之（明會要卷三十七六科）。

御史與給事中之職掌混淆不清，遂啟科道之爭。

謹案明初不設門下省……給事中……遂自成一曹，稱六科都給事中。凡章疏案牒得與部院衙門平列。迨其末季，廷論紛囂，科道雖並為言官，實則黨援相持，務彼此攻擊以求勝。春明夢餘錄載，管志道疏謂拾遺一節，六科拾御史之已陞者一人，則十三道亦拾給事中之已陞者一人，迹近調停，實爭門戶，臺垣水火，即此而大概可知。特御史尚聽考察於堂官，而給事中以無所隸屬，益得恣情自肆。如趙興邦在兵科，至以紅旗督戰，敢干預兵事機宜，侵撓國政，其流弊復何所底止（歷代職官表卷十九都察院下）。

兼以兩者均得參加集議，茲再將明志所載，重複錄之如次：

十三道監察御史……凡政事得失，軍民利病，皆得直言無避。有大政，集闕廷預議焉（明史卷七十三職官志二都察院）。

六科掌侍從規諫補闕拾遺……而主德闕違、朝政失得，百官賢佞，各科或單疏專達，或公疏聯署奏聞……凡大事廷議、大臣廷推、大獄廷鞫，六掌科皆預焉（明史卷七十四職官志三六科）。

但他們均是言事之官，不知實際政況，言論不免標高立異，求揚名於當世。「然論國事而至於愛名，則將惟其名之可取，而事之得失有所不顧」（明史卷一百八十張甯等傳贊）。集議之時將因「一字之誤，皆喋喋以言」（明會要卷三十七六科永樂二年三月），而事後御史又「深文彈劾」（明史卷一百七十于謙傳），掀起政潮。質言之，給事中由討論朝政進而彈劾，加反對派以罪名。御史復由彈劾進而論政，使既定政策因之變更。「言路勢張，恣為抨擊，是非瞀亂，賢良混淆，群相敵仇，罔顧國是」（明史卷二百十九張四維等傳贊曰）。卒至奸臣如嚴嵩，權臣如張居正，閹宦如魏忠賢，皆以臺諫為爪牙，以排斥異己。明祚之亡，言官要負一半責任。

最後尚須一述五軍都督府。初太祖下集慶（應天府），即置行樞密院，自領之。尋罷樞密院，改置大都督府，以其侄朱文正為大都督，節制中外諸軍事。吳元年，罷大都督不設，以左右都督為長官。洪武十三年，丞相胡惟庸伏誅之後，既革去中書省，又改大都督府為五軍都督府，蓋政權既不欲歸於一人之手，兵權亦不欲集中於一個機關。五軍都督府之組織如次：

> 中軍左軍右軍前軍後軍五都督府，每府左右都督正一品，都督同知從一品，都督僉事正二品……都督府掌軍旅之事，各領其都司衛所（即分領在京各衛所及在外各都司衛所），以達於兵部（明史卷七十六職官志五五軍都督府）。

既云「以達於兵部」，然則兩者之關係如何？照孫承澤說：

> 宋制，軍旅屬於樞密院，與中書省並謂之兩府。明以兵部掌兵政，而統軍旅。專征伐則歸之五軍都督府。兵部有出兵之令，而無統兵之權；五軍有統兵之權，而無出兵之令。至將屬於五府，而兵又總於京營，合之則呼吸相通，分之則犬牙相制（春明夢餘錄，引自續文獻通考卷五十七大都督府）。

對此，鄭曉則謂：

祖宗微意，不欲武臣權重。在內營操官止管操練者，無開設衙門，亦無印信。在內五府有衙門印信，理常行政務。至於營操，非特命不得干預。蓋五府三營㉞十二營㉟職掌不相侵也。至於出征，亦不止大將一人，必選二三人名位謀勇相等者，相參用之。出師之日，賜平賊討賊平虜平胡征夷征虜等印，或將軍，或副將軍，或大將軍，隨時酌與，必由兵部題請（明史卷七十二職官志一兵部云：「兵部掌天下武衛官軍選授簡練之政令」，即兵部有選授武臣之權），五府亦不得干預。事平之日，將歸於府，軍歸於營，印歸於朝，其意深矣（鄭端簡公今言類編卷四經武門，兵權）。

即明代兵制，練兵之權屬於三大營，統兵之權屬於五軍都督府，發兵之權屬於兵部。然自英憲以後，兵政盡歸於兵部，武臣均受其節制，甚至專閫也為部符所格，東西牽掣，坐失事機，而致遇敵即形挫衄，措置乖方，故內不能平定流寇，外不能抵禦強敵，而至於亡。

明初兵制，內領之五軍都督府，外則統之都司，而有事則別選侯伯為總兵官，以主征伐，原不專隸中樞。

㉞ 何謂三營？「洪武時，止為五軍營。永樂初，分三大營：曰五軍營，有步隊馬隊，專教陣法。曰神機，營皆步隊，肄習火器。曰三千營（據明史卷八十九兵志一，「得邊外降丁三千立營」，故云三千營），皆馬隊，專扈從出入，管車輦寶纛等事」（鄭端簡公今言類編卷四經武門，兵權）。即「兵制本三營，一曰五軍，肄戰陣；一曰神機，習火器；一曰三千，備宿衛」（鄭端簡公今言類編卷四經武門，兵權）。

㉟ 十二營乃團營分為十二單位，以教練士卒者。景帝用于謙為兵部尚書，謙請於三大營中，選精銳者合營團練，故曰團營，士卒本十萬，分為十營。英宗復辟，謙死，團營罷。憲宗立，復之，士兵十四萬有奇，乃增為十二營，而區別其名，有奮耀練顯四武營，敢果效鼓四勇營，立伸揚振四威營。然原營之名仍保留，如軍選自三千營，團操於立威營，即名為立威三千營，五軍神機亦如之（明史卷八十八兵志一，參閱鄭端簡公今言類編卷四經武門，兵權）。

自英憲以還，承平日久，軍伍廢弛，而兵政遂盡歸之兵部。每遇疆埸有警，則調兵撥餉及戰守機宜皆惟兵部是聽。武臣自專閫以下均受節制，黜陟進退罔不由之。總兵官領敕至長跪部堂，而弁帥奔走盡如鈴卒。其權甚重，故當時號為本兵，而受任者多非其人，甚或借以營私填壑。諸邊將率多紈絝，夤緣得官……即有一二果銳敢戰者，又為部符所格，東西牽掣，坐失事機，遇敵即形挫衄。明之諸帝既委其責於兵部，一切仰成。及敗事僨轅，則又歸咎部臣，重加刑獄……措置乖方，故兵威益以不振（歷代職官表卷十二兵部）。

第二項　地方官制

明定都北京，而以南京為陪都。兩京猶如元之「腹裡」一樣，轄地甚大，稱為南北直隸。南北直隸之外，則廢元之行中書省，改稱承宣布政使司——簡稱為布政司，凡十三。地理志云：

洪武初，建都江表，革元中書省，以京畿應天諸府直隸京師，後乃盡革行中書省，置十三布政使司，分領天下府州縣及羈縻諸司……成祖定都北平……乃以北平為直隸。又增設貴州交阯二布政使司。仁宣之際，南交屢叛，旋復棄之外徼。終明之世，為直隸者二，曰京師，曰南京。為布政使司者十三，曰山東，曰山西，曰河南，曰陝西，曰四川，曰湖廣，曰浙江，曰江西，曰福建，曰廣東，曰廣西，曰雲南，曰貴州。其分統之府百有四十，州百九十有三，縣千一百三十有八，羈縻之府十有九，州四十有七，縣六（明史卷四十地理志序）。

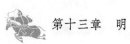

職官志云：

初太祖下集慶，自領江南行中書省。戊戌置中書分省於婺州，後每略定地方，即置行省。其官自平章政事以下，大略與中書省同，設行省平章政事（從一品）左右丞（正二品）參知政事（從二品）……。洪武九年改浙江江西福建北平廣西四川山東廣東河南陝西湖廣山西諸行省俱為承宣布政使司，罷行省平章政事，左右丞等官。改參知政事為布政使，秩正二品，左右參政從二品……。十三年改布政使正三品，參政從三品。十四年增置左右參議正四品。尋增設左右布政使各一人。十五年置雲南布政司，二十二年定秩從二品。建文中陞正二品，裁一人。成祖復舊制。永樂元年，以北平布政司為北京，五年置交阯布政司，十一年置貴州布政司（止設使一人，餘官如各布政司）。宣德三年，罷交阯布政司。除兩京外，定為十三布政司。初置藩司與六部均重，布政使入為尚書侍郎。副都御史每出為布政使。宣德正統間猶然，自後無之（明史卷七十五職官志四布政司）。

兩直隸及十三布政司之下置府州及縣，制度同元一樣，不甚整齊，茲依地理志所載，作表如次：

- 布政司
  - 府
    - 縣（如懷慶府領縣六，懷慶府屬河南布政司）
    - 州——縣（如濟南府之泰安州領縣二，濟南府屬山東布政司）
    - 州（如平陽府之霍州不領縣，平陽府屬山西布政司）
  - 州——縣（如汝州領縣四，汝州屬河南布政司）
  - 州（如靈州不領縣，靈州屬陝西布政司）

明代之布政司就是元之行省，不過稍加分析，而其所分析者亦多依元末之行省。所以明史常用「省」字，例如山東省、山西省，以代山東布政司、山西布政司。即只廢行中書省之名，而保存省之實質，用作地方行政之區域。布政司之下為府，而直接懸之以州者亦不少。府之下為州，而直接懸之以縣者亦有之。州之下為縣，而不領縣者亦有之。反過來說，縣多屬於州，而直轄於府者亦有之。州多屬於府，而直轄於布政司者亦有之。府則必屬於布政司。其制度極不一致，職官志對於州之一級，曾說明云：

凡州二，有屬州（即屬於府），有直隸州（即屬於布政司），屬州視縣，直隸州視府，而其秩則同（明史卷七十五職官志四州）。36

明代並非廢除元代之路。查元明二史地理志，明乃改路為府，故職官志云：「明初，改諸路為府」（明史卷七十五職官志四府）。試以襄陽府為例言之。明之襄陽府，元稱為襄陽路，其管轄之州縣如次：

元襄陽路與明襄陽府地區比較表

元襄陽路		明襄陽府		備考
領縣	襄陽縣	領縣	襄陽縣	
	南漳縣		南漳縣	
	宜城縣		宜城縣	
	穀城縣		穀城縣	

36 顧炎武日知錄卷八府，「又有隸府之州，特異其名，而親理民事，與縣尹無別。縣之隸於州者，則既帶府名，又帶州名，而其實未嘗管轄於州（原注：惟到任繳憑，必由州轉府，尚有餼羊之意），體統乖而名實淆矣。竊以為宜仍唐制，凡郡（指大州）之連城數十者，析而二之三之，而以州統縣，惟京都乃稱府焉，豈不畫一而易遵乎」。

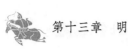

六	光化縣 棗陽縣	二州領：均州（領武當、鄖縣二縣） 房州（領房陵、竹山二縣）
六	光化縣 棗陽縣	一州領：均州（領武當一縣）
		元均州之鄖縣及元房州之房陵、竹山二縣，明均改屬鄖陽府。

即明代襄陽府所領地區比元代之襄陽路略小，而大體相同。

茲將各級官制列表如次：

明地方官制表㊳

地區	官名	員數	官品	備考
布政司	左右布政使	各一人	從二品	此外尚有左右參政從三品，左右參議從四品，無定員。
府	知府	一人	正四品	此外尚有同知正五品，通判無定員正六品，推官一人正七品等。其在北京所在地之順天府與南京所在地之應天府，則置府尹一人正三品，此外有府丞一人正四品，治中一人正五品，通判六人（應天府二人）正六品，推官一人從六品等。
州	知州	一人	從五品	此外尚有同知一人從六品，判官無定員從七品等。
縣	知縣	一人	正七品	此外尚有縣丞一人正八品，主簿一人正九品等。

三國時，夏侯玄曾批評魏世州郡縣三級制度，「以為今之長吏皆君吏民，横重以郡守，累以刺史。若郡所攝唯在大較，則與州同，無為再重，宜省郡守，但任刺史」（魏志卷九夏侯玄傳）。明制，卻增加為四級。固然屬州視縣，直隸州視府。但屬州既然視縣，何以屬州之下又復有縣。而依明史地理志所載，屬州之不

領縣者為數甚少。而府之上又有布政司。此四者皆掌其地之「政」。現抄錄明史（卷七十五）職官志所載四級長官之職權如次：

承宣布政使司㊴，左右布政使各一人，從二品。布政使掌一省之政，朝廷有德澤禁令，承流宣播，以下於有司。凡僚屬滿秩，廉其稱職不稱職，上下其考，報撫（巡撫）按（巡按御史）㊵，以達於吏部都察院。

㊳ 吳元年定縣三等，糧十萬石以下為上縣，知縣從六品。六萬石以下為中縣，知縣正七品。三萬石以下為下縣，知縣從七品。已竝為正七品……洪武六年分天下府三等，糧二十萬石以上為上府，知府秩從三品。二十萬石以下為中府，知府正四品。十萬石以下為下府，知府從四品。已竝為正四品（明史卷七十五職官志四府縣）。

㊴ 兩直隸不設布政司，北直隸由中央政府直接管轄之，南直隸由南京各機關管轄之，南京設官略同北京，見明史卷七十五職官志四。

㊵ 文中有撫按，又有都按，撫指巡撫，都指都指揮使，固無問題。按指什麼？觀「會都按議」，「經畫定，而請於撫按」，可知撫按之「按」與布按之「按」乃是兩種不同的職官。因為「按」既與議矣，不宜再請示於「按」。著者以為撫按之按指監察御史之出巡者，即指巡按御史。布按之按則指提刑按察使。案巡按御史品秩雖低，職權則大。沈德符撰野獲編云：「弘治十七年十月巡按山東御史金濂與巡撫張鼐訐奏，上下其事於禮兵刑部會議，云按公會文移，宜各遵舊制，都御史正坐（巡撫多掛名為都御史），御史旁坐（巡按御史），都御史劄付，御史具呈，上從之。」當時體制懸絕如此（萬曆野獲編卷二十二撫按重輕遼絕）。又云：「巡撫以部堂等官出者與巡按御史不相統攝，文移往來，窒碍難行，始專定為都御史。以故，景泰四年鎮守陝西刑部右侍郎耿九疇，改右副都御史仍舊鎮守，此專用憲臣之始。其後，凡尚書侍郎任督撫者，俱兼都憲，以便行事。蓋欲以堂官臨御史。初猶以屬禮待之，既而改稱晚生，見猶侍坐。今則彼此俱稱侍生，文移毫無軒輊，相與若寮寀，撫臣反伺巡方（巡按御史）嚬笑，逢迎其意旨矣。天順元年以總兵官石亨言，盡革天下巡撫，及亨敗，復設如故。至正德二年十一月劉瑾亂政，取回天下巡撫官，瑾誅，

三年率其府州縣正官，朝覲京師，以聽察典。十年會戶版，以登民數田數。……民鰥寡孤獨者養之，孝悌貞烈者表揚之，水旱疾疫災祲則請於上蠲振之。凡貢賦役視府州縣土地人民豐瘠多寡，而均其數。凡有大興革及諸政務會都（都指揮使正二品，掌一方之軍政）按（提刑按察使正三品，掌一省刑名按劾之事）議，經畫定，而請於撫（巡撫）按（巡按御史）若總督（明史卷七十五職官志四布政司）。

府，知府一人[41]正四品。知府掌一府之政，宣風化，平獄訟，均賦役，以教養百姓。每三歲察屬吏之賢否，上下其考，以達於省，上吏部。凡詔赦例令勘劄至，謹受之，下所屬奉行。所屬之政，皆受約束於府，劑量輕重。而令之大者白於撫按布按[40]，議允乃行。凡賓興科貢提調學校修明祀典之事咸掌之。若籍帳軍匠驛遞馬牧盜賊倉庫河渠溝防道路之事，雖有專官，皆總領而稽覈之（明史卷七十五職官志四府）。

州，知州一人，從五品。知州掌一州之政。凡州二，有屬州，有直隸州。屬州視縣，直隸州視府，而品秩則同（明史卷七十五職官志四州）。

縣，知縣一人，正七品。知縣掌一縣之政，凡賦役歲會實征，十年造黃冊，以丁產為差。賦有金穀布帛及諸貨物之賦。役有力役雇役借債不時之役，皆視天時休咎，地利豐耗，人力貧富，調劑而均節之。歲歉

復設如故。蓋此官在國初，可以無設，今非督撫，何以之總官制橫斷，不能一日罷矣」（萬曆野獲編卷二十二巡撫之始）。觀此可知巡按御史品秩雖低，而職權卻與巡撫相去不遠。

41 順天府及應天府，置府尹以代知府。「府尹掌京府之政令，宣化和人，勸農問俗，均貢賦，節征徭，謹祭祀，閱實戶口，糾治豪強，隱恤窮困，疏理獄訟，務知百姓之疾苦」（明史卷七十四職官志三順天府，卷七十五職官志四應天府）。

則請於府若省，蠲減之。凡養老、祀神、貢士、讀法、表善良、恤窮乏、稽保甲、嚴緝捕、聽獄訟，皆躬親厥職，而勤慎焉。若山海澤藪之產足以資國用者，則按籍而致貢（明史卷七十五職官志四縣）。

吾人觀上文所記，實難明瞭權限如何分配於各級之間，甚至懷疑布政使對於知府，知府對於知州，知州對於知縣，均得干涉其行政。令人不能判別布政使為漢世刺史之職乎，抑為漢世郡守之職。當其設置之初，似依方伯之制，洪武十一年正月，「上謂廷臣曰布政使即古方伯之職，知府即古刺史之職，所以承流宣化，撫吾民者也」。十四年正月又說：「今布政使視古之牧伯，其任甚重，在承流宣化通達民情也」（明會要卷四十布政司）。所謂方伯，周禮（卷十八）春官大宗伯「九命作伯」，鄭玄注云「長諸侯為方伯」，據賈公彥之疏，其職務為征伐違逆之諸侯，即以監察為職。可惜明太祖不甚理解古代方伯與漢世刺史之職掌，吾人觀其十一年正月之語，謂布政使與知府皆「所以承流宣化，撫吾民者也」，即可知之。後代不敢變更祖宗遺訓，遂致四級皆掌一地區之「政」，而職權因之混淆。層層控制，層層監督，親民之官安能積極的有所作為，勢只有消極的希望無過而已。顧炎武說：「天下之尤急者，守令親民之官，而今日之尤無權者，莫過於守令。守令無權，而民之疾苦不聞於上，安望其致太平而延國命乎」（日知錄卷九守令）㊷。

一省之內，除布政司外，有巡撫，有都指揮使司，又有提刑按察使司。提刑按察使司是沿元代肅政廉訪司之制。按察司及都指揮使司之職掌如次：

㊷ 歷代職官表（卷五十三知府直隸州知州等官）云：「明初，甚重府州之治，天下州縣官廉能正直者，必遣行人齎敕勞賜以示勸勵。迨中葉以後，督撫巡按藩臬指揮之。臨其上者，既不免於朘削之日繁，而銓選率由資格，庸懦無能者轉視為持祿養拙之藪，而良二千石之風遂不可復問矣」。

提刑按察使司，按察使一人，正三品。按察使掌一省刑名按劾之事，糾官邪，戢奸暴，平獄訟，雪冤抑，以振揚風紀，而澄清其吏治。大者暨都（都指揮使）布（布政使）二司會議，告撫（巡撫）按（巡按御史），以聽於部院（明史卷七十五職官志四按察司）。

都指揮使司，都指揮使一人，正二品，都司掌一方之軍政，各率其衛所，以隸於五府，而聽於兵部（明史卷七十六職官志五都司）。

都指揮使正二品，布政使從二品，提刑按察使正三品，由這官品，可知三者之地位如何。所以歷代職官表（卷五十六提督）云：

謹案，明自罷中書行省（其實，所罷者為中書省，至於中書行省不過改稱為承宣布政使司而已），設都布按三司，分治兵刑錢穀（其實，都司固然以掌兵為主，按察司也以掌刑為主，至於布政司所掌乃不限於錢穀）。都司序銜在布按二司上，則都司實為一方武職重臣。

關於三司之職掌，都（都指揮使司）、按（提刑按察使司）二司固甚明顯，至於布政司似涉及行政方面，與漢時吏治專責成於郡守，而刺史止以督察二千石為職者絕不相同。

布按二司為推行其職權，尚有分道之制。布政司之分道有督糧道、督冊道、分守道等，而以分守道為要。全國共六十道，由布政司之參政參議分司之。按察司之分道有督學道、清軍道、分巡道等，而以分巡道為最要，洪武二十九年分為四十一道，其後漸次分析，增加到六十餘道，以按察司之副使僉事分司之（明史卷七十五職官志四各道）。道之種類甚見繁雜，似無完整之系統，故不擬多加說明。

明祖雖說：「布政使即古方伯之職」，然到了後來，又非方面大臣，其上尚有巡撫（總督），巡撫乃巡行府縣，觀民瘼而察吏治，本係暫行之制，宣德五年才專設於各省。

巡撫之名，起於懿文太子陝西之行。其分遣大臣，自永樂十九年始。各省專設，自宣德五年始。加都御史銜，自景泰四年始。巡撫兼軍務者，加提督；有總兵地方，加贊理或參贊；所轄多事重者，加總督。有總督兼巡撫，提督兼巡撫，及總理巡視撫治等員，皆加都御史或副僉都御史銜（明會要卷三十四巡撫，引弇山集）。[43]

所謂「各省專設」，不是說每省置巡撫一員。固然巡撫多以一省為單位，但是亦有巡撫一府者，如巡撫順天府是。又有巡撫數府者，如巡撫保定真定河間順德大名廣平六府是。復有巡撫兩省襟要之地者，如巡撫大同（屬山西省）初與宣府（屬京師）共一巡撫，後或分或併是（明史卷七十三職官志二巡撫）。巡撫多兼軍務，而「巡撫所轄多事重者，加總督」，其在遼東一帶則稱經略，即總督不過巡撫之別稱。依職官志所載，常由軍事上之必要，臨時設置，故以管理軍務為主。總督所轄地區，原則上比巡撫為大，例如四川陝西河南湖廣各置巡撫一員，而又合置總督一員。其因兵事孔亟，特定一地設置總督者亦有之。例如保定等六府既有

[43] 永樂十九年四月癸丑，命尚書蹇義等二十六人，分巡天下，問軍民疾苦，及文武長吏擾民者，奏黜之（三編）。宣德五年九月丙午，擢御史于謙等六人為侍郎，巡撫各省。謙撫河南，越府長史周忱撫江蘇，吏部郎中趙新撫江西，兵部郎中趙倫撫浙江，禮部員外郎吳政撫湖廣，刑部員外郎曹宏撫北畿、山東。此各省專設巡撫之始（大政記）。景泰四年，耿九疇鎮陝西。布政使許資言：侍郎出鎮，與巡按御史不相統，事多拘滯。又文移往來，多窒礙難行，請改授憲職便，乃轉右副都御史。大臣鎮守，巡撫皆授都御史，自九疇始（耿九疇傳）。以上均引自明會要卷三十四巡撫。

巡撫一員了，而崇禎十一年又在保定地方設置總督一員（明史卷七十三職官志二總督）。巡撫總督常常並置，關於軍務之處理，職權已難統一。若據職官志所載，布按二司與巡撫總督在行政上尚有關係。志云：

布政使掌一省之政（中略），凡有大興革及諸政務，會都（都指揮使）按（提刑按察使）議，經畫定而請於撫（巡撫）按（巡按御史）若總督（明史卷七十五職官志四布政司）。

按察使（全名為提刑按察司按察使）掌一省刑名按劾之事……，大者暨都（都指揮使）布（布政使）二司會議，告撫按，以聽於部院（明史卷七十五職官志四按察司）。

是則布政使與按察使關於有些大事，尚須會議商討，因之布按二司之職掌又混淆不清。又須上告於巡撫、巡按御史或總督，這樣，巡撫、巡按御史或總督亦得參加地方之政事了。故云：「天順而後，巡撫之寄專，而監司守牧不得自展布」（明史卷一百六十一周新等傳贊曰）。按明廢元之行御史臺，而「總督巡撫即行御史臺之職」（續文獻通考卷五十四行御史臺，臣等謹案）。元代行御史臺之職掌同內臺一樣，「掌糾察百官善惡，政治得失」（元史卷八十六百官志二御史臺），即將違法問題與政治問題混為一談。明承其制，而又加甚，巡撫總督既已典兵，又司糾察，「百僚群將俯首聽一人之謀，似於兼制少疏，故以巡按權參殺之。然表裡異同，痛癢不相關，而司鋒鏑者每掣肘不能自盡……天順間石亨曹欽請罷巡撫，正德間劉瑾取回巡撫，彼固借私以逞，要亦不為無說」（續文獻通考卷五十四行御史臺，引春明夢餘錄）。且也，據歷代職官表（卷五十總督巡撫）說：

明自中葉以後，督撫多用廷推，率以營求得之。又往往交結閹人，為其私黨，以致擅作威福，朘剋民膏。即名掛彈章者，亦多置之不問，甚者且加遷擢，益無所顧忌。惟事貪暴殃民，而於國事邊防，一切全不為意。浸成厲階，積弛已甚。

前已說過，總督一職在遼東一帶者稱為經略。總督與巡撫往往並置，所以遼東既有經略，又有巡撫，甚至還有總督，萬曆四十八年，遼東一地之內有經略楊鎬，總督汪可受，巡撫周永春（明史卷二百五十九楊鎬傳）。天啟年間，熊廷弼為遼東經略，王化貞為遼東巡撫，卒因經撫不和，誤及疆事（明史卷二百五十九熊廷弼傳）。所以魏呈潤說：「邊事日壞，病在十羊九牧，既有邊帥，又有監司，既有督撫，有巡方，又有監視」（明史卷二百五十八魏呈潤傳）。豈但邊疆，就在內郡也是一樣。

在這種地方制度之下，親民之官如守令，實難展布其才能。而「中葉以後，督撫巡按藩臬指揮之。臨其上者，既不免於朘剝之日繁，而銓選率由資格，庸懦無能者轉視為持祿養拙之藪，而良二千石之風遂不可復問矣」（歷代職官表卷五十三知府直隸州知州等官）。兼以「重內輕外，益不以州縣為意。銓選之法弊，而吏職多不得其人。考課之政弛，而浮濫闒冗皆得以冒居其列。字人之職益輕，而簿書錢穀之寄，遂盡歸於胥吏之手。其僚佐各官有虛名而無實效，甚至骫法營私無所顧忌，而吏治益不可問矣」（歷代職官表卷五十四知州知縣等官）。

第三項　文官制度

我在本書第一冊說明西漢文官制度之時，分為在官前的制度，在職中的制度，退任後的制度。其中最重要者則為學校、考選、祿俸、監察、考課、致仕六項。茲試就此六項，說明明代制度。

㈠學　校

學校乃培養人才，使官職不致曠虛。明制，學校有京師與地方兩種。明初京師置國子學，洪武十五年改學為監，永樂元年始設北京國子監。十八年遷都，乃以京師國子監為南京國子監，而太學生有南北監之分（明史卷六十九選舉志一國學，參閱卷七十三職官志二國子監）。入國學者通謂之監生，厚給廩餼，又有家糧（明史卷六十九選舉志一國學，參閱卷一百十三太祖馬皇后傳）。監生之來源如次表

明代監生表（據明史卷六十九選舉志一）[44]

種類		來源
舉監		鄉試中試者為舉人。舉人入監稱為舉監，始於永樂中，會試下第，輒令翰林院錄其優者，俾入學，以俟後科。
貢監	歲貢	每歲天下按察使選地方學校生員年二十以上，厚重端秀者送監考留（中試者入國子監，不中試者遣返），其例屢更，弘治嘉靖間，照洪武二十五年制，府學歲二人，州學二歲三人，縣學歲一人，遂為永制。
	選貢	於常貢外，令提學（屬按察司），對於地方學校生員，不分廩膳增廣，通行考選，務求學行兼優，年富力強，累試優等者以充貢。
	恩貢	國家有慶典或登極詔書以當貢者充之。

納貢		視例監稍優，其實相仿，亦是捐貲入監。
廕監	官生	在京三品以上，方得請廕，令其子一人入監，謂之官生。
	恩生	出自特恩者不限官品，謂之恩生。
例監		始於景泰元年，令天下納粟納馬者，入監讀書，其後或遇歲荒，或因邊警，或大興工作，率援例行之。訖不能止。

國學分六堂以館諸生，其實還是宋之三舍，元之三齋。不過下舍分為三堂，中舍分為二堂而已。

明國學六堂表（據明史卷六十九選舉志一）

堂名	年服	程度	備考
正義、崇志、廣業	一年半	凡通四書，未通經者。	國子監祭酒一人，從四品，司業一人，正六品，其屬，博士廳五經博士五人，從八品，六堂助教十五人，從八品，學正十人，正九品，學錄七人，從九品。典簿廳典簿一人，從八品，典籍廳典籍一人，從九品。祭酒司業掌國學諸生訓導之政令（明史職官志二國子監）。
修道、誠心	一年半	文理條暢者。	
率性		經書兼通，文理俱優者。	

升至率性，乃積分，歲內積八分者為及格，與出身，不及者仍坐堂肄業。如有才學超異者，奏請上裁。

44 監生所習，自四子本經外，兼及劉向說苑，及律令書數，御製大誥。每月試經書義各一道，詔誥表策論判內科二道。每日習書二百餘字。每班選一人為齋長，督諸生工課（明史卷六十九選舉志一）。

茲述明之學制如次：

本朝洪武十六年定生員三等高下，凡通四書，未通經者，居正義崇志廣業堂。一年半之上，文理條暢者升修道誠心堂。一年半之上，經史兼通，文理俱優者，升率性堂。升率性堂者，方許積分。積分之法，孟月試本經義，（一道），仲月試論（一道）及內科詔誥章表一道。季月試史策（一道）及判語二條。每試文理俱優者與一分，理優文劣者與半分，文理紕繆者無分。歲內積至八分者為及格，與出身；不及分者仍坐堂肄業。其後此制不用，監生惟計年月，先後撥出六部諸司歷事三閱月。所司考其勤謹，奏送吏部附選，挨次取用……此大學出身之資格也。方其在學校時，每月之中，會講背書皆有定日。每季一試，惟策高下以為激勸之方，而於出身無所關預。又輪差於內外諸司，俾其習為政事。半年回學，晝則趣事於各司，夕則歸宿於齋舍。優游之以歲月，琢磨之以義理，約束以規法。廩食學校，則俾其習經史；歷事各司，則俾其習政法，遇大比年，許其就試，其為教法可謂本末兼舉矣（大學衍義補卷七十設學校以立教下）。㊺所謂「出身」，即有任官的資格，無須參加國家考試。「太祖雖間行科舉，而監生與薦舉人才參用者居

㊺ 明史（卷六十九選舉志一）亦謂「凡通四書未通經者，居正義崇志廣業，一年半以上。文理條暢者升修道誠心，又一年半，經史兼通，文理俱優者，乃升率性。升至率性，乃積分。其法，孟月試本經義一道。仲月試論一道，詔誥表內科一道。季月試經史策一道，判語二條。每試文理俱優者與一分，理優文劣者與半分，紕繆者無分。歲內積八分者為及格，與出身，不及者仍坐堂肄業，如有才學超異者，奏請上裁」。案「大學衍義補」一書乃起草於成化年間，弘治元年書成表進。其中有「其後此制不用」一語與明志不同，且事實並不如此。關於「歷事」，本書當重述於後。此處所以引用丘濬之言，蓋取其說明學科與實習甚得要領，足供今人參考。

多。故其時布列中外者，太學生最盛。一再傳之後，進士日益重，薦舉遂廢，而舉貢日益輕」（明史卷六十九選舉志一）。最初，「歲貢必考學行端莊，文理優長者，以充之。其後但取食廩年深者」（明史卷六十九選舉志一）。「洪永間，國子生以數千計」，到了弘治中，「在監科貢共止六百餘人」，到了嘉靖年間，「監生在監者不及四百人」（明史卷六十九選舉志一），國學廢弛於茲可見。

地方學校創始於洪武二年，有府州縣三種。「初生員入學，從巡按御史布按兩司及州府官選取」。正統元年「南北直隸各置御史一員，餘置按察使副使或僉事一員，專督學校」，這總稱為提學官（續文獻通考卷五十郡國鄉黨之學），由監察機關管理教育行政，不能不說是奇怪制度。生員皆廩食於學，故稱為廩膳生員（明史卷六十九選舉志一），「生員專治一經，以禮樂射御書數設科分教，務求實才，頑不率者黜之」（明史卷六十九選舉志一）。只唯廩膳生才得充為歲貢，其「非廩生久次者，不得充歲貢也」（明史卷六十九選舉志一）。廩膳生人數如次：

地方學校廩膳生員人數表（明史卷六十九選舉志一）

種類	人數	備考
府學	四十人	府設教授一人，從九品，訓導四人。州學正一人，訓導三人。縣教諭一人，訓導二人。教授學正教諭掌教誨所屬生員，訓導佐之（明史卷七十五職官志四儒學）。
州學	三十人	
縣學	二十人	

宣德中，又增廣其額，謂之增廣生員，增廣生員不食廩，吾人觀「天順六年令廩膳有缺，於增廣內選

補」（明會要卷二十五府州縣學），即可知之。增廣生員人數如次：

地方學校增廣生員人數表（明史卷六十九選舉志一）

兩京		外省	
府學	六十人	府學	四十人
州學	五十人	州學	三十人
縣學	四十人	縣學	二十人

據顧炎武之言：

> 明初諸生無不廩食於學。會典言，洪武初，令在京府學六十人，在外府學四十人，州學三十人，縣學二十人，日給廩膳，聽於民間選補，仍免其差徭二丁。其後以多才之地，許令增廣，亦不過三人五人而已。踵而漸多，於是宣德元年定為之額，如廩生之數（日知錄卷十七生員額數）。

即是洪武初，只唯在京府學之增廣生員人數較多，至於州學及縣學則在京及在外，人數相同。到了宣德元年，增廣生員與廩膳生員之數不問在京或在外，均為四十人、三十人、二十人。前表乃根據明志。其原文云：「宣德中，定增廣之額，在京府學六十人，在外府學四十人，州縣以次減十」（明史卷六十九選舉志一）。正統十二年因民間子弟可造者多，「又於額外增取，附於諸生之末，謂之附學生員，凡初入學者止謂之附學」。附學生員經兩次考試（三年兩試），等第高者，可補為廩膳增廣（明史卷六十九選舉志一）。所謂兩次考試，即由提學官三歲兩試。此時不但附學生員，就是廩膳增廣，也同時受試。考試結果如次。

提學官在任三歲，兩試諸生。先以六等試諸生優劣，謂之歲考。一等前列者，視廩膳生，有缺依次充補。其次補增廣生，一二等皆給賞。三等如常，四等撻責。五等則廩增遞降一等，附生降為青衣。六等黜革。繼取一二等為科舉生員，俾應鄉試，謂之科考。其充補廩增給賞，悉如歲試。其等第仍分為六，而大抵多置三等。三等不得應鄉試，撻黜者僅百一，亦可絕無也（明史卷六十九選舉志一）。[46]

吾人須知明代學校，不問地方或中央，早就有名無實。師儒鮮積學，生徒亦玩愒歲月，目的只在倖博一官，天順三年建安老人賀煬上書言：

朝廷建學立師，將以陶鎔士類，而師儒鮮積學，草野小夫夤緣津要，初解兔園之冊，已廁鵷鷺之群。及受職泮杯，猥瑣貪饕，要求百故，而授業解惑，莫措一詞。生徒亦往往玩愒歲月，佻達城闕，待次循資，濫升太學，侵尋老耄，倖博一官，但壓身家之謀，無復功名之念。及今不嚴甄選，人材日陋，士習日非矣（明史卷一百六十四張昭傳）。

㈡考　選

太祖起事之時，曾「徵耆儒宋濂劉基章溢葉琛至建康，創禮賢館處之」（明史卷七十一選舉志三）。終太祖世，此種徵召常見於史（明會要卷四十九徵辟）。元時，漢人受了歧視，屈伏於牖下者為數不少。明初，天下未定，需才孔亟，故用特徵之法，禮聘賢能，甲辰三月又敕中書省曰：

今土宇日廣，文武並用，卓犖奇偉之才，世豈無之，或隱於山林，或藏於士伍，非在上者開導引拔之，

---

[46] 此外尚有所謂童生者。「士子未入學者通謂之童生。當大比之年間收一二異敏，三場並通者，俾與諸生一體入場，謂之充場儒士。中式即為舉人，不中式仍候提學官歲試合格，乃准入學」（明史卷六十九選舉志一）。

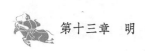

無以自見，自今有能上書陳言，敷宣治道，武略出眾者，參軍及都督府具以名聞。或不能文章而識見可取，許詣闕面陳其事。郡縣官年五十以上者，雖練達政事，而精力既衰，宜令有司選民間俊秀，年二十五以上，資性明敏有學識才幹者，辟赴中書，與年老者參用之。十年以後，老者休致，而少者已熟於事，如此則人才不乏，而官使得人。其下有司宣布此意。於是州縣歲舉賢才及武勇謀略通曉天文之士，間及兼通書律者（明史卷七十一選舉志三）。

此種選舉比之科舉之以文字取士者似勝一籌。因為俊秀之士既派至中書省實習，他們自可得到行政經驗，而又承接年老者之任，則政界復有新陳代謝之作用。洪武六年罷科舉，別令有司察舉賢才，禮送京師，不次擢用，於是罷科舉者十年。至十七年復行科舉，而薦舉之法亦不廢（明史卷七十一選舉志三）。但是「薦舉行之既久，不能無弊，所舉或鄉里親舊，僚屬門下，素相私比者」（明史卷七十一選舉志三）。固然永樂元年以後，間行保舉之法，所舉「後以貪污聞者，舉主連坐」，但「諸臣畏連坐而不舉」（明史卷七十一選舉志三），「宣德間嘗詔天下布按二司及府州縣官，舉賢良方正各一人」，而到了正統元年「尚舉未已」（明史卷七十一選舉志三）。「自後科舉日重，薦舉日益輕，能文之士，率由場屋進以為榮。有司雖數奉求賢之詔，而人才既衰，第應故事而已」（明史卷七十一選舉志三）。

明制，「科舉必由學校，而學校起家可不由科舉」（明史卷六十九選舉志一）。這話怎麼說呢？即唯府州縣學諸生，科試（因各學設科分教，故稱科試）名列一、二等者，才得應鄉試，中試者稱為舉人，而後再參加會試與廷試，這是與宋制不同之點。「宋則科舉學校絕不相關」（明會要卷四十七科目雜錄，引黃尊素言）。又者明代，國學生員升至「率性」，歲內積八分者，即與出身，換言之，就有任官的資格。太祖時曾「令國子生於諸司習吏事」，吏部四十一名，戶部五十三名，禮部十三名，其他機關亦派遣有差（續文獻通考卷四十七學校二）。這稱為「歷事」，「始於洪武五年。建文時，定考覈法，上中下三等。上等選用，中下等仍歷一年再考，上等者依上等用，中等者不拘品級隨才任用，下等者回監讀書」（明史卷六十九選舉志一）。此時「布列中外者太學生最盛」（明史卷六十九選舉志一）。例如洪武「二十五年，擢監生師逵、墨麟等為監察御史，夏原吉為戶部主事」「二十六年十月，擢監生劉政、龍鐔等六十四人，為行省布政按察兩使，及參政、參議、副使、僉事等官」（明會要卷二十五國學）。但是只唯監生才有此種資格。至於府州縣學諸生不是依歲貢，入國學，就須經鄉試中試，或再參加會試廷試，而得進士之銜。故志云「府州縣諸生入國學者，乃可得官，不入者不能得也」（明史卷六十九選舉志一）。

唯自「進士日益重」之後，就發生了「監生益輕」的現象（明史卷六十九選舉志一）。固然監生亦得由有司申舉參加會試以及廷試，例如永樂九年鍾英等五人成進士（明史卷六十九選舉志一）。但是府州縣學諸生既得由鄉試而會試而廷試，則縱令會試下第，亦必不願離開鄉里，而留在京師入監（明史卷六十九選舉志一）。這便是地方學校，由廩膳而增廣而附學，日益加多，而「嘉靖中南北國學皆空虛」之原因（明史卷六十九選舉志一）。這樣，科舉便成為明代擇才的唯一方法。

明代科舉之法如何？茲抄錄明志所載如次，而後分為四點說明之。

試士之法，專取四子書及易書詩春秋禮記五經命題試士。蓋太祖與劉基所定，其文略仿宋經義，然代古人語氣為之。體用排偶，謂之八股，通謂之制義。三年大比，以諸生試之直省曰鄉試，中試者為舉人。次年以舉人試之京師，曰會試。中試者天子親策於廷，曰廷試，亦曰殿試。分一二三甲以為名第之次。一甲止三人，曰狀元榜眼探花，賜進士及第。二甲若干人，賜進士出身。三甲若干人，賜同進士出身。子午卯酉年鄉試，辰戌丑未年會試。鄉試以八月，會試以二月，皆初九日為第一場，又三日為第二場，又三日為第三場。……後頒科舉定式，初場試四書義三道，經義四道……二場試論一道，判五道，詔誥表內科一道。三場試經史時務策五道。廷試以三月朔，鄉試直隸於京府，各省於布政司，會試於禮部，……舉子則國子生及府州縣學生員之學成者，儒士之未仕者，官之未入流者，皆由有司申舉性資敦厚，文行可稱者應之（明史卷七十選舉志二）。

唯在說明以前，不能不稍費筆墨一述者，明代取士，專尚文詞，由四書（用朱子章句集註）五經（易、書、詩、春秋、禮記）內命題。文章不在於窮理，而思想則受古人尤其朱熹註疏的拘束，所以士人必須記誦章句，而後方能下筆成文。於是有大儒王陽明者出來反對，他先要求學問解放於章句之外。他說：「世之學者章繪句琢以誇俗，詭心色取，相飾以偽，謂聖人之道勞苦無功，非復人之所可為，而復取辯於言詞之間……而聖人之學遂廢，則今之所大患者，豈非記誦詞章之習。而弊之所從來，無亦言之太詳，析之太精者之過歟」（陽明全書卷七別湛甘泉序）。「世之學者承沿其舉業詞章之習，以荒穢戕伐其心，既與聖人盡心之學相背而馳，日騖日遠，莫知其所抵極矣」（陽明全書卷七重修山陰縣學記）。王陽明希望學者解放於四書五經的章句之外，觀此可以知道。

陽明又進一步，對於六經採懷疑態度，他先說：「天下之大亂，由虛文勝而實行衰也」（陽明全書卷一傳習錄上徐愛記）。次謂「自伏犧畫卦，至於文王周公，其間言易，紛紛籍籍，不知其幾，易道大亂。孔子以天下好文之風日盛，知其說之將無紀極，於是取文王周公之說而贊之，以為惟此為得其宗，於是紛紛之說盡廢，而天下之言易者始一。書詩禮樂春秋皆然。書自典謨以後，詩自二南以降，如九邱八索，一切淫哇逸蕩之詞，蓋不知其幾千百篇。禮樂之名物度數至是亦不可勝窮。孔子皆刪削而述正之，然後其說始廢。如書詩禮樂中，孔子何嘗加一語。今之禮記諸說皆後儒附會而成，已非孔子之舊。至於春秋，雖稱孔子作之，其實皆魯史舊文。所謂筆者筆其舊，所謂削者削其繁，是有簡無增」（陽明全書卷一傳習錄上徐愛記）。始皇焚書若非「出於私意」，「志在明道」，「亦正暗合刪述之意」（陽明全書卷一傳習錄上徐愛記）。他反對左傳，以為「世儒之說未得聖人作經之意，如書弒君，即弒君便是罪，何必更問其弒君之詳。征伐當自天子出，書伐國，即伐國便是罪，何必更問其伐國之詳……若是一切縱人欲，滅天理的事，又安肯詳以示人，是長亂導奸也」（陽明全書卷一傳習錄上徐愛記）。「詩非孔門之舊本矣，孔子云放鄭聲，鄭聲淫。又曰惡鄭聲之亂雅樂也，鄭衛之音亡國之音也。孔子所定三百篇皆所謂雅樂，皆可奏之郊廟，奏之鄉黨，皆所以宣暢和平，涵泳德性，移風易俗，安得有此，是長淫導奸矣。此必秦火之後，世儒附會，以足三百篇之數」（陽明全書卷一傳習錄上徐愛記）。陽明不信六經，且以詩經為誨淫之書，古來學者的註疏，陽明都把它推翻了。

陽明復進一步，不以孔孟為偶像，而反對俗儒之排斥「異端」。他說：「孟子闢楊墨，至於無父無君。二子亦當時之賢者，使與孟子並世而生，未必不以之為賢。墨子兼愛，行仁而過耳，楊子為我，行義而過耳。此其為說亦豈滅理亂常之甚，而足以眩天下哉。而其流之弊，孟子至比於禽獸夷狄，所謂以學術殺天下後世也。今世學術之弊，其謂之學仁而過者乎，謂之學義而過者乎，抑謂之學不仁不義而過者乎。吾不知其於洪水猛獸何如也」（陽明全書卷二答羅整菴少宰書）。又說：「今世學者皆知宗孔孟，賤楊墨，擯釋老。聖人之道，若大明於世。然吾從而求之，聖人不得而見之矣。其能有若墨氏之兼愛者乎，其能有若楊氏之為我者乎，其能有若老氏之清靜自守，釋氏之究心性命者乎。吾何以楊墨老釋之思哉。彼於聖人之道異，然猶有自得也」（陽明全書卷七別湛甘泉序）。陽明由這見解，進而主張孔子之言，未可全信，而吾心之善未必在孔子之下。他說：「夫學貴得之心，求之於心而非也，雖其言之出於孔子，不敢以為是也，而況其未及孔子者乎。求之於心而是也，雖其言之出於庸常，不敢以為非也，而況其出於孔子者乎……夫道，天下之公道也。學，天下之公學也，非朱子可得而私也，非孔子可得而私也。天下之公也，公言之而已矣。故言之而是，雖異於己，乃益於己也。言之而非，雖同於己，適損於己也」（陽明全書卷二答羅整菴少宰書）。這種不以孔子為偶像，不以孔孟之言為絕對的真理，中國思想到了王陽明，已經發生了革命㊼。

思想如此，制度亦然。王船山說：「法者非一時，非一人，非一地者也」（讀通鑑論卷四漢元帝），「一人之身，老少異狀，況天下乎。剛柔異人也，不及者不可強，有餘者不可裁。清任各有當，而欲其中，則交困也。南北異地也，以北之役役南人，而南人之脆者死。以南之賦賦北土，而北土之瘠也盡。以南之文責

㊼ 陽明之後有李贄者，其言論更見激烈，而欲推翻一切傳統觀念，他說：「夫天生一人，自有一人之用，不待取給於孔子而後足也。若必待取足於孔子，則千古以前無孔子，終不得為人乎」（李氏焚書卷一答耿中丞）。顧世人乃奉尼父為至聖先師，非孔子之言不敢言，於是千餘年來，捨孔子所定的是非之外，乃無是非。「豈其人無是非哉，咸以孔子之是非為是非，故未嘗有是非耳」（李氏焚書卷一答耿中丞）。他更抨擊周程朱張，而說：「彼以為周程張朱者皆口談道德，而心存高位，志在巨富。既已得高官巨富矣，仍講道德說仁義自若也，又從而嘵嘵然語人曰我欲厲俗而風世，彼謂敗俗傷世者莫甚於講周程張朱者也」（李氏焚書卷二又與焦弱侯）。「嗟乎，平居無事祇解打恭作揖，終日匡坐，同於泥塑。以為雜念不起，便是真實大聖大賢人矣……一旦有警則面面相覷，絕無人色。甚至互相推委，以為能明哲。蓋因國家專用此等輩，故臨時無人可用」（李氏焚書卷四因記往事）。

北士，則學校日勞鞭朴，以北之武任南兵，則邊疆不救，危亡其間」（讀通鑑論卷四漢元帝）。「一代之治，各因其時，建一代之規模，以相扶而成治。故三王相襲，小有損益，而大略皆同。未有慕古人一事之當，獨舉一事，雜古於今之中，足以成章者也。王安石惟不知此，故偏舉周禮一節，雜之宋法之中，而天下大亂」（讀通鑑論卷二十一唐高宗）。此種言論雖不能謂其出於王陽明，而王陽明的思想實開其端，此又吾人不可不知。

茲再回頭說明明代科舉之制，分為四點討論之。

(1)明代科舉猶如宋元一樣，分鄉試、會試、廷試。鄉試由兩直隸之京府及各省之布政司主辦，會試由禮部主辦，廷試又稱殿試，由天子親策。鄉試中試者稱為舉人，而後貢於中央，經會試中試後，再舉行廷試。廷試中試，分三甲，授以進士之銜；一甲三人，曰狀元榜眼探花，賜進士及第；二甲若干人，賜進士出身；三甲若干人，賜同進士出身。各種考試皆分三場，「始以經義，繼以論表，終以策問」（明會要卷四十七科目龍文彬案），即如王鏊所說：「先之經義，以觀窮理之學，次論表，以觀博古之學，終策問，以觀時務之學」（明會要卷四十七科目雜目），「而百年之間，主司所重，士子所習惟有經義」（明會要卷四十七科目雜目）。經義專考四書五經，而四書則以朱子集註為本（明史卷七十選舉志二）。對此，王陽明曾加批評。本書已舉於上。且也，明代考試之經義又與宋代之經義不同，如題為「樂天者保天下」，發端三句，謂之破題，即講樂天四股，中間過接四句或二句，復講「保天下」四股，復收四句或二句，再作大結。每四股之中，一反一正，一虛一實，一淺一深（日知錄卷十六試文格式），體用排偶，配以音韻，此種文體稱為八股。考卷能否錄取，先看破題。破題惡劣，考卷即棄去不閱，所以文章雖長，而閱卷官最初所注意者不過破題數句而已。

顧炎武云：

明初三場之制雖有先後，而無輕重。乃士子之精力多專於一經，略於考古。主司閱卷，復護初場所中之卷，而不深求其二三場。夫昔之所謂三場，非下帷十年、讀書千卷，不能有此三場也。今則務於捷得，不過於四書一經之中，擬題一二百道，竊取他人之文記之，入場之日，抄謄一過，便可僥倖中式，而本經之全文有不讀者矣。率天下而為欲速成之童子，學問由此而衰，心術由此而壞（日知錄卷十六三場）。

又云：

初場試所習本經義四道。而本經之中，場屋可出之題不過數十。富家巨族延請名士，館於家塾，將此數十題各譔一篇，計篇酬價，令其子弟及僮奴之俊慧者記誦熟習。入場命題十符八九，即以所記之文抄謄上卷，較之風簷結構，難易迴殊。四書亦然。發榜之後，此曹便為貴人，年少貌美者多得館選。天下之士靡然從風，而本經亦可以不讀矣……故愚以為八股之害等於焚書，而敗壞人材有甚於咸陽之郊所坑者但四百六十餘人也（日知錄卷十六擬題）。

黃宗羲亦說：

今也……其所以程士者止有科舉之一途，雖使古豪傑之士……舍此亦無由而進……流俗之人徒見夫二百年以來之功名氣節一二出於其中，遂以為科法已善，不必他求。不知科第之內既聚此百千萬人，不應功名氣節之士獨不得入。則是功名氣節之士之得科第，非科第之得功名氣節之士也（明夷待訪錄取士下）。

(2)明代鄉試只唯地方學校諸生科試（因設科分教，故曰科試）名列一二等者，才得參加（明史卷六十九選舉志一），其中試者稱為舉人，解送禮部會試，縱不中試，不但來科可以不經鄉試，而得直接參加會試，並且舉人尚有任官的資格。此是與宋制不同之點。宋時，鄉試中試之人只能得到參加會試的資格。「其下第進士，雖曾中省試，來科仍復解試」（即再參加鄉試），「御試（即廷試）苟不中格，則省試（及鄉試）皆虛也」（明會要卷四十七科目雜錄，引黃尊素言）。關此顧炎武亦云：

> 舉人者舉到之人……（唐時）登科則除官，不復謂之舉人，而不第則須再舉，不若今人以舉人為一定之名也。原注云：鄉舉在宋為漕試，謂之發解。第偕之解送南宮會試耳。試不第者須再試，未階以入仕也。及累舉不第，然後有推恩焉，謂之特奏名，不復繫諸鄉舉矣。元時亦然。至國朝（明），始定為入仕之途，則一代之新制也（日知錄卷十六舉人）。

(3)宋代鄉試雖然是「諸州各自為試，各自發解，與路分無與」（明會要卷四十七選舉雜錄，引黃尊素言），而會試及廷試錄取額數並不受地方之限制，吾人觀神宗時蘇軾之言：「今陛下以經義取人……考其所得多吳楚閩蜀之人。至於京東西河北河東陝西五路……得人常少」（東坡七集奏議集卷二元豐元年上皇帝書），即可知之。至元，錄取人數雖與地方無關，而又依蒙古色目漢人南人之別，在鄉試，各取七十五名，會試各取二十五名，廷試如何，史闕其文。明之鄉試：乃在各省首府舉行，各省貢額有一定數目。

> 洪武三年，京師行省各舉鄉試。直隸貢額百人。河南山東山西陝西北平福建江西浙江湖廣皆四十人。廣西廣東皆二十五人。才多或不及者不拘額數……洪武十七年詔不拘額數……洪熙元年始有定額，其後漸增，至正統間，南北直隸定以百名。江西六十五名。他省又自五而殺。至雲南二十名為最少。嘉靖間增至四十，而貴州亦二十名。慶曆啟禎間，兩直隸益增至一百三十餘名，他省漸增，無出百名者。交阯初開，以十名為額，迨棄其地乃止（明史卷七十選舉志二）。

會試錄取人數，「初無定額，少至三十二人，其多者若洪武乙丑永樂丙戌至四百七十二人。其後或百名，或二百名，或二百五十名，或三百五十名，增損不一，皆臨期奏請定奪。至成化乙未而後，率取三百人，有因題請及恩詔，而廣五十名或百名者，非恆制也」（明史卷七十選舉志二）。案明代乃沿宋之制，會試中試者，殿試不再黜落（詳下文），所以殿試中試人數亦即會試中試人數。依續文獻通考（卷三十五）明登科記總目，在憲宗成化十四年及二十三年，殿試中試人數就有三百五十人，武宗正德年間每次殿試中試人數均在三百名以上。世宗嘉靖二年有四百一十人，三十二年有四百一人，四十四年有三百九十四人。穆宗隆慶二年有四百三人，五年有三百九十六人。神宗萬曆十一年、十四年、十七年、四十一年、四十四年、四十七年均將近三百五十人之數。熹宗天啟二年竟達到四百九人。崇禎年間殿試中試人數多在三百名以上，而十六年且達三百九十五人之多。由此可知「率取三百名」一語未必真實。又者，明初，會試未嘗分地而取，洪熙年間分南北二區，宣德正統間分南北中三區，每區額數如次。

> 訖永樂間，未嘗分地而取，洪熙元年仁宗命楊士奇等定取士之額，南人十六，北人十四，宣德正統間，分為南北中卷，以百人為率，則南取五十五名，北取三十五名，中取十名。……南卷應天及蘇松諸府浙江江西福建湖廣廣東，北卷順天山東山西河南陝西，中卷四川廣西雲南貴州及鳳陽廬州二府滁徐和三州也（明史卷七十選舉志二）。

宋初會試中試者，殿試可以黜落，仁宗嘉祐二年以後，殿試無黜落之事（宋史卷一百五十五選舉志一科目上）。元制，會試中選者一百名，而廷試中試人數，除順帝元統元年為一百人之外，其餘皆不及一百人之數（元史卷八十一選舉志一科目，卷九十二百官志選舉附錄科目）。即元之廷試有黜落之事。至明，「殿試不過名次升降，無有黜落」（明會要卷四十七科目雜錄，引黃尊素言），即會試中試，雖然還有廷試一關，而名存實亡，最劣者亦賜同進士出身。

(4)宋時，吏部掌文武二選（宋史卷一百六十三職官志三吏部）。元代亦然（元史卷八十五百官志一吏部）。明則依唐之制，「任官之事，文歸吏部，武歸兵部，而吏部職掌尤重」（明史卷七十一選舉志三）。但是唐代「士之及第者未便解褐入仕，尚有試吏部一關」，明乃依宋初之制，「進士解褐，不試吏部」（日知錄卷十七出身授官）。到了員多缺少，而後才由吏部銓選。吏部如何銓選，是否亦若唐代之試身言書判？抑若宋代之試判三道，史缺其文。最初吏部之權甚大，據趙翼說：凡「量能授職，核功過以定黜陟，則惟吏部主之」。「布政等官皆吏部選用」，「六部堂官亦吏部推用」。「方面大吏專屬吏部」，「巡撫等官皆吏部所用」，「公正則選用得人，否則可以高下在心，予奪任意」（廿二史劄記卷三十三明吏部權重）。因之，由代宗而至英宗復辟，天順中就醞釀了廷推之制，「然亦皆吏部主之」。歷代職官表（卷五吏部，又案）云：「明代銓政，主於文選一司，自部院屬官，府縣正佐，皆聽吏部擇人注授，初無成法。而大僚則由廷議會推」。即由吏部提出人選，由廷議評其可否，而後呈請天子簡用，故廷推又稱為會推，如明會要（卷四十八廷推），「崇禎元年詔會推閣臣」，「六年廷推閣臣」，「十五年廷推閣臣」，均是推舉閣臣，既云會推，又云廷推，最初會推是由吏部為之，廷推是由廷臣為之，到了後來，廷推與會推本質上遂無區別。廷推之制似由廷議發展而成，最初見於明史者，代宗景泰中，「兵部尚書于謙以病在告，詔推一人協理部事」（明史卷一百六十八江淵傳）。然而此際廷推尚未成為定制，中經英宗復辟，天順年間「凡選用卿佐重臣，必召吏部尚書王翺與大學士李賢面議可否」（西園聞見錄卷二十六宰相上），而廷推之制也於此時漸次發生。史謂「天順之世，李賢為首輔……故事，方面官敕三品官保舉。賢患其營競，令吏部每缺舉二人，請帝簡用。並推（即吏部會推）之例始此」（明史卷一百七十六李賢傳）。及至憲宗嗣位，因口吃之故，「始不召見大臣面議，只令吏部會推才望相應者二三員，疏名請旨，點用一員」（西園聞見錄卷二十六宰相上）。降至孝宗年間，吏部會推又演變為廷推，而成為明代確定的制度。所以「弘治五年正月，湖廣巡撫徐恪，中旨改南京工部侍郎。恪上疏曰大臣進用，宜出廷推，未聞有傳奉[48]得者。臣生平不敢由他途進，請賜罷黜。帝慰留之」（明會要卷四十八廷推，參閱明史卷一百八十五徐恪傳）。

廷推本來是「爵人於朝，與眾共之之義」（明史卷二百二十四孫鑨傳）。然其結果並不理想，今日民主國家之採用總統制者，一切國務員均由總統任命。而採用內閣制者，國務總理亦不過要得到議會信任，並不由議會選舉。至於一般國務員，均由國務總理推薦，而由元首任命之。明制，一切大僚均由廷推，其結果如何，請看下文所說：

又案，大僚則由廷議會推……然究其所推者，又不必盡孚輿論，大抵仍視大臣居首者意指所向，而群相附和之，其闕門聚議不過沿習具文，並無一人能主持公道。是即所推者果克當其任，而恩怨所在，其不預推者，勢不能不生觖望，營求傾軋，將從此起。又況所推不出於至公，而徒以朝廷爵祿榮途為諸臣網利徇私之具，其弊又何可勝道（歷代職官表卷五吏部）。

最初廷推如上所言，是由吏部提名，吏部並不開列名單，只由尚書宣布人選，正推一名，陪推一名，眾議僉同，便由吏部尚書請旨簡用。

---

[48] 陸子元嘗言，祖宗時用人，亦往往出親擢，今凡不由吏部擬上，而特旨遷除者，謂之傳奉官，必不久而罷，人亦恥為之（明會要卷三十一吏部尚書侍郎，引續通典）。

國之大僚，政事係焉，會推不可不審也。每遇員缺，先一日移大九卿掌科掌道，集會於東闕，九卿東西立，科道北向立。選司（吏部尚書之下置四司，其一為文選司）致詞，推某缺，遞一空冊於冢宰（此冢宰是指吏部尚書，明史卷七十二吏部云：吏部尚書掌天下官吏選授封勳考課之政令，蓋古冢宰之職，視五部為特重）。冢宰云：推某正某陪，各畫題而本不列名，此舊例也（春明夢餘錄卷三十四吏部）。[49]

後來，一方內閣侵奪部權[50]，他方參加廷推之人又多[51]，吏部不能作主，廷臣意見很難一致，被推的人遂由二人增加至五六人，最後且在十人以上。此時也，吏部之權日輕[52]，而廷推竟變為類奏[53]。廷推由

---

[49] 廷推由吏部尚書提名，下列之例更為明顯。「萬曆二十二年五月丁亥，吏部推閣臣王家屏沈鯉陳有年沈一貫，左都御史孫丕揚，吏部右侍郎鄧以讚，少詹事馮琦，不允。初閣臣王家屏以諫冊儲罷歸，至是，上諭有不拘資品堪任閣臣語，吏部遂以家屏等名上。上覽不懌，下旨詰責，以宰相奉特簡，不得專擅。吏部尚書陳有年爭之，以為冢宰總憲廷推，自有故事。王家屏為相有名，若宰相不廷推，將來恐開捷徑，因乞骸骨。上命馳驛還籍，以孫丕揚代之」（明史紀事本末卷六十六東林黨爭）。

[50] 明史卷二百二十五楊巍傳：「明制，六部分蒞天下事，內閣不得侵，至嚴嵩（世宗嘉靖年間）始險撓部權。迨張居正時（神宗萬曆十年以前），部權盡歸內閣，逡巡請事如屬吏，祖制由此變」。

[51] 春明夢餘錄卷二十三閣臣宜推，萬曆十九年吏部尚書陸光祖疏言：「祖宗定制，凡大臣員缺，吏部與九卿會推，請旨簡用。至推吏兵二部尚書，各邊總督及內閣大臣，則九卿之外，復益以六科十三道。蓋其任愈重，則舉愈當公，詢謀愈同，方敢推用，實所以廣思集眾，而杜偏聽之奸，絕阿私之患也」。

[52] 明史卷二百二十五李戴傳，「萬曆二十六年吏部尚書蔡國珍罷，廷推代者七人，李戴居末，帝特擢用之。當是時趙志皋沈一貫輔政，雖不敢撓部權，然大僚缺人，九卿及科道掌印官咸得自舉，聽上裁。而吏部諸曹郎亦由九卿推舉，

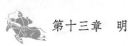

吏部先定人選，類奏由九卿各舉所知。唯在專制時代，天子用人並不受廷推的拘束，不但可以簡用陪推之人，而且正推陪推若不獲簡帝心，尚可下詔再推，而至於三推四推，推到天子所擬用之人乃已[54]。其甚者，

尚書不得自擇其屬。在外府佐及州縣正佐官則盡用掣簽法，部權日輕」。

[53] 據明史卷二百十九張位傳，萬曆二十年趙志皋張位在閣，「志皋為首輔，位與志皋相厚善，志皋衰，位精悍敢任，政事多所裁決。時黜陟權盡還吏部，政府（內閣）不能侵撓，位深憾之」。又據卷二百二十四孫鑨傳，萬曆二十年三月孫鑨為吏部尚書，「吏部自宋纁（萬曆十八年三月任，十九年五月卒）及陸光祖（萬曆十九年四月任，二十年三月致仕）為政，權始歸部。至鑨守益堅，張位（時為閣臣）等不能平，因欲奪其權。建議大僚缺，九卿各舉一人，類奏以聽上裁（續文獻通考卷三十六舉官，作九卿科道各舉所知，送之吏部類奏，取自上裁），用杜專擅。鑨言廷推大臣，得共衡可否，此爵人於朝，與眾共之之義（續文獻通考卷三十六舉官），孫鑨又謂官至大臣，敭歷已久，才品已定，會推之時，九卿科道俱在，如有不當，自宜面相爭引，何必類奏，類奏啟倖途，非制。給事中史孟麟亦言之，詔卒如位議，自是吏部權又漸散之九卿矣」。據明史（卷二百三十一）史孟麟傳，「疏爭曰，曩太祖罷中書省，分設六部，恐其專也。而官各有職，不相侵越，則又惟恐其不專。蓋以一事任一官，則專不為害，即使敗事，亦罪有所歸，此祖宗建官之意也。今令諸臣各書所見，類奏以聽上裁（史孟麟傳，類奏乃兼指會議會推，故云所見），則始以一部之事，分而散之於諸司，究以諸司之權，合而收之於禁密。事雖上裁，旨由閣擬，脫有私意奸其間，內託上旨，外諉廷言，誰執其咎」。由此可以證明，廷推時，提名權應屬吏部。上述之年月乃根據明史卷一百十宰輔年表二及卷一百十二七卿年表二。七卿為六部尚書及都察院都御史，九卿又加以通政司使及大理寺卿。

[54] 舉一例說，正德八年十二月己亥，陞兵部左侍郎石玠為都察院右都御史。初都御史缺，吏部擬起用林俊彭澤以請。有旨再推，乃擬劉洪戈瑄。復命再推，又擬孫需陶琰，皆不用。最後以王璟及石玠上，竟用玠焉。見明武宗實錄卷一百七。

天子尚得置廷推於不顧，而出特旨用人。例如「世宗眷侍直諸臣厚，凡遷除皆出特旨。李春芳自學士至柄政凡六遷，未嘗一由廷推」（明會要卷四十八廷推）。又如崇禎屬意周延儒，元年十一月「命會推，廷臣以延儒望輕，置之；列成基命錢謙益等十一人。名上，帝以延儒不預，盡罷會推者不用」。翌年，「特旨拜延儒禮部尚書兼東閣大學士，參機務」（明史卷三百八周延儒傳）。固然崇禎一代常令廷臣會推，而每次廷推必增廣名額，名額既多，就用枚卜之法擇用大臣。枚卜乃出於尚書大禹謨：「枚卜功臣，惟吉之從」，孔傳：「謂歷卜之，而從其吉」。其法是將廷推之姓名，貯之金甌，焚香肅拜，以拈鬮方式，選用閣員（明史卷二百五十一錢龍錫傳）。其後，又因枚卜之未協眾心，乃變為親試，即「簡用閣臣，每親發策，以所條對覘能否」（明史卷二百五十三陳演傳）。用人之法大壞，國祚安得不亡。

除大僚由廷推之外，前已說過，「在外府州縣正佐，在內大小九卿之屬員，皆常選官，選授遷除一切由吏部」（明史卷七十一選舉志三）。但是吏部對此，卻深受資格的限制，明志（明史卷七十一選舉志三）雖云：「進士為一途，舉貢等為一途，吏員等為一途，所謂三途並用也」。而據顧炎武之言：「國初之制，謂之三途並用，薦舉一途也，進士監生一途也，吏員一途也，或以科與貢為二途，非也」（明會要卷四十八銓選）。但是「進士日益重，薦舉遂廢，而舉貢日益輕」（明史卷六十九選舉志一），「舉貢雖與進士並稱正途，而軒輊低昂，不啻霄壤」（明史卷七十一選舉志三），則明志將進士與舉貢別為二途，未必有錯。不過顧炎武所言者乃明初之制，嗣後「制科既重，太學生成材者與天下賢士盡入蒐羅」（明會要卷二十五國學嘉靖八年，引王圻通考），換言之，舉貢雖寄籍於國學，尚得參加會試，則顧炎武將進士與監生合為一途，也有理由。

明代最重資格，正統六年，周敘曾言：「掌銓選者，罔論賢否，第循資格」（明史卷一百五十二周敘傳）。

進士，舉貢，吏員三途，不但初次入仕之品級不同，嗣後昇遷又依資格而異。成化中，丘濬曾言：

> 文臣入仕之途非一端，其大者有三，進士也，監生也，吏員也。吏員資格，其崇者止於七品，用之為佐貳幕職監當筦庫之職，非有保薦者，不得為州郡正員。監生則出自學校之貢選，及舉人試進士不第者。其肄業大學也，循資以出，先歷事於府部諸司，然後次其名於選曹，循資而考之，以定其高下，而授之以職焉。監生吏員二者雖各有其資格，進士初任，亦循其甲第，及其不次擢用，往往越常調焉，是又不專在於資格也（大學衍義補卷十公銓選之法）。

即據丘濬之言，監生、吏員必循資而遷。吏員最多只能遷到七品之官，「人多缺少，計其資次，乃有老死不待得一官者，而監生尤甚」。只唯進士得「不次擢用，往往越常調焉」（大學衍義補卷十公銓選之法）。此成化年間之事，弘（弘治）正（正德）以後，更重資格[55]。「舉貢雖與進士並稱正途，而軒輊低昂，不啻霄壤。隆慶中，大學士高拱言，國初，舉人躋八座，為名臣者甚眾。後乃進士偏重，而舉人甚輕，至於今極矣，請自授官以後，惟考政績，不問其出身。然勢已積重，不能復返」（明史卷七十一選舉志三）。此時「內外要重之司皆歸進士，而舉貢所稱監生者，則有遺賢。銓入高等，不過授以省府幕僚、郡佐、州正。而臺諫、藩臬則必待其歷官有譽而後得之。然亦千百而什一耳」（明會要卷二十五國學嘉靖八年注，引王圻通考）。明志云：

> 成祖初年內閣七人非翰林者居其半，翰林纂修亦諸色參用，自天順二年李賢奏定纂修專選進士，由是非進士不入翰林，非翰林不入內閣。南北禮部尚書侍郎及吏部右侍郎非翰林不任，而庶吉士始進之時，已群

---

55 但據崇禎時姜埰言，「嘉靖時，猶三途並用，今惟一途，舉貢不得至顯官。一舉進士，橫行放誕，此資格之病也」（明史卷二百五十八姜埰傳），斯言若實，則嘉靖年間，還是三途並用。

目為儲相。通計明一代宰輔一百七十餘人，由翰林者十九，蓋科舉視前代為盛，翰林之盛則前代所絕無也（明史卷七十選舉志二）。

到了末世，國家需才孔亟，而尚拘於資格，不肯破格用人。那裡知道「國家設制科立資格、以約束天下豪傑，此所以弭亂，非所以戡亂也」（明史卷二百七十四何剛傳）。於是明朝遂於人才曠虛之中而至滅亡。

吏部在資格的範圍內對於府州縣正佐，大小九卿之屬員尚有注擬之自由。固然不免有納賄之事，嚴嵩時，「吏兵二部尤大利所在」（明史紀事本末卷五十四嚴嵩用事嘉靖三十二年楊繼盛疏言）。蓋文選歸吏部，武選歸兵部之故。然除大奸巨猾之外，「雖多有為人擇地，亦尚能為地擇人」。到了萬曆二十二年孫丕揚為吏部尚書，因患中貴請託，難於從違，乃創為掣籤法。明史（卷七十一）云：「其初用拈鬮法，至萬曆間變為掣籤」。拈鬮不知始於何時，其實拈鬮與掣籤無甚差別，均是書官名及空籤於紙而卷之，令各取其一，以憑取捨。後雖有議其失者，終明世不復更。

> 孫丕揚二十二年拜吏部尚書，丕揚挺勁不撓，百僚無敢以私干者，獨患中貴請謁，乃創為掣籤法。大選急選悉聽其人自掣，請寄無所容，一時選人盛稱無私，然銓政自是一大變矣（明史卷二百二十四孫丕揚傳）。

拈鬮法惟見於明史（卷七十一）選舉志，於傳無考。掣籤法，選舉志言創議於倪斯蕙，吏部尚書李戴擬行報可（明史卷二百二十五李戴傳，萬曆二十六年為吏部尚書，三十一年十二月致仕），孫丕揚不過「踵而行之」（孫丕揚於萬曆二十二年為吏部尚書，二十四年閏八月病免，均見明史卷一百十二七卿年表）。但孫丕揚為吏部尚書乃在李戴之前，那有前人踵行後人之事。故續通考云：

> 臣等謹案明史選舉志，言萬曆二十九年文選員外郎倪斯蕙條上銓政十八事，其一曰議掣籤，尚書李戴擬

行報可，孫丕揚踵而行之。而丕揚傳則言萬曆二十二年拜吏部尚書，患中貴請託，乃造為掣籤法，贊亦及之。李戴傳則言，時在外府佐及州縣正佐官盡用掣籤法。戴視事，謹守新令，幸無罪而已。考神宗實錄，二十三年五月載曹上吉一事云，吏部尚書孫丕揚選法用掣籤，頗稱無私，則掣籤不始於戴，而始於丕揚無疑。且實錄載二十九年李戴疏陳銓政十八事，不報。而志乃云擬行報可，亦屬失考（續文獻通考卷三十六舉官）。

吾所以詳述掣籤法之起源者，蓋清代亦曾承明之弊，用此法以舉官。此蓋出於大臣不肯負責之故。對此，于慎行筆塵曾有批評，其言曰：

古人見除吏條格，卻而不視，以為一吏足矣。奈何衡鑑之地自處於一吏之職，而無所秉成，亦已陋矣。至於人才長短各有所宜，資格高低各有所便，地方繁簡各有所合，道里遠近各有所準，乃一付之於籤，是掩鏡可以索照，而折衡可以坐揣也。從古以來，不聞此法（日知錄卷八選補）。

㈢ 祿俸

祿俸是使官吏用以維持一家生活，與身分相等的一種收入。祿俸菲薄，不能養生送死，免不了營私舞弊，到了最後，貪污便成為政界的普遍現象，貪污不是用以救貧，而是用以致富。法紀蕩然，悠悠風塵皆冒貨之士，列官千百無清廉之風，人民嫉視朝廷有如寇讎，而政界的污濁又引起社會的棼亂。這種情況常見於吾國歷史之上，明代亦不例外。

明代百官祿俸在太祖時，屢經變更。洪武元年及四年所定祿俸，史闕其文，十三年重定之數如次：

十三年重定內外文武官歲給祿米俸鈔之制，正從一二三四品官，自千石至三百石，每階遞減百石。皆給俸鈔三百貫。正五品二百二十石，從減五十石，鈔皆百五十貫。正六品百二十石，從減十石，鈔皆九十貫。正從七品視從六品遞減十石，鈔皆六十貫。正八品七十五石，從減五石，鈔皆四十五貫，正從九品視從八品，遞減五石，鈔皆三十貫。勒之石（明史卷八十二食貨志六俸餉）。

二十五年又更定百官祿。

二十五年更定百官祿，正一品月俸米八十七石，從一品至正三品遞減十三石，至三十五石。從三品二十六石。正四品二十四石。從四品二十一石。正五品十六石。從五品十四石。正六品十石。從六品八石。正七品至從九品遞減五斗，至五石而止。自後為永制（明史卷八十二食貨志六俸餉）。

茲將上述百官祿米作表如次：

洪武二十五年所定百官俸米表（單位石）

官品	月俸米	一年所得俸米
正一品	八七	一、〇四四
從一品	七四	八八八
正二品	六一	七三二
從二品	四八	五七六
正三品	三五	四二〇
從三品	二六	三一二
正四品	二四	一八八
從四品	二一	二五二
正五品	一六	一九二

從五品	一四	一六八
正六品	一〇	一二〇
從六品	八	九六
正七品	七・五	九〇
從七品	七	八四
正八品	六・五	七八
從八品	六	七二
正九品	五・五	六六
從九品	五	六〇

二十五年所定祿米比較十三年為少，十三年除祿米外，尚給俸鈔，一品，二品，三品，四品皆給三〇〇貫，五品一五〇貫，六品九〇貫，七品六〇貫，八品四五貫，九品三〇貫。二十五年是否只給祿米，而省俸鈔，各書所記，不甚明瞭。但明代官祿固然用米，而又不是全部給米。明志云：

> 洪武時，官俸全給米，間以錢鈔兼給，錢一千，鈔一貫，抵米一石。成祖即位，令文武官俸則米鈔兼支，官高者支米十之四五，官卑者支米十之七八。惟九品全支米。其折鈔者，每米一石給鈔十貫（明史卷八十二食貨志六俸餉）。[56]

這樣，就要比較鈔價與米價了。洪武時，錢一千，鈔一貫抵米一石。而「每鈔一貫準錢千文，銀一兩」

[56] 正統年間，胡濙言，太祖時，「每鈔二貫五百文折米一石。黃金一兩折二十石。白金一兩折四石。絹一匹折一石二斗，布一匹折一石」（日知錄卷十一銀）。即此時鈔已由一貫抵米一石，跌為二貫五百文折米一石了。

（明史卷八十一食貨志五錢鈔）。前已說過，明代錢幣漸由銅本位改為銀本位，以銀計算米價，明時正常米價四石值銀一兩，所以正一品每年所得之米，折之為銀，不值一、〇四四兩，而只值二六一兩。至於從九品一年所得，名義上是六〇兩，實質上只值一五兩。成祖以後，米鈔兼支，鈔在太祖末期已經跌價，到了永樂，其跌更甚，「每米一石給鈔十貫」，即鈔價比之洪武初年，已經跌到十分之一，「仁宗立，官俸折鈔，每石至二十五貫」（明史卷八十二食貨志六俸餉），倘若折鈔是準米價，猶可說也，而又不然。仁宗在位不過一年，繼之嗣位者則為宣宗，改元宣德，「宣德初，米一石用鈔五十貫」（明史卷八十一食貨志五錢鈔），即仁宗時所給官俸，以二十五貫抵一石米，其實只值五斗。然而宣德八年乃從胡濙（禮部尚書掌戶部事）之言，每石減十貫，即只給十五貫。折鈔不準米價，官價為十五貫抵一石米，市價為五十貫抵一石米，百官之窮可想而知，試觀孔友諒之言：

> 國朝制祿之典，視前代為薄。今京官及方面官，稍增俸祿。其餘大小官，自折鈔外，月不過米二石，不足食數人。仰事俯育，與道路往來費，安所取資。貪者放利行私，廉者終窶莫訴（明史卷一百六十四黃澤傳）。

到了「正統中，五品以上，米二鈔八。六品以下，米三鈔七」。時「鈔價日賤」，原定米一石給鈔十五貫，乃增十貫，而為二十五貫。然而不久復從戶部尚書王佐之言，仍減為十五貫（明史卷八十二食貨志六俸餉）。成化二年戶部尚書馬昂又請每石再省五貫（明史卷八十二食貨志六俸餉），即每石只給十貫。七年戶部尚書楊鼎請以布代鈔。其法：「米一石折鈔十貫」，而「布一匹折米二十石」，即「布一匹當鈔二百貫」，然而布一匹時估不過二三百錢（銅錢，非鈔），現乃令其充為二百貫之官俸，「自古官俸之薄未有若此者」（明史卷八十二食貨志六俸餉，參閱日知錄卷十二俸祿大明會典條原注）。

正德以後，米價漸貴，嘉靖以後，鈔久不行，而官祿還是以鈔代米，間或折絹，折銀，而所得者比實質之米相差甚遠。明代官俸之薄，請看趙翼之言：

> 明初百官之俸，皆取給於江南官田，其後令還田給祿。洪武十三年，已定文武官祿米俸鈔之數。二十五年，更定官祿，正一品月俸米八十七石。從一品至正三，遞減十三石，從三品二十六石。正四品二十四石。從四品二十一石。正五品十六石。從五品十四石。正六品十石。從六品八石。正七品至從九，遞減五斗，至五石而止。自後為永制。洪武時，官全給米，間以錢鈔，兼給錢一千鈔一貫抵一石（其時鈔尚貴）。官高者支米十之四五，卑者支米十之七八。九品以下全支米。後折鈔者，每米一石，給鈔十貫（時鈔已賤，故十貫抵一石）。又凡折色俸，上半年給錢，下半年給蘇木胡椒（孔友諒傳，疏言大小官，自折鈔外，月米不過二石，此宣德中事也。又李賢傳，正統以前，北京漕運少，各官月支米一石。李賢疏言，降人居京師者，實支十七石五斗。指揮使月俸三十五石者，實支僅一石。是一降人當京官十七員半矣）。成化七年，戶部鈔少，乃以布估給。布一匹，當鈔二百貫。是時鈔一貫，僅值錢二三文。而米一石，折鈔十貫，是一石米僅值二三十錢也。布一匹，亦僅值二三百錢。而折米二十石。是一石米，僅值十四五錢也。明史食貨志，謂自古官俸之薄，未有若此者。顧寧人謂其弊在於以鈔折米，又以布折鈔，以致如此。其後又定有折銀之例（成祖遷都北京，以漕運不便，百官俸米，皆令赴南京關支。惟英國公張輔，以功大，許北京支領。其百官俸米，領票後賣與商人赴領，每十石止值銀一二兩。周忱以江南正苦糧重，建議量折銀，每石銀四錢以充百官俸，折銀之例始此）。凡官俸有二，曰本色，曰折色。其本色又有三，曰月米，曰折絹米，曰折銀米。月米不問官大小，皆一石，折絹者絹一匹當銀六錢。折銀者銀六錢五分當米一石，比從前以布折鈔之例稍優矣。其

折色亦有二，曰本色鈔，曰絹布折鈔。本色鈔二十貫折米一石。絹布折鈔，絹一匹折米二十石，布一匹折米十石。一品者本色僅十之三，遞增至從九品，本色乃十之七。此有明一代官俸之大略也（廿二史劄記卷三十二明官俸最薄）。

百官貧窮，何能不營私舞弊，張居正為有明一代名臣，而身死之後，神宗籍其家，雖然財產不及嚴嵩二十分之一（明史紀事本末卷六十一江陵柄政萬曆十二年），然其諸子兄弟藏得黃金萬兩，白金十餘萬兩（明史卷二百十三張居正傳）。祿俸之厚薄與國家之治亂有很大關係。西漢之世，官祿已經很厚，同時又有察廉之制，廉吏而有才幹，常被拔擢，往往由百石之吏升為縣之令長，由縣令而郡守，由郡守而九卿，由九卿而御史大夫，最後則為丞相。富貴者人之所欲也，欲人清廉，須誘之以富貴，即管仲所謂「人主之所以令則行者，必令於民之所好也」（管子形勢解）。同時又嚴禁貪污，「贓直十金，則至重罪」（漢書卷八十三薛宣傳師古注），「贓吏子孫三世禁錮」（後漢書卷七十五袁安傳），此種刑罰可使百官不敢枉法貪贓，而致害及本身，害及子孫，此即管子所謂「人主之所以禁則止者，必禁於民之所惡也」（管子形勢解）。令之以其所好，禁之以其所惡，人心思漢，實有理由。明呢？在財政困難之際，戶部尚書只知減少百官祿俸，歲暖而妻呼寒，年豐而兒啼飢。妻子凍餒，雖冒刃求利，尚猶不畏，況可令其臨財御眾乎。明代政治腐化，祿俸菲薄實為原因之一。唐時，「楊綰為相，承元載汰侈之後，欲變之以節儉，而先益百官之俸。皇甫鎛以宰相判度支，請減內外官俸祿，給事中崔植封還詔書，可謂達化理之原者矣」（日知錄卷十二俸祿）。

㈣監　察

監察之法，各書所載不甚明白，似將監察官邪與考課功績混為一談。明志云：「考滿考察二者相輔而行」（明史卷七十一選舉志三）。依余之意，考滿當屬於考課，考察當屬於監察，否則考察之目八項，何以單舉百官之劣跡，而不舉其優點。志云：

> 考察通天下內外計之，其目有八：曰貪、曰酷、曰浮躁、曰不及、曰老、曰病、曰罷、曰不謹（明史卷七十一選舉志三）。

總其事者則為都察院與吏部，明志於「都察院」，述其職掌云：

> 遇朝覲考察，同吏部司賢否陟黜（明史卷七十三都察院）。

所謂「司賢否陟黜」又有似於考課，此蓋明制對於監察官邪與考課功績未曾予以明瞭區別之故。考察分為京察與外察二種，京察是考察京官，外察是考察外官。今將明史所載，錄之如次，而後再加說明。選舉志云：

> 考察之法，京官六年，以己亥之歲。四品以上自陳，以取上裁。五品以下，分別致仕、降調、閒住、為民者有差，具冊奏請，謂之京察。自弘治時，定外官三年一朝覲，以辰戌丑未歲，察典隨之（明史卷七十五布政司，布政使三年率其府州縣正官，朝覲京師，以聽察典），謂之外察。州縣以月計，上之府，府上下其考，以歲計，上之布政司；至三歲，撫按通核其屬事狀，造冊具報，麗以八法而處分。察例有四，與京官同[57]，明初行之，相沿不廢，謂之大計。計處者不復敘用，定為永制（明史卷七十一選舉志三）。

職官志亦云：

---

[57] 所謂「察例有四，與京官同」，依續通典卷十九選舉三，「京官之考察凡六年舉行一次，四品以上自陳，以取上裁。五品以下老病者致仕，浮躁不及者降調，罷輭不謹者閒住，貪酷者降為民」。

> 京官六年一察，察以己亥年。五品下，考察其不職者降罰有差。四品上，自陳去留取旨。外官三年一朝，朝以辰戌丑未年，前期移撫按官各綜其屬三年內功過狀，註考彙送覆核，以定黜陟（明史卷七十二職官志一吏部）。

依兩志所載，吾人可以推定為：京官每六年考察一次，外官每三年考察一次。這不是寬京官而嚴外官，而是因為京官群萃京師，外官遠在四方，每屆三年才由布政使率其府州縣正官朝覲京師之故。不消說，在此六年或三年之內，京官或外官若有不法之事，言路可以隨時劾奏。

考察方法似和考課一樣，四品以上自陳，以取上裁。五品以下，聽各衙門正官考其賢否，具冊奏聞，但外官散在四方，不易詳查，故又運用地方行政組織，分層負責考察。即州縣正官每月察其官屬，報告於府，府則上下其考，每年報告於布政司；布政司又上下其考，三歲報告於撫按（撫指巡撫，按指巡按御史已說明於前。有總督時又須報告總督）。撫按又會按察使（全名為提刑按察司按察使，按察使掌一省刑名按劾之事，以糾官邪，澄清吏治為職。見明史卷七十五職官志四按察使），通核其屬事狀，造冊具報於都察院與吏部。至於布按二司官，依景泰七年令，由巡撫巡按考察。

> 景泰七年令，巡撫巡按會同按察使考察府州縣。其布按二司官，聽撫按考察（明會要卷四十六考課）。

而據明志所載：

> 布政司四品以上，按察司五品以上，任滿黜陟，取自上裁（明史卷七十一選舉志三）。

即巡撫巡按固然可以考察布按，而黜陟之權屬於天子。巡撫巡按本身因係京官，故依京官辦理。

這樣，就發生了兩個問題，一是四品以上自陳，二是各衙門正官考察官屬，倘若他們自陳不實，或考察官屬有所偏私，則又如何。此時科道可以出來糾舉。

凡京官五品以下，六年一次考察，及四品以上自陳，有遺漏者，科道糾舉（明會典卷二百九都察院，考覈百官）。外官三年考察，有撫按監臨，科道糾舉（明史卷一百八十八許天錫傳）。

而科道本身又得互相監察。前曾說過，吾國古制，凡監察之官都是「比肩事主，得各彈事」，所以不但御史與御史之間，給事中與給事中之間可以自相糾彈。即御史與給事中亦得彼此彈擊。如景泰中，給事中林聰等劾右都御史王文畏勢長奸（明史卷一百六十八王文傳）。萬曆時，御史胡克儉劾兵科給事中張應登朋奸欺罔（明史卷二百二十一郝杰傳），即其例也。

考察之後，繼以處罰，有致仕，降調，閒住，為民四種。這四種處罰似不宜限於五品以下，四品以上想必相同。不過四品以上皆兩京及方面大臣，所以必由上裁。此際天子或留中不發，或逕予處罰，或交付廷議。五品以下雖然具冊奏請，然而幕職官多由吏部決定，州縣正官以上才由天子裁決，有時天子又交吏部議覆。

嘉靖二十七年，巡按湖廣御史賈大亨奏，荊州知府周世雍，及荊山知縣雍通皆貪污不職，詔下吏部議覆，部批閒住，從之（國朝典彙卷四十一）。

以上乃略述明代監察制度之大要，其最大缺點在於監察外官之機關太過煩重。既有十三道監察御史巡按州縣了，又有按察使以糾官邪，澄清吏治為職。復有巡撫及總督。明之巡撫總督即元代行御史臺之職（續文獻通考卷五十四行御史臺，臣等謹按）。據明志（卷七十三都察院），總督巡撫之官附於都察院之下，又恐其與巡按御史不相統屬，乃加都御史之銜。

巡撫……與巡按御史不相統屬，文移窒礙，定為都御史（明史卷七十三職官志二都察院原注）。

據史官言，「天順而後，巡撫之寄專，而監司守牧不得自展布」（明史卷一百六十一周新等傳贊曰），而尤弊者，「自中葉以後，督撫多用廷推，率以營求得之。又往往交結閹人，為其私黨，以致擅作威福，朘剋民膏。即名掛彈章者，亦多置之不問，甚者且加遷擢，益無所顧忌。惟事貪暴殃民，而於國事邊防，一切全不為意。浸成厲階，積弛已甚」（歷代職官表卷五十總督巡撫）。監察外官之最高機關如斯，則地方官何能承宣德化，為天子分憂。而層層掣肘，守令更不可為，天下之事猶治絲而棼之矣。

兼以監察雖嚴，而又名存實亡。請託之事成為一代風氣，邱橓有言：「御史巡方，未離國門，而密屬之姓名，已盈私牘。甫臨所部，而請事之干牘，又滿行臺。以豸冠持斧之威，束手俯眉，聽人頤指」（明史卷二百二十六邱橓傳）。弄到結果，「貪墨成風，生民塗炭。而所劾罷者，大都單寒輭弱之流。苟百足之蟲，傳翼之虎，即贓穢狼藉，還登薦剡」。「嚴小吏而寬大吏，詳去任而略見任」。「懲貪之法，徒有其名，或陰縱之使去，或累逮而不行，或批駁以相延，或朦朧以幸免。……苞苴或累萬金；而贓止坐之銖黍，草菅或數十命，而罰不傷其毫釐」（明史卷二百二十六邱橓傳）。明代設御史以肅正官紀，而官紀反因御史而污濁，縱無滿清入關，而政治腐化，引起流寇蜂起，亦足以亡明祚。

(五)考　課

管子云：「明主之道，立民所欲，以求其功，故為爵祿以勸之。立民所惡，以禁其邪，故為刑罰以畏之」（管子明法解）。此即慎子所謂「人莫不自為也，化而使之為我，則莫可得而用矣……故用人之自為，不用人之為我，則莫不可得而用矣」（慎子因循）。考課就是「因人之情」，用賞以勸百官之功，用罰以戒百官之過。考課是否得法，對於政治之良窳，極有影響。洪武十一年曾考課朝覲官一次。

> 洪武十一年，命吏部課朝覲官殿最。稱職而無過者為上，賜坐而宴。有過而稱職者為中，宴而不坐。有過而不稱職者為下，不預宴，序立於門。宴者出，然後退。此朝覲考覈之始也（明史卷七十一選舉志三）。

這只是臨時制度，而明祖對於臣下，不能待之以禮，亦可以知其一斑，難怪後代常有廷杖之事。摧殘天下之士氣，惟恐不盡，甲申之變，一般公卿宴安寵祿，方岳無鈞石之鎮，關門無結草之固，只見求生以害義，不聞見危以授命，蓋履霜堅冰，其所由來也漸矣。

洪武十四年考課之法稍定，當時法制如何，如何修改而成為一代永制，吾人不欲深加檢討。吾人只能知道吏部置考功司，掌官吏考課黜陟之事。

> 考功掌官吏考課黜陟之事，以贊尚書。凡內外官給由，三年初考，六年再考，並引請，九年通考奏請。綜其稱職、平常、不稱職而陟黜之。陟無過二等，降無過三等，其甚者黜之罪之（明史卷七十二職官志一吏部）。

前已累次申明，明代對於考課與監察沒有明顯的區別。所以屬於考課之「考滿」與屬於監察之「考察」乃相輔而行。考察之制已述於前，現在只論考滿。

> 考滿考察二者相輔而行。考滿論一身所歷之俸，其目有三，曰稱職，曰平常，曰不稱職，為上中下三等……考滿之法，三年給由曰初考，六年曰再考，九年曰通考。依職掌事例，考覈陞降（明史卷七十一選舉志三）。

所謂「職掌事例」大率倣唐代二十七最之制。考滿九年一次，不但京官，外官也是一樣，吾人觀明史郭璡傳（卷一百五十七）有「外官九年考滿」，張昭傳（明史卷一百六十四）有「縣令多年老監生，逮滿九載，年幾七十」之言，即可知之。反之，考察在京官六年一次（京察），在外官三年一次（外察）。而考滿之後分為三等處理，考察之後分為四等處罰。兩者似有區別，吾人以考滿為考課功過，以考察為監督違法，未必是武斷之言。

考課由吏部考功司掌之，考察由都察院會同吏部掌之，這又是兩者不同之點。但是吏部考功司關於考課，亦不過總其成而已。其負實際責任者，據職官志所述：

在京六部五品以下，聽本衙門正官察其行能，驗其勤怠，其四品以上，及一切近侍官與御史為耳目風紀之司，及太醫院欽天監王府官不在常選者，任滿黜陟，取自上裁。直隸有司首領官及屬官，從本司正官考覈，任滿從監察御史覆考。各布政使司首領官俱從按察司考覈，其茶馬鹽馬鹽運鹽課提舉司軍職首領官俱從布政司考覈，仍送按察司覆考。其布政司四品以上，按察司鹽運司五品以上，任滿黜陟，取自上裁（明史卷七十一選舉志三）。

即亦同考察一樣，在京官，由各衙門正官（志只云「在京六部」，我認為其他衙門如太常寺光祿寺等等，凡不隸於六部者，也是一樣）對其屬僚，「察其行能，驗其勤怠」，而報告於吏部。在外官，有考覈及考覆兩個程序。考覈大約同考察一樣，由州縣，而府，而布政司，再由按察司覆考，而呈報於吏部。但布政司四品以上，按察司五品以上任滿黜陟，取自上裁。

考課結果分為稱職、平常、不稱職三種，稱職者陞，陞無過二等，平常者守舊職，不稱職者降，降無過三等，其甚者免之，罪之。

洪武十八年……，帝令稱職者陞，平常者復職，不稱職者降，貪污者付法司罪之，闒茸者免為民。永宣間……又從部議，初考稱職，次考未經考覈，今考稱職者，若初考平常，次考未經考覈，今考稱職者，俱依稱職例陞用。自時厥後，大率遵舊制，行之（明史卷七十一選舉志三）。

但是明代考課自始就有名無實。成化時，王瑞疏言：

三載黜陟，朝廷大典。今布按二司賢否，由撫按牒報。其餘由布按評覆。任情毀譽，多至失真（明史卷一百八十王瑞傳）。

萬曆中，邱橓亦說：

京官考滿，河南道例書稱職（河南道監察御史協管之兩京衙門甚多，故云。此亦可以證明明代對於「考察」與「考滿」沒有明瞭的區別）。外吏給由，撫按官概與保留。以朝廷甄別之典，為人臣交市之資，敢徇私而不敢盡法。惡無所懲，賢亦安勸……撫按定監司考語，必託之有司，有司則不顧是非，侈加善考。監司德且畏之，彼此結納，上下之分蕩然，其考守令也亦如是（明史卷二百二十六邱橓傳）。

不但守令而已，州縣佐貳亦臨民之官，平日視若輿隸，任其污黷害民，及至考課，又概與上考。邱橓云：

州縣佐貳雖卑，亦臨民官也……今也役使譴訶，無殊輿隸。獨任其污黷害民，不屑禁治……及至考課，則曰此寒官也，概與上考。若輩知上官不我重也，則因而自棄；知上官必我憐也，又從而日偷（明史卷二百二十六邱橓傳）。

兼以明代最重資格，甚至考課也受資格的拘束。邱橓說：

薦舉糾劾所以勸徵有司也。今薦則先進士，而舉監非有憑藉者不與焉。劾則先舉監，而進士縱有訾議者罕及焉（明史卷二百二十六邱橓傳）。

賈三近亦云：

撫按諸臣遇州縣長吏，率重甲科，而輕鄉舉，同一寬也，在進士則為撫字，在舉人則為姑息。同一嚴也，在進士則為精明，在舉人則為苛戾（明史卷二百二十七賈三近傳）。

考課功過，乃以出身為標準，賢無所勸，惡無所懲，明代吏治之壞，考課有名無實，實為最大原因。

㈥致　仕

明代亦有致仕，但依明史所載，似無一定制度。「七十致仕」為吾國舊制，明時，年未七十，就可致仕。舉其最顯明之例：

洪武十年學士宋濂致仕，賜御製文集及綺帛。問濂年幾何，曰六十有八。帝乃曰藏此綺三十二年，作百歲衣，可也（明史卷一百二十八宋濂傳）。

明代致仕之制似開始於洪武四年李善長之致仕，案洪武二十三年善長年七十有七，則四年致仕，年不過五十有八，其後坐胡惟庸黨，家口七十餘人均遭誅戮，然其致仕乃在胡惟庸未反以前。明祖因其功勳甚大，賞賜特別優厚。

洪武四年，中書左丞相李善長以疾致仕，賜臨濠地若干頃，置守塚戶百五十，給佃戶千五百家，儀仗士二十家（明史卷一百二十七李善長傳）。

又如單安仁於洪武二十年十二月卒，年八十五，其致仕在洪武六年，計其致仕時年齡約七十。

洪武六年兵部尚書單安仁請老歸，賜田三千畝，牛七十角，歲給尚書半俸（明史卷一百三十八單安仁傳）。

其食全俸者亦有之。

嘉靖六年，禮部尚書席書乞休，詔加武英殿大學士，賜第京師，支俸如故（明史卷一百九十七席書傳）。

即席書不但食全俸，且又加官，據龍文彬說：

自成化間，大學士商輅致仕，進少保。自後三品以上官致仕，多有加秩之典。惟大學士從來不為加官，全俸亦百餘年曠典，書獨得之，特以議禮加厚耳（明會要卷四十四致仕）。[58]

總之，明代雖有致仕制度，然致仕之年齡如何，致仕後之待遇如何，均無定制，每從天子之意，臨時定之。明代制度之雜亂，由此可見一斑。

[58] 時有大禮之爭，席書主張尊世宗所生父為皇考，而稱孝宗為皇伯考。深合世宗之意。

附錄　明建元表

太祖朱元璋　洪武三十一年
惠宗允炆　建文四年
成　祖　棣　永樂二十二年
仁宗高熾　洪熙一年
宣宗瞻基　宣德十年
英宗祁鎮　正統十四年
代宗祁鈺　景泰八年
英宗（以丁丑年復位）　天順八年
憲宗見深　成化二十二年
孝宗祐樘　弘治十八年
武宗厚照　正德十六年
世宗厚熜　嘉靖四十五年
穆宗載垕　隆慶六年
神宗翊鈞　萬曆四十八年
光宗常洛　泰昌（即位一月崩，熹宗立，復改明年為天啟元年，因以萬曆四十八年八月以後為泰昌元年）

熹宗由校　天啟七年

莊烈帝由檢　崇禎十七年

右明十七帝，二百七十六年。莊烈帝殉國後，福王由崧即位於南京，稱監國，改元宏光，明年五月清兵劫之北歸。福王亡後，唐王聿鍵即位於福州，改元隆武。順治三年清兵奄至，被執，死於福州。唐王既亡，桂王由榔即位於肇慶，改元永曆，順治四年清兵克肇慶，桂王奔桂林。順治七年，清兵入桂林，桂王走雲南。順治十六年清兵克雲南，桂王走南甸，遂入緬。順治十八年吳三桂進兵緬甸，緬人執桂王以降，順治十九年死於雲南。

紅樓夢與中國舊家庭

薩孟武／著

《紅樓夢》不只敘述賈府由奢華至衰頹的興衰而已，亦細膩地刻劃出大家庭的生活瑣事。曹雪芹用心用力地在此著墨，你知道其中暗喻了什麼樣的真相嗎？小說是社會意識的表現，家庭是社會現象的縮影，薩孟武先生以研究社會文化的角度來解讀《紅樓夢》，帶領讀者深入賈府的家庭生活，一步步解開隱藏在《紅樓夢》之中的「荒唐癡」與「辛酸味」。

水滸傳與中國社會

薩孟武／著

《水滸傳》中梁山泊一〇八條好漢仗義疏財、劫富濟貧，讓讀者莫不拊掌稱快，大呼過癮。但你知道這些水滸好漢，卻大多是出身低微、在社會底層討生活的「流氓分子」嗎？秀才出身的王倫何以不配作梁山泊領袖？草料場的火為何燒不死林沖？九天玄女與三卷天書從何而來？……且看薩孟武先生從政治、經濟、文化等多個不同的角度，精采地分析、詮釋《水滸》故事，及由此中所投射、反映出來的古代中國社會。

西遊記與中國古代政治

薩孟武／著

本書為《水滸傳與中國社會》之姐妹篇，薩先生利用《西遊記》之材料說明政治的原理及中國古代之政治現象。據薩孟武先生之意，政治不過「力」而已，要防止「力」之濫用，必須用「法」。如唐僧之用緊箍兒控制孫行者一樣，但唐僧能夠控制孫行者，孫行者無法控制唐僧之亂念咒語，於是許多問題就由此發生。薩孟武先生依此見解，指出權力制衡的主張，凡研究政治者，本書實為良好參考書籍。

學生時代

薩孟武／著

誰沒有童年時代的回憶？薩孟武先生回憶其童年到青少年時期的往事，輕快俐落的筆調流露出屬於孩提的頑皮、年少的輕狂。故事背景發生於清末民初——那個世紀更迭、百廢待舉的年代，充滿革命味道的童謠，模仿三國人物的打仗遊戲，默劇、圍棋、哲學與小說交織成的中學時光。他從舊式家塾、公立學堂到赴日留洋，以一位學子的觀點寫下當時見聞，留下屬於那個時代的閱歷與足跡。

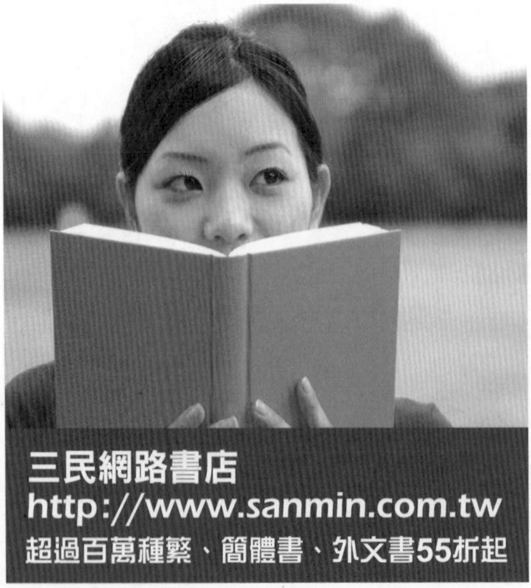